普通高等教育精编法学教材

# 国际商法

INTERNATIONAL COMMERCIAL LAW

田晓云 ◎ 主编

撰稿人：（以撰写章节为序）
田晓云　李丹宁　吴莉婧　隋　军
胡　平　薄守省　乔慧娟

北京大学出版社
PEKING UNIVERSITY PRESS

图书在版编目(CIP)数据

国际商法/田晓云主编. —北京:北京大学出版社,2019.6
普通高等教育精编法学教材
ISBN 978-7-301-30517-1

Ⅰ. ①国… Ⅱ. ①田… Ⅲ. ①国际商法—高等学校—教材 Ⅳ. ①D996.1

中国版本图书馆CIP数据核字(2019)第095949号

| | |
|---|---|
| 书　　　名 | 国际商法<br>GUOJI SHANGFA |
| 著作责任者 | 田晓云　主编 |
| 责 任 编 辑 | 冯益娜 |
| 标 准 书 号 | ISBN 978-7-301-30517-1 |
| 出 版 发 行 | 北京大学出版社 |
| 地　　　址 | 北京市海淀区成府路205号　100871 |
| 网　　　址 | http://www.pup.cn |
| 电 子 信 箱 | law@pup.pku.edu.cn |
| 新 浪 微 博 | @北京大学出版社　@北大出版社法律图书 |
| 电　　　话 | 邮购部 010-62752015　发行部 010-62750672　编辑部 010-62752027 |
| 印 刷 者 | 河北滦县鑫华书刊印刷厂 |
| 经 销 者 | 新华书店 |
| | 730毫米×980毫米　16开本　21.75印张　438千字<br>2019年6月第1版　2019年6月第1次印刷 |
| 定　　　价 | 49.00元 |

未经许可,不得以任何方式复制或抄袭本书之部分或全部内容。
**版权所有,侵权必究**
举报电话: 010-62752024　电子信箱: fd@pup.pku.edu.cn
图书如有印装质量问题,请与出版部联系,电话: 010-62756370

# 序

  第二次世界大战之后，特别是20世纪60年代以来，国际经济贸易的发展越来越快。作为国际经济贸易活动的重要内容，随着经济全球化进程的不断推进，国际商事活动日益频繁。自20世纪60年代起，西方一些学者就主张把国际商法作为一个独立的法学领域加以研究，在一些大学中也开始设置国际商法课程。在我国，自改革开放以来，特别是我国在争取恢复关贸总协定缔约国地位以及加入世界贸易组织的进程中，国际商法受到了前所未有的关注。越来越多的各类高等院校开设了国际商法课程。随着我国加入世界贸易组织后经济全球化进程的加快，我国市场经济法律制度国际化的趋势日益明显，国际商法在我国法律理论与实践中的影响力也越来越广泛，作为调整国际商事关系和商事活动的国际商法成为许多行业和部门必须了解和掌握的重要法律制度。

  一本好的国际商法教材对于学习和掌握国际商法的基本法律制度、法律原理和基础知识具有重要作用。笔者主编的《国际商法》教材在这方面进行了有益的尝试。本书由来自全国多所高等院校的教师撰写完成，这些教师多年从事国际商法教学与研究，积累了比较丰富的教学经验。全书在体系上不仅注重系统性和合理性安排，同时也注重理工综合类院校法学相关专业开设国际商法课程的要求，具有内容翔实、阐述详细、实例或案例丰富等特点。首先，本书体系合理。全书共分为十章，国际商法绪论部分系统地对国际商法的基本理论问题进行了阐述，之后对国际商事主体法律制度和国际商事行为法律制度进行了详细介绍和阐述，主要包括：商事组织法、国际商事代理法、国际商事合同法、国际货物买卖法、国际货物运输法、国际货物运输保险法、国际商事支付法、国际产品责任法，此外对国际商事争端解决的主要方式国际商事仲裁法律制度进行了介绍。其次，本书内容翔实，实用性较强。在各部分内容的阐述方面，既有各主要代表性国家相关法律制度的介绍和阐述，又有相关国际规范的介绍，内容丰富详细，而且还结合了我国的具体商事法律制度。同时，本书在阐述具体国际商事法律制度时辅以大量的案例或实例加以具体说明，增强了本书的实用性。此外，本书对国际商法的地位问题的阐述有比较鲜明的观点，对各主要代表国家或地区法律以及相关国际规范的介绍分析注意采用最新的资料。

  随着"一带一路"倡议的不断推进和经济全球化进程的不断发展，国际商事活动必将更加频繁和复杂，相应的国际商法也将得到进一步发展。本书的出版对读者了解、掌握国际商法基本理论、基本知识一定会有所裨益。

田晓云  
2019年4月

# 目　录

**第一章　国际商法绪论** ……………………………………………………（1）
　　第一节　国际商法的概念、特征及地位 ……………………………（3）
　　第二节　国际商法的历史发展 ………………………………………（6）
　　第三节　国际商法的渊源 ……………………………………………（10）
　　第四节　国际商法与邻近法律部门的关系 …………………………（12）

**第二章　商事组织法** ………………………………………………………（15）
　　第一节　概述 …………………………………………………………（17）
　　第二节　公司法 ………………………………………………………（22）
　　第三节　中国公司法 …………………………………………………（40）
　　第四节　合伙企业法 …………………………………………………（53）

**第三章　国际商事代理法** …………………………………………………（67）
　　第一节　国际商事代理法概述 ………………………………………（69）
　　第二节　国际商事代理权的产生 ……………………………………（73）
　　第三节　国际商事代理的内部法律关系 ……………………………（76）
　　第四节　国际商事代理的外部法律关系 ……………………………（80）
　　第五节　国际商事代理法律关系的终止 ……………………………（85）
　　第六节　中国的国际商事代理法律制度 ……………………………（86）

**第四章　国际商事合同法** …………………………………………………（93）
　　第一节　合同法概述 …………………………………………………（95）
　　第二节　合同的成立 …………………………………………………（98）
　　第三节　合同的效力 …………………………………………………（105）
　　第四节　合同的违约与救济 …………………………………………（117）

## 第五章　国际货物买卖法 (127)
第一节　国际货物买卖及其立法 (129)
第二节　国际贸易术语 (135)
第三节　国际货物买卖合同 (142)
第四节　买卖双方的义务 (153)
第五节　违反合同的补救方法 (158)
第六节　货物所有权与风险的转移 (165)

## 第六章　国际货物运输法 (175)
第一节　国际海上货物运输 (177)
第二节　国际航空货物运输 (210)
第三节　国际铁路货物运输 (218)
第四节　国际货物多式联运 (221)

## 第七章　国际货物运输保险法 (229)
第一节　国际货物运输保险的基本原则 (231)
第二节　国际货物运输保险合同 (235)
第三节　国际海洋运输货物保险险别与条款 (242)
第四节　国际陆上运输、航空运输货物保险 (255)

## 第八章　国际商事支付法 (259)
第一节　支付的工具 (261)
第二节　支付的方式 (269)

## 第九章　国际产品责任法 (289)
第一节　产品责任法概述 (291)
第二节　美国的产品责任法 (294)
第三节　欧盟的产品责任法 (305)
第四节　中国的产品责任法 (310)

## 第十章　国际商事仲裁法律制度 (319)
第一节　国际商事仲裁概述 (321)
第二节　国际商事仲裁协议 (327)
第三节　国际商事仲裁程序 (334)
第四节　国际商事仲裁裁决的撤销 (336)
第五节　国际商事仲裁裁决的承认与执行 (337)

## 后　记 (344)

# 第一章 国际商法绪论

## 第一节　国际商法的概念、特征及地位

### ▶ 一、国际商法的概念和特征

国际商法是调整国际商事交易和商事组织的各种关系的法律规范的总称。[①] 也可表述为，国际商法是调整国际商事关系的法律规范的总称。[②]

国际商法最主要的特征表现在其自身的调整对象上。国际商法的调整对象是国际商事关系。所谓商事关系，是指由营利性主体从事营业行为所引起的社会经济关系以及与此相联系的社会关系的总和。这种商事关系是平等主体之间的财产关系，即商事关系主体的地位是平等的，是一种财产关系而非经济管理关系。按照各国早期商法的认识，商事关系最初仅限于直接生产领域和交换领域内的经济关系，随着国际经济贸易往来的扩大和日益频繁，国际商事关系越来越广泛。根据联合国国际贸易法委员会1985年通过的《国际商事仲裁示范法》对商事的注释，对"商事"一词应作广义解释，使其包含不论是契约性或非契约性的一切商事性质关系所引起的种种事情。商事性质的关系包括但不限于下列交易：供应或交换货物或服务的任何贸易交易、销售协议、商事代表或代理、租赁、建造工厂、咨询、工程、许可证、投资、筹资、银行、保险、开发协议或特许、合营或其他形式的工业或商业合作、货物或旅客的空中、海上、铁路或公路的载运。1987年4月，最高人民法院《关于执行我国加入的〈承认及执行外国仲裁裁决公约〉的通知》第2项规定："根据我国加入该公约时所作的商事保留声明，我国仅对按照我国法律属于契约性和非契约性商事法律关系所引起的争议适用该公约。所谓'契约性和非契约性商事法律关系'，具体的是指由于合同、侵权或者根据有关法律规定而产生的经济上的权利义务关系，例如货物买卖、财产租赁、工程承包、加工承揽、技术转让、合资经营、合作经营、勘探开发自然资源、保险、信贷、劳务、代理、咨询服务和海上、民用航空、铁路、公路的客货运输以及产品责任、环境污染、海上事故和所有权争议等，但不包括外国投资者与东道国政府之间的争端。"可见，国际商法所调整的商事关系的范围已十分广泛，调整上述商事关系的法律规范都应属于国际商法的范围。

国际商法调整的是跨越国界的商事关系或者称为具有国际因素的商事关系。具有国际因素的商事关系是指商事关系的主体、客体和内容至少一个或一个以上有国际因素。具体来讲，商事关系的主体的一方或双方当事人具有不同的国籍，或其住所、惯常居所或营业地在不同国家，即主体具有国际因素；或者商事关系的标的位

---

[①] 冯大同主编：《国际商法》，对外经济贸易大学出版社1991年版，第1页；沈四宝、王军、焦津洪编著：《国际商法》，对外经济贸易大学出版社2002年版，第1页。

[②] 张圣翠主编：《国际商法》（第二版），上海财经大学出版社1997年版，第1页；任荣明、侯兴政编著：《国际商法》，清华大学出版社2004年版，第11页。

于当事人所在国之外的其他国家或地区；或者产生、变更或消灭商事关系的法律事实发生在当事人所在国家之外的其他国家或地区。

另外，国际商法的主体以私人主体为主。私人主体包括自然人、法人和其他经济组织。根据各国法律的规定，作为一般民商事关系主体的自然人、法人和其他经济组织有权利从事跨越国界的商事活动，与其他国家的自然人、法人、其他经济组织，甚至其他国家、国际组织形成商事关系。法人是国际商贸活动中最活跃、数量最多的部分，在国际商事关系中占有十分重要的地位。国家在少数情况下也可成为国际商法的主体，直接与外国私人主体进行商事交易活动，成为国际商事关系的一方当事人。此时，国家与外国的私人主体大体处于平等的地位，但是，与私人主体相互之间形成的商事关系有不同，主要涉及国家豁免权的问题。国际组织在少数情况下也可以成为国际商事关系的一方当事人。

调整国际商事关系的法律规范既有国际商事条约、国际商事惯例，也包括各国调整商事关系的国内商法规范。

可以看到，国际商法的内容十分丰富，范围广泛，而且随着经济全球化进程的不断加快，国际商事活动的规模、方式、范围也在不断扩展。因此，本书在强调国际商法特征的前提下，就国际商法的基本法律制度加以阐述。

### ▶ 二、国际商法的地位

国际商法的地位问题实质上就是国际商法是一个什么样的法律部门的问题，或者国际商法是否是一个独立法律部门的问题。对此问题，学术界有不同的观点。在我国，较早出版的《国际商法》[1]教材中未对国际商法的地位问题进行阐述。之后的许多国际商法的书籍多数对国际商法的地位问题采取回避的态度。由冯大同教授主编的《国际商法》[2]中，明确指出国际商法既不同于国际经济法，也不同于国际私法。20世纪90年代中后期，有学者开始阐述国际商法的地位问题，认为国际商法是一个独立的法律部门。但大多数国际经济法学者将国际商法纳入国际经济法，而持大国际私法观点的国际私法学者则将国际商法纳入国际私法之中。在我国，对国际商法地位问题的观点可以归纳为三种。

（一）国际商法是国际经济法的组成部分

目前，国际经济法广义说的观点已为我国较多学者所接受，根据该观点，国际经济法是调整国家、国际组织、不同国家的法人与个人间经济关系的国际法规范和国内法规范的总称。并且认为，调整国际经济关系的法律规范包括以下几个层次：(1) 私人间国际经济交往的民商法规范；(2) 国家政府管理对外经济交往的法律规

---

[1] 沈达明、冯大同、赵宏勋编著：《国际商法》，对外贸易教育出版社1982年版。该书成为对外经贸院校基本法律教材。

[2] 该书在上注沈达明、冯大同、赵宏勋编著的《国际商法》教材基础上修订，由对外经济贸易大学出版社1991年出版。

范;(3) 国家间经济关系的国际法规范。① 从调整对象的角度,该观点认为,国际经济法所调整的国际经济关系中包括"私人"间的关系即参加者以普通民事法律主体的身份进行国际经济往来的关系。② 显然,调整私人间国际经济交往的民商法规范即调整国际商事关系的国际商法被纳入国际经济法的范畴,国际商法成为国际经济法的组成部分。

(二) 国际商法是国际私法的组成部分

我国国际私法学界有许多学者持大国际私法的观点。这种观点认为,国际私法的调整对象是含有涉外因素的民商事法律关系,或称涉外民商事法律关系,或称国际民商事法律关系。并认为,国际私法所指的涉外民商事法律关系,既包括涉外物权关系、涉外债权关系、涉外知识产权关系、涉外婚姻家庭关系和涉外继承关系,也包括涉外公司法关系、涉外票据法关系、涉外海商法关系、涉外保险法关系和涉外破产法关系等。而国际私法规范包括调整国际商事关系的统一实体规范。③ 这种调整国际商事关系的统一实体规范即是国际商法规范。因此,该观点事实上是将国际商法纳入国际私法范畴,成为国际私法的组成部分。

(三) 国际商法是一个独立法律部门

该观点认为,国际法应该分为国际公法、国际私法、国际经济法和国际商法四个独立的法律部门。国际商法应属一个独立的国际法部门。首先,国际商法有其自身的调整对象和独特的调整方法。国际商法以国际商事活动为调整对象,它以实体法的形式直接调整国际商业交易。其次,已存在数目众多的国际商事惯例和国际商事条约,国际商法已成为一个内容丰富、结构完备的法律规范体系,已完全具备一个独立法律部门的构成要件。④ 国际商法既不同于国际经济法,也不同于国际私法。正是由于国际商法具有自身的特点,很难把它归入现存法律体系中的哪一个部门。因此,从 20 世纪 60 年代以后,国际上有些学者主张把国际商法作为一个独立的法学领域加以研究。并认为国际商法是调整国际商事关系的各种法律规范的总和,是一个独立的法律部门。⑤

随着国际商事活动的日益频繁,尤其是经济全球化进程的逐步加快,跨国界商事关系已成为十分重要的社会关系,调整这种重要社会关系的法律规范应当得到其应有的地位。因此,对国际商法地位问题的研究不仅有利于对国际商法的深入研究,同时也有益于国际商法教学,而且更加符合国际商事关系发展的需要,有助于法律的制定和实施。传统的国际法被认为就是国际公法,但是在第二次世界大战后,

---

① 余劲松、吴志攀主编:《国际经济法》(第四版),北京大学出版社、高等教育出版社 2014 年版,第 3、6 页。
② 曹建明、陈治东主编:《国际经济法专论》第 1 卷,法律出版社 2000 年版,第 9 页。
③ 韩德培主编:《国际私法》,高等教育出版社、北京大学出版社 2000 年版,第 4、8 页。
④ 左海聪:《论国际法部门的划分》,载《中国国际私法与比较法年刊》(1998 年创刊号),法律出版社 1998 年版;左海聪:《国际商法是独立法律部门》,载《法商研究》2005 年第 2 期。
⑤ 冯大同主编:《国际商法》,对外经济贸易大学出版社 1991 年版,第 1—2 页。

无论其内涵与外延已不能容纳已有巨大发展的国际法律本身。因为大量调整国际商事关系的法律出现,其中有直接规定私人主体权利和义务的国际条约包括多边条约和双边条约。国际法律本身的发展已经突破了传统国际公法作为调整国家间关系的行为规则的范围。因此,国际法是一个与国内法相对应的概念,它与国内法一样不是一个部门法。作为与国内法相对应的国际法应是一个广义的国际法,而不应理解为狭义的国际公法。广义的国际法是一个体系①,它是调整跨越国界的一切国际社会关系的法律规范的总和,国际商法与国际公法、国际经济法、国际私法一样应同属于国际法律体系中一个独立的法律部门。

## 第二节 国际商法的历史发展

商事交易古已有之,在欧洲古代法中不乏有关商品交易的行为规则,如古希腊时期雅典习惯法中就出现了最早的"海商借贷"规则,即商人可以用海运货物的提单作抵押来借贷。同时,位于地中海东部的罗得岛,由于各国商人常群集于此进行国际贸易活动,长年实践所积累的商业习惯被汇编为法典《罗得法》(Lex Rhodia),被认为是古代商法的最初形式。特别是海商法方面的规定,为以后的海损和海上保险及海商信用制度奠定了基础,并为后来的海商法所吸收。而在罗马帝国时期,罗马法文献中就包含有适用于达成各种类型契约的一套高度复杂的规则,包括金钱借贷、财物借贷、抵押、买卖、租赁、合伙和委任(代理的一种形式),然而这些契约的规则并没有被自觉地概念化;虽然人们对它们加以分类,但却没有按一般原则使它们明确地相互联系并对它们进行分析。而且在商业契约和非商业契约之间没有作出自觉的区分,所有的契约都被当作民事契约。② 罗马法后期的万民法是专门调整罗马公民与非罗马公民(指外国人以及被征服地区的居民)之间以及非罗马公民相互间贸易和其他关系的法律,属于诸民族的习惯法。关于代理、冒险借贷、海运赔偿等规定已成为万民法的内容。正是这种万民法支配着罗马帝国范围内绝大多数类型的商业交易,尤其是那些涉及远距离货物运输的商业交易。由于社会生产力发展水平较低,当时的商事关系只是在非常有限的规模上存在,不可能形成大规模的调整国际商事关系的法律,即使是罗马法,虽有许多调整商事方面的法律规范,但仍是诸法合一的法律,没有专门为调整商人和商行为的完整法规体系。因此,尽管在欧洲古代法律中不乏有关商品交易的行为规则,但是严格地说古代法中不存在独立的商法,更不可能存在独立国际商法。

---

① 参见黄进主编:《国际私法》(第二版),法律出版社2005年版,第29页。
② 参见〔美〕哈罗德·J. 伯尔曼:《法律与革命——西方法律传统的形成》,贺卫方等译,中国大百科全书出版社1993年版,第413页。

### 一、中世纪的商人习惯法

国际商法起源于中世纪的欧洲。其最初的形式是商人习惯法。中世纪商人习惯法的形成有其特定的社会根源。11世纪后,随着欧洲商品经济的发展,以及通向东方的商路的打通,促进了城市的发展,特别是意大利商业城市的兴起,如威尼斯、热那亚、佛罗伦萨等的出现,由于其优越的地理位置,使这些城市成为经济发达的商业交易中心。这就导致形成了一种特殊的阶层——商人。而当时欧洲大陆实际处于封建统治之下,各国的教会法、封建法完全不利于商业的发展和商人的利益。例如,许多国家法律中规定,禁止放贷收息、借本经营、商业投机和各种转手营利活动。许多非生产性中介商业活动、正常的债权让与交易也被认为是违法行为。商业城市贸易发展的状况与封建法制极不协调,有关保护商业活动的内容无法在原有的法律中得到体现。由于法律不利于保护商人的利益,也就不利于商业的发展,进而对国家经济发展是不利的。商人们为了摆脱封建势力特别是教会势力的束缚,就组成了旨在联合保护商人自身利益的商人行会组织——商人基尔特。并且凭借势力制定了适应商业需要的规约和习惯规则,组织商事法庭、行使裁判权等。从11世纪到14世纪,在商人行会规约、商人习惯规则和商事判例基础上逐步形成了较为系统的商人习惯法。后来随着航海贸易的发展,逐渐扩展到了西班牙、法国、德国等国家。这种商人习惯法很显然是与当时各国国内法不同的一类法律,无论从内容还是适用上都有其显著的特点。(1)商人习惯法具有跨国性和统一性,普遍适用于各国从事商业交易的商人。"11世纪晚期以后,商法上的各种权利和义务在(欧洲)地方适用中变得更加统一、更加普遍,而较少歧视。这在某种程度上是由于那个时期的许多商业活动都具有世界性或者国际性。"[①](2)商人习惯法的内容往往涉及某些最主要的商事要素和商事活动。如现代商法中的商人资格及公示规则、商事合伙、商事代理、票据制度、保险制度、海商法制度、借贷结算规则、善意取得与交付取得制度等在商人习惯法中已具雏形。(3)商人习惯法的解释和运用不是由一般的专职法官来执掌,而是由商人自己的法庭来执掌,其性质类似于现代的国际仲裁或调解。(4)解决商事争议的程序简便、迅速,不拘于形式,强调以公平合理原则来处理案件。商人习惯法是随着商品经济和贸易的发展,为调整在社会中具有重要作用的商事活动及由其产生的大量商事关系而产生的。

### 二、商法的国内法化与初步统一化

17世纪,随着资本主义商品经济关系的萌芽及一些国家封建割据势力的衰落,欧洲各国逐步形成中央集权,中世纪占统治地位的教会法开始被废弃。制定统一法

---

① 〔美〕哈罗德·J.伯尔曼:《法律与革命——西方法律传统的形成》,贺卫方等译,中国大百科全书出版社1993年版,第16页。

律和商人习惯法向成文法的转变的条件已经形成。各国成文商法典的制定使商法表现为国内法的形式，商法的国际性受到了一定限制。欧洲早期各国的商事成文法实质上是对中世纪商人习惯法的确认。例如，1673年法国的《陆上商事条例》在适用上实际仍受商人习惯法的补充，并且其司法由商人担任法官的商事法院从事。1681年法国制定了《海事条例》。德国从18世纪起即以商人习惯法为依据，开始制定成文商事法。例如1727年的《普鲁士海商法》、1751年的《普鲁士票据法》、1776年的《普鲁士保险法》等。1794年《普鲁士普通法》不仅确认了商人习惯法的基本规则，而且对有关商法原理进行了概括，其内容包括商人、商行为、汇票、经纪人、海商、海难保险、承运人等。1862年德国《普通商法典》就是以此为基础制定的。19世纪后，随着欧洲资产阶级革命的成功，社会关系发生了根本变化，资本主义商品经济得到了很大发展，正是在这一时期欧洲大陆国家相继开始大规模的法典编纂活动。如法国1807年制定了《商法典》，其后许多欧洲大陆国家如西班牙、卢森堡、葡萄牙、希腊、荷兰、比利时、意大利、德国等都制定了独立的商法典。

　　英美法系国家商法的历史发展与大陆法系国家相比有其特色。英美法系国家尤其是19世纪前的英国以普通法和衡平法构成的习惯法和判例法，没有民法商法的区别。但有关商事的法律是在1756年由曼斯菲尔德大法官把商人习惯法吸收到普通法里，成为普通法的一部分。因此在英美法国家不存在像大陆法系那样的单独的商法。但是"商法""商业法"的观念深入人心。19世纪后，英美国家相继制定了大量商事法律。但多以单行立法形式存在。如英国1882年《票据法》、1885年《载货证券法》、1889年《经纪法》、1890年《合伙法》、1893年《货物买卖法》、1894年《商船法和提单法》、1906年《海上保险法》、1907年《有限合伙法》、1924年《海上货物运输法》、1948年《公司法》等。而美国则由全国州法律统一委员会从1896年起公布了许多统一法规。如1896年《统一流通票据法》、1906年《统一买卖法》、1909年《统一股票转让法》、1909年《统一提单法》、1918年《统一附条件销售法》、1928年《统一商事公司法》、1933年《统一信托收据法》。这些法规已为多数州所接受。1952年又公布了《统一商法典》。《统一商法典》现已被50个州中的49个州所接受。

　　17世纪以后，各国成文商法典的制定使商法表现为国内法的形式，商法的国际性受到了一定限制，但其国际性并未完全丧失，正如英国法学家施米托夫所指出的："把商法统一到各国国内法制度中的一个显著的特点是：没有任何一个国家把商法完全纳入国内法。即便在这一时期，商法的国际性的痕迹依然存在。"[①]随着国际商事贸易日益发展，各国国内法之间的法律冲突愈加严重，需要国际商事法律制度的统一。这使得原来形成的国际商事惯例和商事习惯法不仅没有被消灭，相反在新的形势下得到了进一步发展。例如，1860年欧美商界人士在美国格拉斯湾共同制定了理算海损的统一规则。该规则后经两次修改，1974年被更名为《约克—安特卫普规

---

① 〔英〕施米托夫：《国际贸易法文选》，赵秀文译，中国大百科全书出版社1993年版，第11页。

则》。其后，一系列国际商事规则得以制定，如 1883 年《保护工业产权巴黎公约》、1886 年《保护文学艺术作品伯尔尼公约》、1891 年《商标国际注册马德里协定》、1910 年《船舶碰撞及海难救助统一法公约》、1923 年《仲裁条款议定书》、1924 年《统一提单若干法律问题的公约》、1929 年《统一国际航空运输某些规则的公约》、1930 年《关于统一汇票和本票法的日内瓦公约》、1931 年《关于统一支票法的日内瓦公约》等，以及国际商会 1930 年制定的《跟单信用证统一惯例》及 1936 年制定的《国际贸易术语解释通则》等。

### ▶ 三、国际商法的发展阶段

第二次世界大战后，国际商法进入了一个新的发展阶段。特别是 20 世纪 60 年代后，科学技术迅速发展，促进了商事贸易活动的国际化发展，国际商事贸易活动的形式和范围越来越多也越来越广，客观上需要调整相应国际商事关系的规则。而在第二次世界大战之后，各种国际组织大量产生，它们对国际商法规则的统一化发挥了十分重要的作用。如联合国国际贸易法委员会，自 1966 年成立以来在推动国际贸易法的统一方面起了核心作用。其宗旨就是进一步协调和统一国际贸易法，重点发展全球性的商业习惯法。联合国国际贸易法委员会已制定了许多国际贸易公约和示范法，例如，1974 年《国际货物买卖时效期限公约》、1978 年《联合国海上货物运输公约》、1980 年《联合国国际货物买卖合同公约》、1988 年《联合国国际汇票和国际本票公约》、2008 年《联合国全程或部分海上国际货物运输合同公约》、1985 年《国际商事仲裁示范法》、1996 年《电子商务示范法》等。联合国国际贸易法委员会及其他国际组织以及各国之间通过或签订的调整国际商事关系的国际公约或国际惯例涉及了国际商事的众多领域，如国际货物买卖、国际代理、国际货物的各种运输包括海上、航空、公路、铁路及国际货物多式联运、国际保险、国际票据、国际支付、国际知识产权、国际私人投资、国际技术转让、国际融资等等。同时，国际商事领域中还有大量的国际商事惯例在国际商事交易中发挥着十分重要的作用。如关于国际贸易术语、托收、信用证、提单、国际商事合同、电子商务、国际商事仲裁等等。而且，从目前多数国家的法制现状来看，商法中有关票据、海商、国际货物买卖和商事仲裁的国际统一化发展实际上已经是无法逆转的趋势。国际商法的统一化趋势仍在加强。当然，应当看到，由于各国经济发展不平衡特别是发达国家与发展中国家之间差距较大，加之各国在历史文化及经济发展背景等方面的差异以及各国自身经济利益的要求等因素，短期内实现国际商法的完全统一是不可能的。而且，国际条约只对缔约国发生法律效力，即使一国参加了相关国际条约，根据条约法制度，缔约国对特定的条款仍有行使保留的权利，从而对相关规定不予适用。而国际商事惯例主要是由国际商事关系当事人选择而对他们产生约束力。因此，在许多情况下，具体的国际商事关系仍然需要各国国内商法来加以调整。

可以说，国际条约、国际商事惯例以及相关国内法共同承担着调整国际商事关系的重要作用。这些法律规范的内容已相当丰富,并形成了结构完备的法律规范体系。

## 第三节　国际商法的渊源

国际商法的渊源是指国际商法的主要表现形式,包括国内渊源和国际渊源两方面。国内渊源主要是国内立法,有些国家还包括判例法;国际渊源包括国际条约、国际商事惯例。

### ▶ 一、国际条约

国际条约是指国家之间为确定彼此间权利义务而达成的书面协议。调整国际商事关系的国际条约是国际商法的重要渊源。

国际公约和多边条约是由世界上大多数国家通过国际组织或者国际会议共同制定的行为规范。它们因多数国家参加而带有普遍性,直接构成国际商法的渊源。至于它们的效力,取决于各国政府或者各国立法机关的签署、批准或者参加。即只有一国成为一个条约的正式成员国,条约才对该国具有法律约束力。由于调整国际商事关系的国际条约多带有私法性质,因此,有时因国际商事关系当事人的选择而适用于具体的国际商事关系中。也可能因为条约本身规定允许当事人排除或减损条约的适用而不适用于某具体的国际商事关系。

在国际商事贸易的众多领域中都有相关的国际公约。如在国际货物买卖方面,有1964年《国际货物买卖合同成立统一法公约》《国际货物买卖统一法公约》、1974年《国际货物买卖时效期限公约》、1980年《联合国国际货物买卖合同公约》等。关于国际货物运输方面,有1924年《统一提单的若干法律规则的国际公约》(《海牙规则》)及修订该公约的1968年《维斯比规则》、1978年《联合国海上货物运输公约》(《汉堡规则》)、2008年《联合国全程或部分海上国际货物运输合同公约》(《鹿特丹规则》)、1929年《统一国际航空运输某些规则的公约》(《华沙公约》)及修订该公约的1955年《海牙议定书》、1961年《统一非缔约承运人所办国际航空运输某些规则以补充华沙公约的公约》(《瓜达拉哈拉公约》)、1951年《国际铁路货物联运协定》、1980年《联合国国际货物多式联运公约》等。在票据方面,有1930年《关于统一汇票和本票法的日内瓦公约》、1931年《关于统一支票法的日内瓦公约》等。在知识产权方面,有1883年《保护工业产权巴黎公约》、1891年《商标国际注册马德里协定》、1955年《世界版权公约》等。在仲裁方面,有1958年《承认及执行外国仲裁裁决公约》等。

### ▶ 二、国际商事惯例

国际商事惯例是指在长期的国际商事活动中,经过反复实践和使用,而逐渐形成的、为世界多数国家所承认、采用的习惯做法。这些习惯做法形成不成文的规则、准则,有些被一些国际组织加以整理编纂,成为供各国、各行业选择适用的普遍规则。国际商事惯例调整不同国家的私人之间、国家与他国私人之间或者国际经济组织与私人之间的商事关系,在国际商务实践中经常被使用。

国际商事惯例有成文的国际商事惯例和不成文的国际商事惯例。成文的国际商事惯例是由某些国际组织或者某些商业团体制定的,如国际法协会1932年制定的《华沙—牛津规则》;国际商会制定的《国际贸易术语解释通则》《跟单信用证统一惯例》《托收统一规则》《联合运输单证统一规则》;国际海事委员会制定的《海运单统一规则》《电子提单规则》《约克—安特卫普规则》;罗马国际统一私法协会制定的《国际商事合同通则》等。此外,如国际贸易法委员会制定的1985年《国际商事仲裁示范法》、1996年《电子商务示范法》以及大量国际商事领域的格式合同等也起到了国际惯例的作用。但是,在国际商务实践中大量存在的是不成文的国际商事惯例。

国际商事惯例主要是任意性国际商事惯例。任意性国际商事惯例是从事国际商业活动的各方当事人在交易行为中逐渐形成的商业惯例和习惯做法,经长期实践为各国普遍接受或者采纳。只有当事人明确表示援引某惯例的规定时,该国际商事惯例才对他们有约束力。而且对于任意性国际商事惯例,允许当事人修改或者补充。另外,国际商事惯例也可能根据一国法律的规定,作为解决具体商事关系当事人权利义务的补充规范,在本国法律没有规定,也未缔结或参加相关国际条约时得以适用。例如,我国《民法通则》第142条第3款规定:"中华人民共和国法律和中华人民共和国缔结或者参加的国际条约没有规定的,可以适用国际惯例。"

此外,在国际商事领域也有一些强制性国际惯例,强制性国际惯例本身具有法律效力,不需要当事人选择,必须遵守。历史上,这种惯例主要强调国家之间政治关系,很少涉及经济贸易关系。随着国家干预经济贸易活动的加强,以及国家对商贸活动的参与增多,使强制性国际惯例逐步涉及经济贸易领域并对当事人有拘束力。其内容主要是一些原则性的国际经济贸易规则,如国家财产豁免权原则等。

### ▶三、国内立法

国内立法作为国际商法的渊源,是指各国制定的关于调整涉外商事关系的法律、法令、条例、规定等规范性文件。不是一切的国内商事立法都是国际商法的国内渊源。关于商事立法,各国的规定总体有两种情况。有的国家某些商事立法采用国内和涉外两套法律,多为发展中国家。如我国合同法的发展变化。因此,专门调整涉外商事关系的那部分法律规范才能成为国际商法的渊源。而两大法系许多国家商事立法除少数专门为国际商事活动制定的以外,如日本《国际海上货运法》,其他绝大多数商事法律既适用于国内又适用于涉外商事关系。因为国内法的制定以主权国家为基础,在国际交往中,各国及当事人都以相互尊重国家主权,尊重对方国家的法律制度为基础。因此,在承认国际公约和国际商事惯例作为国际商法的渊源时,也必须承认各国国内商法是国际商法的渊源,而且,各国通常都承认其他国家商事立法具有域外效力。离开国内实践,国际条约和国际惯例无法发挥作用。同时,在没有形成国际条约和国际惯例的领域,仍是各国的国内商法在发挥作用。

需要说明的是,在英美普通法系国家,法院判例与成文法具有同等的法律效力。因此,在这些国家,判例与国内立法一样是国际商法的国内法渊源。但在其他国家判例一般不具有普遍的法律效力,不能被看作国际商法的渊源。但是近年来一些大陆法系国家甚至一些发展中国家,判例特别是权威性判例也正在发挥日益重要的作用。

## 第四节 国际商法与邻近法律部门的关系

如前所述,传统的国际法被认为就是国际公法,但现代国际法体系的内容已十分丰富,国际法应该是一个体系,是一个与国内法相对应的概念。它是调整跨越国界的一切国际社会关系的法律规范的总和。国际法包括国际公法、国际私法、国际商法、国际经济法等法律部门。

### ▶一、国际商法与国际公法

国际商法与国际公法之间的区别主要表现在:(1) 国际商法与国际公法的调整对象不同。国际公法调整国家之间政治、经济、文化、外交、军事等各个方面的关系,是不包括民商事关系在内的公法关系。国际商法调整的是国际商事关系或跨越国界的商事关系,是平等主体之间的财产关系,属于私法关系。(2) 国际商法与国际公法的主体不同。国际公法的主体主要是国家,同时也包括国际组织;而国际商法的主体主要是私人主体即自然人、法人以及其他经济组织,国家、国际组织在少数情况下也可以参加国际商事关系,成为国际商法的主体。(3) 国际经济法与国际公法的渊源即法律表现形式不同。国际公法的法律表现形式主要有国际条约、国际习惯等规范;国际公法上的国际条约主要是国家间订立的对国家本身具有拘束力的政治性条约。国际商法上的国际条约是国家之间订立的商事性质的条约,这些条约的内容是关于跨国商事活动的实体性规定,可以约束国际商事关系的当事人(尽管这种约束是通过任意法的方式进行的)。国际公法上的国际惯例即国际习惯法的适用具有强制性;而国际商法中的国际惯例主要是任意性的,并非强制适用。国际商法除了包括涉及商事内容的国际条约和国际惯例外,还有调整国际商事关系的国内法规范,主要是调整主体之间商事关系的私法规范。由于同属于国际法律体系的组成部分,国际商法与国际公法有必然的联系。国际商法与国际公法都必须遵循某些共同的法律原则。例如,主权原则、平等互利原则,以及条约必须信守原则等。而且,国际商法需借助国际公法上的若干制度与规范,如国际商事条约、协定要遵循国际公法关于条约的制度和规范。

### ▶ 二、国际商法与国际私法

国际商法与国际私法有着密切的联系。国际商法与国际私法的调整对象有共同之处。国际商法与国际私法都调整具有国际因素的商事关系，即财产关系，只是国际私法同时还调整涉外人身关系。国际商法与国际私法具有相同的法律渊源。国际商法与国际私法都包括国际法渊源和国内法渊源两大部分。国际法渊源有国际条约和国际惯例，国内法渊源有国内立法以及国内判例。

国际商法与国际私法的区别，首先是调整对象的范围不同。国际私法的调整对象是超越一国国境的民商事关系，这种关系可以分财产关系和人身关系两大类。国际商法的调整对象是具有国际因素的商事关系，国际商法不调整人身关系。其次，国际商法与国际私法规范的性质不同。国际商法主要是实体规范；国际私法虽然也涉及实体规范，但主要是冲突规范。再次，由于国际商法和国际私法两者法律规范性质的不同，导致它们的调整方法也是不同的。国际商法的调整方法是直接调整方法，国际私法则主要是间接调整方法。可见，国际商法与国际私法从调整对象到法律规范的性质以及调整方法都有明显的区别，不可相互代替。

### ▶ 三、国际商法与国际经济法

通过前述对国际商法地位的研究，作为独立法律部门的国际商法，其调整对象与国际经济法的调整对象是不同的。国际商法调整的国际商事关系其实质是平等主体间的财产关系，属于私法关系；国际经济法调整的国际经济关系，具体是指国家管理对外贸易活动形成的管理关系以及国家或国际组织之间在经济领域中形成的国际经济协调关系，是公法上的关系。从主体来说，国际商法的主要主体是私人包括自然人、法人和其他经济组织。国家和国际组织在少数情况下成为国际商法的主体，并非国际商法的主要主体。国际经济法的主体包括国家、国际组织，以及私人主体。但是，国家、国际组织是国际经济法的重要主体，私人主体在国际经济法中处于被管理者的地位，而在国际商法中私人主体则与其他主体处于平等的地位。国际商法与国际经济法的法律渊源都有国际条约、国际惯例和国内立法。但其规范的性质不同。调整国际经济关系的规律规范多具有强制性，是公法性质的规范；调整国际商事关系的法律规范以任意性规范为主，多属于私法性质规范。

### ▶ 四、国际商法与国内商法

国际商法与国内商法调整对象的内涵是相同的，都是商事关系。国际商法与国内商法的主要区别在于国际商法调整的是具有国际因素的商事关系，而国内商法所调整的商事关系限于一国范围之内。其次，国际商法与国内商法的渊源不同。国际商法的渊源包括国际法规范和国内法规范，即国际商法的规范表现在国际条约和国际惯例中,而且也表现在国内商事立法中。国内商法的渊源限于国内法规范即国内商事立法,国际条约和国际惯例不能当然成为国内商法的渊源。另外,国际商法与国内商法的主体有不同之处。国内商法的主体一般限于本国私人,包括本国的自然人、法人和其他经济组织。国际商法的主体包括不同国家的私人(自然人、法人、其他经济组织),以及其他国家和国际组织。

# 第二章 商事组织法

# 第一节 概 述

## ▶ 一、商事组织法在国际商法中的地位

商事组织法一般是关于商业交易基础条件和手段的规定,是调整商事组织的设立、变更、解散等对内对外关系的法律规范的总称。其基本内容包括商业登记、商业账簿、商事代理、商事主体、公司制度、合伙制度、破产制度等。这些规定是国际商法最基本的内容,是确保交易安全、迅捷与高效的法律制度。因此,尽管各国国情不同,但在这方面的规定大致是相同的。

与商事组织法相对应的是商事行为(交易)法。商事行为法是规定商业交易本身的法律,其内容涉及票据法、保险法、海商法等。细加观察,这些法律都可以说是商事组织规范和商事交易规范的集合体。也就是说,由于市场中存在着为商事组织服务的交易,也有为商事交易服务的组织,所以商事组织法中有交易规范,商事交易法中也有组织规范。例如,公司法关于公司设立、变更和解散的规定,关于公司组织机构的规定,关于公司财务制度的规定,都属于组织规范。但有关公司设立时的出资、公司股份的转让、公司发行新股和公司债、公司合并与分立、公司解散时的清算规则,都属于商事交易规范。这些规范所调整的交易,都与商事组织的成立、变更和消灭有密切关系,是直接为组织规范的实现服务的。再如,保险法调整的是保险市场中的各种以抵御风险或投资为目的的保险交易关系,但保险法关于保险公司的规定,就属于组织规范的范畴。这些规范所调整的组织机构都是与交易密切相关的,是直接为交易规范服务的。

一定程度上,商法、国际商法就是商人法或商事组织法,实质不过是商法本性的回归。因为,商法最初是作为商人法出现的,是商人阶层和商人法庭的独立存在促使了商法的产生并独立存在,并且商法自身的发展历史也表明了其始终以商事主体为其存在基础。早期的商人只是自然人中那些专门从事商业贸易的人,随着社会分工和社会化大生产的不断加剧,商事组织很快取代自然人成为商人的主要部分,并在经济发展中起着巨大的作用。

以规范商事主体的设立、变更、解散等对内对外关系为内容的商事主体法或商事组织法,逐步取代商人法,其目的不再是赋予商事主体以特权和给予其利益以特殊保护,而只是因其存续过程中特殊的结构、复杂的关系,为维护企业投资者、企业自身、企业债权人的利益和社会经济秩序以及交易安全,而予以法律的统一规范和调整。

## ▶ 二、商事组织的类型

世界各国的商事主体,最初主要是个人(自然人)。但随着商事交易规模扩大、风险增加,以及商事关系的复杂化,个人逐渐为商事组织所取代。

对商事组织的分类标准多种多样,而最具代表性的分类有两种,即经济分类和法律分类。经济分类标准主要是所有制类型和行业分布,盛行于原苏联、东欧各国和计划经济时代的中国,现在的各国均予以摒弃,我国也不再以此作为商事组织的主要分类标准;法律分类标准主要是财产责任形式,盛行于西方市场经济发达国家,目前中国也主要依照此标准,并由立法予以规范。

(一) 商事组织的经济分类

如上所述,处在转型经济时期的中国,既对商事组织按所有制进行划分,又对商事组织界定为不同的法律形式。中国在20世纪50年代对私营企业改造完成后至20世纪70年代末,商事组织只有国营企业(后又相继改称为全民所有制企业、国有企业)和集体所有制企业。不过,当时的企业根本不能称为商事组织,因为它既没有商事立法,又没有商法观念,更没有商事组织应当具备的独立性,充其量只不过是各级政府机关的附属物。改革开放以来,中国先后涌现出一系列新的企业类型,包括国有企业、集体企业、私营企业、个体企业、联营企业、股份制企业、外商投资企业以及港、澳、台商投资企业和其他类型企业九类。而从登记注册的角度,则分为内资企业、港、澳、台商投资企业和外商投资企业三大类型。其中,内资企业又包括国有企业、集体企业、股份合作企业、联营企业、有限责任公司、股份有限公司、私营企业、其他企业八种;港、澳、台商投资企业包括港、澳、台商合资经营企业、合作经营企业和独资经营企业以及港、澳、台商投资股份有限公司四种;外商投资企业包括中外合资经营企业、中外合作经营企业、外资企业、外商投资股份有限公司四种。

资本主义高度发达的美国也有国有企业,但它不具有像英国、法国等实行国有化的国家的国有企业的营利性的特点,更不像社会主义公有制国家的国有企业处于国民经济的主导地位。美国的国有企业主要有两类:联邦政府公司和政府资助企业。联邦政府公司是政府的一部分,员工属于联邦雇员;而政府资助企业为私有企业,雇员工资由企业支出。

美国联邦政府公司是国会为实现公共目标而建立的联邦政府的特殊机构,这些联邦政府公司的主要任务是向公众提供市场导向的产品和服务,并实现自身收支平衡。根据政府出资比例,联邦政府公司可以分为联邦政府完全所有公司及联邦政府混合所有公司。联邦政府公司由国会立法建立,由联邦政府所有,但具有独立于政府的法人资格,都是提供公共产品或服务,有些企业由联邦政府提供预算拨款,有些企业也有独立的收入来源。政府资助企业是根据联邦法律所设立的由私人拥有的法人机构,服从于联邦的监督与管理,从事特别授权的商业性活动。它与政府不存在股权关系,也不是政府下属机构,但政府可以对其获得的银行贷款进行担保,也可以对这些企业派出董事。政府资助企业属于私营部门拥有的金融机构。建立政府资助企业是为了改善资本市场的效率,提供资本市场流动性,使资本从供应者轻松流入具有较高贷款需求的领域。政府赋予政府资助企业完全私有公司所不具备的一些收益及特权,也限定了它们业务活动范围,并要求它们支持某些特定的公共政策目标。

(二) 商事组织的法律分类

独资企业、合伙企业和公司是商事组织的法律形式,也是商事组织的法律分类。独资企业是指一人投资经营的企业,故也称个人独资企业。个人独资企业不是法人,不具备独立的法律人格,是资本主义国家商事组织采取最多的形式,但在国民经济中不起主要作用。这里主要阐述合伙企业和公司。

1. 合伙企业

合伙企业,是两个以上的人按照合伙协议,各自提供资金、实物、技术等,合伙经营,共同劳动,共担风险,共享收益而成立的以营利为目的的企业。合伙企业不具有法人资格。

合伙企业,其好处主要是手续简单,费用少;能集中起比个人多的资金;合伙人均可参与管理;纳税少以及政府管理较松。但合伙企业也有缺陷,如合伙人有限,因而集资有限;普通合伙人需承担无限连带责任;管理不集中;存续时间短等。

合伙企业不同于合营企业。合营是为特定的业务组织起来的,合伙是为从事通常的业务组织起来的;合营者之间不是代理关系,合营者的行为未经授权不拘束合营企业,而合伙人是合伙企业和其他合伙人的代理人;合营企业不因合营者的死亡而解散或结束,而合伙人的死亡、退出、破产都可导致合伙企业的解散。

两个以上的投资者联合设立企业,通常有两种方式。一是以订立契约的方式设立,如合伙;二是按照法定形式(设立要求与程序)设立,如公司。一般而言,以契约为主要约束的企业,不具有法人资格,以投资人的无限责任为企业信誉保障。以法律为主要约束的企业,投资人承担有限责任,法律通过对资本结构、运行规则等进行规范,保障企业对外交易的安全。

合伙企业之所以不能取得法人资格(法国是例外,承认合伙企业的法人地位),主要是因为一要保持合伙特色,二要维护交易安全。法人资格对企业的主要意义是:公司与股东是独立的利益主体,当股东认为公司行为违法,可以对公司起诉,以维护股东权益或校正公司行为,而合伙人与合伙企业不是独立主体,合伙人对合伙决策有异议,不能对合伙企业起诉。

2. 公司

公司是指依法设立的、以营利为目的,由一定人数以上的股东共同投资组建,股东以其出资额或所持股份为限对公司负责,公司以其全部财产对外承担责任的企业法人。

公司是由合伙企业演变而来的。在无限公司中,其组织形式与合伙企业尤为相似。有些国家的无限公司准用合伙企业的有关规定。公司和合伙企业都是商事性的,除一人公司外都要求有两个以上的出资人出资,其盈利的分配一般均与出资额多少成比例,这些是它们的相同之处。但是,公司与合伙企业存在明显的不同。除了法人资格的差异外,还有:

(1) 合伙企业是根据合同设立的,需要出资人之间的合意;公司成立的基础是章程,是一种加入行为,同意公司章程者即可以成为公司的股东。总的说,合伙协议中的协商成分大于公司章程,合伙企业的设立、变更、解散等,当事人有更大的自由意志,合伙企业注册登记审查的严格程度比公司低。

在英美法系,称合伙企业是合同设立,公司是国家设立的。

(2) 合伙企业属于人合性质,公司属于资合性质。合伙企业中合伙人的人身信任性质更大,普通合伙人之间负无限连带责任。无限公司的股东虽然承担无限责任,但是不能代表其他股东;有限公司的股东仅以其出资额为限承担责任。另外,普通合伙人的出资份额,一般情况下不得任意转让;公司特别是上市的股份公司的股权转让自由程度比较高。

(3) 合伙企业的财产属于合伙人共有;公司的财产属于公司所有。合伙财产属于全体合伙人共同所有,但合伙财产具有相对独立性,以保障合伙企业经营的稳定性和对外交易的安全。公司股东拥有股权,公司拥有财产所有权。因此,普通合伙人是无限责任,股东是有限责任。股东出任董事是代表公司而不是代表其他股东经营企业,合伙人则互为代理人平等行使经营管理权。

(4) 合伙企业没有意思机关,合伙人的共同意志就是合伙的意志;公司有法人机关,由股东会、董事会、监事会来代表法人的意志,股东不享有直接经营管理的权利。

(5) 合伙企业的规模通常不大,合伙人人数不多,期限不很长,合同到期后可以续订;公司则具有股权社会化的特点。

总之,合伙是共同经营的低级形式,公司是共同经营的高级形式。

### ▶ 三、中国现行商事组织法律制度的基本内容

规范的商事主体是社会主义市场经济健康发展的必要条件,因此,有关商事主体的法律规范是我国现行商事法律制度的基本内容之一。而商事主体法律规范,除规定个人从事商事活动外,无一例外地表现为商事组织法,即各种企业法律制度。

(一) 公司法律制度

我国公司法律制度集中体现为《公司法》,它是规范现代企业形式——公司的重要法律。该法规定了公司的设立、组织机构、股份有限公司的股份发行与转让、债券、财务会计、合并和分立、解散和清算、外国公司分支机构等。《公司法》的颁布使我国企业立法进入了一个新阶段,它标志着我国企业立法从所有制标准转向出资人责任标准。我国《公司法》以建立规范的公司制度为其宗旨,摒弃了股份制试点中定向募集等不规范的做法,吸收国外通行的原则和做法,明确规定公司设立的条件、公司组织机构合理分工与相互制约的原则等。

我国《公司法》确认公司具有独立的人格,明确了股东承担有限责任,规定了股东财产和公司财产分离的制度。《公司法》还依照合理分工、相互制约的原则,规定了包括股东会(股东大会)、董事会和监事会在内的公司组织机构。这些,为建立适

应社会主义市场经济发展要求的现代企业提供了组织构造的模式。

我国《公司法》根据我国的国情和各国的通例,采用公司形式法定原则,仅规定了有限责任公司和股份有限公司两种公司。

(二)合伙企业法律制度

我国《合伙企业法》是我国第一部全面系统规定合伙企业法律关系的法律。它规定了合伙企业设立,合伙企业财产,合伙企业事务执行,合伙企业与第三人的关系,入伙、退伙,合伙企业解散、清算等。合伙企业是我国企业形态的一种,它是依照《合伙企业法》在中国境内设立的由各合伙人订立合伙协议,共同出资、合伙经营、共享收益、共担风险,并由普通合伙人对合伙企业债务承担无限连带责任的营利性组织。合伙企业是多投资主体举办的企业,其本质特征是普通合伙人对合伙企业的债务承担无限连带责任。合伙企业对其债务,应先以企业全部财产进行清偿。合伙企业财产不足清偿到期债务的,各普通合伙人对外承担无限连带责任。合伙企业存续期间,合伙人的出资和所有以合伙企业名义取得的收益均为合伙企业财产,该财产由全体合伙人依照《合伙企业法》共同管理、共同使用。各合伙人对执行合伙企业事务享有同等权利,可以由全体合伙人共同执行合伙企业事务,也可以由合伙协议约定或者全体合伙人决定,委托一名或者数名合伙人执行合伙企业事务。执行合伙企业事务的合伙人,对外代表合伙企业。不参加执行事务的合伙人有权监督执行事务的合伙人,检查其执行合伙企业事务的情况。

合伙企业可以吸收新的入伙人,但新合伙人入伙时,应当经全体合伙人同意,并依法订立书面协议。为了保护债权人的利益,我国《合伙企业法》规定,新入伙的普通合伙人对入伙前合伙企业的债务承担连带责任;新入伙的有限合伙人,对入伙前合伙企业的债务,以其认缴的出资额为限承担责任。退伙的普通合伙人对其退伙前已发生的合伙企业债务,与其他普通合伙人承担连带责任;退伙的有限合伙人,对基于其退伙前的原因发生的合伙企业债务,以其退伙时从有限合伙企业中取回的财产承担责任。

(三)个人独资企业法律制度

我国《个人独资企业法》作为一部商事法律,其宗旨是规范个人独资企业的行为,保护个人独资企业投资人的合法权益,维护社会经济秩序,促进社会主义市场经济的发展。个人独资企业是社会经济发展中最古老的一种企业形态,它是依照《个人独资企业法》在中国境内设立,由一个自然人投资,财产为投资人个人所有,投资人以其个人财产对企业债务承担无限责任的经营实体。个人独资企业的设立实行准则主义,其设立本身不需经过审批。但是,某些领域个人独资企业必要的营业审批是需要的。个人独资企业有两大特点:一是投资人对企业拥有绝对控制地位。投资人对本企业的财产依法享有所有权,其有关权利可以依法进行转让和继承;投资人可以自行管理企业事务,也可委托或者聘用其他具有民事行为能力的人负责企业的事务管理。二是投资人对企业债务承担无限责任。个人独资企业投资人在申请企业设立登记时,明确以其家庭共有财产作为个人出资的,应当依法以家庭共有财产对企业债务承担无限责任。

（四）其他企业法律制度

除上述三种企业法律制度外,我国还有全民所有制工业企业法、乡镇企业法以及特别公司法,如商业银行法等一系列规范市场经营主体的法律法规。

# 第二节 公 司 法

## 一、公司法的概念和特征

（一）公司的概念和种类

公司是市场经济最常见、最普遍的企业组织形式之一。特别是今天,公司制已成为现代企业制度的核心形式。但是,由于各国法律文化及公司法律制度的差异,各国法律均对公司的概念没有形成统一的释义,一般认为公司是指根据公司法设立的以营利为目的的社团法人。

英美法系等国家一般没有法定的公司定义,只有概括性的规定,如美国《标准公司法》第1.40节规定:公司是指依照本法规定成立或者受本法约束的以营利为目的的非外州(国)公司。大陆法系亦然,如法国等一些国家的公司法,没有规定公司的定义,只是规定每种公司的定义和特征。依法国《民法典》第1832条规定,公司是由两人或数人通过契约约定共同投资,以分享由此产生的利润和经营所得的利益的营利性组织。日本《商法典》第52条规定:本法所谓公司是指从事商行为为目的而设立的社团。我国《公司法》则规定:本法所称公司是指依照本法在中国境内设立的有限责任公司和股份有限公司。亦无统一的公司定义。

根据公司法理论,依据不同标准和学理,公司有不同的分类。

（1）以股东所负责任程度不同为标准,公司可以分为无限责任公司、有限责任公司、股份有限公司、两合公司和股份两合公司。

无限责任公司,是指由两个或两个以上股东投资组成,全体股东对公司债务承担无限连带责任的公司。

有限责任公司,是指股东以其出资额为限对公司承担责任,公司以其全部资产对外承担责任的公司。

股份有限公司,是指公司全部资本分成等额股份,股东以其所持有的股份为限对公司承担责任,公司以其全部资产对其债务承担责任的公司。

两合公司,是指由一个以上的有限责任股东和一个以上的无限责任股东组成,有限责任股东以其出资额为限对公司债务负责,无限责任股东对公司债务承担无限责任的公司。

股份两合公司是指由一个以上对公司的债务承担无限责任的股东和一个以上以其认购的股份为限对公司债务承担责任的股东组成的公司。

（2）以公司之间的控制依附关系为标准，公司可以分为母公司和子公司。

母公司一般是指拥有其他公司50%以上股份或通过协议方式拥有一定比例，能够在实际上控制该公司营业活动的公司。与此相反，子公司是其50%股份为他公司所拥有，受母公司控制，但在法律上仍具独立法人资格的公司。

（3）以管辖系统为标准，公司可以分为本公司与分公司。

本公司，是指依法设立，对其所属机构经营、资金等方面进行全面管理和指挥的公司；分公司是指公司在其住所以外设立的从事经营活动的机构。分公司不具有法人资格，分公司的经营范围不得超过本公司的经营范围，并由本公司承担法律责任。

需要注意的是，分公司并不是一种独立的公司形态，严格来说，分公司不是公司，而只是公司的组成部分。

母子公司、本分公司往往形成关联公司。但关联公司仅仅是经济学上的公司概念，不是公司法上的公司形态。狭义的关联公司仅指被其他公司持有股份，但是未达到控制界限的公司；广义的关联公司是指任何两个以上独立存在而相互间具有业务关系或者投资关系的企业体。其特征在于：第一，组成关联公司的公司各自具有独立的法律地位。第二，公司之间具有控制和从属关系、相互投资或拥有关系以及其他在利益上具有相关联的关系。当然，通过订立联合契约也可形成关联公司。

（4）以公司信用基础为标准，公司可以分为人合公司、资合公司及人合兼资合公司。

人合公司即公司的设立与经营建立在股东个人信用基础上。如无限责任公司。

资合公司即公司的设立与经营是以股东出资为基础。如股份有限公司。

人合兼资合公司，即公司的设立与经营既有赖于股东的个人信用，又有赖于股东出资。如两合公司。

（5）以股份发行、持有和转让方式不同为标准，公司可以分为封闭式公司和开放式公司。

封闭式公司是指公司全部股份由发起人认购，股东人数及股份转让受到严格限制，股票不得在证券交易所上市交易的公司。如在大陆法系，股份有限公司中的非上市公司及有限责任公司。

开放式公司是指公司通过发行股票筹集资金，且在证券交易所公开上市交易，股东人数及身份不受限制的公司。开放式公司的股份可以自由转让，公司必须向国家相关行政主管部门及社会公众公开运营状况。在大陆法系中，开放式公司一般是指股份有限公司中的上市公司。

（6）以股东人数是否多人为标准，公司可以分为多数人公司和一人公司。

所谓多数人公司是指两个以上股东共同投资形成的公司，而一人公司则是全部出资额或全部股份由一个股东所出资或所持有的公司。欧洲各国较早时期不允许设立一人公司,现在则认为一个人可创立有限责任公司,股份公司仍为多人投资公司;美国法律则允许一人设立有限公司和股份公司。我国公司法只允许设立一人有限公司,并不允许设立一人股份公司。我国的一人公司包括国有独资公司和一人有限责任公司两种。国有独资公司是国家单独出资、由国务院或者地方人民政府授权本级人民政府国有资产管理机构履行出资人职责的有限责任公司。一人有限责任公司,是指只有一个自然人股东或者一个法人股东的有限责任公司。国有独资公司与一人有限责任公司的相同点是股东均为一人,且均是有限责任公司;两者的区别点在于,前者的股东是国家,后者的股东是自然人或法人。

(7) 以公司国籍为标准,公司可以分为本国公司、外国公司及跨国公司。

目前,世界上对公司国籍认定标准有多种情况,如注册登记地、设立行为地、企业住所地、企业主营业务地,还有一些国家以股东所在地、董事会所在地为依据等。一般说来,依照本国法律在本国境内设立,即具有本国法律资格的公司为本国公司,而依据外国法律在外国境内设立,取得外国法律资格的公司为外国公司。

跨国公司则是指以本国为中心通过直接投资等形式,在不同国家或地区设立分支机构、子公司或其他企业形式,从事跨国生产经营活动的经济组织。从法律上看,跨国公司并非严格法律意义的公司,而是国际上公司之间的特殊形态。

(二) 公司法的概念

公司法是规定公司设立、组织、活动、解散、股东权利与义务以及外国公司的进入和退出等法律规范的总称。公司法最早发源于欧洲,这是由于欧洲地中海沿岸是公司的最早诞生地。随着生产力的发展和航海技术的进步,商品经济得到较快发展,国与国之间的经济贸易往来越来越频繁,需要有更大规模的经济活动主体来组织和完成,需要更多的人、更多的资金参与,以降低风险,这时出现了早期的公司。由于法律不完善,公司操作不规范,一部分人利用特权,投机经营,谋取暴利,更多的投资者血本无归,影响了公司的进一步发展和整个社会经济的稳定。为此,一些国家相继颁布了调整公司设立与运营的法律法规。

世界上最早的公司法是 1673 年法国路易十四时代商事条例中有关公司的规定。1807 年的法国《商法典》第一编"商行为"中的第三章为"公司"的相关规定,法国现行《公司法》为经多次修改的 1966 年《商事公司法》。

德国最早的公司法典为 1861 年旧商法。1892 年德国制定了世界上第一部有限责任公司法,1937 年将商法典中有关股份有限公司和股份两合公司内容单独立法,1965 年经修订后形成新的股份公司法,现行公司法规范是 1998 年 6 月 22 日修订的德国《商法典》。

英国是英美法的发源地,也是资本主义经济发展最早的国家,但在 19 世纪之前,只有关于特许公司法律规定,直到 1844 年,才颁布了英国历史上第一部《公司法》,允许私人设立公司。1948 年英国制定的《公司法》经多次修订使用至今。1856

年,英国《公司法》确立了公司有限责任制,在公司立法上具有划时代意义。

美国公司法以判例法为主要法律渊源。公司法立法权属于各州,最早为1807年《纽约州公司法》,后美国法律协会于1930年拟定美国《示范公司法》,为各州公司法的范本。《示范公司法》经20世纪90年代重大修订,已为美国多数州采用。目前,美国公司立法和实践最为发达的州为特拉华州。

### (三) 公司法的法律特征

公司法调整公司的设立、变更、经营与管理等活动。与其他法律相比,公司法具有以下法律特征:

(1) 公司法是组织法。各国公司法无一例外都规定了各种公司性质、宗旨、地位、种类、组织机构、公司运营模式及内外关系。公司法确定公司设立的条件和程序,规定公司权利能力与行为能力以及组织机构及法律责任等,是公司组织与运营的依据。

(2) 公司法是行为法。公司法规定了公司的经营和交易活动,特别是公司章程制度、股份认购、招股说明书的制作及股份的发行与交易等。

(3) 公司法是成文法。从各国立法实践看,公司法均以成文法形式出现,即使在以判例法为主的英美法系国家,也大多呈成文规范。

(4) 公司法国际化趋势进一步加强。虽然由于各国经济发展、法律文化背景等因素,各国立法的内容和表现形式有所不同,但在公司法领域却大同小异,基本一致。随着市场经济的进一步发展,各国现代企业制度的建立和完善,各国公司法互相借鉴,取长补短,趋同融合之势不可阻挡。

## ▶ 二、公司的法人人格

### (一) 公司是社团法人

公司是以营利为目的的社团组织。与其他经济组织相比,公司具有法人性、营利性、社团性、依法注册性的法律特征。

法人是具有民事权利能力和民事行为能力,依法独立并享有民事权利和承担民事义务的组织。法人是依法定条件和程序设定的拟制主体,是赋予法律人格的社会组织,法人的人格独立性取决于其财产独立性和责任独立性。这是国际惯例。大陆法系中的有限责任公司和股份有限公司及英美法系中无限公司和两合公司,均具有法人性。法人性是公司区别于合伙企业和个人独资企业的一个重要法律特征。

社团法人是指由公民自愿结合成立的从事经济、政治、社会公益、学术研究、宗教等活动的法人。其本质特征是由公民基于某种一致的目标自愿组合而成,是一定的人基于一定的宗旨或一致的趣味而形成的社会组合,而不是依照法律或行政命令成立的。

按一般定义,西方国家的公司是指依法定程序设立的,以营利为目的的社团法人。这一定义可以分解成三层意思：

（1）公司是法人，即公司是依法定条件和法定程序成立的具有权利能力和行为能力的商事组织。

（2）公司是社团法人，即公司是两个或两个以上股东共同出资经营的法人组织。但公司的社团属性因各国允许一人公司的设立而有所减弱。

（3）公司是营利性社团法人，即公司股东出资办公司的目的在于以最少的投资获取最大限度的利润。

（二）揭开公司面纱

公司独立法人人格与股东有限责任的优势往往会被有恶意的人利用，将本应自己承担的交易和市场风险，通过公司转嫁给他人，从而侵害了债权人利益和社会利益。所以，从有限责任被法律认可之时起，对有限责任的限制性规定也在公司法的体系中发展。其中，揭开公司面纱（Lifting the Veil of Corporation）是在英美法系国家的司法实践中发展起来的判例规则，法院为了实现公平正义的价值追求，在具体案例中漠视（disregard）或忽视（ignore）公司独立的法人人格，责令股东或公司的内部人员对公司的相对人直接承担责任。

揭开公司面纱规则的理论价值在于它对公司独立人格的合理怀疑，其实践价值在于它赋予了法院依据具体情势，对公司人格重新审查的权利。揭开公司面纱规则首创于美国，已为两大法系所共同认可，并适用于各国的司法实践中。在美国公司法上，揭开公司面纱又被称为刺破公司面纱（Piercing the Corporation's Veil）。所谓公司面纱，即公司作为具有独立人格的法人实体，须以全部资产对其法律行为和债务独立承担责任，公司的股东则以其出资额为限对公司承担有限责任，公司与股东具有相互独立的人格，当公司资产不足以偿付其债务时，法律不能透过这层面纱要求股东承担责任。可见，公司面纱实为基于公司法人独立人格制度和有限责任原则而产生的，阻却债权人直接向公司股东主张权利，限定股东投资风险的法律屏障。而揭开公司面纱规则是指为阻止公司独立人格的滥用和保护公司债权人利益及社会公共利益，就具体法律关系中的特定事实，否认公司与其背后的股东各自独立的人格及股东的有限责任，责令公司股东对公司债权人或公共利益直接负责，以实现公平、正义目标的要求而设置的一种法律措施。在通常情况下，法律让公司、股东独立承担有限责任；但在特定情形之下，当公司独立人格和有限责任原则被股东滥用、公司实际丧失独立人格之时，赋予债权人直接向股东追索的权利。该规则也被称为"直索责任"（Durchgriff，德国）或"透视"理论（日本）。

揭开公司面纱的真正意义在于对公司管理层和股东的威慑作用，其适用须是谨慎的，只有在公司资本显著不足、利用公司法人人格规避合同义务、利用公司法人人格规避法律义务、股东与公司人格的混同等情形下，才可适用。

我国 2005 年修订的《公司法》的第 20 条和第 64 条（2013 年修订的《公司法》第 20 条和第 63 条）建立了揭开公司面纱规则。

## 案例

### 印度"博帕尔毒气泄漏案"①

位于印度中央邦博帕尔市的博帕尔化工厂,是由"美国联合碳化物公司"的印度子公司"联合碳化物印度有限公司"直接所有和经营的。该子公司拥有14家工厂,制造塑胶、化肥、杀虫剂等产品,博帕尔化工厂就是制造农药杀虫剂的工厂。1984年12月初,该厂发生了严重的甲基异氰酸盐剧毒气体泄漏事故,该事故直接致死2万多人,间接致死50多万人,永久残疾20多万人,还有大量庄稼受损、环境污染等重大损失发生。由于当时此案涉及的原告人数达20多万人次,最初的请求赔偿数额高达31.2亿美元,如果由印度子公司对众多的受害者给予赔偿的话,即使将该子公司的全部净财产都用来赔偿,也仅有9530万美元,难以补偿受害者的损失。所以,印度政府出面,代表原告向美国法院提起诉讼,要求美国联合碳化物公司对印度的受害者承担直接的赔偿责任。这样,本案的核心问题就是位于印度境外的美国母公司应否对其子公司的侵权行为承担直接责任,而这又取决于母公司是否对子公司实行了过度控制行为。

美国联合碳化物公司认为,这家印度子公司是在1934年根据印度法成立的,虽然美国联合碳化物公司拥有该子公司50.9%的股份,但该子公司始终独立经营,具有独立的法人地位。特别是博帕尔化工厂,是完全由印度人管理、经营和维修的。在事故发生的前几年,该厂就没有雇佣美国人,母公司的董事没有一个在印度子公司董事会中任职。因而,母公司对博帕尔化工厂的毒气泄漏事件没有直接责任。但是,原告方提出若干证据,证明美国母公司对这一毒气泄漏案负有不可推卸的责任。

首先,美国联合碳化物公司是一个整体性的多国企业,母公司通过股份所有、报告制度、委派子公司董事会中的代表等方式,对子公司行使控制权,决定子公司的一切重大事项。从20世纪60年代中期博帕尔化工厂开始进行可行性研究,到该厂的具体设计、建造,以及后来的经营、维修等关键性问题,都是经美国联合碳化物公司审查、批准和决定的;在此后的具体营业中,印度子公司要向美国联合碳化物公司的一全资子公司"联合碳化物东方公司"报告工作,由后者再向母公司报告。而博帕尔化工厂的工作是经由母公司的另一全资子公司"联合碳化物农产品公司"向母公司报告的。因而应该说,印度子公司及博帕尔化工厂的经营情况,母公司是了如指掌的;就董事会成员而言,虽然没有美国母公司联合碳化物公司的董事出任印度子公司的董事会成员,但其子公司联合碳化物东方公司包括董事长在内的四名高级官员,在事故发生时仍是印度子公司的董事会成员,美国联合碳化物公司的执行副总

---

① 朱慈蕴:《公司法人格否认法理研究》,法律出版社1998年版,第331—334页。

裁也是董事会成员。这意味着母公司与印度子公司的董事会成员是间接混同的。这些都表明,美国母公司对印度子公司,乃至博帕尔化工厂享有绝对的控制权。

其次,美国母公司对印度子公司拥有绝对的控制权,但又没有尽到应有的责任。美国联合碳化物公司负责设计、建造、维修、经营、管理并控制着博帕尔化工厂。他们在该厂制造、加工、处理和贮存甲基异氰酸盐,完全知道该气体是剧毒、易燃和高危险性化学品,以及该气体对人体长期影响的后果。他们承诺设计、建造、经营、管理该工厂,能做到安全生产、处理、贮存和加工该剧毒气体。特别是关于定期对博帕尔化工厂进行检查的义务,已委托给美国联合碳化物公司的健康、安全和环境事务部。因而,可推定美国联合碳化物公司有担保防止毒气从工厂泄漏的基本义务。但美国联合碳化物公司违反了这一义务,一方面使该产品的生产和贮存工序、设施、仪器、安全系统、预警系统,以及运行、维修工序都存在不合理的危险和缺陷。如在生产厂和贮气罐之间无中间贮气设备,贮气罐没有相互隔离,冷却系统设计有缺陷以致温度上升时无报警装置等。另一方面不仅没有向生产、制造、贮存该毒气的有关人员提出危险警告,反而还指令和坚持大量贮存甲基异氰酸盐,增加了惨案发生的可能性。特别是在1984年惨案发生前,博帕尔化工厂已经在1981年和1982年发生过两起事故。1982年美国联合碳化物公司派人前往调查,早已发现许多潜在问题,但却没有采取有力措施予以防止,不能不说是母公司的严重失职。

依据上述两点,可以证明美国联合碳化物公司一直对印度子公司实施控制权,但又未尽到忠实、谨慎的义务。因此,母公司对印度博帕尔毒气泄漏事件负有不可推卸的严格的责任。这一震惊世界的印度博帕尔毒气泄漏案,就是根据母公司对子公司的控制及严重失职,而揭开了印度境内子公司的面纱,由在面纱背后的子公司控股股东即美国母公司承担侵权责任的典型案例。虽然此案最终以庭外和解的方式,由美国联合碳化物公司赔偿4.7亿美元结案,但它毕竟证明,如果没有公司法人格否认法理的适用,单靠直接加害人子公司对受害人承担损害赔偿责任,是根本无法弥补受害人损失的。

### ▶ 三、公司的市场准入制度

(一) 市场准入制度的立法模式

市场准入制度是有关国家和政府通过核准登记,准许公民和法人进入市场,从事商品生产经营活动的条件和程序规则的各种制度和规范的总称。不同国家和地区在不同历史阶段对不同类型的公司,甚至对同一类型的公司设立所采取的原则也不完全一致,从而形成不同的市场准入的立法模式。

(1) 放任主义。放任主义也称自由设立主义,是指法人的设立完全听凭当事人的自由,国家不加以干涉或限制。

(2) 特许主义。特许主义是指法人的设立需要有专门的法令或国家的特别许可。在特许主义下设立的法人称为"特许法人"。

(3) 行政许可主义。行政许可主义又称为核准主义,是指法人设立时除了应符合法律规定的条件外,还要经过行政主管部门的批准。

(4) 准则主义。准则主义也称为登记主义,是指由法律规定法人设立的条件,法人设立时,如其具备规定的要件,无须主管部门批准,就可以直接向登记机关登记,登记后法人即告成立。

(5) 严格准则主义。严格准则主义是指法人设立时,除了具备法律规定的要件外,还必须符合法律中明确规定的其他一些限制性条款。

(6) 强制主义。强制主义也称为命令主义,是指国家对于设立法人,实行强制设立,即在一定行业或一定条件下,必须设立某种法人。

我国对于有限责任公司和股份有限公司的设立,原则上采用严格准则主义;对于特殊类的公司设立采用行政许可主义,如银行的设立除了符合法定的设立条件外还须经中国银保监会批准。

(二) 公司设立的条件

公司的设立是指公司的发起人依照公司法确定的条件和程序取得法人资格的过程。公司设立是公司正常进行生产经营活动的前提。不管采用发起设立,即公司的注册资本全部由发起人出资或认购,还是募集设立,即由发起人认缴公司发行资本总额一定比例的份额,其余部分向社会公开募集或向特定对象募集而设立的公司,各国一般都规定公司设立应具备以下条件。

(1) 公司发起人或股东符合法定人数和具备法定资格。

发起人即公司的创设人员,由其负责筹建公司并对公司设立承担相应责任。由于发起人所具有的权利、承担的义务及责任的特殊性,各国公司法对公司发起人的人数及资格都有具体而严格的规定。

从发起人数量看,一般来说,应符合法定最低数。但各国规定不尽相同。世界上除个别国家允许一人发起设立公司外,绝大多数国家都规定发起人必须为 2 人以上。

从发起人性质看,发起人可以是自然人,也可以是法人或其他经济组织,有的国家还可以是政府。对于发起人的国籍和居所地问题,各国公司法一般没有强制性规定,外国的自然人、法人均可以成为公司的发起人。但也有个别国家和地区对此加以限制,如意大利公司法规定,外国人拥有意大利公司 30% 以上股份时,需经意大利财政部批准。

从发起人的责任和义务看,发起人对所设立的公司负有忠实的义务,必须在其权限范围内为投资者和公司的利益服务,并负有出资或认购公司法定比例股份的义务,在公司成立后即成为公司的首批股东。发起人因履行公司设立义务过程中本人的过失所发生的法律责任由公司承担,但若公司未能成立,则由所有发起人共同承担连带责任;发起人因非履行公司义务给公司或第三人造成损失,则由发起人个人承担所有责任。

（2）制定有公司章程。

公司的章程，是规定公司的宗旨、名称、资本构成、组织结构及公司经营活动等基本规则的法律文件，是以书面形式固定下来的全体股东共同一致的意思表示，是规范公司经营活动的根本性大法。章程一般由公司发起人制定，是规范公司的组织和活动的基本规则。公司章程采取书面形式，制定人应当在公司章程上签名、盖章。

公司章程的内容即章程的记载事项。从公司章程的内容看，大陆法系国家，公司章程由一份单一的文件构成，由以下三部分内容构成：

第一，绝对必要记载事项，是指由法律规定的必须记载的事项，如欠缺某项，将导致公司章程无效。包括公司的名称、法定地址、营业范围、注册资本数额等。

第二，相对必要记载事项，是指有些事项虽由法律列举，但可以不作记载，也不影响公司章程的效力；不过，这些事项一旦记载到章程中，该事项就产生法律效力，这样的事项称相对必要记载事项。如果公司章程中相对必要记载的事项违法，只是该事项不具有法律效力，并不影响整个公司章程的效力。如股份的种类、分公司的设立、实物出资折价等，此类事项是否记载于章程由当事人协商而定。

第三，任意记载事项，是指法律未规定的，而与公司营业有关，又不违反公共秩序、善良风俗的记载于公司章程的其他事项。如公司的存续期间、股东大会的表决程序等。任意记载事项写入章程后，发生法律效力。如果公司章程中任意记载的事项违法，只是该事项不具有法律效力，并不影响整个公司章程的效力。

在英美法系国家，公司章程则由组织大纲及内部细则两个法律文件构成。组织大纲即规定公司对外关系的纲领性法律文件，主要内容包括公司的名称、性质、种类、注册资本、经营范围等公司基本情况，其目的是使投资者及第三人明确公司性质，了解公司基本情况，确保交易安全。组织大纲一般经批准及注册登记，不得变更，反之，则须经股东大会特别决议修改或废除。内部细则又称公司内部章程，依据组织大纲所确立，其主要规定股东与公司的权利义务关系，规定公司的机构设置、人员配置、权限分配以及业务执行等内部事务。内部细则一般由董事会制定、修改或废除，其效力仅限于公司内部事务，不得与组织大纲相冲突。

无论大陆法系还是英美法系，各国虽然在公司章程的具体形式和要求上有一定的差别，但在公司章程内容上基本一致，主要包括公司名称、公司目的与经营范围、公司注册所在地、公司资本、股东权利和义务以及公司组织机构产生办法、职权及议事规则等内容。

（3）股东缴纳出资或认购股份。

缴纳出资和认购股份是股东的一项最基本义务。虽然公司的资本在章程中均应货币化，表现为一定数额的货币，但其具体构成并不以货币或现金为限。一般而言，有限责任公司和股份有限公司的资本由现金、实物、工业产权及土地使用权等构成；无限公司和两合公司的资本构成则更广泛，还可包括股东的信用和劳务出资等。

各国公司法对缴纳出资和认购股份的程序和审核手续都有严格的规定。如意大利、比利时的法律规定,认购方式必须采用公证文书,由公证人作证。法国的法律则要求认购和缴纳股金都必须经公证人证明。德国股份有限公司法规定,凡发起人以实物抵作股款者,应由法院在征求商会意见后,指定独立的审查员审查。英国1948年公司法则要求向政府主管部门进行登记,提供若干必要文件,同时缴纳若干登记手续费和捐税等,各审查机关按照法定条件,符合要求的发给公司登记证书。

及时缴付出资既是股东的义务,又是公司设立和运作的基础。对于出资期限,国际上存在着分期缴纳和一次缴清两种情况。如意大利等国家采用分期缴纳主义,但一般对第一次缴纳数额有最低要求限制。但多数国家公司法均要求有限责任公司应缴足其认缴全部出资方可。股东如不能按照章程缴付出资,在无限公司构成被除名的原因;在有限公司,股东负有填补差额的义务;在股份有限公司,发起人应负填补其差额义务。

(4) 有固定的生产经营场所和必要的生产经营条件。

有固定的生产经营场所和必要的生产经营条件是公司开展正常经营活动的前提条件,是公司产品质量合格的保证和解决公司法律纠纷、选择适用法律的重要依据。对此,各国公司法都有较严格和明确的要求。

(三) 公司登记

公司具备了法律要求的基本条件,还要履行相应的程序,公司才告成立。公司设立程序一般包括申请和登记过程(采用核准主义设立公司的还需要进行审批)。即发起人在法定的设立工作完成之后,无限公司和两合公司的执行董事,以及有限公司和股份有限公司的董事会即可以向政府登记主管机关申请登记。

1. 登记注册的主要事项

登记注册的主要事项包括名称、住所、经营场所、法定代表人、经济性质、经营范围、经营方式、注册资金、经营期限、分支机构等。

登记主管机关核准登记注册的公司法定代表人是代表公司行使职权的签字人。法定代表人的签字应当向登记主管机关备案。

2. 公司设立登记

各国公司法为防止滥设公司等行为,对公司特别是股份有限公司的设立,多数规定了严格的法律审查程序。如德国要求发起人将章程及有关办妥法定手续的声明和审查报告加以公布,并报注册法院进行司法审查,然后才可以申请注册登记。法国公司法则要求公司设立须经双层审查,即公司内部审查和政府审查。经审查合格后,一般国家要求发起人向公司营业场所所在地公司登记处进行注册,才取得法人资格,而英国、美国则规定一旦取得登记证书,即有效成立。

在公司设立登记后的法定期内,如发现特定股东设立行为具备民事法律上规定的可撤销和无效行为,各国公司法都允许股东、董事通过诉讼程序撤销公司或宣告公司设立行为无效,但这种公司法上的设立撤销与设立无效制度均没有溯及力,不影响公司撤销前已产生的权利和义务。

公司若改变名称、住所、经营场所、法定代表人、经营范围、经营方式、注册资金、经营期限、增设或撤销分支机构以及合并分立等,则应申请办理变更登记及其他登记。

### 四、公司资本制度

(一) 公司资本的概念和构成

从经济学角度看,公司资本是公司开展正常经营活动的物质基础。公司资本有广义和狭义之分。狭义上的公司资本仅指股东对公司的出资和由此形成的收益,在会计学上,它主要体现为企业的资本金、公积金和未分配利润,也就是在资产负债表中列为股东权益的部分,或者说是企业的净资产,即总资产减去负债后的余额,它代表着企业的真正偿贷能力。广义上的公司资本,除股本外,还包括借贷资本,即凡可供公司长期支配或使用的资产均可视为公司的资本,它相当于公司资金的概念。

公司法上的资本,通常指公司的注册资本,即由章程所确定的、股东认缴的出资总额,又称股本。它是股东对于公司的投资,也是公司法人对外承担民事责任的财产担保,是公司对债权人承担法律责任的物质保障。因此,公司资本于公司对外交往的信誉具有至关重要的作用。

(二) 公司资本制度与原则

为使公司得以成立和正常运营,各国公司法围绕公司资本作了一系列相关规定,形成了一定的原则。大陆法系国家强调的是资本确定、资本维持和资本不变三原则,这三项原则已成为大陆法系国家公司资本制度的核心,其基本出发点都是为了保护债权人的利益和交易的安全,因而不仅为大陆法系国家公司法所确认,也对英美法公司资本制度产生着重大的影响。而英美法系国家则强调资本授权、资本维持和资本不变三原则。

法定资本制是指公司在设立时,必须在公司章程中确定公司的注册资本,并在公司成立时由发起人一次性全部认足或募足的公司资本制度。我国采用法定资本制。

授权资本制是指在公司设立时,公司资本总额虽亦应记载于公司章程,但并不要求发起人全部发行,只认足并缴付资本总额的一部分,公司即可成立;未发行及认足部分,授权董事会根据需要,在公司成立后随时募集的公司资本制度。英美法系国家多采用授权资本制。

折衷资本制,是介于法定资本制与授权资本制之间的一种公司资本制度,它吸收了两者的优点。折衷资本制是指在公司设立时,虽然公司章程中所确定的注册资本总额不必一次全部筹足,其余股份可以授权董事会根据实际情况随时发行,但这种发行股份的授权必须在一定期限内行使,并且首次发行的股份不得少于法定比例的公司资本制度。德国和日本采用了折衷资本制。

公司资本制度是公司立法的基石,它贯穿于公司设立、运营和终止的全过程,公司法律制度归根结底就是公司的资本制度,公司法的基本目的就是为这种制度的有效运转和发挥作用提供法律上的构架,而资本原则是资本制度形成的基础。

资本确定原则是指公司在设立时必须在章程中明确确定公司的资本总额,并须由股东全部认足或募足,否则,公司便不能成立。

资本维持原则是指公司在其存续过程中,应经常保持与其资产额相当的财产,以维护债权人利益和公司的正常经营。为此,各国公司法要求基本一致,即亏损必先弥补;无利润不得分配股利;股票发行价格不得低于股票的面值;发起人应负连带认缴出资的责任等。

资本不变原则并非指公司资本的绝对不可变更,而是指公司的资本一经确定,便不得随意改变,如需增加或减少资本,必须严格按法定程序进行,并必须办理变更注册资本登记。

(三) 公司出资与缴付及转让

公司出资与缴付见前述"股东缴纳出资或认购股份",此处不赘述。

关于公司出资的转让,各国公司法基本一致。即无论何种类型的公司,股东的出资均可转让,但各国因公司性质的不同,法律对股东转让出资的限制也有所不同。

无限公司属于人合公司,其信用基础在于股东个人的信用,如其股东转让出资,资本受让人不一定具有相同的信用基础,同时,由于无限公司股东对公司债务负无限连带责任,为了防止无限公司股东在公司经营欠佳时,以转让出资方式来逃避连带责任,给其他投资者和社会公共利益带来风险,各国公司法对无限公司股东全部或部分地转让其出资都规定了严格的限制条件,即非经其他股东全体同意,无限公司股东的出资不得转让。

有限责任公司属于人资兼合公司,股东转让出资也受到一定限制,各国法律对有限责任公司股东转让出资的限制主要表现为:向本公司其他股东转让限制较松,只需通知其他股东即可,而向非股东转让限制较严;股东转让出资须经股东会超过半数或三分之二以上的股东同意,不同意转让的股东有优先受让权,如不接受转让,则视为同意转让;对转让出资的条件和手续,授权由公司章程规定。

股份有限公司属于资合公司,股份(股票)具有可流通性,股东可以自由转让其出资(股份)。由于股份有限公司以公司资本为信用基础,股东间人身关系较松散,因而股份可以自由转让和流通,即使是记名股份,也只需背书和办理过户手续即可转让。

(四) 增资与减资

所谓公司增资或减资是指公司在经营存续过程中,由于经营范围的扩大或缩小、经营宗旨的改变、股东人数的增减等原因,公司的资产发生增加或减少的情况。为保护投资人和第三人利益,各国公司法对此都作了限制和规定。

增资即公司依照法定条件和程序增加资本。由于增资即增强公司实力,不会对交易安全和债权人不利,因而各国公司法对增资的条件限制较少,各类公司在必要时可依法定程序增加资本。有限责任公司和股份有限公司的增资,原则上均需股东会的特别决议通过。股份有限公司增加资本主要有三种方式:(1) 在原定股份总数之外发行新的股份,从而增加股份的数额,新增股份既可由原有股东优先认购,也可向社会发行。(2) 在不改变原定股份总数的情况下增加每个股份的金额,即增加股份金额。增加股份金额只能在原有股东内部进行,不向社会发行。(3) 既增加股份数额,又增加每股金额。实际中,增加股份数额的增资方式较为简便易行。

减资即公司在资本过剩或亏损严重时,可根据生产经营的实际情况,依法定条件和程序减少公司的资本总额。各国公司法一般认为不得减少资本,以保护债权人利益。即使允许有限责任公司减资的国家,对减资手续也有严格的限制。一般而言,公司减资不仅要有股东会的特别决议,而且减资决议要通知或公告债权人,如债权人有异议,公司应对其债权予以清偿或提供担保之后方可减资,且减资后的资本额不得低于法定注册资本最低限额。

(五) 股份与股票

股份是股份有限公司资本构成的最小单位,即公司资本等额划分,全部股份金额的总和即为公司资本的总额。股份是股东法律地位的表现形式,每份股东权所包含的权利义务一律平等。股票是股份的表现形式,是一种可以转让的有价证券,股份的转让一般都通过股票交易形式进行,合法取得股份,即拥有股权。

股份从不同角度可以有不同的分类,不同的国家对股份的分类又不尽相同,但综观起来,各国通行的股份分类主要有以下几种:

(1) 依股东享有权益和承担风险的大小为标准,股份可以分为普通股与优先股。

普通股是公司资本构成中最基本的股份,普通股东一般都享有表决权,可选举公司的董事会或监事会成员,但其股利分派需在支付优先股股利之后,在公司清算中也排在债权人和优先股股东之后,并且股利不固定,完全取决于公司的经营状况。

优先股是指在分派红利和在公司清算时分派公司财产两个方面比普通股享有优先权的股份。优先股一般均无表决权。有些国家规定,优先股可以在公司设立时发行,也可在公司增资扩股时发行,但有些国家法律规定,优先股只能在特殊情况下,即公司增股或清理债务时才能发行,优先股优先分配股利,但一般而言,优先股股息是固定的。

(2) 依股份是否以金额表示为标准,股份可以分为额面股和无额面股。

额面股是指票面上载有一定金额的股份。无额面股又称比例股,即股票票面不载明一定金额,只载明其占公司资本总额一定比例的股份。无额面股的价值随公司财产的增减而增减,从而使增资变得简单,但同时由于其所代表金额的不确定,也增加了股份转让和交易的难度。现只有美国、日本等少数国家允许发行无额面股,且大都对无额面股的发行作出种种限制性规定。

（3）依股份有无表决权为标准，股份可以分为表决权股和无表决权股。

表决权股是指享有表决权的股份。即拥有表决权股的股东在选举和任免董事会、监事会成员等公司重大问题上，有权行使表决权。

无表决权股是依法或依章程没有表决权的股份，主要是享有特别分配利益的优先股。

（4）依是否在股票上记载股东的姓名为标准，股份可以分为记名股与无记名股。

记名股是将股东的姓名或名称记载于股票上的股份。记名股的权益仅属于股东，其他任何持有人都不得行使其股权。记名股和无记名股最大的区别在于记名股的转让须将受让人的姓名或名称记载于股票上，并记载于公司股东名册上。

无记名股是指股票上不记载股东姓名或名称的股份。持有无记名股票者即可享有股东资格，行使股东的权利。无记名股的转让只需交付股票给受让人即可。

（六）公司债与公司债券

公司债是指公司依照法定条件和程序，向公众募集资金并约定在一定期限内还本付息的债务。发行债券可以使公司在不增加股权的情况下，增加公司的资金，提高公司的竞争力。其最大的特点是债券持有人是公司的债权人，公司必须按照约定向债券持有人返本付息。

发行公司债与发行股份是股份有限公司筹措资金的两种主要形式，但两者有较大的差别，主要表现在：

（1）法律性质不同。公司股票是公司资本组成部分，体现的是股东与公司之间的所有权关系；公司债是公司资金组成部分，体现的是债券持有人与公司的债权与债务关系。即公司债券持有人仅为公司债权人，无权参与公司的经营与管理。而公司股票持有人为公司股东，享有法律及章程所规定的各种股东权利。

（2）所获利益情况不同。公司债有固定的利息率，无论公司盈亏，债权人都有权要求公司按期还本付息，并且获取利息的多少不随公司的经营状况而发生变化。股东只有在公司有盈余时，才能请求支付股息或红利，且股息和红利的多少取决于公司盈余的多少。

（3）承担风险责任不同。股份投资是一种永久性投资，股东只能分得股息或红利，不得要求公司返还股金，股东以其出资额或所拥有的股份为限对公司承担责任。而公司债一般都有一定清偿期，公司必须按期返还本金。在公司破产或解散情况下，公司债的债权人有权得到公平清偿，而股东只有在公司清偿了其他债务后仍有剩余财产时，才能得到分配。

（4）发行的管理要求不同。债券性质上属于公司的债务，其发行对股东、第三人及社会公共利益影响很大，因而，公司发行债券，各国都有严格限制。在西方国家，一般只有股份有限公司才具有发行公司债的资格，并且必须具备规定的相应条件。一般是公司发行债券须经董事会或股东会通过，如日本公司法规定，公司募集公司债须经董事会通过决议；法国公司法规定，发行债券须经股东会通过决议。除此之外，一些国家还对发行债券的规模作了相应限制。股票的发行更多地体现为市场行为，管理较为宽松。

（七）公司公积金制度

公积金是公司为了弥补意外亏损，扩大营业范围，或为了巩固公司财务基础，从公司的盈利中提取一部分，不作为红利分配，而保留在公司内部，以备必要时使用的基金。公积金依其性质可以分为两种：

1. 法定公积金

法定公积金是依据公司法的规定必须提存的公积金。法国公司法规定，公司必须从每年的纯利润中提存5%的公积金，直到达到资本总额的10%为止，这是强制性规定，不得以公司章程或股东大会决议予以变更。按照各国法律的规定，公积金可以转化为资本，也可以用来弥补亏损，但不能作为红利分派。

2. 任意公积金

公司除依法提存法定公积金外，还可以经股东大会的决议，从盈余中另外提存一部分，以备他日不时之需，这种公积金称为任意公积金。

### ▶ 五、公司法人治理结构

公司法人治理结构，是指所有者、经营者和监督者之间通过公司权力机关（股东大会）、经营决策与执行机关（董事会、经理）、监督机关（监事会）而形成权责明确，相互制约，协调运转和科学决策的联系，并依法或依公司章程等规定予以制度化的统一机制。

传统的公司法人治理结构理论认为，公司在营运中所要确保的，当然首属股东的利益。现代公司法人治理的"三权分立—制衡"结构模式，通过股东大会、董事会和经理以及监事会之间权力分配与制衡的关系，来实现股东对公司的最终控制。为此，各国公司法都较为详尽地规定了公司应设的组织机构及各自的权限、职责及对公司应负的责任，以规范股东与公司、股东与经营者之间各种关系。

对于公司的组织结构，各国公司法各具差异，但主要包括股东会、董事会和监事会。

（一）股东会

股东会又称股东大会和股东会议，由全体股东共同组成，其形式为非常设机构，其性质为公司的最高权力机构。公司股东通过参加股东会，表达自己的意志、利益和要求，股东会或股东大会根据公司法规定和公司章程要求，对公司重大事务进行表决，但其对内并不直接对公司业务进行经营管理，对外也不代表公司，而是通过选举和控制董事会来间接行使管理和领导权。

股东会或股东大会的会议一般分为两种，即股东年会和临时股东会。股东年会，一般每年一次，由董事会召集。由于一些特殊情况，在符合法定条件和满足章程要求情况下提议即可召开临时股东会。作为股东会议召集人,一般应以书面形式在会议召开的一定期限之前通知或公告股东会议召开的日期、地点及决议事项。

依各国公司法规定,股东大会必须符合法定人数才能召开。各国公司对法定人数的要求不尽相同,以普通年会为例,有的国家如美国大多数州的公司法规定必须有全体股东的50%出席才能召开;有的国家如法国则规定,只要有代表公司股本总值的25%的股东出席,便可以召开。

在符合法定人数的前提下,股东会的决议一般是出席会议的占股东表决权的多数通过或全体股东表决权的多数通过才有效。但对于不同决议事项,法律规定了不同的多数标准。普通决议事项,一般以简单多数通过即生效。至于普通决议事项的范围,法律一般不作规定,而由公司章程规定。对于特别决议事项,由法律明确规定,一般须以绝对多数通过才能生效。不同国家对不同表决事项的要求不一致,但一般都须以三分之二或四分之三的多数通过,个别事项甚至须全体股东同意。

参加股东会并进行表决,是股东的重要权利。股东如何行使表决权,不同国家、不同性质的公司略有不同。股份有限公司原则上为一股一个表决权,优先股股东则没有表决权。有限责任公司多按出资比例行使表决权。对于不能出席股东会的股东,可以委托代表代其行使表决权。

(二) 董事会

董事会是由公司股东会或股东大会选举成员组成,负责日常经营和管理公司业务的机构。其性质属于公司的执行机构,形式为常设机构。从各国情况来看,一般股份有限公司均设有董事会,而在有限责任公司中,有的设董事会,股东人数较少或规模较小的,也可仅设有一名执行董事。董事会对股东会负责,行使一定的经营决策权和业务执行权,但对于董事会的职权范围,各国公司法的规定不尽相同。有的国家在公司立法中明确规定董事会的各种职权,如美国、德国;有的国家则不在公司立法中规定董事会的权利,而将其留给公司章程及细则去确定,如英国;多数国家采用排除的方法,赋予董事会除必须由股东会行使的职权之外的一切日常管理决策权。无论各国公司立法如何规定,董事会作为公司业务执行机构,其职权范围可概括为两方面:对内行使经营管理权和对外代表公司开展业务。

为了确保公司董事能够胜任工作,维护公司、投资者及社会公共利益,董事一般是由股东大会根据公司章程和细则选出,然后,再由选出的董事组成董事会。并且各国公司法都在身份、年龄、国籍、品行等方面对董事资格作出了一定限制。如瑞士、法国的公司法规定,董事必须由股东担任,以确保董事工作的积极性;而美国、日本等国公司法则允许非股东担任董事。此外,有些国家还特别规定,政府官员、公务员、公证人等具有一定身份和资格的人员不能担任公司董事。多数国家对董事的国籍条件没有限制,少数国家如瑞士则限制较严。各国一般都要求董事具有竞业禁止义务,即规定董事不得兼任其他公司董事、经理及实际管理人,以防止董事利用其特殊地位,损害公司或投资人利益。

各国公司法对董事会的人数规定不一,由于公司的具体情况千差万别,各国对董事的人数大多作弹性较大的规定。一般而言,有限公司董事人数较少,小公司也可只设一名执行董事。股份有限公司董事人数较多,为保证董事会决议能以多数顺利通过,各国的惯例是规定董事数目为奇数。

董事的任期及是否可以连任等事项一般由公司章程规定。大多数国家允许董事连任。

董事会在公司经营活动中必须严格行使各种职权,履行各种义务,并在违反义务时须承担相应的法律责任。大陆法系国家公司法要求董事应尽到善良管理人责任,而英美法系国家公司法认为董事对公司承担信托责任。

### (三) 监事会

监事会是公司内部监督机构,对其称呼各国不尽一致,有的称为监察委员会,有的叫做会计监察人,其实质和性质是公司的监督机构,是负责对公司业务活动进行监督检查的常设机构。

对于公司是否设置监事会,各国立法规定不尽相同。对于无限责任公司,各国都认为可不设专门的监察机关,而由股东间互相行使监察权;对于有限责任公司,各国一般都规定监事会为任意机关,公司可设监察人一人至数人,也可不设;对于股份有限公司,有国家实行"双轨制",即在股东会之下设有董事会和监事会两个机构,有的国家实行"单轨制",即只设董事会而不设监事会。监事会成员一般由股东会选举,有的国家规定,监事会除有股东代表外,还要有一定比例的雇员和工会代表,股份有限公司的监事会成员一般为三人以上。一般而言,负责公司业务的董事、经理或其他职员以及他们的配偶及公司的一些特殊出资人和特殊受益人都不得担任监事会成员。监事会成员的其他资格限制与董事基本相同。

各国公司法对监事会成员的责任规定也基本上与董事会相同,要求其尽到谨慎、善良和管理义务,否则要承担相应的法律责任。

### ▶ 六、公司的市场退出制度

公司市场退出制度是指有关公司市场退出的方式、原则、程序、主持机构和损失分担等制度的总和,是能对公司市场退出施以有效约束的一系列行为准则或制度安排。公司市场退出制度主要是公司解散制度。

### (一) 公司解散概述

公司解散即公司因发生法律或章程规定的解散事由而丧失其法人资格的过程。公司解散,则公司必须停止其积极的业务活动。

公司解散必须对其财产及未完成事务进行处理,这个过程就是清算。有些国家规定公司只有在清算后才能解散,即"先算后散";有些国家则规定公司应先宣布解散,然后再进行清算,即"先散后算"。无论是"先算后散"还是"先散后算",各国公司法均规定公司清算必须依法成立清算组织,对内代表公司权力机构,行使公司的权利,维护公司与清算有关的活动,对外则代表公司的一切行为,这是各国公司法的通例。

清算组织由清算人组成。各国公司法对清算组织成员的选举规定不尽一致,总的来说有以下三种做法:一是由公司执行业务股东或执行业务董事提任清算人;二是根据公司章程规定或由股东会选任;三是由法院指派清算人。清算组织在按法定顺序分配剩余财产时,若发现公司财产不足以清偿债务的,应向法院申请破产。

依公司解散的原因或条件不同,公司解散的形式可分为两种,即任意解散和强制解散。任意解散也叫约定解散或自愿解散,即由发起人或股东约定或决议解散公司。公司出现了公司章程规定公司解散的相关情况或公司经过股东会的特别表决,公司可决定解散。强制解散即因主管机关决定或依法院判决而导致公司解散,它不取决于公司及公司股东的意愿。一般来讲,公司解散的原因包括:(1) 公司的营业期限届满;(2) 股东会决议;(3) 公司合并或分立;(4) 公司章程规定的其他解散事由出现;(5) 主管机关命令解散;(6) 由法院判决解散;(7) 被依法宣告破产。其中前四项为自愿解散公司。

(二) 因公司合并或分立的解散

公司合并是指两个或两个以上的公司合并为一个公司。公司合并可分为吸收合并与新设合并。吸收合并是指一个公司将一个或一个以上的公司财产和债务转归本公司所有,被吸纳的公司解散,其法人资格注销。新设合并是指将两个或两个以上公司予以解散,共同成立一个新的公司,原公司的法人资格均被注销。

公司分立是指一个公司依法分为两个或两个以上的公司的过程。公司分立形式可以为派生分立和新设分立。派生分立是指一个公司分离出一个或数个新公司,原公司仍然存在。新设分立是指一个公司分割为两个或两个以上的新公司,原公司的法人资格注销。这样,被注销的公司退出市场。

由于公司合并既涉及公司债权人利益,又涉及股东投资人利益,还涉及公司管理人员的利益,因而,必须严格按照公司法的规定程序进行操作。各国公司法对公司合并程序的规定,大同小异,主要包括以下程序:(1) 签署合并协议;(2) 公司股东会或股东大会特别表决;(3) 编制合并报表;(4) 通知或公告债权人。合并之后,原公司不再存续的,应依法办理注销登记。

与公司合并一样,公司分立也关系到公司债权人、股东和公司管理人员的利益,必须严格依法进行,公司分立与公司合并的程序基本一致。

(三) 公司破产

公司破产,是指公司作为债务人不能清偿到期债务,债权人或债务人向法院提出破产申请,由法院宣告其破产并按照破产程序进行破产清算,终止债务人法人资格。

公司不能清偿到期债务是其破产的根本原因。公司破产,通过诉讼程序处理,使债权人债权得到公平清偿,原公司的法人资格注销。

## 第三节　中国公司法

与发达资本主义国家相比,我国的公司立法是比较晚的,虽然我国的公司立法始于 1904 年清政府颁行的公司律,但是,真正得以在我国普遍实施,并系统对公司组织和行为进行规定的现代意义的公司法,是 1993 年 12 月 29 日由第八届全国人大常委会第五次会议通过的《中华人民共和国公司法》,该法于 1999 年、2004 年、2005 年、2013 年、2018 年经过了五次修订。

### ▶一、公司的设立

根据我国《公司法》第 2 条和第 3 条的规定,中国公司的法定类型有两种:有限责任公司和股份有限公司,均是企业法人。

(一) 公司的设立原则

有限责任公司和股份有限公司的设立,原则上均采取严格准则主义设立。我国《公司法》对有限责任公司和股份有限公司的设立预先规定了法定条件,申请人可以以此作为准则,自己进行比照,符合条件的就可申请注册,审查机关一般不进行实质性审查。但对特殊的有限责任公司和股份有限公司的设立,采取核准主义原则。如商业银行的设立[①],不管采取有限责任公司或股份有限公司形式,应当经国务院银行业监督管理机构审查批准。保险公司的设立[②],无论采取何种公司形式,应当经国务院保险监督管理机构批准。证券公司的设立[③],无论采取何种公司形式,必须经国务院证券监督管理机构审查批准。

(二) 公司的设立方式

公司设立的方式,实质上是指公司设立时的资本筹集方式,即公司注册资本的形成方式。依据公司资本是否全部由发起人认购,分为发起设立和募集设立。发起设立,是指由发起人认购公司应发行的全部股份而设立公司。募集设立,是指由发起人认购公司应发行股份的一部分,其余部分向社会公开募集或者向特定对象募集而设立公司。以募集设立方式设立股份有限公司的,发起人认购的股份不得少于公司股份总数的 35%;但是,法律、行政法规另有规定的,从其规定。

我国有限责任公司的设立,只能采取发起设立的方式。股份有限公司的设立,可以采取发起设立或者募集设立的方式。

---

[①] 我国《商业银行法》第 11 条规定:"设立商业银行,应当经国务院银行业监督管理机构审查批准。……"

[②] 我国《保险法》第 67 条规定:"设立保险公司应当经国务院保险监督管理机构批准。……"

[③] 我国《证券法》第 122 条规定:"设立证券公司,必须经国务院证券监督管理机构审查批准。未经国务院证券监督管理机构批准,任何单位和个人不得经营证券业务。"

## 二、有限责任公司

### （一）有限责任公司的特征

有限责任公司，是指股东以其认缴的出资额为限对公司承担责任，公司以其全部财产对公司的债务承担责任的公司。其特征包括：

（1）股东人数有限。我国公司法规定，有限责任公司由50个以下股东出资设立。

（2）股东责任有限。这一点与股份公司相同，有限责任公司股东以其认缴的出资额为限承担有限责任；而股份有限公司股东以其认购的股份为限承担有限责任。

（3）设立简便、机构简单。规模较小的有限责任公司可以不设董事会和监事会，只设1名执行董事和1—2名监事即可；国有独资公司和一人有限责任公司不设股东会。

（4）股东转让出资限制。股东之间可以相互转让其全部或部分出资。股东向股东以外的人转让其出资时，应当经其他股东过半数同意；不同意转让的股东应当购买该转让的出资，如果不购买该转让的出资，视为同意转让。经股东同意转让的出资，在同等条件下，其他股东对该出资有优先购买权。

（5）公司事务可以不对外公开。如公司的财务会计报告送交各股东即可，无需公告。

### （二）有限责任公司的设立条件

（1）股东符合法定人数。有限责任公司由50个以下股东出资设立。

（2）有符合公司章程规定的全体股东认缴的出资额。2013年修订的《公司法》取消了公司最低注册资本额的限制。有限责任公司的注册资本为在公司登记机关登记的全体股东认缴的出资额。法律、行政法规以及国务院决定对有限责任公司注册资本实缴、注册资本最低限额另有规定的，从其规定。股东可以用货币出资，也可以用实物、知识产权、土地使用权等可以用货币估价并可以依法转让的非货币财产作价出资；但是，法律、行政法规规定不得作为出资的财产除外。对作为出资的非货币财产应当评估作价，核实财产，不得高估或者低估作价。法律、行政法规对评估作价有规定的，从其规定。

（3）股东共同制定公司章程。有限责任公司章程应当载明下列事项：① 公司名称和住所；② 公司经营范围；③ 公司注册资本；④ 股东的姓名或者名称；⑤ 股东的出资方式、出资额和出资时间；⑥ 公司的机构及其产生办法、职权、议事规则；⑦ 公司法定代表人；⑧ 股东会会议认为需要规定的其他事项。股东应当在公司章程上签名、盖章。根据上文对公司章程记载事项的分类可知，前七项为绝对必要记载事项，第八项为任意记载事项。

（4）有公司名称，建立符合有限责任公司要求的组织机构。企业名称应当由行政区划、字号、行业、组织形式依次组成，法律、法规另有规定的除外。比如北京天上地下汽车销售有限公司,北京为行政区划、天上地下为字号、汽车销售为行业、有限公司为组织形式。

(5) 有公司住所。在我国,公司以其主要办事机构所在地为住所。

(三) 有限责任公司的组织机构

1. 股东会

股东会是有限责任公司的非常设权力机关(最高意思决定机关)。股东会由全体股东组成,行使下列职权:决定公司的经营方针和投资计划;选举和更换非由职工代表担任的董事、监事,决定有关董事、监事的报酬事项;审议批准董事会的报告;审议批准监事会或者监事的报告;审议批准公司的年度财务预算方案、决算方案;审议批准公司的利润分配方案和弥补亏损方案;对公司增加或者减少注册资本作出决议;对发行公司债券作出决议;对公司合并、分立、解散、清算或者变更公司形式作出决议;修改公司章程;公司章程规定的其他职权。

股东会有定期会议和临时会议。前者依照公司章程规定召开;后者经代表 1/10 以上表决权的股东,1/3 以上的董事,监事会或者不设监事会的公司的监事提议召开。首次股东会议由出资最多的股东召集和主持。以后的会议,设董事会的,由董事会召集,董事长主持;不设董事会的,由执行董事召集和主持。

股东会会议由股东按照出资比例行使表决权,但是,公司章程另有规定的除外。

股东会的议事方式和表决程序,除公司法有规定的外,由公司章程规定。股东会会议作出修改公司章程、增加或者减少注册资本的决议,以及公司合并、分立、解散或者变更公司形式的决议,必须经代表 2/3 以上表决权的股东通过。

2. 董事会

对于设立董事会的有限责任公司而言,董事会是公司常设的业务执行和经营意思决定机关。董事会由 3 名至 13 名董事组成。股东人数较少或者规模较小的有限责任公司,可以设 1 名执行董事,不设董事会。执行董事可以兼任公司经理。董事的任期由公司章程规定,但每届任期不超过 3 年,可以连选连任。董事任期届满未及时改选,或者董事在任期内辞职导致董事会成员低于法定人数的,在改选出的董事就任前,原董事仍应当依照法律、行政法规和公司章程的规定,履行董事职务。

董事会对股东会负责,行使下列职权:召集股东会,并向股东会报告工作;执行股东会的决议;决定公司的经营计划和投资方案;制订公司的年度财务预算方案、决算方案;制订公司的利润分配方案和弥补亏损方案;制订公司增加或者减少注册资本以及发行公司债券的方案;制订公司合并、分立、解散或者变更公司形式的方案;决定公司内部管理机构的设置;决定聘任或者解聘公司经理(总经理)及其报酬事项,并根据经理的提名聘任或者解聘公司副经理、财务负责人及其报酬事项;制定公司的基本管理制度;公司章程规定的其他职权。

有限责任公司董事会设董事长 1 人,可以设副董事长。董事长、副董事长的产生办法由公司章程规定。董事会会议由董事长召集和主持;董事长不能履行职务或者不履行职务的,由副董事长召集和主持;副董事长不能履行职务或者不履行职务的,由半数以上董事共同推举1名董事召集和主持。

董事会的议事方式和表决程序,除公司法规定的以外,由公司章程规定。

董事会应当对所议事项的决定作成会议记录,出席会议的董事应当在会议记录上签名。董事会决议的表决,实行1人1票。

《公司法》第13条规定,公司法定代表人依照公司章程的规定,由董事长、执行董事或者经理担任,并依法登记。公司法定代表人变更,应当办理变更登记。

3. 经理

经理在有限公司中是任设机关。有限责任公司可以设经理,经理为公司的高级管理人员,由董事会聘任或者解聘。经理对董事会负责,行使下列职权:主持公司的生产经营管理工作,组织实施董事会决议;组织实施公司年度经营计划和投资方案;拟订公司内部管理机构设置方案;拟订公司的基本管理制度;制定公司的具体规章;提请聘任或者解聘公司副经理、财务负责人;决定聘任或者解聘除应由董事会聘任或者解聘以外的负责管理人员;董事会授予的其他职权。公司章程对经理职权另有规定的,从其规定。经理列席董事会会议。

4. 监事会

有限责任公司设监事会,其成员不得少于3人。股东人数较少或者规模较小的,可以设1名至2名监事,不设监事会。监事会应当包括股东代表和适当比例的公司职工代表,其中职工代表的比例不得低于1/3,具体比例由公司章程规定。监事会中的职工代表由公司职工民主选举产生。

董事、高级管理人员不得兼任监事。监事的任期每届为3年。监事任期届满,连选可以连任。

监事会、不设监事会的公司的监事行使下列职权:检查公司财务;对董事、高级管理人员执行公司职务的行为进行监督,对违反法律、行政法规、公司章程或者股东会决议的董事、高级管理人员提出罢免的建议;当董事、高级管理人员的行为损害公司的利益时,要求董事、高级管理人员予以纠正;提议召开临时股东会会议,在董事会不履行本法规定的召集和主持股东会会议职责时召集和主持股东会会议;向股东会会议提出提案;依照《公司法》第151条的规定,对董事、高级管理人员提起诉讼;公司章程规定的其他职权。

▶ 三、股份有限公司

(一)股份有限公司的特征

股份有限公司,是指其全部资本分为等额股份,股东以其认购的股份为限对公司承担责任,公司以其全部财产对公司的债务承担责任的公司。股份有限公司,根据其发行的股票是否上市交易,可以分为上市公司与非上市股份有限公司两种。上市公司,是指其股票在证券交易所上市交易的股份有限公司。

股份有限公司有以下特征:(1)股东人数众多,股份有限公司的股东人数最少为2人,而其上限没有规定。(2)股东责任有限,即股东以其所认购的股份为限对公司承担责任。(3)公司资本分为等额股份,并可自由转让。(4)公司具有公开性。如其财务会计报告应当在召开股东大会年会的20日前置备于本公司,供股东查阅。公开发行股票的股份有限公司,还必须公告其财务会计报告。

(二)股份有限公司的设立条件

(1)发起人①符合法定人数。设立股份有限公司,应当有2人以上200人以下为发起人,其中须有半数以上的发起人在中国境内有住所。发起人承担公司筹办事务,发起人应当签订发起人协议,明确各自在公司设立过程中的权利和义务。

(2)有符合公司章程规定的全体发起人认购的股本总额或者募集的实收股本总额。2013年修订的《公司法》取消了公司最低注册资本额的限制。股份有限公司采取发起设立方式设立的,注册资本为在公司登记机关登记的全体发起人认购的股本总额。在发起人认购的股份缴足前,不得向他人募集股份。股份有限公司采取募集方式设立的,注册资本为在公司登记机关登记的实收股本总额。法律、行政法规以及国务院决定对股份有限公司注册资本实缴、注册资本最低限额另有规定的,从其规定。

从以上规定可知,发起设立的股份公司,发起人只需在公司登记成立时书面认足股份,公司即可成立,其股款缴纳可按公司章程规定分期分批缴纳。而对于募集设立的股份公司,其公司注册资本必须在公司登记前全部缴足,且必须经依法设立的验资机构验资并出具证明,因此,是不允许发起人、认股人分期分批缴纳股款的。

(3)股份发行、筹办事项符合法律规定。

(4)发起人制订公司章程,采用募集方式设立的经创立大会通过。股份有限公司的章程由发起人制订,采用书面形式,其应当载明下列事项:公司名称和住所;公司经营范围;公司设立方式;公司股份总数、每股金额和注册资本;发起人的姓名或者名称、认购的股份数、出资方式和出资时间;董事会的组成、职权和议事规则;公司法定代表人;监事会的组成、职权和议事规则;公司利润分配办法;公司的解散事由与清算办法;公司的通知和公告办法;股东大会会议认为需要规定的其他事项。

除最后一项股东大会会议认为需要规定的其他事项,为章程的任意记载事项外,其他各项均为章程的绝对必要记载事项。

(5)有公司名称,建立符合股份有限公司要求的组织机构。

(6)有公司住所。

(三)股份有限公司的设立程序

1. 申请名称预先核准

按照我国现行公司登记管理的有关规定,设立股份有限公司,应当由全体发起

---

① 最高人民法院《关于适用〈中华人民共和国公司法〉若干问题的规定(三)》第1条规定,为设立公司而签署公司章程、向公司认购出资或者股份并履行公司设立职责的人,应当认定为公司的发起人,包括有限责任公司设立时的股东。

人指定的代表或者共同委托的代理人向公司登记机关,通常是向设立该公司所在地的国家市场监督管理机构,申请名称预先核准,除了提交由全体发起人签署的公司名称预先核准申请书以外,还应该提交全体股东或者发起人指定代表或者共同委托代理人的证明;国家市场监督管理总局规定要求提交的其他文件。

预先核准的公司名称保留期为6个月。预先核准的公司名称在保留期内,不得用于从事经营活动,不得转让。

2. 发起人制定公司章程并认购股份

认购股份首先是股份有限公司发起人的一项义务,发起人可以通过多种出资方式认购股份。发起人应当按期足额缴纳公司章程中规定的各自所认缴的出资额。以货币出资的,应当将货币出资足额存入准备设立的股份有限公司在银行开设的临时账户;以非货币财产出资的,应当依法办理其财产权的转移手续。

股份的认购,包括认定股份和缴纳股款,由于股份有限公司的设立方式的不同,所以导致在不同的设立条件下,股份认购的具体要求也不尽相同:

(1) 发起设立公司股份的认购。股份公司以发起方式设立的,应由公司章程规定发行的全部股份的数额,发起人要以书面形式全部自行认足,并按照公司章程规定的期限按期缴纳出资。

(2) 募集设立公司股份的认购。股份公司以募集方式设立的,其股份的认购分两步进行:

第一步是由发起人自行认购股份,并且发起人认购的股份不得少于公司股份总数的35%。

第二步是由发起人向社会公开募集或向特定对象募集股份。发起人向社会公开募集股份应按下列程序进行:

A. 制作招股说明书。

发起人向社会公开募集股份,必须公告招股说明书。招股说明书应当附有发起人制订的公司章程。

B. 签订承销协议和代收股款协议。

发起人向社会公开募集股份,应当由依法设立的证券公司承销,签订承销协议,同银行签订代收股款协议。

C. 向证券监督管理部门提出申请。

设立股份有限公司公开发行股票,即发起人向社会公开募集股份,必须向国务院证券监督管理机构提出募股申请。法律、行政法规规定设立公司必须报经批准的,还应当提交相应的批准文件。

D. 经国务院证券监督管理部门审批。

国务院证券监督管理机构依照法定条件负责核准股票发行申请。核准程序应当公开,依法接受监督。国务院证券监督管理机构或者国务院授权的部门应当自受理证券发行申请文件之日起3个月内,依照法定条件和法定程序作出予以核准或者不予核准的决定,不予核准的,应当说明理由。

E. 公开募股。

发起人向社会公开募集股份,必须公告招股说明书,并制作认股书。认股人按照所认购股数缴纳股款。

3. 选举公司机关

根据股份公司设立方式的不同,设立过程中公司机关的建立应有以下两种方式:

(1) 发起设立公司机关的建立。

以发起方式设立的股份公司,在发起人书面认足股份后,应该由全体发起人选举董事和监事。

(2) 募集设立公司机关的建立。

以募集方式设立的股份公司,不是由发起人,而是由创立大会对公司的第一任董事和监事进行选举,此时的创立大会,是股份有限公司在募集设立过程中的决议机构,其地位相当于股份公司成立前的股东大会。

发起人应当自股款缴足之日起30日内主持召开公司创立大会。创立大会由发起人、认股人组成。发起人应当在创立大会召开15日前将会议日期通知各认股人或者予以公告。创立大会应有代表股份总数过半数的认股人出席,方可举行。创立大会作出决议,必须经出席会议的认股人所持表决权的过半数通过。

4. 申请设立登记

设立股份有限公司,应当由董事会向公司登记机关申请设立登记。以募集方式设立股份有限公司的,应当于创立大会结束后30日内向公司登记机关申请设立登记。

依法设立的公司,由公司登记机关发给《企业法人营业执照》。公司营业执照签发日期为公司成立日期。公司凭公司登记机关核发的《企业法人营业执照》刻制印章,开立银行账户,申请纳税登记。

(四) 股份有限公司的组织机构

股份有限公司的组织机构包括股东大会、董事会、经理及监事会,且均为必设机构。各机构职权均同于有限责任公司相关机构职权。

1. 股东大会

股东大会是股份有限公司必设的非常设权力机关,由全体股东组成。

股东大会分为股东年会和临时股东大会两种。股东大会应当每年召开1次年会。有下列情形之一的,应当在2个月内召开临时股东大会:董事人数不足公司法规定的人数(5人)或者公司章程所定人数的2/3时;公司未弥补的亏损达实收股本总额1/3时;单独或者合计持有公司10%以上股份的股东请求时;董事会认为必要时;监事会提议召开时;公司章程规定的其他情形。

股东大会会议由董事会召集,董事长主持。召开股东大会会议,应当将会议召开的时间、地点和审议的事项于会议召开20日前通知各股东;临时股东大会应当于会议召开15日前通知各股东;发行无记名股票的,应当于会议召开30日前公告会议召开的时间、地点和审议事项。单独或者合计持有公司3%以上股份的股东,可以在股东大会召开10日前提出临时提案并书面提交董事会;董事会应当在收到提案后2日内通知其他股东,并将该临时提案提交股东大会审议。临时提案的内容应当属于股东大会职权范围,并有明确议题和具体决议事项。股东大会不得对前两款通知中未列明的事项作出决议。

股东出席股东大会会议,所持每一股份有一表决权。但是,股东大会作出修改公司章程、增加或者减少注册资本的决议,以及公司合并、分立、解散或者变更公司形式的决议,必须经出席会议的股东所持表决权的2/3以上通过。

股东可以委托代理人出席股东大会,代理人应当向公司提交股东授权委托书,并在授权范围内行使表决权。

股东大会应当对所议事项的决定作成会议记录,主持人、出席会议的董事应当在会议记录上签名。会议记录应当与出席股东的签名册及代理出席的委托书一并保存。

2. 董事会

董事会是股份有限公司的常设业务执行和经营意思决定机关,其成员为5人至19人。董事会设董事长1人,可以设副董事长。董事长和副董事长由董事会以全体董事的过半数选举产生。

董事长行使下列职权:主持股东大会和召集、主持董事会会议;检查董事会决议的实施情况。董事任期由公司章程规定,但每届任期不得超过3年。董事任期届满,连选可以连任。

董事会每年度至少召开两次会议,每次会议应当于会议召开10日前通知全体董事和监事。董事会召开临时会议,可以另定召集董事会的通知方式和通知时限。

董事会会议应有过半数的董事出席方可举行。董事会作出决议,必须经全体董事的过半数通过。董事会决议的表决,实行1人1票。

董事会会议,应由董事本人出席。董事因故不能出席,可以书面委托其他董事代为出席,委托书中应载明授权范围。董事会应当对会议所议事项的决定作成会议记录,出席会议的董事应当在会议记录上签名。董事应当对董事会的决议承担责任。董事会的决议违反法律、行政法规或者公司章程、股东大会决议,致使公司遭受严重损失的,参与决议的董事对公司负赔偿责任。但经证明在表决时曾表明异议并记载于会议记录的,该董事可以免除责任。

3. 经理

股份公司经理由董事会聘任或者解聘。公司董事会可以决定,由董事会成员兼任经理。经理是对股份有限公司日常经营管理负有全责的高级管理人员。

4. 监事会

监事会是股份有限公司的常设监察机构。监事会成员不得少于3人。监事会由股东代表和适当比例的公司职工代表组成,其中职工代表的比例不得低于1/3,具体比例由公司章程规定。监事会中的职工代表由公司职工民主选举产生。监事的任期每届为3年,任期届满,连选可以连任。监事会每6个月至少召开一次会议。监事可以提议召开临时监事会会议。

(五)股份有限公司的股份发行与股份转让

1. 股份发行

股份发行,是指股份有限公司为了募集资本,向特定或不特定的人分配或出售公司股份的行为。股份发行与公司资本制度密切相关,它是股份转让的前提和基础。

(1)股份发行的原则。

股份的发行实行公平、公正的原则,同种类的每一股份应当具有同等权利。同次发行的同种类股票,每股的发行条件和价格应当相同。任何单位或者个人所认购的股份,每股应当支付相同价额。股票发行价格可以按票面金额,也可以超过票面金额,但不得低于票面金额。

(2)股份发行的种类。

股份发行分为设立发行和新股发行。设立发行,是指股份有限公司在设立过程中,对公司股份的发行。新股发行,是指股份有限公司成立之后,为了增加公司资本而再次对公司新增股份的发行。

2. 股份转让

股份转让是指股份有限公司的股东,依一定程序把自己的股份让与他人,受让人取得股份成为该公司股东的法律行为。

(1)股份转让的原则。

股份转让实行自由转让原则,股东持有的股份可以依法转让。

(2)股份转让的场所。

股东转让其股份,应当在依法设立的证券交易场所进行或者按照国务院规定的其他方式进行。

(3)股份转让的方式。

记名股票,由股东以背书方式或者法律、行政法规规定的其他方式转让;转让后由公司将受让人的姓名或者名称及住所记载于股东名册。无记名股票的转让,由股东将该股票交付给受让人后即发生转让的效力。

(4)股份转让的限制。

发起人持有的本公司股份,自公司成立之日起1年内不得转让。公司公开发行股份前已发行的股份,自公司股票在证券交易所上市交易之日起1年内不得转让。

公司董事、监事、高级管理人员应当向公司申报所持有的本公司的股份及其变动情况,在任职期间每年转让的股份不得超过其所持有本公司股份总数的25%;所持本公司股份自公司股票上市交易之日起1年内不得转让。上述人员离职后半年内,不得转让其所持有的本公司股份。公司章程可以对公司董事、监事、高级管理人员转让其所持有的本公司股份作出其他限制性规定。

### ▶ 四、公司董事、监事、高级管理人员的资格和义务

董事、监事与高级管理人员的资格,即担任其职务的条件,包括积极资格和消极资格。积极资格是指担任其职务必须具备的条件,消极资格是指具备什么情况就不能担任其职务。由于公司立法对董事、监事、高级管理人员资格规定的同一性,为了阐述方便起见,下文将董事、监事、高级管理人员的资格和义务,简称董事的资格和义务。

(一) 董事的资格

早期各国公司法曾对董事的积极资格提出多种强制要求,包括是否具有股东身份、是否必须为自然人以及年龄、国籍、住所等,但在现代公司法上,这些要求多被取消或者成为任意要求。我国公司立法仅对董事的消极资格予以规定,而对董事的积极资格未作明确规定。

为避免股东所托非人,多数国家公司法都严格限定董事的消极资格。我国《公司法》第146条规定,有下列情形之一的,不得担任公司的董事、监事、高级管理人员:(1) 无民事行为能力或者限制民事行为能力;(2) 因贪污、贿赂、侵占财产、挪用财产或者破坏社会主义市场经济秩序,被判处刑罚,执行期满未逾5年,或者因犯罪被剥夺政治权利,执行期满未逾5年;(3) 担任破产清算的公司、企业的董事或者厂长、经理,对该公司、企业的破产负有个人责任的,自该公司、企业破产清算完结之日起未逾3年;(4) 担任因违法被吊销营业执照、责令关闭的公司、企业的法定代表人,并负有个人责任的,自该公司、企业被吊销营业执照之日起未逾3年;(5) 个人所负数额较大的债务到期未清偿。

公司违反前款规定选举、委派董事、监事或者聘任高级管理人员的,该选举、委派或者聘任无效。董事、监事、高级管理人员在任职期间出现前款所列情形的,公司应当解除其职务。

(二) 董事的义务

董事、监事、高级管理人员应当遵守法律、行政法规和公司章程,对公司负有忠实义务和勤勉义务。董事、监事、高级管理人员不得利用职权收受贿赂或者其他非法收入,不得侵占公司的财产。

1. 董事的忠实义务

忠实义务,是指董事、高级管理人员对公司负有忠诚尽力、殚精竭虑,当自身利益与公司利益存在冲突时,必须以公司的最佳利益为重,不得将自身利益置于公司利益之上的义务。我国《公司法》第148条规定,董事、高级管理人员不得有下列行

为:(1) 挪用公司资金;(2) 将公司资金以其个人名义或者以其他个人名义开立账户存储;(3) 违反公司章程的规定,未经股东会、股东大会或者董事会同意,将公司资金借贷给他人或者以公司财产为他人提供担保;(4) 违反公司章程的规定或者未经股东会、股东大会同意,与本公司订立合同或者进行交易;(5) 未经股东会或股东大会同意,利用职务便利为自己或者他人谋取属于公司的商业机会,自营或者为他人经营与所任职公司同类的业务;(6) 接受他人与公司交易的佣金归为己有;(7) 擅自披露公司秘密;(8) 违反对公司忠实义务的其他行为。

董事、高级管理人员违反前款规定所得的收入应当归公司所有。董事、监事、高级管理人员执行公司职务时违反法律、行政法规或者公司章程的规定,给公司造成损失的,应当承担赔偿责任。

2. 董事的勤勉义务

勤勉义务又称"善良管理人的注意义务",是指公司高级管理人员在从事公司经营管理活动时应当恪尽职守,敬业精进,深思熟虑,尽到普通谨慎的同行中同类公司、同类相关情形中所应具有的经营管理水平。

董事注意义务不同于忠实义务。一般而言,忠实义务属于不作为义务,注意义务属于作为义务。另一区别为,董事、高级管理人员任期届满后在一定期限内可能还承担忠实义务,如对公司的保密义务、竞业禁止义务等,该期限长短取决于义务本身与公司关系的密切程度。但根据法律、契约的规定以及公平原则,董事、高级管理人员的注意义务随任职结束而结束。

(三) 股东诉讼

1. 股东代表诉讼

董事、监事、高级管理人员执行公司职务时违反法律、行政法规或者公司章程的规定,给公司造成损失的,应当承担赔偿责任。但当公司因各种原因拒绝或怠于诉讼时,股东为了公司利益,以自己名义代替公司提起诉讼时,则形成了股东代表诉讼。

股东代表诉讼,是指当公司拒绝或者怠于通过诉讼追究公司董事、监事、高级管理人员、控股股东、实际控制人和第三人对公司所负的义务和责任时,具备法定资格的股东依据法定程序以自己的名义,但为了公司利益而提起诉讼。股东代表诉讼又可称为"股东派生诉讼"。

我国《公司法》第151条规定,董事、高级管理人员有本法第149条规定的情形的,有限责任公司的股东、股份有限公司连续180日以上单独或者合计持有公司1%以上股份的股东,可以书面请求监事会或者不设监事会的有限责任公司的监事向人民法院提起诉讼;监事有本法第149条规定的情形的,前述股东可以书面请求董事会或者不设董事会的有限责任公司的执行董事向人民法院提起诉讼。监事会、不设监事会的有限责任公司的监事,或者董事会、执行董事收到前款规定的股东书面请求后拒绝提起诉讼,或者自收到请求之日起30日内未提起诉讼,或者情况紧急、不立即提起诉讼将会使公司利益受到难以弥补的损害的,前款规定的股东有权为了公司的利益以自己的名义直接向人民法院提起诉讼。他人侵犯公司合法权益,给公司造成损失的,本条第 1 款规定的股东可以依照前两款的规定向人民法院提起诉讼。

2. 股东直接诉讼

股东直接诉讼,是指股东为了自己的利益,以自己名义对公司或其他权利侵害人提起的诉讼。我国《公司法》第 152 条规定,董事、高级管理人员违反法律、行政法规或者公司章程的规定,损害股东利益的,股东可以向人民法院提起诉讼。

## ▶ 五、公司合并与分立

（一）公司合并

公司合并是指两个或两个以上的公司,订立合并协议,依照公司法的规定,不经过清算程序,直接结合为一个公司的法律行为。公司合并采取吸收合并和新设合并两种方式。一个公司吸收其他公司为吸收合并,被吸收的公司解散;两个以上公司合并设立一个新的公司为新设合并,合并各方解散。

合并程序主要是:(1) 董事会制定合并方案。(2) 合并各方签订合并协议。(3) 编制资产负债表及财产清单。(4) 公司股东会或股东大会以特别决议作出合并决议。(5) 通知和公告债权人;公司应当自作出合并决议之日起 10 日内通知债权人,并于 30 日内在报纸上公告。债权人自接到通知书之日起 30 日内,未接到通知书的自公告之日起 45 日内,可以要求公司清偿债务或者提供相应的担保。(6) 办理登记手续。

公司合并时,合并各方的债权、债务,应当由合并后存续的公司或者新设的公司承继。

（二）公司分立

公司分立是指一个公司通过依法签订分立协议,不经过清算程序,分为两个或两个以上公司的法律行为。公司分立采取派生分立和新设分立两种形式。派生分立是指原公司将其一部分财产或营业依法分出去,成立一个或几个新公司的法律行为。新公司和原公司均保留法人资格。新设分立是指原公司以其全部财产依法分别成立两个或两个以上的新公司,并解散原有公司的法律行为。原公司法人资格消灭,新设立公司依法取得法人资格。

分立程序主要是:(1) 董事会制定分立方案。(2) 分立各方签订分立协议。(3) 编制资产负债表及财产清单。(4) 公司股东会或股东大会以特别决议作出分立决议。(5) 通知和公告债权人;公司应当自作出分立决议之日起 10 日内通知债权人,并于 30 日内在报纸上公告。(6) 办理登记手续。

实质上,公司合并程序和公司分立程序几乎相同,不同的一点是公司分立时,公司债权人并不具有要求公司清偿债务或者提供相应担保的权利,其原因在于公司分立后,公司分立前的债务由分立后的公司承担连带责任(但是,公司在分立前与债权人就债务清偿达成的书面协议另有约定的除外)。因此是否清偿债务或提供担保,对债权人利益没有影响。

### ▶六、公司解散与清算

（一）公司解散

公司解散是指引起公司人格消灭的法律事实。根据公司解散事由的不同,公司解散可分为自行解散、强制解散和司法解散三种形式。公司因下列原因解散:(1)公司章程规定的营业期限届满或公司章程规定的其他解散事由出现;(2)股东会或股东大会决议解散;(3)因公司合并或分立需要解散;(4)依法被吊销营业执照、责令关闭或者被撤销;(5)人民法院依照我国《公司法》第182条的规定予以解散。我国《公司法》第182条规定:"公司经营管理发生严重困难,继续存续会使股东利益受到重大损失,通过其他途径不能解决的,持有公司全部股东表决权10%以上的股东,可以请求人民法院解散公司。"

其中1—3项属于公司自行解散,第4项属于强制解散,第5项属于司法解散。除因第3项合并、分立而解散外,在其他解散的情形下,公司均需进入清算程序。

（二）公司清算

公司清算是指在公司面临解散的情况下,负有清算义务的主体按照法律规定的程序,清理公司债权债务,处理公司剩余财产,终止公司法律人格的行为。公司清算发生在公司解散之后,以终结公司尚存法律关系为主要内容,以消灭公司法人资格为最终目的。

公司清算程序如下:

(1)成立清算组。公司因法定原因而解散的,应当在解散事由出现之日起15日内成立清算组,开始清算。有限责任公司的清算组由股东组成,股份有限公司的清算组由董事或者股东大会确定的人员组成。此种情况属于自行清算。逾期不成立清算组进行清算的,债权人可以申请人民法院指定有关人员组成清算组进行清算。人民法院应当受理该申请,并及时组织清算组进行清算。此种情况属于强制清算。

(2)通知和公告债权人。清算组应当自成立之日起10日内通知债权人,并于60日内在报纸上公告。

(3)债权申报与登记。债权人应当自接到通知书之日起30日内,未接到通知书的自公告之日起45日内,向清算组申报其债权。债权人申报债权,应当说明债权的有关事项,并提供证明材料。清算组应当对债权进行登记。在申报债权期间,清算组不得对债权人进行清偿。

(4)制定清算方案。清算组在清理公司财产、编制资产负债表和财产清单后,应当制定清算方案,并报股东会、股东大会确认(自行清算时适用)或者人民法院确认(强制清算时适用)。

（5）分配剩余财产。公司财产在分别支付清算费用、职工的工资、社会保险费用和法定补偿金，缴纳所欠税款，清偿公司债务后的剩余财产，有限责任公司按照股东的出资比例分配，股份有限公司按照股东持有的股份比例分配。清算期间，公司存续，但不得开展与清算无关的经营活动。公司财产在未依照前款规定清偿前，不得分配给股东。

（6）清算终结。公司清算结束后，清算组应当制作清算报告，报股东会、股东大会或者人民法院确认，并报送公司登记机关，申请注销公司登记，公告公司终止。

## 第四节　合伙企业法

合伙是最古老的企业形式之一，已有数千年的历史。最早的合伙大概可以追溯到巴比伦的合作收割及希腊和罗马的文艺复兴时期的贸易企业。中世纪后，在欧洲大陆和英国，合伙是人们为规避高利贷法而采用的将商人与资金供应者结合起来的重要手段和工具。合伙制度是欧洲地中海地区形成的商法的组成部分。[①]

### ▶一、各国有关合伙企业的立法

大陆法系国家有关合伙企业的规定主要规定在民法典和商法典的有关章节中。例如，德国《民法典》第二编第705条至第740条规定了民事合伙，而德国《商法典》第105条至第160条则规定了商事合伙，第335条至第442条规定了三种商事合伙的形式即无限公司、两合公司及隐名合伙。这种合伙的分类与法国是相同的。二者都属于传统的民商分立国家，在其立法中都分别规定民事合伙与商事合伙。法国《民法典》第三篇第四章为"合伙"。商事合伙最初规定在法国《商法典》中，后来于1966年7月24日制定了《商事企业法第66—537号》。其中第一编第一章、第二章对商事合伙作了规定，取代了商法典的有关规定。

英美法系国家对于合伙企业的法律规定多采用单行立法。例如，英国1890年的《合伙法》。美国的合伙制度最先来源于英国。美国的合伙法属于州法，没有联邦统一法。为减少或消除各州之间立法差异导致的冲突，1914年"统一州法全国委员会"公布美国历史上第一部《统一合伙法》（Uniform Partnership Act）供各州立法时选用。到1986年，除路易斯安那州外的美国各州的合伙法都是以该统一法为基础的。1994年"统一州法全国委员会"对1914年的《统一合伙法》作出了全面、重大的修改，新版本被称为《统一合伙法》。此后，在1996年、1997年又对该法作了修改。[②]

### ▶二、合伙企业的概念和特征

关于合伙的概念，许多国家立法都有规定，德国《民法典》第705条规定："各合

---

① 参见宋永新：《美国非公司型企业法》，社会科学文献出版社2000年版，第39页。
② 参见同上书，第40页。

伙人依合伙合同,互负义务以合同所规定的方法促进共同目的的事业的完成,特别负履行约定出资的义务。"瑞士《债务法》第 530 条规定:"合伙是两个或两个以上的人完成共同目的用共同的力量或资金结成的合同关系。"日本《民法典》第 667 条规定:"合伙为二人以上约定出资经营共同事业的合同。"1890 年英国《合伙法》第 1 条规定:"合伙人为多数人以营利为目的,而经营共同事业的关系。"美国《统一合伙法》第 202(a)节规定:"两个或两个以上的人以营利为目的、以共有人的身份经营一项企业而形成的社团即构成一个合伙,不管当事人是否有组成一个合伙的意向。"从以上各国立法关于合伙的规定看,多数国家从合同意义上来定义合伙,而美国则是从社团角度来定义合伙。在大陆法系国家,合伙分民事合伙和商事合伙,分别适用民法典和商法典,两者的区别就在于,商事合伙必须是达到一定经营规模的并专门从事营利性活动的合伙企业(我们主要介绍的是商事合伙)。

我国曾在 1986 年《民法通则》中规定了个人合伙,但在 2017 年颁布的《民法总则》中予以取消。根据我国《民法总则》第 102 条的规定,非法人组织是不具有法人资格,但是能够依法以自己的名义从事民事活动的组织。非法人组织包括个人独资企业、合伙企业、不具有法人资格的专业服务机构等。我国在 2006 年修订的《合伙企业法》第 2 条将合伙企业定义为:合伙企业,是指自然人、法人和其他组织依照本法在中国境内设立的普通合伙企业和有限合伙企业。普通合伙企业由普通合伙人组成,合伙人对合伙企业债务承担无限连带责任。本法对普通合伙人承担责任的形式有特别规定的,从其规定。有限合伙企业由普通合伙人和有限合伙人组成,普通合伙人对合伙企业债务承担无限连带责任,有限合伙人以其认缴的出资额为限对合伙企业债务承担责任。

合伙企业具有以下主要特征:

(1)合伙企业必须是两个或两个以上的合伙人组成。这使其与独资企业相区别。至于合伙人最高总人数的限制,大多数国家没有规定,但英国、澳大利亚则限制在 20 人以内。我国《合伙企业法》规定有限合伙企业的合伙人上限为 50 人,对普通合伙企业的合伙人上限没有规定。合伙人的资格在各国的规定不尽相同。如美国《统一合伙法》第 2 条规定,合伙"人"包括个人、合伙、公司和其他组合。在法国和德国,自然人和法人都可以为合伙人。根据德国《商法典》的规定,合伙人不限于自然人,股份有限公司、有限责任公司等均可以成为合伙人。但是,日本、瑞士、加拿大以及我国台湾地区对合伙人的资格有限制规定。例如,依日本《商法典》第 55 条规定,公司不得为其他公司的无限责任股东,或合伙事业的合伙人。瑞士《债务法》也在第 552 条、第 553 条明文禁止法人成为合伙的成员。加拿大《合伙法》第 2 条则规定合伙仅限于自然人之间的关系。根据我国《合伙企业法》的规定,我国合伙企业的合伙人可以是自然人、法人和其他组织,但国有独资公司、国有企业、上市公司以及公益性的事业单位、社会团体不得成为普通合伙人。另外,对于无行为能力人可否成为合伙人,西方各国一般不限制。例如,在英国,未成年人可以成为合伙人。未成年人在其未成年期间不对合伙的任何债务承担责任,但根据 1987 年《未成年人合同法》,在成年时可对债务进行认可。未成年人的出资可被用于偿还合伙的债务。未成年人即使没有合同能力,仍可成为合伙或其他合伙人的一般代理人。精神失常者可以不受合伙协议的约束,如果在签订协议时能表明其为精神失常而其他合伙人知道该人不能明白协议的性质。合伙人为精神失常者的事实是其他合伙人请求解散合伙的理由。①

（2）合伙企业的成立是基于合伙人之间订立的合伙协议。合伙企业的成立与公司的成立相比十分简单。只要合伙人就出资比例盈余分配等权利义务达成一致,合伙就已经成立。有的还需要登记注册,但无须经过批准。

（3）合伙企业是各合伙人共同出资、共同经营、共担风险、共享利润的组织。合伙协议不同于一般合同之处就在于其当事人具有共同的目的。合伙人原则上均享有平等参与管理、经营合伙企业的权利。合伙人共享合伙利益的比例由合伙人约定。大多数国家规定,合伙人对合伙企业的债务承担无限连带责任。合伙人以个人全部财产作为合伙债务的担保。一旦合伙企业的财产不足以清偿其债务,债权人有权向任何一位合伙人请求全部履行债务。但在各国的具体规定有所不同。在法国和日本,合伙的债权人对于每一合伙人仅能按其出资比例或损益分配比例求偿。在德国、瑞士和美国,合伙的债权人可对合伙人中的一人或数人或全体合伙人,同时或先后请求清偿全部或一部。在我国,普通合伙人对合伙企业债务承担无限连带责任。

合伙人与债权人的区分很重要。例如,某人借钱给一合伙,直到合伙解散才能偿还。而协议明确说明他不是合伙人,但他取得固定比例的利润,并且有权检查账户和解散合伙。法院认定他是一个合伙人。事实上所谓"贷款"是合伙的资本基础。法院是通过考察当事人的意图来确定其身份的。

（4）合伙是合伙人之间的"人的集合",是建立在合伙人之间相互信任的基础之上。也就是说合伙企业对每一个合伙人都有相当程度的人身依赖,如果发生某一合伙人的死亡、失踪、破产、退出等,往往会对合伙企业的稳定性带来极为不利的影响,甚至直接导致合伙企业的消灭。

（5）合伙企业一般不是法人,不能以合伙企业的名义拥有财产,享受权利和承担义务。传统民法理论认为,合伙本身仅是一种合同关系,而非法律上的主体,法律上的主体是每一个合伙人。但是,现代不少国家的民商法确认了合伙的特殊权利能力及合伙可以自己名称对外进行民事活动和诉讼活动。有的对合伙的法律地位作了新的概括。例如,法国 1978 年第 9 号法令修正法国《民法典》第 1482 条而明确规定,除本编第三章所规定的共同冒险外,合伙自登记之日起具有法人资格。荷兰、比利时、日本等国法律均认为合伙企业是法人。依德国法,合伙虽不具有法律人格,但

---

① 参见 Stephen Judge, *Business Law*, 2nd Edition, 法律出版社 2003 年影印版,第 178 页。

它可以成为诉讼当事人,从而合伙可以被宣告破产,合伙的债权人可先于合伙人个人的债权人从合伙财产得到清偿。

根据英国1890年《合伙法》第1条第1款的规定,英国强调合伙是一种关系而不是有独立法人资格的组织。合伙无法人资格和合伙人的无限责任使得在诉讼时被混淆。因此,根据最高法院规则合伙能够以自己的名义起诉和被诉,但对合伙的任何判决约束合伙人。而在苏格兰,合伙具有独立法人资格,但是合伙人不享有有限责任。① 美国1914年的《统一合伙法》没有明确合伙的性质,既没有明确肯定合伙是一个实体,但也没有否定合伙是一个实体。而美国1994年的《统一合伙法》第2条对合伙的性质作了明确的规定:"合伙是一个与其合伙人相区别的实体。"合伙的债权人可以直接起诉合伙,合伙与合伙人可以相互起诉。而合伙人相互之间只能在穷尽合伙财产之后才能进行诉讼,从而避免了原来合伙法下合伙人随时可能被告上法庭的尴尬。②

作为一种企业形式,合伙企业对合伙人来说有利之处主要有,合伙企业可以在一定程度上集合人力,集中起比个人企业较多的资金;设立合伙企业的手续比较简单,合伙协议是不要式合同,不必订立章程;每个合伙人都有参与管理企业的权利,对企业的经营管理、企业发展等问题有较多的控制权和发言权;在许多国家合伙企业不是法人,因而不是独立的纳税单位,不必交纳企业所得税;各国政府对合伙企业的监督和管理比较宽松,一般不要求合伙企业公开账目和年度报告,因此企业经营有较大的自由和灵活性。同时,合伙企业有其缺点:合伙企业集合人力和积聚资金均有一定的限度,很难募集到大量资本,因此规模一般不大;合伙企业与合伙人的关系密切,合伙人的变化(死亡、破产、退出等)常常影响到合伙的存在,不利于合伙企业的稳定和发展;合伙人对合伙企业的债务承担无限连带责任,责任重大,一旦经营失败,很容易倾家荡产;每一合伙人都有权参与管理,不利于企业管理的集中和统一,不利于实现科学化管理。

### ▶ 三、合伙企业的设立

各国法律一般规定合伙企业的成立基于合伙人之间的合伙协议。大陆法系国家一般要求设立合伙企业时须履行申请登记手续。德国法规定,合伙企业必须在商业登记册上办理登记。全体合伙人必须事先提出合伙申请,合伙申请要载明每一合伙人的姓名、职业和长期住所,企业的名称和开设地点,以及开始营业的日期。我国《合伙企业法》第9条规定,申请设立合伙企业,应当向企业登记机关提供登记申请书、合伙协议书、合伙人身份证明等文件。可见我国法律规定要求合伙必须订立书面的协议,并办理法定的手续。

---

① 参见 Stephen Judge,*Business Law*,2nd Edition,法律出版社2003年影印版,第173页。
② 参见宋永新:《美国非公司型企业法》,社会科学文献出版社2000年版,第47页。

在英美法系国家一般不需要办理任何手续即可成立,但成立合伙必须要有合法的目的;当事人没有组成合伙的意愿,甚至当事人明确不组成合伙的情况下,也可以由法院在事后根据当事人关系的实际情况判定合伙已经成立。例如在英国,合伙的成立没有正式的手续要求,只要合伙人起草一份正式的合伙契据或书面文件即可成立。合伙也可以通过口头协议或默示的方式成立。实际上,没有关于损失分担的协议并不重要,没有协议可以按照1890年《合伙法》的规定来分担。美国《统一合伙法》中也没有对合伙的成立形式及程序作出专门规定,只要符合合伙的定义的社团而且也没有根据其他特定法律设立的企业都是合伙,即不属于任何其他企业的企业,即可推定为合伙,不管当事人主观上是否有设立合伙关系的意思,也不需要履行任何特定的手续。如果是某些行业如律师业、医师业,必须要有执照才能开业,必须向有关主管部门申领开业执照。在现实生活中,客观上存在着一些个人之间以营利为目的进行合作经营而又未办理任何登记手续的情况。

### ▶ 四、合伙企业内部合伙人之间的关系

合伙企业内部合伙人之间的关系首先是一种合同关系,合伙协议的规定可以决定合伙人之间的权利义务关系,合伙协议没有规定的问题依照法律规定。同时合伙人之间是一种相互信赖的诚信关系。

(一) 合伙人的权利

(1) 分享利润的权利。合伙人有权依照合伙协议的规定比例取得利润。如果合伙协议中没有规定,则合伙人应依照法律的规定分配利润。例如我国《合伙企业法》第33条规定,合伙企业的利润、亏损分担,按照合伙协议的约定办理;合伙协议未约定或者约定不明确的,由合伙人协商决定;协商不成的,由合伙人按照实缴出资比例分配、分担;无法确定出资比例的,由合伙人平均分配、分担。合伙协议不得约定将全部利润分配给部分合伙人或者由部分合伙人承担全部亏损。

(2) 参与合伙企业经营管理的权利。除非合伙协议有相反的规定,每一合伙人均有平等参与合伙企业管理,对外以合伙名义进行业务活动的权利。如果每一合伙人都参与经营管理,企业的经营决策须经每一合伙人同意。我国《合伙企业法》第26条规定,合伙人对执行合伙事务享有同等的权利。按照合伙协议的约定或者经全体合伙人决定,可以委托一个或者数个合伙人对外代表合伙企业,执行合伙事务。作为合伙人的法人、其他组织执行合伙事务的,由其委派的代表执行。美国《统一合伙法》第401节规定,合伙企业的常规事务的决定一般应由合伙人多数同意作出决定,但常规事务以外的事项应由全体合伙人一致同意作出决定;此类事务包括接纳新合伙人与修改合伙协议。

(3) 监督、检查账目的权利。每一合伙人都有权了解、查询有关合伙经营状况的各种账簿,负责日常业务的合伙人不得拒绝合伙人的要求。一些国家对合伙人的这项权利有限制,如法国法律规定,不参与日常管理的合伙人一年内查阅合伙账目

一般不得超过两次。根据美国1994年《统一合伙法》的规定,合伙人查阅账簿的动机在所不问。合伙协议不得限制合伙人的此种权利;如有限制,法院有权对此类限制的合法性进行司法审查,并作出裁决。但合理的限制应当允许。如果合伙人滥用其查阅权则构成违反善意与公平交易的义务,其他合伙人可以寻求救济。我国《合伙企业法》第27条规定,不执行合伙事务的合伙人有权监督执行事务合伙人执行合伙事务的情况。第28条规定,合伙人为了解合伙企业的经营状况和财务状况,有权查阅合伙企业会计账簿等财务资料。

(4) 获得补偿的权利。合伙人在执行合伙常规业务过程中或为保护合伙业务或财产而支出的款项有权从合伙企业获得补偿。但是,合伙人无权就其向合伙提供的劳务要求报酬。合伙应当偿还合伙人向合伙提供的出资以外的贷款,并应对上述款项支付从应当支付之日起的利息。①

(二) 合伙人的义务

(1) 缴纳出资的义务。合伙人在订立合伙协议后,有义务按照合伙协议规定的时间、数额、方式缴纳出资。如合伙人到期拒不缴纳出资而使合伙无法成立或给其他合伙人造成损失的,其他合伙人有权要求其赔偿。我国《合伙企业法》第17条规定,合伙人应当按照合伙协议约定的出资方式、数额和缴付期限,履行出资义务。

(2) 分担合伙企业的债务。合伙人应根据合伙协议对内承担合伙的债务。美国1994年《统一合伙法》规定,如果合伙人同意平等地分享利润,也应当同意平等地分摊损失。对于不出资而仅提供劳务的合伙人而言,让其分担合伙资本损失是有失公平的。为解决这一问题,合伙协议可以作出安排,规定让出资者承担合伙资本损失的责任。我国《合伙企业法》第33条有相关规定。

(3) 竞业禁止的义务。合伙人都不得经营与合伙企业相竞争的业务。如果合伙人利用自己的便利条件从事了与合伙企业相竞争的业务,就会损害其他合伙人的合法利益,因此,各国法律都规定合伙人不得从事与合伙企业相竞争的业务。英国《合伙法》第30条规定,如果一合伙人未经其他合伙人同意从事了任何与合伙相竞争的业务,他必须向合伙作出说明并将其从事这种经营所取得的全部利润交给合伙企业。合伙协议通常都规定禁止从事与合伙企业有竞争的业务,而且违反这类规定将成为开除该合伙人及终止合伙的理由。我国《合伙企业法》第32条规定,合伙人不得自营或者同他人合作经营与本合伙企业相竞争的业务。此处的合伙人指普通合伙人。

(4) 忠诚义务和谨慎义务。根据美国1994年《统一合伙法》第404节的有关规定,合伙人的忠诚义务的全部内容有三种:第一种忠诚义务是合伙人向合伙提供一份其在执行合伙业务或结算过程中以信托人身份持有合伙的任何财产、从财产中产生的利润或利益,或者将在使用合伙财产过程中,包括利用合伙的机会产生的利润

---

① 转引自宋永新:《美国非公司型企业法》,社会科学文献出版社2000年版,第59页。

或利益的报告。第二种忠诚义务是合伙人在执行合伙事务或在合伙经营过程中,避免自己作为与合伙利益有冲突的一方或代表与合伙利益有冲突的一方同合伙进行交易。第三种忠诚义务是在合伙解散前,在执行合伙业务时,避免与合伙竞争。也就是前述竞业禁止的义务。谨慎义务是美国判例法发展起来的一种行为标准。合伙人对合伙及其他合伙人在执行合伙业务和结业过程中的谨慎义务限于不作出严重的疏忽或不计后果的行为和故意渎职或违法的行为。谨慎义务不得以合伙协议予以排除,但标准可以合理降低。而合伙人应当履行法律或者合伙协议规定的对合伙及其他合伙人的职责,并应在行使其权利时始终如一地遵守诚实信用的公平交易的义务。

(5) 不得任意转让出资的义务。由于合伙人之间存在着相互信任的关系,如果合伙人未经其他合伙人同意而任意转让其出资,则有可能损害合伙企业的利益。所以,各国法律都规定,除合伙协议另有规定外,合伙人转让出资时需要其他合伙人一致同意。但大多数国家均允许合伙人在一定条件下将请求分配利润的权利转让或赠予他人。在合伙协议没有相反规定的情况下,合伙人的死亡或退伙即引起合伙的解散。但一般合伙协议都订有企业存续条款,即如果某合伙人死亡或退出,合伙企业继续经营。我国《合伙企业法》第22条规定,除合伙协议另有约定外,合伙人向合伙人以外的人转让其在合伙企业中的全部或者部分财产份额时,须经其他合伙人一致同意。

### ▶ 五、合伙企业的财产

合伙企业的财产包括合伙人出资形成的财产和合伙经营创造和积累的财产。大部分国家立法认为合伙企业财产应由合伙人共有。根据英国1890年《合伙法》的规定,合伙财产包括初始投入的财产,为合伙之经营目的而购买的财产以及其他方式取得的财产。合伙财产归合伙人共同共有,合伙人共同出资,也共同分享合伙利益。德国《民法典》中规定合伙企业财产属于全体合伙人的共同财产,包括合伙的出资以及合伙存续期间因合伙事务而得到的财产。按照法国法律的规定,合伙人投入合伙企业的财产为合伙人共同共有,合伙财产产生的收益也为合伙人共有,除合伙协议有特别约定外,合伙人不得擅自支配自己投入合伙企业的财产。日本《民法典》第668条规定:"各合伙人的出资及其他合伙财产,属全体合伙人共有。"而美国1994年《统一合伙法》则明确规定,合伙财产为合伙所有而不是合伙人个人所有。我国《合伙企业法》第20条规定:"合伙人的出资、以合伙企业名义取得的收益和依法取得的其他财产,均为合伙企业的财产。"我国学者认为合伙财产应当属于合伙人共有。合伙企业由两个或两个以上的合伙人共同出资而形成,而且合伙企业没有独立法人人格,合伙企业的财产与合伙人的财产并未完全分离。严格地说,在法律上合伙企业并无自己的财产,真正对合伙企业财产享有最终所有权的应当是合伙企业的最终人格承担者——合伙人。其对外活动所产生的债务最终是由投资的合伙人来承担。各国法律对合伙企业财产加以规定对合伙企业财产与合伙人个人财产清偿的顺序以及清偿合伙企业债务与合伙人个人债务的顺序有影响。

各国都规定合伙人对合伙企业的对外债务承担无限责任。但是,各合伙人承担无限责任是以其出资份额为限还是各合伙人之间连带承担,目前各国有不同的做法。如日本、法国采用的分担主义的做法,即合伙人以其投入合伙企业的出资比例或损益分担比例资产来承担无限责任,也就是所谓一般无限责任。日本《民法典》原则上规定了合伙人按比例分担债务,但第675条规定:"合伙债权人,于债权发生时不知合伙人的损失分担比例时,可以对各合伙人就平均分担的部分行使。"法国法律规定,合伙企业一般要承担无限责任,合伙人以自己投入合伙的资产份额承担无限责任。有些国家和地区,如德国、瑞士、美国及我国台湾地区采用连带主义做法,即合伙企业的债权人可以向任何一个合伙人请求清偿合伙企业全部债务,合伙企业的每一个合伙人也有义务在受到请求时以其全部财产承担无限责任。德国《民法典》第427条规定:"数人因契约对同一可分的给付负共同责任者,在发生疑问时,作为连带债务人负其责任。"两种做法比较后者更有利于保护债权人的利益。

合伙人对合伙企业的对外债务承担无限连带责任,合伙企业财产与合伙人个人财产用于清偿债务的顺序,在各国也存在两种做法,即所谓的并存主义和补充连带主义。① 所谓并存主义,即债权人在请求清偿债务时,可以首先向合伙企业要求清偿,也可以直接向合伙人请求清偿。采取这一做法的国家主要有德国、瑞士等。德国法规定,合伙人之无限责任即合伙负债时,债权人有权向合伙企业追偿债务,而且还有权向合伙人追偿债务。所谓补充连带主义,即对于合伙企业的债务,应当首先以合伙企业财产清偿,合伙企业财产不足清偿时,各合伙人就不足部分承担无限连带清偿责任。大部分国家采取这一做法,我国亦采用此做法。我国《合伙企业法》第38条规定,合伙企业对其债务,应先以其全部财产进行清偿。第39条规定,合伙企业不能清偿到期债务的,合伙人承担无限连带责任。

合伙人将其部分财产投入合伙企业运营,而合伙人自己还要参加其他的法律关系。如果同一债权人对于合伙企业和合伙人同时享有请求清偿的权利(当然是基于不同的法律关系),对于合伙企业与合伙人个人都存在一个债务的清偿顺序的问题。各国的规定有两种原则,即并存原则和双重优先原则。②并存原则即合伙企业的债权人就合伙企业的财产优先受偿,不足部分,与合伙人个人的债权人就合伙人的个人财产共同受偿。双重优先原则为包括英美等国的大多数国家采取。按双重优先原则,合伙企业的债权人优先于合伙人的债权人就合伙企业的财产受偿;而合伙人的债权人优先于合伙企业的债权人就合伙人个人财产受偿。我国《合伙企业法》虽然对此问题未作明确规定,但在司法实践中采用的是双重优先原则。

---

① 参见任先行、周林彬:《比较商法导论》,北京大学出版社2000年版,第312—313页。
② 参见同上。

### ▶ 六、合伙企业与第三人的关系

各国一般规定,在合伙企业中,每一合伙人在企业从事的业务范围内,都有权作为合伙企业和其他合伙人的代理人,即合伙人相互代理原则。除非合伙人无权处理该项事务,而且与之进行交易的第三人知道该合伙人没有得到授权,每个合伙人执行合伙企业的通常业务中所作出的行为对合伙企业和其他合伙人具有约束力。根据英国1890年《合伙法》的规定,除有明确的禁止外,合伙人有以下默示授权:出售合伙企业的货物;以合伙企业名义购买或抵押其业务所需货物;收受企业的借款并出具收据;支付欠款;为企业雇佣职工;贸易性合伙企业中合伙人有开立、背书、承兑、取得流通票据的默示授权;非贸易性合伙企业只能开立或承兑支票;以合伙企业名义开立账户、借款;委托律师进行诉讼等。合伙人之间对任何一个合伙人的权力的限制,不得用来对抗不知情的第三人。我国《合伙企业法》第37条规定:"合伙企业对合伙人执行合伙事务以及对外代表合伙企业权利的限制,不得对抗善意第三人。"合伙人在从事通常业务的过程中所作的侵权行为,应由合伙企业承担。但合伙企业也有权要求由于故意或疏忽的有关合伙人赔偿企业由此而遭受的损失。新合伙人对于参加合伙之前的原合伙企业所负债务要承担责任。对于已经退出合伙企业的合伙人,对其退出前发生的债务仍须负责。已退出合伙企业的合伙人对其退出后合伙企业所发生的债务是否仍须负责任,则须视情况而定。对于在该退伙人退出合伙企业前,与合伙企业进行过交易的第三人,则该退伙人必须通知该第三人,说明他已不是合伙人,否则他仍须对该第三人负责。如果该第三人在他退伙之前未与合伙企业进行过交易,也不知道他是合伙人,则他对于其退出后所进行的交易不负责任。根据美国1994年《统一合伙法》第702节的规定,退伙人在退伙后两年内与不知其退伙的善意第三人的交易行为对合伙仍有拘束力,因此,退伙人仍须对在此范围内的合伙债务负责。但经与债权人或继续经营合伙业务的其他合伙人达成协议后,可以免除退伙人对退伙后产生的合伙债务的责任。此外,如果合伙人的债权人在接到该合伙人已经退伙的通知,在未经该退伙人同意的情况下,同意对合伙偿还债务的条件作出重大修改,该退伙人免于承担合伙的债务。

### ▶ 七、合伙企业的解散

各国关于合伙企业解散均作出了规定。英国学者根据英国1890年《合伙法》的规定,将合伙企业解散的情形分为无需法院判决的解散、经法院判决的解散以及经仲裁裁决的解散。① 无需法院判决的解散的理由有:合伙协议规定了期限届满,或者任一合伙人将其解散合伙的意图通知其他合伙人;合伙人死亡、破产;合伙协议明确规定的解散情形出现;继续经营合伙业务为非法。经法院判决的解散的理由有:合

---

① 参见 Stephen Judge, *Business Law*, 2nd Edition, 法律出版社2003年影印版,第190页。

伙人精神失常;永久性无能力(精神失常以外的情况如合伙人因欺诈性行为承担刑事责任);持续违反合伙协议;持续亏损经营以及公正和公平的原因。如果合伙协议包含仲裁条款并且涉及合伙解散问题,仲裁员有权向法院一样解散合伙。此外还规定合伙企业解散后需进行清算。美国1994年《统一合伙法》第801节规定了合伙解散的几种原因:(1)任意性合伙的合伙人明示通知退伙。(2)定期合伙的反应性解散包括合伙人的死亡、丧失能力或破产、合伙人一致同意解散合伙、合伙期限届满。(3)合伙协议规定合伙解散的事件出现。(4)继续经营合伙业务违法。经法院判决解散,包括两种情况:一是如果合伙的经济目的难于实现或者由于一合伙人的希望或其他原因,使其他合伙人继续与其经营合伙业务已经不现实,经一合伙人申请,法院可以裁定合伙解散;二是如果合伙利益已经转移给受让人,定期合伙或项目合伙已经到期,或者转移时合伙已经是一个任意性合伙,经受让人的申请,法院可以裁定解散合伙符合公平原则。该法第802节对合伙解散的效果作了规定。德国《商法典》中规定无限公司解散的原因包括:设立公司时规定是存续期间届满而股东又不愿延长;全体股东一致决定;公司破产;某位股东死亡或破产;股东宣布退出公司以及法院裁决。法国、日本等国与德国的规定无实质区别。从以上各国的规定可以看出,对于合伙企业解散的事由大多相同。无论何种情形下的合伙企业的解散,合伙人都应对合伙财产进行清算。我国《合伙企业法》第85条规定,合伙企业有下列情形之一的,应当解散:(1)合伙期限届满,合伙人决定不再经营;(2)合伙协议约定的解散事由出现;(3)全体合伙人决定解散;(4)合伙人已不具备法定人数满30天;(5)合伙协议约定的合伙目的已经实现或者无法实现;(6)依法被吊销营业执照、责令关闭或者被撤销;(7)法律、行政法规规定的其他原因。第86条规定,合伙企业解散,应当由清算人进行清算。

### ▶ 八、隐名合伙、有限合伙以及有限责任合伙

在大陆法系国家,普通合伙之外还有隐名合伙。英美法系国家,合伙有不同的分类,根据美国有关合伙的法律,合伙有普通合伙、有限合伙、有限责任合伙、有限责任有限合伙。英国立法中也有普通合伙与有限合伙之分,此外还有有限责任合伙。

(一) 隐名合伙

隐名合伙是当事人约定,一方(隐名合伙人)向另一方当事人(出名合伙人)所经营的企业出资,另一方将营业所得利益分给出资人的合同。① 在隐名合伙中,隐名合伙人出资只限于金钱或其他财产,不包括劳务或信用。隐名合伙人出资后,其财产权转移给营业人(即出名合伙人),整个合伙的事务由营业人执行,隐名合伙人不参与合伙事务的执行。隐名合伙人是否承担损失,各国法律规定不一致。隐名合伙人对合伙的营业事务有监督权如查阅账簿等,分享营业利益。隐名合伙人对外不出

---

① 参见谢怀栻:《外国民商法精要》,法律出版社2002年版,第233页。

面,对第三者(包括债权人)不负任何责任,不发生权利义务关系。隐名合伙在形式上和法律上只是营业人一方的企业。营业人在合同终止时返还隐名合伙人的出资。普通合伙为"人的集合"(可以劳务和信用出资),资本的结合附属于人的结合。隐名合伙中没有人的结合,只有资本的关系。德国《商法典》第335—342条对于隐名合伙作了规定;法国《民法典》在第三章规定了隐名合伙;日本《民法典》也以"匿名组合"对隐名合伙进行了限定。隐名合伙已成为现代各国合伙制度中不可缺少的一部分。

(二) 有限合伙

有限合伙是指由至少一名普通合伙人和至少一名有限合伙人组成的企业,前者对合伙企业的债务负无限责任,后者则只负有限责任,即仅以其出资额为限承担有限责任。美国统一州法全国委员会1916年制定了《统一有限合伙法》,1976年该法进行了修订,1985年该法再次进行了修订。1985年美国《统一有限合伙法》第101(7)节规定,有限合伙是指:"由两个或多个人根据本州的法律设立,且拥有一个或多个普通合伙人和一个或多个有限合伙人的合伙。"英国在1907年专门制定了《有限合伙法》,称有限合伙是由承担无限连带责任的普通合伙人和承担有限责任的有限合伙人组成的合伙。根据美国1985年《统一有限合伙法》的规定,有限合伙中的普通合伙人享有没有有限合伙人的普通合伙中的合伙人同样的权利与权力,也承担与普通合伙的合伙人同样的义务与责任。与普通合伙不同,有限合伙人对合伙的债务责任以其对合伙的出资为限承担有限责任。有限合伙人不能控制合伙的事务,否则,他们即丧失有限责任的保护。但有限合伙人并非完全不能参与合伙事务。合伙协议可以赋予有限合伙人以投票权。至于其参与合伙事务到何种程度即构成了对企业的控制,从而承担普通合伙人的责任,该法中使用了排除法,列出了一系列不构成控制合伙事务的行为。有限合伙人的名字不得出现在有限合伙的名称中,如果列入,他将对合伙的债务承担无限连带责任。有限合伙人有权查阅合伙记录、经请求后有权从普通合伙人处获取有限合伙业务和财务情况的信息。有限责任合伙人的死亡、破产不影响企业的存在,不产生解散企业的后果;但负无限责任的普通合伙人一旦死亡或退出,除企业章程有规定外,企业即告解散。有限责任合伙人的股份经普通合伙人同意之后,可以转让给别人。有限责任合伙人不得发出通知解散企业。

大陆法系中的隐名合伙与英美法系中的有限合伙实质上具有相同之处,即合伙人均属两种类型,一种仅以其出资额为限对合伙债务承担有限责任,另一种则要承担无限连带责任。两者最大的特点或者存在的价值即在于可以鼓励合伙人进行投资。我国《合伙企业法》至今尚无隐名合伙的规定,但在2006年修订《合伙企业法》时,增加了有限合伙企业的规定。

(三) 有限责任合伙

有限责任合伙是美国企业法上的一个全新的概念。从它的发端到比较成熟与普遍接受,总共只有不到十年的时间。人们对它尚不了解,但这种形式在美国已经越来越广泛地被采用。① 它是专业人士,包括会计师、律师等设立律师事务所、会计师事务所等专业企业所普遍采用的组织形式。在美国,最早的有限责任合伙法是得克萨斯州在 1991 年制定的。1996 年,在综合了各州有限责任合伙立法的实践经验的基础上,美国统一州法全国委员会对 1994 年《统一合伙法》作了修改,对有限责任合伙进行了规定,以便向各州提供有关立法的蓝本,使各州的有限责任合伙立法走向统一。英国议会在 2000 年 7 月通过了《有限责任合伙法》。简言之,有限责任合伙是指全体合伙人对合伙的侵权债务或全部债务承担有限责任的商业组织形式。事实上,由于美国有限责任合伙立法与英国的《有限责任合伙法》对这一商事组织形式的定位完全不同,很难给"有限责任合伙"下一个更具体而又有普遍适用性的定义。

英国的《有限责任合伙法》将有限责任合伙视为一种崭新的企业组织形式,其法律地位是一个独立的法人,与公司类似。该法还明确规定,除了该法有特别说明之外,普通合伙法的规则不适用于有限责任合伙。相反,《公司法》中的许多监管性的规则,如登记设立、会计账目的编报与审计、主要管理人员资格、破产清算等事宜,均适用或变通适用于有限责任合伙。在英国,有限责任合伙不仅可以为专业人士所采用,而且也适用于一般性的商业活动。美国各州的有限责任合伙规则,以及美国统一州法委员会制定的《统一合伙法》,都将有限责任合伙视为普通合伙的一种变型,变化的仅仅是普通合伙的连带责任特征,合伙人不再对合伙的一部分债务或全部债务承担个人连带责任。与英国不同的是,在美国一个经济组织必须首先是普通合伙,然后才能注册为有限责任合伙,也就是,一个有限责任合伙在其他方面都适用普通合伙法的规则;另外,英国的《有限责任合伙法》创设了一种普遍适用的组织形式,而美国许多州都规定,有限责任合伙只能为获得州政府执业牌照的专业人士所采用。

美国与英国的法律关于有限责任合伙的定位不同,监管的力度不同,但有三大核心规则是一致的,这三大核心规则是合伙的灵活管理机制、合伙的单一税负和合伙人的有限责任。

有限责任合伙与普通合伙相比较,普通合伙的合伙人对合伙债务须承担个人连带责任,而有限责任合伙的合伙人则对合伙的债务的范围限于其在合伙中的利益。除合伙人责任不同外,有限责任合伙与普通合伙非常相似。不论是英国式的还是美国式的有限责任合伙,都保留了合伙的传统优势,即合伙人通过合伙协议确定内部结构、管理模式、盈亏分担等事项,合伙人平等地、共同地参与合伙事务的权利,以及单一税负的税法地位,等等。只是英国的有限责任合伙,强调合伙的法人地位,这一点与传统合伙有区别。

---

① 参见宋永新:《美国非公司型企业法》,社会科学文献出版社 2000 年版,第 237 页。

有限责任合伙与有限合伙相比较,有限合伙中合伙人分成两部分,一部分是普通合伙人,对合伙债务承担无限连带责任;一部分是有限合伙人,对合伙债务承担的责任以其在合伙中的出资为限。有限责任合伙不存在普通合伙人与有限合伙人之分,所有合伙人都受到有限责任保护。而且有限责任合伙的默示管理原则就是全体合伙人共同参与合伙的经营管理。在有限合伙中,有限合伙人获得有限责任保护的前提条件是不得参与合伙的经营管理。如果他们参与了合伙的内部事务管理,就会丧失有限责任的特权,而与普通合伙人一起承担连带责任。

有限责任合伙相对于传统合伙企业的根本性变化,是将合伙人对合伙债务的无限连带责任,改为合伙人对合伙债务有条件地承担的有限责任。对此,美国各州《有限责任合伙法》及美国《统一合伙法》有比较明确的规定,归纳起来,包括以下三个方面的内容:(1) 合伙人对合伙的侵权债务或全部债务承担有限责任。有限责任合伙的核心是合伙人对合伙债务只承担有限责任,承担责任的财产是其在合伙中的权益。合伙的债务可以分成合伙的契约债务和侵权责任。对于合伙人对合伙的哪些债务承担有限责任,这是一个在有限责任合伙法的发展过程中逐步明确的问题。最早美国《得克萨斯州有限责任合伙法》规定:"一个专业合伙中的合伙人对另一个合伙人、雇员或合伙代表在提供专业服务时的错误、不作为、疏忽、缺乏能力的或者渎职的行为,除其在合伙中的利益外,不承担个人责任。"最后美国《统一合伙法》的标准条款规定:"一个人并不仅仅因为他是一个合伙人而直接或间接地,包括以补偿、分摊、评定或其他方式对合伙成为有限责任合伙后发生的、设定的或接受的或可向合伙收取的、不管是源于侵权、合同或其他债务或义务负责。"但是,也有的州的法律规定得并不如此明确。一些学者认为,对于传统上由合伙人共同承担责任的合同债务,如合伙所欠房租、欠银行的贷款等等,合伙人还是应当共同承担个人连带责任。(2) 债权人或被侵权人不得对合伙人提起个人诉讼。美国《统一合伙法》第307(f)节规定,如果一个合伙人对一项对合伙的求偿权不负个人责任,该合伙人不是该项针对合伙的诉讼的适当当事人。但是,在特定的情形下,如合伙人承担了对特定过失行为的监管责任或者存在其他需要负个人责任的情事,依法需要承担个人责任时,债权人或被侵权人可以直接起诉合伙人。美国《统一合伙法》第307(d)节对直接起诉合伙人设定了严格的条件,包括:第一,原告已经获得了一项对合伙财产的判决,但该判决难以全部或部分执行;第二,合伙是破产债务人;第三,合伙人同意债权人不必穷尽合伙的财产;第四,法院认定,合伙的财产明显不足以满足判决的执行,而穷尽合伙的财产又不堪重负,或者法院依据衡平原则适当地行使处置权,因而发出了债权人从一合伙人的资产中实现其判决的许可;第五,法律或独立于合伙存在之外的契约对合伙人设定了该项直接责任。(3) 有过错的合伙人的直接责任。有限责任合伙并不意味着合伙人完全解除了对合伙债务的责任。从美国各州有限责任合伙法的规定看,在以下三种情形下,合伙人需要对合伙债务直接承担个人责任:第一,合伙人本身的不当行为。如果合伙对他人的债务或对第三人的侵权责任是基于某一个合伙人的不当行为或渎职行为所引起,该合伙人就必须对此承担个人责任。第二,合伙人如果参与了合伙的雇员的不当行为,或者负有监管责任的合伙人参与受其监管的雇员或其他合伙人的不当行为、渎职行为,或者明知其有不当行为或不行为而未能采取适当措施加以制止时,该合伙人要承担个人责任。第三,对于合伙在一般商业环境下发生的、法律明确排除在有限责任保护范围以外的行为,如未能偿还贷款,交付租金或履行其他契约义务等,合伙人依照传统合伙法的规则应当承担个人责任。

由于合伙没有最低资本的要求,在解除了合伙人对合伙债务的个人连带责任的情形下,如何保护债权人的利益,就成为《有限责任合伙法》中令社会公众最关心的问题。英国把这个问题主要留给了《公司破产清算法》,而美国各州的规定则通过建立替代性的赔偿资源、限制合伙分派,来加强对债权人利益的保护。(1) 建立替代性赔偿资源,如强制保险、设定独立财产或基金。(2) 对合伙的分派进行了直接的限制。(3) 资产取回。这是英国和泽西岛①的有限责任合伙法采取的方式,当合伙清算时的财产不够偿付合伙债务时,合伙人在合伙无清偿能力前一段时间内从合伙的提款,可以由合伙清算人取回。英国把这个期限定为2年,泽西岛则定为6个月。但是,为了保障合伙人的基本家庭支出的稳定性,法律也规定,如果提款系支付合理的家庭开支,合伙人无需将等额资产退还合伙清算人。

---

① 1996年9月位于英吉利海峡中的泽西岛颁布了《有限责任合伙法》,许可英国的专业人士在泽西岛注册为有限责任合伙。

# 第三章 国际商事代理法

## 第一节　国际商事代理法概述

代理制度是商品经济发展到一定阶段的产物。随着现代经济的飞速发展,代理越来越表现出独立化、多元化、产业化的趋势,代理范围日趋扩大,早已超出民事活动的范畴,开始向社会生活的各个领域渗透。在国际商事领域,许多业务都是通过代理人开展的,包括普通代理人、经纪人、运输代理人、保险代理人、广告代理人等。离开上述代理人,国际贸易将无法顺利进行。国际商事代理扩大了商事主体的活动范围,弥补了某些商事主体资格上的不足,对于推动国际商事交易的进行和社会经济的发展具有重要意义。

### ▶ 一、国际商事代理的概念

代理是指代理人在代理权范围内,以被代理人的名义独立与第三人实施法律行为,由此产生的法律效果直接归属于被代理人的法律制度。[①] 其中,代理人是指经他人授权或依照法律规定,代表他人完成某项法律行为的人;被代理人又称本人,是指由代理人依照自己的授权或法律规定代表自己完成某项法律行为的人。

国际商事代理是指代理人按照被代理人的授权或法律规定,代表被代理人同第三人签订国际商事合同或从事其他国际商事法律行为,由此产生的权利和义务直接对被代理人发生效力的法律制度。

### ▶ 二、国际商事代理的特征

作为代理的一种特殊形式,国际商事代理除具有代理的普遍特征外,还具有以下特点:

（一）国际商事代理的主体具有特殊性

一般民事代理中的代理人可以是自然人,也可以是法人,国际商事代理中的代理人则是商人,包括商自然人和商法人。此外,与国内商事代理相比,国际商事代理的显著特征之一是具有国际因素。目前,各国国内法和国际公约对国际因素的衡量标准并不完全一致,主要有两种标准:一是国籍标准,即代理关系中的三方当事人至少有两方的国籍不同,至于三方当事人的营业地则不予考虑;二是地域标准,即代理关系中三方当事人的营业地不能位于同一国家,或代理行为地与营业地位于不同国家,而不考虑当事人的国籍。国际代理公约采纳的均为地域标准。[②]

（二）国际商事代理的内容具有特殊性

普通民事代理中,代理人从事代理行为可以无偿;也可以有偿。在国际商事代

---

① 参见杨立新:《民法总则》(第二版),法律出版社2017年版,第264页。
② 参见史学瀛、潘晓滨等编著:《国际商法》(第三版),清华大学出版社2015年版,第125页。

理中,代理人与被代理人常常位于不同国家,被代理人基于对代理人资金、技术、设备、专业知识等方面的信任而授予其代理权。国际商事代理中代理人实施商行为通常为有偿,体现了营利性特征。被代理人通过商事代理人的行为来获取利益,而商事代理人作为一个独立的经济主体,以其代理行为赚取佣金。①

(三)国际商事代理的法律适用具有特殊性

国际商事代理具有涉外性,这是其与国内商事代理的本质区别,因此在发生争议时,会因各国法律规定不同而产生法律冲突。此时就要运用各国国际私法中的规定,对案件争议的事实进行识别,找出应遵循的冲突规范,确定解决争议所应适用的准据法。

目前国际商事代理范围广泛,种类繁多,但由于各国法律传统、发展路径、观念意识等方面的原因,国际商事代理法是国际商法中分歧最大的领域之一。为了克服因各国国内法不同而给国际商事代理业务带来的障碍,一些国家与国际组织在统一法律方面均作出了各自的努力与尝试,体现在国际法规范与国内法规范两个层面。

## ▶三、调整国际商事代理关系的法律规范

(一)国际法规范

1. 国际公约

到目前为止,在国际商事代理领域已生效的国际公约只有欧共体1986年12月18日制定的《关于协调成员国自营商业代理人法指令》,欧盟所有成员适用于自营商业代理人与本人之间关系的法律规则,自1994年1月1日起都必须符合该指令。

此外,以下三个公约虽然尚未生效,但因其归纳了很多国家的共同规定而受到学界的重视:(1)《代理统一法公约》②;(2)《代理合同统一法公约》③;(3)《国际货物销售代理公约》。④ 上述三个公约中,《国际货物销售代理公约》旨在消除大陆法与英美法在代理问题上固有的分歧,可直接适用于直接和间接的销售代理关系,比前两个公约更具代表性,影响更广泛,是迄今为止最成功的国际代理方面的公约⑤,因而在此对该公约的内容进行简要介绍。

《国际货物销售代理公约》共35条,分为5章,分别规定了总则及适用范围、代

---

① 参见郑洁嬿主编:《国际商法》,华中科技大学出版社2017年版,第207页。
② 《代理统一法公约》是国际私法协会于1961年制定的。由于无法协调两大法系代理制度的差别,该公约规定仅调整直接代理关系,旨在调整直接代理情况下因代理人的行为而产生的本人与第三人的关系。《代理统一法公约》适用于代理人的代理行为与本人的营业地位于不同国家的情况。
③ 《代理合同统一法公约》是国际私法协会于1961年制定的,目的在于调整间接代理关系。在间接代理关系中,代理人被称为"佣金代理人",即"任何以自己的名义但代表他人(本人)从事货物买卖并以此为职业的人。"《代理合同统一法公约》的主要特点是承认本人与第三人之间的直接合同关系。
④ 《国际货物销售代理公约》于1983年2月17日在日内瓦外交会议上通过。根据该公约第33条的规定,第10个国家核准或加入1年后该公约生效。目前智利和瑞士等国签署了该公约,而且意大利、法国、南非和摩洛哥等国已核准或加入,但因核准国尚不足10个,所以公约尚未生效。
⑤ 参见田晓云主编:《国际商法》,人民法院出版社2005年版,第45页。

理权的设定及范围、代理人行为的法律效力、代理权的终止以及最后条款。

(1) 适用范围。

第一,关于代理行为的适用范围,公约规定既调整直接代理关系,又调整间接代理关系,但只调整代理中的外部关系,即以本人或代理人为一方与第三人为另一方之间的关系,而不调整本人与代理人之间的内部关系。

第二,关于代理地域的适用范围,公约规定所适用的货物销售代理须具有国际性,即本人与第三人的营业所分别处于不同国家,并且代理人在某一缔约国设有营业所或依国际私法规则应适用某一缔约国的法律。

第三,关于代理业务的适用范围,公约的规定是适用于国际货物销售代理,同时明确了交易所交易代理、拍卖商代理等代理行为不适用于公约。

(2) 代理权的设定及范围。

《公约》第2章规定代理权可由委托人以明示或默示的方式授予,而且代理权的授予不必以书面形式做成或加以证实。至于代理权的范围,公约规定为实现委托人授权的意图,代理人有权从事一切必要行为。

(3) 代理人行为的法律效力。

对于代理人行为的法律效力,公约区分了以下几种情况:第一,代理人的行为只约束本人和第三人。根据《公约》第12条的规定,代理人在授权范围内代表本人所为的行为,如果第三人已知道或理应知道代理人的代理身份,则代理人的身份直接约束本人和第三人。第二,代理人的行为只约束代理人与第三人,不约束本人。根据《公约》第13条的规定,如果第三人不知道,也无从知道代理人的代理身份,则代理人的行为只约束代理人与第三人。但公约同时规定,在这种情况下,如果代理人未履行其对本人的义务,第三人发现了不公开的本人后,也可行使选择权。第三,代理人的行为对本人和第三人都没有约束力。根据《公约》第14条的规定,如果代理人未经授权或超越授权范围,则其行为原则上对本人和第三人均没有约束力,但公约同时也规定了一些例外情况。

代理人无权代理或越权代理行为,委托人和第三人不受其约束,代理人应赔偿第三人因相信代理人有代理权而遭受的损失,但第三人知道或理应知道行为人无代理权或超越代理权的除外。

(4) 代理权的终止。

公约规定了代理权终止的原因及代理权终止对第三人的效力。根据《公约》第19条的规定,除非第三人知道或理应知道代理权的终止或造成终止事实,否则代理权的终止不影响第三人。

《国际货物销售代理公约》调和了大陆法与英美法中代理制度的分歧,在其范围所及的领域内为国际货物销售代理提供了一套相对简便、明确、具有一定可行性的规则,对于协调和促进各国代理法的统一、消除国际贸易中的法律障碍具有重要意义。

另外,海牙国际私法会议 1978 年订立、1992 年生效的《代理法律适用公约》,是迄今为止国际上仅有的一个对代理法律适用问题作出比较全面和合理规定的国际公约。该公约调和了大陆法系和英美法系对代理法律适用的不同规定和分歧,对于促进各国代理法律适用的统一有着现实意义,但不涉及代理的实体法问题。

2. 国际惯例

目前,国际社会尚不存在专门适用于国际商事代理关系的国际惯例。国际商会曾在 1960 年拟定了一份《商业代理合同起草指南》,但其内容实际上仅仅就本人和代理人之间的内部关系提供一些建议,并没有明确有关当事人之间的权利和义务,且仅适用于直接代理,因此其影响范围有限。

(二) 国内法规范

鉴于国际法规范存在上述局限性,国内法规范在调整国际商事代理关系中仍然发挥着重要作用,其中大陆法系和英美法系对代理关系的法律规定存在较大的差异。

1. 大陆法系国家的国内法规范

大陆法系国家的代理制度建立在区别论的理论基础之上,即委任与授权区别开来。委任是委托人与代理人之间的法律行为,属于内部关系;授权是代理人根据委托人的授权与第三人之间的法律行为,属于外部关系,即代表他人为法律行为。与英美法系相比,大陆法系更加强调代理关系对外的一面,以利于保护第三人。

大陆法系国家适用于国际商事代理关系的法律规范主要体现在民商法典之中,同时也有一些国家制定了专门调整商事代理关系的单行法,如德国 1953 年的《商业代理法》等。

2. 英美法系国家的国内法规范

英美法系国家的代理制度建立在被代理人与代理人的等同论的基础之上,即通过他人去做的行为视同被代理人亲自所为的行为。在英美法系国家,判例仍是调整国际商事代理关系的重要法律渊源。由于英国的商事代理业十分发达,英国很早即出台了将判例成文化的制定法,如 1889 年的《商业代理人法》。英国早期的其他商事制定法中也含有调整特定代理关系的规范,如 1906 年《海上保险法》。自 20 世纪 70 年代开始,英国更加注重制定法工作,先后制定了《不动产及商业代理人法》(1970 年)、《代理权利法》(1971 年)、《不动产代理人法》(1979 年)等单行法。在美国,由美国律师协会主编的《代理法重述(第二版)》经常成为美国法官判案援引的根据,因此,可将其视为美国代理法重要的辅助渊源。此外,美国各州的公司法等单行法中也含有一些代理法性质的规则。[①]

中国现行的国际商事代理法律制度,既承袭了大陆法系的传统,又吸收了英美法系的部分规定,同时还借鉴了国际公约的立法精神,内容比较复杂,详见本章第六节。

---

[①] 参见张圣翠:《国际商法》(第七版),上海财经大学出版社 2016 年版,第 75—76 页。

## 第二节 国际商事代理权的产生

对于代理权产生的原因,大陆法系与英美法系的规定有所不同。

### 一、大陆法系国家代理权的产生

大陆法系国家将代理权分为法定代理和意定代理。法定代理是指代理人依照法律的规定直接行使代理权,如父母对未成年子女、公司董事对公司法人、公司的破产管理人或清算人对破产公司所具有的代理权。意定代理是根据本人的意思表示而产生的代理权,这是代理关系中最常见且数量最多的一种情形。从意定代理的授权对象来看,代理权的授予既可以向代理人为意思表示,也可以向第三人为意思表示。①

### 二、英美法系国家代理权的产生

根据英美法系国家的立法与司法实践,代理人获得代理权可分为以下几种情况:

#### (一) 明示授权

明示授权是指被代理人和代理人之间以明确的意思表示达成代理关系协议,代理人通过被代理人的明示指定或委任而实际享有代理权。一般而言,被代理人既可以采用列举明示的方式授予代理人处理一项或数项事务的代理权,也可以采用概括明示的方式授予代理人处理一切事务的代理权。概括明示授权虽然看似代理范围广泛,但立法往往规定对某些特殊重要事项的代理权,需取得被代理人的列举明示授权。

**案 例**

#### 格瑞文思诉保险公司案②

原告格瑞文思为其生意向被告保险公司购买了 2 万美元的盗窃险保险,其后原告的营业场所遭遇窃贼,原告的损失超过了 2 万美元。原告雇用了一名律师向被告索赔,但没有与该律师商定索赔数额。当该律师与被告达成 1.8 万美元赔偿和解协议时,原告拒绝承认这一协议。原告随即聘请了另一名律师诉至美国印第安纳州法

---

① 德国《民法典》第 167 条规定:"代理权的授予应向代理人或向代理人对其为代理行为的第三人的意思表示为之。"
② 参见马京林等主编:《国际商法》,华中科技大学出版社 2011 年版,第 221 页。

院。该州上诉法院于1996年最后判定被告与原告第一次聘请的律师所达成的赔偿协议无效,理由是在法律代理服务业中,委托人对律师和解授权条款中一般暗示着最终的和解方案必须征得原告的同意。也就是说,律师并不当然享有和对方达成和解协议的代理权。

### (二) 默示授权

根据英美等国的判例法规则,代理人在明示代理权之外,还享有一定程度的默示代理权,主要包括以下三种情况:第一,由默示而存在的代理权。这是指从当事人在某一特定场合的行为或从当事人之间的某种关系中,可以推定当事人之间存在真实有效的代理关系,如合伙人之间的默示代理。第二,附带授权。由于被代理人的明示授权并不一定能详尽地说明代理人在实际行动中所应具有的一切权利,因此受托从事某种特殊任务的代理人,可以享有合理地附属于其履行明示代理权所必不可少的默示行为的权利。如货主将货物交给代理人出售,通常意味着货主默示授予代理人收取货款的代理权。第三,习惯授权。在代理人被授权为被代理人在某一特殊市场进行活动的情况下,代理人享有按该市场相关习惯进行活动的默示代理权,无论被代理人是否知晓该习惯,均应受其约束。

### (三) 表见授权

表见授权又称不容否认的代理权,是指代理人并不具有被代理人的授权,但第三人有合理根据认为该无权代理人拥有授权,则该代理人有关行为的法律后果由被代理人承担。如果代理人确无代理权,被代理人承担法律后果后可向代理人诉请损害赔偿,并否认其取得报酬与费用的资格。如果第三人明知该代理人无代理权,则被代理人对代理人的行为无须负责。

### 案例

#### 第一能源公司诉匈牙利国际银行案[①]

本案的原告第一能源公司,是一家安装商业供暖系统的公司。因业务需要大量贷款,原告找到了被告匈牙利国际银行所在的曼彻斯特分行一名高级经理。该高级经理告知原告其所需的融资规模需要在伦敦的总行董事会批准。后来,由于相信能够获得伦敦总行的批准,该高级经理便向原告写信表示提供该笔信贷,原告答复表示接受。实际上,被告的伦敦董事会并没有批准该笔贷款,并在最后决定拒绝提供该笔贷款,双方遂产生争议并诉至法院。英国上诉法院一致判决被告有义务向原告

---

① 参见邹岿编:《国际商事代理法案例讲解大全》,载 https://www.wenku.baidu.com/view/3d08bfb327fff705cc1755270722192e453658dd.tml,访问时间:2019年3月18日。

提供贷款,理由是原告有权相信被告的代理人(该高级经理)的伦敦董事会已批准该笔贷款的信息。

(四) 客观需要的授权

客观需要的授权又称必要的授权,是指当一人根据其他法律关系照管另一人财产时,基于紧急情况,为了保存该财产而必须采取某种行为时产生的代理权。由于财产管理者未得到财产所有人的委托,但其行为是从财产所有人的利益出发的,由于客观需要的存在,应视为其具有代理权。但实践中要证明此种代理权的正当性很困难,英美法院也倾向于对其适用条件进行严格限制,一般应具备以下条件:(1) 行使这种代理权是实际上和商业上所必需的;(2) 代理人在行使权利前无法与本人取得联系,无法获得本人的指示;(3) 代理人所采取的措施必须是善意的,并且必须考虑所有有关当事人的利益;(4) 代理人必须是合理而谨慎地从事代理行为。

### 斯普林诉威斯特铁路公司案[①]

斯普林委托威斯特铁路公司将一批西红柿从泽西运至柯芬加登市场。因被告的船员罢工,轮船延期,当轮船抵达中途港时,西红柿已有部分腐烂,被告随即决定将西红柿全部就地出售。斯普林认为威斯特铁路公司未经授权就出售其西红柿构成侵权,隧起诉要求被告按承运目的地的市场价格给付全部价金作为赔偿。法院认为,西红柿虽是易腐物品,但当时被告有充分的时间和足够的条件与原告取得联系并获得指示,却未与原告联系,因此不认为被告有客观需要的代理权,判决被告应按原告的要求作出赔偿。

(五) 追认的授权

追认的授权又称事后追加的授权,是指代理人事先未经被代理人授权或超越授权范围而以被代理人的名义实施代理行为,被代理人事后对此予以接受或认可,代理人由此获得的授权。追认具有溯及力,被追认的合同从成立时起即对本人产生效力。根据英美判例法,一项有效的追认应符合下列条件:

(1) 代理人为法律行为时使用的是被代理人的名义。

(2) 追认只能由为法律行为时已指明的或可以确定的被代理人作出。

(3) 追认的被代理人必须在代理人为法律行为时已取得了法律人格。这点主

---

① 参见张圣翠:《国际商法》(第七版),上海财经大学出版社2016年版,第79页。

要针对法人而言。如果代理人为尚未成立的公司为法律行为,即使以后公司经过注册而成立,也无权追认。

(4) 追认时,被代理人知晓该法律行为的基本内容。

(5) 追认应在被代理人知晓代理一事后的合理时间内作出。

(6) 必须是对法律行为的全部而不是部分作出追认。

很多国家一方面赋予被代理人追认权,另一方面又赋予第三人撤销权,即第三人在知悉代理人缺乏代理权后,可以撤销其向无权代理人所为的意思表示,但第三人的撤销权应在被代理人追认前行使。①

## 第三节 国际商事代理的内部法律关系

代理作为一种法律关系,共有三方主体:被代理人、代理人及第三人。被代理人与代理人之间的关系可称为代理的内部关系,此为代理之基础关系。在此种关系中,被代理人与代理人各自承担如下义务:

### 一、被代理人的义务

(一) 支付佣金

被代理人应按照事先的约定向代理人支付佣金或其他报酬,这是被代理人最主要的一项义务。对于佣金的支付标准、支付条件、支付办法,一般由双方在代理合同中作出约定。如果一项交易按通常的惯例或习惯必须支付佣金或报酬,即使代理合同中无佣金条款,被代理人也必须支付佣金或报酬,该佣金的数额按类似交易惯例或习惯中的比例确定。

(二) 偿还代理人因履行代理义务而产生的费用

代理人因履行代理义务而产生的各种费用,属于代理人的正常业务支出,除合同另有规定外,代理人一般不能要求被代理人偿还。但对于代理人因执行被代理人的指示而发生的正常代理开支以外的额外费用或遭受的损失,被代理人应予以补偿。

### 案 例

**东华集装箱综合服务有限公司诉上海普恒船务有限公司案②**

本案原告是东华集装箱综合服务有限公司,被告是上海普恒船务有限公司。原告诉称,1998年7月,被告两次口头委托原告代理第三方出口的男衬衫自上海港至

---

① 参见张圣翠:《国际商法》(第七版),上海财经大学出版社2016年版,第79—80页。
② 参见 http://china.findlaw.cn/info/case/dqal/196894.html,访问时间:2019年3月18日。

巴西圣多斯港(SANTOS)的海运，同时承诺运输费用由被告支付。原告分别将这两批货物安排于同年7月3日和8月14日装船运往圣多斯港，并代垫运费。被告承诺于开航之日起30日内付清运费，但一直未履行支付义务。原告起诉至法院，主张尽管是口头委托，但事后有传真确认，传真上或盖有被告的图章，或有被告法定代表人的签字，原告、被告之间的委托关系成立，被告应当支付上述运输费用。被告辩称，原告未提供证明和被告存在委托代理关系的有效证据。

在审理过程中，原告提供了两次运输的提单复印件及相关证据，但经审查及司法鉴定，最终法院仅认可了其中一次提单运输的相关证据。

法院认为，判定作为货运代理人的原告是否有权向同样作为货运代理人的被告收取代垫的运输费用，其必要前提是双方之间存在货运代理合同关系。从查明的事实看，原告仅能证明其中一次提单运输中的委托关系，对于该笔运输，原告按照垫付的金额请求海洋运费和订舱费是合理的，且原告有权就所提供的服务收取佣金，被告应支付的海洋运费的金额为未抵扣佣金的应垫付金额，此外，被告应支付相应利息。

(三) 向代理人提供有关业务资料和信息

被代理人有义务向代理人提供有关业务资料和信息，以便代理人开展工作；同时，依有些大陆法国家的法律规定，代理人还有权查对被代理人的账目，以便核对被代理人付的佣金是否正确。

### 二、代理人的义务

(一) 勤勉谨慎地履行代理职责

代理人应勤勉谨慎地履行其代理职责。大陆法系国家要求代理人应尽到善良管理人义务；英美法系国家则要求代理人对其代理事务给予"应有的注意"。如果代理人不履行其职责或履行时有过失，致使被代理人遭受损失，代理人应承担赔偿责任。

**案例**

佛山菲图公司诉敦豪佛山分公司、敦豪公司海上货运代理合同纠纷案[①]

2012年4月26日，原告与国外客户达成国际货物买卖合同，以FOB价格条款出

---

[①] 广州海事法院(2013)广海法初字492号民事判决书，载http://wenshu.court.gov.cn/content/content?DocID=c6f17120-d52e-42d6-ace0-b1fb9d33d04b&KeyWord=%E4%BD%9B%E5%B1%B1%E5%B8%82%E8%8F%B2%E5%9B%BE%E8%BF%9B%E5%87%BA%E5%8F%A3%E6%9C%89%E9%99%90%E5%85%AC%E5%8F%B8，访问时间：2019年3月18日。

售瓷砖、按摩浴缸及淋浴房,从佛山运至委内瑞拉。8月原告委托敦豪佛山分公司运输,收货人为拉素公司。因案外的其他发货人佛山迅亚建材有限公司(以下简称迅亚公司)也正委托敦豪佛山分公司运输一批货物至该目的港的同一收货人,其托运的8个集装箱尚有4个有剩余空间,敦豪佛山分公司在征得原告同意的情况下安排拼箱运输。敦豪佛山分公司接收货物后,将货物交由承运人实际运输。2012年8月21日,敦豪公司作为承运人的代理人分别向原告和迅亚公司签发了整箱运输的正本提单。2012年11月,收货人拉素公司凭借从迅亚公司处获得的提单,提取了全部8个集装箱的货物。原告尚未收到货款,但已经丧失了对货物的控制。

法院认为,敦豪佛山分公司是原告的货运代理人,敦豪公司是承运人的代理人,代理承运人签发提单。敦豪佛山分公司作为专业的货运代理公司,对集装箱运输各个环节的操作及提单签发具有专业的知识,其作为一个谨慎的货运代理人,在征求原告同意将涉案货物安排成拼箱运输后,应该向原告交付拼箱运输的正本提单,却向原告交付了整箱运输的涉案提单,以致原告不能凭提单有效控制货物,直接导致收货人仅凭一式提单完成清关后即提货,造成原告仍持有提单而无法收取货款的损失。被告敦豪佛山分公司将标识不正确的正本提单交付原告,未尽到货运代理人谨慎审核提单的义务,对原告损失被告应负责赔偿。

(二) 服从被代理人的指示

被代理人与代理人之间的代理关系来自于授权。代理人在代理权限内行事,是其履行代理职责的应有之义,也是实现被代理人利益和目标的重要保证。为此,代理人应服从被代理人的指示,不得超越权限。否则,其行为构成违约,应承担违约责任。

(三) 对被代理人应诚信、忠实

代理人对被代理人应诚信、忠实。被代理人是基于对代理人的高度信任,将本来亲自为之的事务委托代理人代理,因此,代理人依诚实信用原则为被委托人谋取最大利益。诚信、忠实义务具体表现为:(1) 代理人应向被代理人公开所掌握的有关客户的一切必要的情况;(2) 代理人不得从事与被代理人相竞争的业务活动;(3) 代理人不得以被代理人的名义同代理人自己订立合同,除非事先征得被代理人的同意;(4) 除非交易双方特别承认,代理人也不得在同一交易中充任双方当事人的代理人;(5) 代理人不得受贿或密谋私利,或与第三人恶意串通损害本人的利益。

如果代理人不遵守以上义务,被代理人可以不经代理人事先同意而解除代理关系,撤销该代理人与第三人的合同。如果第三人参与共谋或行贿从而使被代理人遭受损失,被代理人也可对代理人和第三人诉请赔偿。

此外,诚信义务还表现为代理人因被代理人授权模糊不清或指示不当,遇紧急情况无法与被代理人取得联系时,应诚信地处理代理事务。

上述代理人的诚信义务仅要求代理人本人不得从事与被代理人相竞争的业务,

并没有完全禁止代理人代理多位有竞争关系的被代理人的业务。

> **案 例**

### 罗塞提公司诉戴尔蒙德公司案①

本案中,戴尔蒙德公司是一家泰国的皮革家具生产商,SML 公司则从事在英国的家具销售代理业务,且同时代理多家公司的产品。

2004 年 1 月,SML 公司与戴尔蒙德公司的负责人在展销会上相识,会后通过电子邮件等方式达成了一项销售协议,约定自 2004 年 3 月 1 日起,由 SML 公司负责在英国销售戴尔蒙德公司的皮革家具品,佣金标准按 10% 计算。该代理协议为期一年,期满后,双方在未约定期限的情况下继续保持着代理关系。

随后,SML 公司因其所代理的连智(中国)公司的皮革产品引起顾客过敏,导致在英国面临集体诉讼。为了避免伴生责任,SML 公司在 2008 年 1 月将连智(中国)公司代理业务以外的其他代理业务转给了其新设立的罗塞提营销有限公司(以下简称罗塞提公司)。

2008 年 6 月 4 日,戴尔蒙德公司以数种理由通知 SML 公司和罗塞提公司,提出终止代理关系。其后因继续代理的佣金问题没有谈妥,罗塞提公司作为原告提起诉讼,要求戴尔蒙德公司给予代理终止损害补偿。

针对罗塞提公司的赔偿要求,戴尔蒙德公司提出 SML 公司和罗塞提公司不具有英国 1993 年《商业代理人条例》下"商业代理人"的资格,因而不受该法的补偿保护,SML 公司和罗塞提公司代理多个与自己竞争的被代理人行为违背了忠实义务等抗辩。

英国高等法院在就审前先决问题的判决中驳回了戴尔蒙德公司的以上抗辩,理由是:欧盟《指令》和英国 1993 年《商业代理人条例》中的语言是清晰的,并没有将代理相互竞争被代理人的商业代理人排除在适用范围之外,其中"被代理人"一词使用单数也没有将复数排除在外,与此相违背的看法不符合这些法律保护商业代理人的目的;代理多个相互竞争的被代理人有驱动产品价格下降的危险性,当事人之间应当采用明示条款禁止这种情况的产生;前述法律下的诚信义务是不可背离的,但是,其内容不是不变的而是由合同条文铸就的,戴尔蒙德公司一直知道 SML 公司和罗塞提公司代理多个与自己竞争的被代理人而未提出异议,应视为其与后者的代理协议中包含了允许这种行为的默示条款。

---

① 参见邹岿编:《国际商事代理法案例讲解大全》,载 https://www.wenku.baidu.com/view/3d08bfb327fff705cc1755270722192e453658dd.tml,访问时间:2019 年 3 月 18 日。

### (四) 亲自履行义务

代理关系的确立很大程度上是基于人身信任，代理人的品质、知识和能力是其取得代理权的前提条件，也是实现被代理人利益的保证。因此，一般情况下，代理人应亲自履行代理职责，除非客观情况需要，或贸易习惯允许，或征得被代理人的同意，才可以将代理事务转委托给他人。

### (五) 准确申报账目

为使被代理人能够了解和准确判断代理行为的实情，保护其利益，代理人有义务对一切代理交易保持正确的账目，并应按照代理合同的规定或在被代理人提出要求时向被代理人申报账目。代理人应将被代理人交其掌管的金钱、财产与自己的金钱、财产分开，除为抵消应得的佣金之外，应将为被代理人收取的款项、财产全部交给被代理人。

## 第四节 国际商事代理的外部法律关系

被代理人、代理人与第三人之间的关系称为代理的外部关系，具体又可分为合同关系与侵权关系。

### ▶ 一、合同关系

(一) 本人(被代理人)与第三人的合同关系

被代理人、代理人同第三人的关系是代理的外部关系。按照代理关系的一般原则，代理人是代表被代理人同第三人为法律行为(主要是合同行为)的，代理行为一旦完成，其法律后果直接归属于被代理人，应由被代理人和第三人之间相互主张权利和承担义务，代理人和第三人之间不产生实质上的权利义务关系。但是，实际情况并非如此，对于不同甚至是相同的代理形式，各国处理原则差别很大，主要分歧在于：代理人应以谁的名义实施代理行为，代理效力的认定，代理后果的承担等，而最核心的问题是代理后果应由谁承担。对于这些问题，大陆法和英美法有不同规定。

1. 大陆法系国家的规定

在大陆法系国家，在确定第三人究竟是与代理人还是同被代理人订立合同问题上，采用的是身份标准，即大陆法系国家依据代理人是以代表人的身份还是以他自己个人的身份同第三人订立合同为标准，将代理分为直接代理和间接代理。

直接代理是指代理人在代理权限内，以被代理人的名义同第三人订立合同，其效果直接归属于被代理人。代理人在订立合同时，可以指明被代理人的姓名，也可以不指出被代理人的姓名，但必须表明被代理人身份，并声明是受其委托进行交易。代理人对第三人不承担责任，也不享有权利。

间接代理是指代理人为了被代理人的利益，以自己的名义同第三人订立合同，其效果间接归属于被代理人。根据大陆法，如果代理人未以被代理人名义订约，则被代理人和第三人之间没有直接的合同关系,被代理人不能直接对第三人主张权利,只有当代理人将他在合同中的权利义务转让给被代理人之后,被代理人才能对第三人主张权利。间接代理的法律后果也不能直接及于被代理人,而必须先由代理人承担,然后通过另外一个委托合同转移给被代理人。

**案 例**

### 罗斯柴尔德阳光系统公司诉保罗斯案[①]

保罗斯是荷兰木质产品公司的代理人。1985年4月24日至6月24日,保罗斯向罗斯柴尔德阳光系统公司(以下简称阳光公司)购买商品。在支付了部分货款之后,剩余应付的882.34英镑货款,保罗斯一直未付。阳光公司起诉要求保罗斯支付应付的货款。保罗斯主张,他只是荷兰木质产品公司的代理人,并于1985年10月17日已将这一情况告知阳光公司,所以不应当对合同承担个人责任。法院判阳光公司获胜,理由是:双方的合同是在4月份到6月份签订的,保罗斯到10月份才以其代理身份通知阳光公司,并且保罗斯在交易文件上的签名,均是"保罗斯",并未说明他是代理人的事实。

#### 2. 英美法系国家的规定

英美法系国家在确定第三人究竟是与代理人还是同被代理人订立合同问题上,采用的是义务标准,即依据谁应当对第三人承担义务为标准。英美法系国家没有直接代理和间接代理的概念,而根据代理人是否披露被代理人身份或代理人的责任承担方式,将代理划分为三种类型:显名代理(named agency)、隐名代理(unnamed agency)和不公开本人身份的代理(undisclosed agency)。其中,显名代理和隐名代理可以称为被代理人身份公开的代理(disclosed agency),同大陆法系国家所称的直接代理基本相同。

(1) 显名代理。

显名代理,是指第三人在与代理人缔结法律关系时知道被代理人姓名的代理关系。对于显名代理,英美法的原则是代理人所订立合同是本人与第三人之间的合同,本人应对合同负责。代理人原则上对该合同不承担个人责任,但存在以下例外:其一,如果代理人以自己的名义在签字蜡封式合同上签了字,应对该合同负责;其二,如果代理人以自己的名义在汇票上签字,应对该汇票负责;其三,如按行业惯例认为代理人应承担责任者,代理人也须负责。

---

① 参见邹岿编:《国际商事代理法案例讲解大全》,载 https://www.wenku.baidu.com/view/3d08bfb327fff705cc1755270722192e453658dd.tml,访问时间:2019年3月18日。

(2) 隐名代理。

隐名代理又称未公开本人姓名的代理,是指第三人在与代理人缔结法律关系时,知道存在被代理人,但不知道被代理人姓名的代理关系。虽然不公开被代理人的姓名,但因披露代理关系存在,代理人与第三人订立的合同仍是本人与第三人之间的合同,由被代理人承担一切后果。在商事活动中,代理商为了使本人不和第三人建立直接联系,通常采用这种做法。

(3) 不公开本人身份的代理。

不公开本人身份的代理又称未披露的代理,是指第三人在与代理人缔结法律关系时,不知道存在代理关系。如果代理人虽然得到本人的授权,但在同第三人订立合同时,没有披露该代理关系,这种本人即为未公开的本人。当代理人为未公开的本人与第三人订立合同时,对外代理人实际上处于当事人的地位,因此应对所为法律行为承担法律上的责任。英美法认为,未公开的本人可以通过以下两种方式取得合同权利并承担合同义务:

第一,未公开的本人行使介入权。未公开的本人有权介入合同并直接对第三人行使请求权或在必要时对第三人起诉。如果本人行使了介入权,就必须对第三人承担合同义务。

第二,第三人行使选择权。第三人发现未公开的本人后,可以选择代理人或本人履行合同,也可以在该合同的基础上对其中任何一方起诉。但这种选择是不可改变的,一旦作出选择,该第三人便不能再改变主意而起诉另一方。

总之,无论是本人行使介入权还是第三人行使选择权,在英美法中通过代理人与第三人之间的一个合同,便可以使本人与第三人间发生直接的法律关系,而不像大陆法那样需要有两个合同。这是英美法同大陆法的一个重要区别,也是英美代理制度的一个重要特点。它简化了交易手续,对交易各方当事人均有利。我国《合同法》也吸收了英美法的这一做法。

(二) 代理人对第三人的合同责任

依各国代理法的一般原则,代理人经被代理人授权或依据法律规定,代表被代理人同第三人订立合同,其效力直接及于被代理人,而代理人本人一般不负个人责任。但是,代理人未得到授权或无法定的代理权,代理人与第三人另有约定或商业上另有特别惯例、习惯,而当事人又未加明示排除的除外。具体地说,在下列情况下,代理人对其代理订立的合同,应单独或与被代理人共同向第三人负责(在被代理人依上述原则对合同无责任时,代理人应单独负责):

(1) 代理人无合法的代理权。未得到授权,也不具有法定的代理权而以被代理人名义签约时,代理人实际上违反了他向第三人所作的具有合法代理权的明示或默示担保。因此,包括我国在内的很多国家或地区的代理法规定,由冒名的代理人个人对第三人承担合同责任,但冒名的代理人个人承担这一责任的前提是签约的第三人没有过错,即第三人不知道且不应当知道代理人缺乏代理权。

关于无权代理人所应承担的责任内容,大陆法系立法上有两种做法:第一,赔偿责任。即主张狭义的无权代理人应对善意第三人负赔偿责任,如法国《民法典》和瑞士《债务法》即采用此说。第二,选择责任。即主张当狭义的无权代理人以他人名义订立合同时,如本人拒绝追认,则善意的第三人既可以要求无权代理人赔偿损失,也可以要求其履行合同,由第三人在两者当中选择其一。如德国《民法典》即采用此说。

(2) 代理人以明示或暗示的方式同意对该合同负责。在很多国际商事合同中,具有合法代理权的代理人为得到客户的合约,常以明示或暗示的方式向第三人表示其对合同单独或与被代理人连带负责。只要不存在误解、欺诈或胁迫等情形,代理人的上述表示具有法律约束力。

(3) 被代理人是虚构的或属于无行为能力的人。

(4) 在合伙关系中,每个合伙人都是其他合伙人的代理人,各合伙人对第三人都要负连带责任。因此,一合伙人以其他合伙人代理人的身份同第三人订立与合伙业务有关的合同时,该合伙人也就合同向第三人负个人责任。

(5) 在被代理行业或业务中存在代理人应对合同负责的商业惯例或习惯,代理人知道或应当知道此惯例或习惯的存在,而代理人在代理订立合同时又未明确排除此惯例。

在国际商事交易实践中,被代理人和第三人分处两国,他们对于彼此的资信能力和经营作风都不太了解,而且双方订立合同在很大程度上是由于双方对代理人的信任。为此,有些法律或商业习惯也承认某些代理人在一定条件下必须对第三人承担个人责任,这种代理人被称为承担特别责任的代理人,常见的有以下几种:

第一,保付代理人(confirming agent)。

保付代理人,是指代理人代表本人(通常是国外的买方)向第三人(通常是国内的卖方)订货,并在本人的订单上加上保付代理人自己的保证,由他担保本人将履行合同,如本人不履行合同或拒付货款,保付代理人负责向第三人支付货款。

保付代理人对第三人(本国卖方)承担支付货款的特别责任。如果在合同履行前,本人(国外买方)无正当理由取消订单,保付代理人仍须对第三人(本国卖方)支付货款,但在其付清货款后,有权向本人追偿。保付代理人的主要作用在于减少第三人(本国卖方)在国际交易中的潜在风险,在英、美等国比较普遍。

第二,货运代理人(forwarding agent)。

货运代理人,是指接受货主的委托,在授权范围内办理货物运输业务的人。根据有些国家运输行业的惯例,如果运输代理人受客户(被代理人)的委托,向轮船公司预订舱位,他们自己须向轮船公司(第三人)负责。如果客户(被代理人)届时未装运货物,代理人须对第三人(轮船公司)承担责任,即向后者支付空舱费。此后,货运代理人可要求客户赔偿损失。

第三，保险经纪人(insurance broker)。

保险经纪人，又称保险代理人，包括接受保险人的委托办理保险手续和接受投保人的委托与保险人订立保险合同的代理人。

按保险行业的惯例，国际贸易中进口人或出口人在投保货运保险时，一般不能直接同保险人(如保险公司)订立保险合同，而必须委托保险经纪人代为办理。根据有些国家如英国《海上保险法》的规定，凡海上保险合同由经纪人替被保险人(即被代理人)签订时，经纪人须对保险人(第三人)就保险费直接负责。如果被保险人不缴纳保险费，保险经纪人需直接向保险人缴纳保费。

上述几种承担特别责任的代理人，既不同于传统意义上的直接代理人，也不同于间接代理人。与传统意义上的代理人相比，他们要对被代理人或第三人承担个人责任，这与传统概念上的代理人有很大不同。特别责任代理人的出现表明传统的代理制度是随着国际商事交易实践的需要而不断调整和发展的。

## 案 例

### 好孩子出版公司诉柔丝顿公司广告费纠纷案①

被告柔丝顿公司作为一家广告代理商与 F 公司签订了为其产品在全国性杂志上刊登广告的协议，随后被告即与原告好孩子出版公司达成了两份广告安排合同。合同清楚地将 F 公司列为广告人，并规定按美国广告协会采用的广告合同条款(以下简称"协会条款")发行广告。"协会条款"规定广告代理人对支付广告费承担唯一责任。被告收到原告85157美元的广告费账单后即要求 F 公司付款，F 公司却拒付。原告要求被告支付该笔费用，被告也不肯买单。被告辩称：自己的行为属于显名代理，并且自己也不知道"协会条款"关于代理人是唯一承担支付广告费责任的规定。

美国纽约州最高法院1992年判定被告败诉，其理由是：被告在原告刊物上发布广告已经超过40年，知道或应当知道原告规定的由代理人单独支付广告费的政策；"协会条款"关于代理人唯一付费责任的规定已并入合同条款，即便被告不知道也不影响该规定的效力；被告收到账单数月后才对自己的付款责任提出异议。

此案涉及代理人对第三人的合同责任。如果在代理行业中存在代理人对合同负责的商业惯例或习惯，代理人知道或应该知道此惯例的存在，而在代理合同中又未将此惯例明确排除，则需要对第三人承担责任。

---

① 参见杨士富编著：《国际商法理论与实务》(第2版)，北京大学出版社2017年版，第79页。

## 二、侵权责任

（一）代理人的侵权责任

在代理关系中，被代理人对代理人在履行代理职责过程中发生的对第三人的侵权一般不负责任，代理人对自己的侵权行为向被侵权的第三人承担个人责任，这是现代各国法律普遍实行的错责自负原则。

（二）被代理人的侵权责任

代理人向第三人侵权，被代理人在一些特殊情况下也要负责。英美法系国家称之为替代责任，即被代理人代替代理人承担侵权的后果。这些情况包括：

（1）被代理人指使代理人向第三人侵权。

（2）代理人无合法资格或不能正确使用，而被代理人疏忽地允许其开动危险设备。

（3）被代理人未适当地监督代理人在代理工作中的不轨行为（如怠惰），致使代理人侵害了第三人的合法权益。

（4）在严格责任制度下，被代理人须对代理人代理销售的缺陷产品造成的侵权负责。

（5）主人（master）对作为其仆人（servant）的代理人在雇佣范围内的侵权负责。根据英美法系国家的判例，对代理工作的方式方法无决定权、无独立于代理工作以外的业务或职业、不使用自己的设备工具或场所而完成代理工作、代理酬金按时周月或年计酬、代理工作为被代理人的日常工作的代理人，可以界定为"仆人"。

# 第五节 国际商事代理法律关系的终止

## 一、国际商事代理关系终止的原因

国际商事代理关系终止的原因主要有两种：一种是由于当事人的行为，另一种则是根据法律的规定。

（一）根据当事人的行为终止代理关系

1. 代理事务完成

代理人按照被代理人的授权完成代理任务后，代理目的实现，代理关系也就自然终止。

2. 代理期限届满

若被代理人授予代理权时约定了代理期限，且双方不愿意延长，则代理期限一旦届满，无论代理事务是否完成，代理关系即告终止。

3. 代理人和被代理人协议终止

除法定代理外，无论代理目的是否实现，或代理期限是否届满，双方当事人均有权通过口头或书面协议解除代理关系。

4. 代理人或被代理人单方面终止代理关系

代理合同是一种提供服务性质的合同,如果一方单独要求终止代理关系,另一方一般不能强制要求实际履行,而只能要求损害赔偿。但是,英美法系国家、我国及我国台湾地区不允许被代理人单方面撤回与代理人利益结合在一起的代理。这里的"利益"是指代理人佣金以外的利益。如 A 为清偿对 B 的欠款,便指定 B 为收取其房租的代理人,B 的这种代理是与对 A 的债款利益结合在一起的,在该债款被全部清偿之前,A 不能单方面终止 B 的代理权。①

(二) 根据法律的规定终止代理关系

1. 被代理人死亡、破产或者丧失行为能力

原则上,被代理人死亡、破产或丧失行为能力,代理关系即终止,但包括我国在内的很多国家或地区的代理法规定,被代理人生前或丧失行为能力前与代理人另有约定或根据委托事务性质不宜终止的除外。

2. 代理人死亡、破产或丧失行为能力

根据各国的法律,代理人死亡、破产或丧失行为能力,不论其民事上的代理权还是商事上的代理权均终止。此时往往会影响被代理人的利益,代理人的继承人应采取必要的措施。

3. 履行不可能或嗣后违法

根据各国法律的规定,当代理标的物毁损或消灭时,因代理目的无法实现,可以终止代理关系。此外,如果法律的改变使代理行为成为非法,代理关系便告终止。

## ▶二、国际商事代理法律关系终止的效力

(一) 对代理人和被代理人的效力

代理关系一经终止,代理人即不再拥有代理权,双方在原代理合同下的权利义务失效。但除双方另有约定或存在法定的免责事由,单独终止代理关系的一方属于违约,对对方因此所遭受的损失应予以补偿。

(二) 对第三人的效力

代理关系终止对第三人是否有效,取决于第三人是否知情或应当知情。如果第三人不知且不应知代理权终止,两大法系国家均规定,第三人仍可合理地认为代理权存在,有关的交易对被代理人依然有约束力。因此代理关系终止后应及时通知第三人。

# 第六节 中国的国际商事代理法律制度

中国目前没有专门的商法典,调整国际商事代理关系的法律规范散见于我国相关法律及司法解释中。

---

① 参见张圣翠:《国际商法》(第七版),上海财经大学出版社 2016 年版,第 92 页。

## 一、《民法总则》中的代理制度

我国的代理制度原来由《民法通则》中第四章第二节及其相关司法解释来规定。2017年3月15日通过、2017年10月1日起施行的《民法总则》整合并完善了原有规定,单独设立第七章专门规定代理问题。相较于之前的立法,无论是在文字表述,还是在规范内容上都有了长足的进步,成为我国代理制度最重要的法律渊源。《民法总则》第七章规定的主要是直接代理制度,其他的商事代理制度另行规定在《合同法》中。

(一) 代理的适用范围

根据《民法总则》的规定,代理主要适用于法律行为。[①] 以法律行为为代理制度的客体,这是代理制度的基本精神。[②] 同时,《民法总则》第161条第2款又对代理的适用范围作了限制性规定:"依照法律规定、当事人约定或者民事法律行为的性质,应当由本人亲自实施的民事法律行为,不得代理。"通常认为,人身行为、具有人身性质的债务、违法行为和法律禁止的行为不得代理。[③]

(二) 代理权的产生与效力

《民法总则》第163条规定:"代理包括委托代理和法定代理。委托代理人按照被代理人的委托行使代理权。法定代理人依照法律的规定行使代理权。"即《民法总则》将代理分为了委托代理和法定代理[④],其代理权的来源分别是本人委托和法律规定,这与大陆法系的立法传统是一致的。

取得代理权后,代理人在代理权限内,以被代理人名义实施的民事法律行为,对被代理人发生效力。[⑤] 上述规定明确了代理的法律效力,同时明确了《民法总则》中规定的代理的基本形式是直接代理。

另外,在《民法总则》中还首次承认了职务代理。《民法总则》第170条第1款规定:"执行法人或者非法人组织工作任务的人员,就其职权范围内的事项,以法人或者非法人组织的名义实施民事法律行为,对法人或者非法人组织发生效力。法人或者非法人组织对执行其工作任务的人员职权范围的限制,不得对抗善意相对人。"《民法通则》在代理部分没有规定职务代理,学理解释认为职务代理也是委托代理,

---

[①] 我国《民法总则》第161条第1款规定:"民事主体可以通过代理人实施民事法律行为。"
[②] 参见耿林:《〈民法总则〉关于"代理"规定的释评》,载《法律适用》2017年第9期,第31页。
[③] 参见杨立新:《中国民法总则研究》(下卷),中国人民大学出版社2017年版,第880页。
[④] 受《民法通则》影响,我国代理一直都是分为委托代理、法定代理和指定代理三种,《民法总则》第163条是对《民法通则》的修改和完善。我国民法将指定代理与法定代理、委托代理并列,只是照搬了法定监护和指定监护的划分。实际上即使是指定代理,指定机关也并不指定应代理的事项、范围和权限等,指定代理人的代理权内容仍然是由法律直接规定的。传统大陆法系的代理一直分为意定代理和法定代理两个类别,德国学者也明确指出法定代理人既可以基于法律规定而产生,也可以基于特别指定而产生,两者并无不同。《民法总则》的这一修改使得代理的分类更加合理。参见方新军:《〈民法总则〉第七章"代理"制度的成功与不足》,载《华东政法大学学报》2017年第3期,第36页。
[⑤] 参见我国《民法总则》第162条。

属于委托代理中的一个类型。① 现《民法总则》根据实际情况规定了职务代理,其意义在于:一方面,它使我国法上委托代理的代理权来源多样化,产生委托代理的合同不仅包括委托合同,还包括劳动合同、合伙协议等②;另一方面,有利于维护交易安全,保护善意第三人的利益。③

(三) 代理权的行使

在代理权的行使过程中,数人为同一代理事项的代理人的,应当共同行使代理权,但是当事人另有约定的除外。④ 代理人需要转委托第三人代理的,应该取得被代理人的同意或者追认。⑤

代理人行使代理权时,应遵循诚信原则,不得代理违法事项。⑥ 代理人应负忠实义务,不得滥用代理权,原则上禁止自己代理与双方代理,被代理人同意或追认的除外。⑦ 如代理人不履行或者不完全履行职责,造成被代理人损害的,应当承担民事责任。代理人和相对人恶意串通,损害被代理人合法权益的,代理人和相对人应当承担连带责任。⑧

(四) 无权代理和表见代理

根据《民法总则》第171条的规定,行为人没有代理权、超越代理权或者代理权终止后,仍然实施代理行为,未经被代理人追认的,对被代理人不发生效力。上述列举的情形均属于无权代理,其行为并非当然无效,被代理人的追认可使该行为有效,即无权代理一定条件下可以转化为有权代理,以稳定社会关系。⑨ 在被代理人追认前,代理行为处于效力未定状态,为尽快确定权利义务关系,相对人可以催告被代理人自收到通知之日起1个月内予以追认。被代理人未作表示的,视为拒绝追认。为了与被代理人的追认权相抗衡,行为人实施行为被追认前,善意相对人有撤销的权利。撤销应当以通知的方式作出。⑩

行为人实施的行为未被追认的,善意相对人有权请求行为人履行债务或者就其受到的损害请求行为人赔偿,但是赔偿的范围不得超过被代理人追认时相对人所能获得的利益。相对人知道或者应当知道行为人无权代理的,相对人和行为人按照各自的过错承担责任。⑪

在无权代理行为中,有一类特殊情形,规定在《民法总则》第172条:"行为人没

---

① 参见王利明:《民法总则研究》(第二版),中国人民大学出版社2012年版,第629页。
② 参见尹飞:《体系化视角下的意定代理权来源》,载《法学研究》2016年第6期,第32页。
③ 参见王利明:《民法总则》,中国人民大学出版社2017年版,第367—368页。
④ 参见我国《民法总则》第166条。
⑤ 参见我国《民法总则》第169条。
⑥ 参见我国《民法总则》第167条。
⑦ 参见我国《民法总则》第168条。
⑧ 参见我国《民法总则》第164条。
⑨ 参见王利明:《民法总则》,中国人民大学出版社2017年版,第384页。
⑩ 参见我国《民法通则》第171条第2款。
⑪ 参见我国《民法总则》第171条第3款、第4款。

有代理权、超越代理权或者代理权终止后,仍然实施代理行为,相对人有理由相信行为人有代理权的,代理行为有效。"这里规定的是表见代理,与《合同法》第49条的规定相同。表见代理虽无真实授权,却有外表授权,符合代理的一般特征,法律使其具有代理的一般后果,以保护善意交易相对人的利益并保护动态交易安全。①

(五) 代理的终止

根据《民法总则》第173条的规定,有下列情形之一的,委托代理终止:代理期间届满或者代理事务完成;被代理人取消委托或者代理人辞去委托;代理人丧失民事行为能力;代理人或者被代理人死亡;作为代理人或者被代理人的法人、非法人组织终止。

被代理人死亡,在某些特殊情形下,代理并不当然终止,委托代理人实施的代理行为依然有效,这些情形包括:代理人不知道并且不应当知道被代理人死亡;被代理人的继承人予以承认;授权中明确代理权在代理事务完成时终止;被代理人死亡前已经实施,为了被代理人的继承人的利益继续代理。作为被代理人的法人、非法人组织终止的,也可以参照适用上述规定。②

《民法总则》单独规定代理一章,是中国根据自身具体实践所作的创新和发展。整体而言,《民法总则》第七章代理具有以下特点:第一,逻辑顺序清晰,层次结构完整,构成了有关代理比较完整的体系。第二,规定的代理规则比较全面。第三,代理的重点规则比较突出。对于代理的禁止、转委托、无权代理和表见代理等重点规则,规定的内容比较详细,具有可操作性。第四,吸纳了理论研究成果和司法实践经验,对《民法通则》在代理一节中的内容作了重要补充。如代理人的民事责任、共同代理、职务代理等。第五,对于《民法通则》规定的成熟的条文,《民法总则》继续坚持采用,如代理的适用范围、代理行为的效力、无权代理、代理的终止等,都是在《民法通则》原条文的基础上,作了进一步的完善,成为新的《民法总则》的规定。③

总之,《民法总则》吸收了自《民法通则》以来的学术研究成果及司法判例规则,规定了许多之前仅仅在学理上或者司法解释上存在的观点和做法,对于代理中三方当事人的权利义务规定得更为明确,更适合司法实践的需要。④《民法总则》中关于代理的一般性规定均可适用于国际商事代理。

## 二、《合同法》中的代理制度

原《民法通则》、现《民法总则》中规定的是直接代理,《合同法》则拓宽了代理的内涵,确认了间接代理制度。

《合同法》第二十二章(第414—423条)规定了行纪合同,相当于大陆法系间接

---

① 参见杨立新:《中国民法总则研究》(下卷),中国人民大学出版社2017年版,第911—912页。
② 参见我国《民法总则》第174条。
③ 参见杨立新:《中国民法总则研究》(下卷),中国人民大学出版社2017年版,第869—870页。
④ 参见李永军:《民法总则》,中国法制出版社2017年版,第778—780页。

代理中最为重要的类型。第十七章运输合同中,关于代办运输的规定相当于大陆法系间接代理中的一个类型。此外,《合同法》中关于代理最重要的规定体现在第402条和第403条,即我国的外贸代理制度。

我国外贸代理制的产生是以外贸经营权的审批制度为基础的。外贸经营权审批制下,并非具有一般民事行为能力的公司企业都具有外贸经营权,在这种条件下,外贸代理制的具体含义是指由具有对外贸易经营权的公司、企业在其经营范围内,依照国家法律的有关规定接受其他公司、企业、事业单位或个人的委托,在授权范围内代理进出口商品,并收取约定代理费的一项外贸制度。

原外经贸部1991年曾颁布《关于对外贸易代理制的暂行规定》,就外贸代理制作出了较为详尽的规定。根据这一规定及我国外贸代理实践,我国存在三种类型的外贸代理:(1) 有外贸权的企业之间的代理,代理人以被代理人的名义对外实施民事法律行为;(2) 有外贸权的企业之间的代理,但代理人以自己的名义对外实施民事法律行为;(3) 有外贸权的企业为无外贸权的企业代理进出口,代理人以自己的名义对外实施民事法律行为。其中第三种类型的外贸代理在我国外贸代理实践中最为常见、最为典型,出现的问题也最多。[①]

我国1994年《对外贸易法》首次在法律层面上确立外贸代理制度。该法第二章第13条规定:"没有对外贸易经营许可的组织或个人,可以在国内委托对外贸易经营者在其经营范围内代为办理其对外贸易业务。"这是第一次以法律的形式肯定了对外贸易经营者以自己的名义代理无外贸经营权的组织或个人对外签约的法律效力。[②]

2004年修订的《对外贸易法》将货物与技术进出口贸易由审批制改为备案登记制,同时将对外贸易经营者的范围扩大到依法从事对外贸易经营活动的个人。但是,2004年的《对外贸易法》仍然保留了外贸代理制,该法第12条对外贸代理制作出了如下规定:"对外贸易经营者可以接受他人的委托,在经营范围内代为办理对外贸易业务。"2016年修订的《对外贸易法》保留了这条规定。

实践中的外贸代理制在《合同法》中表现为第402条和第403条。《合同法》第402条规定:"受托人以自己的名义,在委托人的授权范围内与第三人订立的合同,第三人在订立合同时知道受托人与委托人之间的代理关系的,该合同直接约束委托人和第三人,但有确切证据证明该合同只约束受托人和第三人的除外。"第403条规定:"受托人以自己的名义与第三人订立合同时,第三人不知道受托人与委托人之间的代理关系的,受托人因第三人的原因对委托人不履行义务,受托人应当向委托人披露第三人,委托人因此可以行使受托人对第三人的权利,但第三人与受托人订立合同时如果知道该委托人就不会订立合同的除外。受托人因委托人的原因对第三

---

[①] 参见田晓云主编:《国际商法》,人民法院出版社2005年版,第52页。
[②] 参见同上。

人不履行义务,受托人应当向第三人披露委托人,第三人因此可以选择受托人或者委托人作为相对人主张其权利,但第三人不得变更选定的相对人。委托人行使受托人对第三人的权利的,第三人可以向委托人主张其对受托人的抗辩。第三人选定委托人作为其相对人的,委托人可以向第三人主张其对受托人的抗辩以及受托人对第三人的抗辩。"

对于《合同法》第402条和第403条规定的外贸代理,虽然有人认为是间接代理,但因为它含有外贸代理人的披露义务、委托人(本人)的介入权和第三人的选择权,而这些权利义务在大陆法系的间接代理制度中是不存在的,因此,有学者指出,《合同法》规定的外贸代理更接近于英美法系的隐名代理。[①]《合同法》第402条的设计借鉴了《国际货物销售代理公约》第12条的规定,以及英美法中的隐名代理模式。《合同法》第403条的规定借鉴了英美法中不公开本人身份的代理模式,部分地吸收了《国际货物销售代理公约》第13条的精神。[②]

对于中国目前的规定,"无论是相对于大陆法系上的直接代理和间接代理,还是相对于英美法上的三种类型的代理,中国现行法关于直接代理与间接代理的设计,都称得上复杂异常,不易准确概括,解释困难。"[③]有待于将来的民法典对各种代理制度予以统一协调,令其妥善衔接。

---

[①] 参见崔建远等:《民法总论》(第二版),清华大学出版社2013年版,第223页。
[②] 参见崔建远:《民法总则:具体与抽象》,中国人民大学出版社2017年版,第299页。
[③] 同上书,第300页。

# 第四章 国际商事合同法

## 第一节 合同法概述

### 一、合同以及合同法的重要地位

合同是现代社会人们从事各种经济活动的基本法律形式。无数的合同支撑着我们的日常经济生活,合同在现代法上居于优越地位。① 同样,合同法在国际商法中也是最为基础的法律,其原理和规则适用广泛,比如前面两章介绍的商事组织设立的安排和代理法中的代理合同,以及以后各章如国际货物买卖、运输、保险合同和国际商事支付安排,乃至于国际商事纠纷的仲裁解决方式都离不开合同的运用,合同法的基本原理和规则都能得以适用。

### 二、合同的概念

传统的大陆法系对合同的概念持"协议说",认为合同是一种合意,只有当事人意思表示一致合同才能成立,而英美法持"允诺说",强调合同的实质在于当事人所作出的许诺,而不仅是达成协议的事实。能够成为合同的许诺,必须是法律上认为具有约束力、在法律上能够强制执行的许诺。近年来,英美法系不断将协议说运用到合同的定义中,使得英美法与大陆法在合同的概念问题上不断接近,世界各国对合同本质为协议的概念理解基本趋同,我国《合同法》给合同所下的定义可以作为代表,"合同是平等主体的自然人、法人、其他组织之间设立、变更、终止民事权利义务关系的协议。"②

### 三、合同法立法概况

(一)各国立法例
1. 大陆法系
大陆法国家的合同法采用成文法的形式,如法国、德国、意大利和日本等国都把合同法编入民法典或债务法典当中。大陆法国家的民法理论把合同作为"债"的产生原因之一,把合同法律规范与产生债的其他原因,如侵权行为、不当得利及无因管理等法律规范并列在一起,作为民法或债务法的一编。
2. 英美法系
英美法国家的合同法则主要体现在普通法当中,虽然它们也有一些与合同有关的单行法,如英国1893年《货物买卖法》《海上货物运输法》及1906年《海上保险法》,美国《统一商法典》和由美国法律协会主持编写的《第二次合同法重述》,

---

① 〔日〕我妻荣:《债法在近代法中的优越地位》,王书江、张雷译,中国大百科出版社1999年版。
② 我国《合同法》第2条。

但他们只是针对一些具体的商事交易合同作出的规定,合同法的许多基本原则仍需按照判例法所确立的规则来处理,所以说,判例法仍然是英美合同法的主要渊源。

3. 中国

我国现行《合同法》是1999年10月1日生效的,它的颁布结束了之前《经济合同法》《涉外经济合同法》和《技术合同法》三法并立的局面,不仅解决了以上三法不能和谐统一的问题,还从大陆法和英美法的合同法中吸收采纳了很多先进的制度,在我国合同法发展历史上具有划时代的意义。

(二) 国际统一商事合同法

目前,国际上还没有一部统一适用的合同法国际条约或公约。但是,在代理、买卖、运输和票据等合同领域都出现了具体的国际公约,如《国际货物销售代理公约》、《联合国国际货物买卖合同公约》等。

国际统一私法协会[①]以及国际商会等民间组织也为制定国际商事合同统一惯例作出了努力。其中,由国际统一私法协会主持制定的《国际商事合同通则》,对合同领域国际统一立法作出了比较突出的贡献。它最大限度地融合了不同法系的制度和国际惯例,可以因当事人的约定而适用,并且对各国和国际合同立法起到了示范作用。

另外,地区性合同法统一化的实践日趋广泛,如1996年欧洲合同法委员会的《欧洲合同法原则》(Principles of European Contract Law, PECL)。亚洲自2009年起,以中国(包括台湾地区)、日本、韩国、越南、柬埔寨、新加坡等国家和地区的学者及实务界人士为主体,也开始了民间化的《亚洲合同法原则》(PACL)的起草工作。[②]

▶ **四、合同法的基本原则**

(一) 合同自由原则

合同自由原则是私法领域最根本原则——当事人意思自治原则在合同领域的体现。因为平等者之间无强制,任何人都没有权利将其意志强加于别人之上。合同自由原则可以说是合同法的灵魂,它体现为合同当事人不受外部的非法干预,自由协商确定相互之间权利义务关系就能够成为当事人之间的法律。我国《合同法》第4条确立的合同自由原则包括:当事人享有订立合同的自由、选择合同相对人的自由、确定合同内容的自由、选择合同形式的自由以及变更和解除合同的自由。

同时,为维护社会公共利益,建立有序的竞争秩序,保护消费者利益,需要对合同自由予以必要的限制,因此,合同法确立的合同自由是一种相对的自由。

---

① 国际统一私法协会,是一个专门从事私法统一的国际组织,成立于1926年,总部设在意大利的罗马,宗旨是统一和协调不同国家和国际区域之间的私法规则,并促进这些私法规则的逐渐采用。

② 参见韩世远:《合同法总论》(第三版),法律出版社2011年版,第29页。

**案例**

**罗斯与弗兰克公司诉杰·爱·克拉姆顿兄弟公司案（1923年）**[①]

原告是纽约一家经营卫生纸的公司，被告是英国一家生产商。1907年至1911年间双方经过多次磋商，于1913年7月达成一项由原告在一定区域内排他性地经营被告产品的协议。在协议中双方约定，"本协议不作为一项正式或具有法律约束力的合同，也不作为备忘录，只作为对当事人意向的纪录。本协议不受美国或英国法院的管辖。"1918年至1919年间，双方发生纠纷，原告以被告不履行其合同义务为由提起损害赔偿的诉讼，一审法院认为合同具有法律拘束力，判决被告承担违约损害赔偿责任。被告上诉，二审法院改判上诉人胜诉，理由是，不让双方之间的协议具有法律上的拘束力是双方在合同中明确的约定，应尊重当事人订立合同的自由。

（二）诚实信用原则

诚实信用原则在大陆法国家被称为债法中的"帝王规则"。它是指当事人在从事民商事活动时，应诚实守信，以善意的方式履行其义务，不得滥用权力及规避法律或合同规定的义务。我国《合同法》第6条确立的诚实信用原则包括在合同订立、履行、终止后的整个过程中，包括合同的解释都应遵循该原则。这一原则可以作为在法律无明文规定，或法律规定模糊不清时，法官用来弥补法律漏洞的有效措施。

（三）公序良俗原则

公序良俗原则是现代民法的一项重要原则。由于立法的时效性难以预见一切损害国家利益、社会公共利益和道德秩序的行为而作出详尽的禁止性规定，因此，很多国家法律都明确规定公序良俗原则，以弥补禁止性规定的不足。我国《民法总则》明确规定民事主体从事民事活动不得违反法律，不得违反公序良俗。《合同法》第7条也确立了这一原则，目的在于遇有损害国家利益、社会公共利益和社会道德秩序的行为，而又缺乏相应的禁止性法律规定时，法院可直接适用公序良俗原则判决该行为无效。[②]

（四）鼓励交易原则

鼓励交易原则是指合同法在具体的制度设计上以降低当事人的交易成本，减少交易的制度障碍为原则，达到促进当事人通过合同实现交易的立法目的。该原则虽然一般不直接体现在合同法规范当中，但是它所起到的立法指导作用却是在各国合同法中贯穿始终的，我国《合同法》第37条关于要式合同欠缺而合同有效的规定，正是鼓励交易原则的典型例证。

---

① Rose and Frank Co. v. J R Crompton & Bros Ltd[1923]2KB 261.
② 参见梁慧星：《民法总论》（第三版），法律出版社2007年版，第49页。

## 第二节 合同的成立

合同的成立,简单地说就是当事人之间对合同的主要条款达成合意。具体而言,合同的成立必须具备两个条件:第一,存在双方或多方合同当事人。第二,合同当事人意思表示一致。当事人的缔约能力将在本章的第三节中介绍,本节主要介绍当事人意思表示一致的两个方面:要约和承诺。

### ▶ 一、要约

(一)要约的定义

要约是希望和他人订立合同的意思表示。即一方向另一方提出的愿意按一定的条件同对方订立合同,并含有一旦要约被对方承诺就对提出要约的一方产生拘束力的一种意思表示。这里提出要约的一方称为要约人,其相对方称为受要约人。

(二)要约的构成要件

一项要约有效必须符合以下构成要件:

(1)要约必须表明要约人愿意按照要约规定的条件与对方订立合同的意思。要约的本质在于,它一经受要约人的承诺,合同即告成立。

例如,某小店门口模特身上展示的服装上标明了价格,并标明"正在出售"。这样的意思表示就是要约,你可以按照标明的价格要求购买这套服装,店家必须出售。但如果服装上面标明"样品",这时你提出要购买该套服装的意思表示,可能会因为店家没货而被拒绝。这两种情形的区别就在于,后面例子当中的店家作出的"样品"的意思表示,并没有表明其一经承诺就要受到自己要按照该服装上标价出售的意思表示的约束,因为该商品仅仅是作为样品展示,目的是为了招揽顾客。法律上把这种情形称为要约邀请。

要约邀请是希望他人向自己发出要约的意思表示。要约与要约邀请的区别在于,要约的内容具体确定,一经承诺,要约人就必须受到约束,合同即告成立;要约邀请,则即使对方同意要约邀请人的意思表示,愿意按照该意思表示提出的条件订立合同,发出要约邀请的人也不受约束。除非他对此作出承诺,否则合同仍不成立。比较典型的要约邀请的例子,如我国《合同法》第15条规定的寄送的价目表、拍卖公告、招标公告、招股说明书、商业广告等。但商业广告内容符合要约规定的,视为要约。

## 案 例

### 李某诉广东华成公司合同纠纷案①

广东华成公司在报纸、杂志上刊登广告,声称:心灵付出,为纪念本公司成立50周年,推出优惠价黄金项链。项链为24K金,重10克,每条售价1000元。广告详细介绍了项链的特点,并有彩色图形作辅助说明。广告称,欲购者请汇款至本公司,本公司将在1周内将项链寄出。广告3个月内有效。北京的李某见广告后即寄1000元给华成公司。1周后被告知黄金项链是限量销售,已经全部售出。李某遂向消费者协会反映,并要求华成公司承担违约责任。就本案来讲,首先,商业广告原则上不是要约。但是按照我国《合同法》第14条规定,商业广告内容符合要约规定的,视为要约。本案中的广告写明:"欲购者请汇款至本公司,本公司将在1周内将项链寄出。广告3个月内有效",表明无须进一步磋商,广告人即受约束,所以为要约。

(2) 要约的内容必须具体、确定。要约应该包括订立合同的主要条款,以保证一旦受要约人承诺,合同就可以成立。所谓"主要条款"又称必要条款,是指根据特定合同性质所应具备的条款,如果缺少这些条款合同是不能成立的。判断合同的主要条款需要法院在司法实践中根据合同不同类型而确定,而不能将我国《合同法》第12条所规定的合同条款都作为每个合同所必须具备的主要条款。合同欠缺非必要条款的可以在合同订立以后再进行补充,或者由人民法院依照《合同法》第61条、第62条和第125条等有关规定予以确定。例如,甲对乙声称"我有位于某处的房屋一幢,愿以低于市场价出售,你是否愿意购买",因该提议中并没有明确规定价格,不能认为是要约。如果甲明确提出以20万元出售位于该处的房屋,则因为其中包含了合同的主要条款而应认为是一项要约。

(3) 要约必须到达受要约人。要约生效的时间是要约到达受要约人时,这样受要约人才能取得对该要约承诺的权利。《国际商事合同通则》规定:如果是口头要约,口头传达给受要约人生效;如果是其他要约则于被递送与受要约人或其授权的代理人营业地或通信地址时生效。我国《合同法》第16条第1款也规定:"要约到达受要约人时生效。"

---

① 参见《合同法讲座》,载 https://www.docin.com/p-932514521.html,访问时间:2018年9月8日。

## 案 例

### A 与 B 买卖纠纷案①

某年3月28日A向B发出了出售某种货物的要约,却忘了注明要约日期,几经周折,该要约于5月2日上午才到达B处,B于5月2日下午用电报答复表示接受。A收到答复很诧异,A认为B不接受要约而于4月28日将货物低价卖与他人。为此,B诉诸法院,控告A违约。英国法院认为,A应当承担违约责任。理由是:A的要约于5月2日上午达到时才生效,B在下午即作出承诺是在合理期限内。

### (三) 要约的效力

要约的效力也就是要约的拘束力,要约一般对于受要约人没有拘束力,受要约人是否接受要约的条件而与要约人订立合同,受要约人有选择的自由。但在强制缔约中,基于法律规定或者社会公共利益的要求必须承诺的,受要约人的承诺就是一种法定义务。要约的拘束力只表现在要约对作出要约的一方产生的拘束,即要约一经到达生效,要约人就受到要约的拘束,不得随意将其变更或者撤销。但要约可以被撤回,要约的撤回不同于要约的撤销。

#### 1. 要约的撤回

要约的撤回,是指在要约发生法律效力之前,要约人作出的取消要约的意思表示。也就是说,要约人如果反悔,只要他发出撤回要约的通知在要约还没有到达受要约人之前,或者与要约同时到达受要约人,要约就可以被撤回。注意这时要约还没有生效,对受要约人尚未产生影响,所以法律允许要约人反悔。

#### 2. 要约的撤销

要约的撤销,是指在要约发生法律效力之后,要约人作出的取消要约的意思表示。对此,大陆法系与英美法系持完全不同的主张。大陆法系认为要约在其有效期内不可撤销;而英美法系认为只要受要约人尚未接受要约,要约人可以随时撤销其要约。要约的撤销因为发生在要约已经到达受要约人之后,受要约人可能已经就要约的内容作出准备。如果允许要约人随意撤销,会导致受要约人信赖利益的损失,我国《合同法》第19条采纳了1980年《联合国国际货物买卖合同公约》的规定,有下列情形之一的,要约不得撤销:

(1) 要约人确定了承诺期限或者以其他形式明示要约不可撤销;

(2) 受要约人有理由认为要约是不可撤销的,并已经为履行合同作了准备工作。

---

① 参见《国际商事合同法案例》,载 http://www.docin.com/p-555403226.html,访问时间:2018年9月8日。

## 案例

### 德雷南诉明星筑路公司案(1958年)①

原告是一个从事建筑业的总包商,他计划对一项建设学校的工程投标。投标书必须在2月1日下午5时之前交给校务委员会。在起草自己的投标书之前,原告让一些分包商就一部分工程的分包向自己投标,其中包括请被告对铺设校园的工程投标。1月31日,被告交给原告一份投标书,提出以2.4万美元的价格分包这一部分工程,并表示对该投标的承诺期截止于2月3日。之后,原告根据被告开出的标价起草了自己的投标书,并于2月1日上午把该投标书交给了校委会。结果,当天下午开标时,原告的出价最低中标。第二天上午9时,在原告明确向被告表示接受被告的投标之前,被告用电话通知原告,撤销对原告的投标。法院判决原告胜诉。被告的撤销无效,因为被告应该预见到,原告会依赖被告的投标确定投标书的条件,另外,被告在投标书中写明在2月3日之前对被告的投标进行承诺。所以,该分包的请求是不可撤销的。

### (四) 要约的消灭

要约的消灭是指要约失效,要约人不再受其要约的拘束,受要约人也失去了承诺的权利。要约消灭的原因,按照我国《合同法》第20条的规定有以下四种:

(1) 拒绝要约的通知到达要约人。受要约人作出拒绝要约的意思表示之后,受要约人就不能改变主意再对该项要约作出承诺。如果受要约人并没有拒绝要约,而是在承诺中对要约的条件作了变更,那么也视为是对要约的拒绝。从法律上来讲,此时受要约人所作的"承诺"应该是受要约人对要约人发出的反要约,是一项新的要约,需要要约人承诺后合同才能成立。

(2) 要约人依法撤销要约。要约一旦按照上述条件被撤销,受要约人也失去了承诺的权利。

(3) 承诺期限届满,受要约人未作出承诺。要约是有有效期间的,该期间有三种确定方法:

第一,要约人在要约中规定要约的有效期间。按照《合同法》第24条的规定,要约有效期间的计算方法是,起算点为要约发出时间,如果要约是以信件或电报作出的,自信件载明的日期或者电报交发之日开始计算;信件未载明日期的,自投寄该信件的邮戳日期开始计算。如果要约是以电话、传真等快速通讯方式作出的,则自要

---

① 参见 http://www.west.net/~smith/Drennan_v_Star.htm,访问时间:2018年9月8日。

约到达受要约人时开始计算。要约有效期间的终点为承诺到达要约人时或根据交易习惯或要约的要求作出承诺的行为时。例如,要约中规定:"请在10日内作出答复。2004年2月2日。"如该要约以信件发出,那么2004年2月12日下班前到达要约人的承诺才有效。

第二,要约中没有规定的,如果是以面对面或电话等对话方式作出的要约,受要约人应当立即作出承诺,否则要约失效。但当事人另有约定的除外。

第三,要约中未作规定,如果要约是以非对话的方式作出,承诺应当在合理期限内到达要约人。

### 案例

农机公司要订购收割机,向甲农机制造厂发去传真,要求定购50台收割机,价格按前次购买同类收割机的价格计算。如果甲同意,请在3天内回复,10天内发货。甲厂收到传真后,厂长不在。办公室主任将传真放入抽屉。3天后,农机公司未得到甲厂回复,即向乙农机厂订货,乙厂立即发了货。甲厂厂长于接到传真后第5天回来,指示立即发货,并电告农机公司。农机公司接电立即回复拒绝,但货已发出,两家产生纠纷。本案甲厂败诉。理由是,农机公司所发传真构成要约,要约中要求甲厂在3天之内承诺,即甲厂应该在要约的有效期内承诺才有效,5天后承诺期限届满,要约已经消灭。甲厂的发货行为是一项新的要约,被农机公司拒绝后,合同没有成立。

(4)受要约人对要约的内容作出实质性变更。这一点将在下面承诺的内容中介绍。

### ▶ 二、承诺

(一)承诺的定义

承诺是指受要约人同意要约的意思表示。要约一经承诺,合同即告成立。

(二)承诺的构成要件

(1)承诺必须由受要约人作出。要约和承诺是一种相对人的行为,只有受要约人享有承诺的资格,因此,承诺必须由受要约人作出。如果受要约人以外的第三人得知要约的内容,并作出接受该要约的意思表示,并不能成立合同。

(2)承诺必须向要约人作出。受要约人承诺的目的在于同要约人订立合同,因此,同意要约的意思表示必须向要约人作出,否则不产生承诺的效力。

### 案例

#### 费尔斯霍斯诉宾德里(1862年)[①]

原告于2月2日致函其侄儿约翰,出价30英镑15先令购买他的马,在信中补充道:"如果不回复,即视为同意我以上述价格购得该马。"约翰没有回复原告,但通知被告(该马匹的拍卖商)不要将其马匹出售,因为它要将该马卖给他的叔叔。被告出于疏忽,将马匹卖掉。因此,原告以他与约翰之间存在合同为由,向法院提起拍卖商侵占他人财物的诉讼。最后法院判决原告败诉,法院认为叔侄之间没有合同关系存在。

(3) 承诺的内容应当与要约的内容一致,这是有效承诺最重要的一个要件。法律对承诺与要约内容一致的要求是"非实质性变更原则",如果受要约人在承诺中对要约的内容加以扩张、限制或者变更,便不构成承诺,而应视为对要约的拒绝从而构成反要约。我国《合同法》认为构成"实质性变更"的要件一般包括:合同标的,数量、质量,价款或报酬,履行期限,履行地点,履行方式,违约责任,解决争议的方法。

### 案例

#### 俄亥俄州谷物公司诉斯威斯赫尔姆案(1973年)[②]

原告在与被告通过电话谈判达成买卖一批大豆的协议后向被告发出一份确认书,其中除了对双方达成协议的交货数量给予确认之外,还规定检验标准为每蒲式耳54磅,可含13%的水分,耗损率为2%,杂质含量不超过1%等。此后,被告没有对该确认书作出答复,而是把这批大豆以更高的价格卖给了他人。原告在诉讼中称,双方原来已经达成了协议,该确认书仅就必要的事项作了补充;被告没有在合理的时间内就这些补充提出异议,因而这些补充事项成了合同的组成部分并对被告产生了约束力。原告胜诉。法院认为,原告在后来确认书中所作的补充只是增加了一般性的交易条件,并没有实质性地改变要约。

(4) 承诺必须在要约的有效期间内作出。超出要约的有效期间到达的承诺都构成迟到的承诺,按照《合同法》第28条、第29条的规定,除要约人及时通知受要约

---

[①] Felthouse v. Bindley (1862) 11CB(NS)869;142 ER 1037.
[②] 参见王军、戴萍编著:《美国合同法案例选评》(第二版),对外经济贸易大学出版社2006年版,第37页。

人该承诺有效以外,应视为新要约,但是受要约人在承诺期限内发出承诺,按照通常情形能够及时到达要约人,但因其他原因承诺到达要约人时超过承诺期限的,除要约人及时通知受要约人因承诺超过期限不接受该承诺的以外,该承诺有效。

(三) 承诺的方式

我国《合同法》第22条参考了国际上通行的做法规定,承诺应当以通知的方式作出,但根据交易习惯或者要约表明可以通过行为作出承诺的除外。即承诺的作出可以明示也可以默示,明示包括口头或书面形式;默示则是指以行为作出表示。如:一方预付价款、装运货物或在土地上开始工作。应该指出的是,沉默不等于默示,也就是说沉默不构成承诺。只有两种情况例外,即当事人约定或是当事人的习惯做法。

### 案例

甲乙之间供酒合同12月31日到期,甲要求乙提出续展合同的条件。乙在其要约中规定:"最晚在11月底之前,如果我方未收到你方答复,我方将推定你方同意按上述条件续展合同。"甲发现乙提出的条件均不可接受,因此未予答复。另外,如果在一项长期供酒协议中,乙平时习惯接受甲的订单不需要明确表示承诺。11月15日,为准备新年,甲向乙订一大批货。乙既未答复,也未按要求的时间供货。前一种情况,甲的沉默不能构成承诺。而后一种情况,根据双方的习惯做法,乙的沉默构成承诺。①

(四) 承诺生效的时间

关于承诺生效的时间,国际上也有两种立法例。《国际商事合同通则》、大陆法系和我国持到达主义,认为,需要通知的,承诺通知到达要约人时生效;不需要通知的,则根据交易习惯或者要约的要求作出承诺的行为时生效。英美法系持投邮主义(与其要约可随时撤回制度相匹配)。

### 案例

#### 亨索恩诉弗雷泽案(1892年)②

被告于1891年6月7日上午用电话向原告要约,以每所750英镑的价格把一些房子出售给原告。当天,被告又将一份书面要约当面交给原告。其中写道:兹授予

---

① 参见对外贸易经济合作部条约法律司编译:《国际统一私法协会国际商事合同通则》,法律出版社1996年版,第25页。
② Henthorn v. Fraster,(1892) 2 Ch. Div. 27.

你在 14 日之内以每所 750 英镑的价格购买这些房屋的选择权。8 日上午，另一个人向被告提出，以每所 760 英镑的价格买下这些房屋，被告当即接受。8 日中午，被告向原告发出了撤销要约的通知。该通知于当晚 8 时送到原告手中。然而，原告已经在 8 日下午 3 点 50 分从邮局发出了承诺的信件。被告接到这封信的时间是当晚 8 点 30 分。英国衡平法庭判决，原告的承诺一经发出便生效了，但被告撤销要约的通知在送达时才生效，因而合同已经在原被告之间成立。

### （五）承诺的撤回

与要约的撤回一样，承诺也可以被撤回。撤回承诺的通知应当在承诺通知到达要约人之前或者与承诺通知同时到达要约人。但是承诺没有被撤销的可能，因为承诺一经到达即生效，合同即告成立。

## 第三节 合同的效力

已经成立的合同，应具备一定的生效要件，才能产生法律约束力。合同生效要件是判断合同是否具有法律效力的标准。各国法律对于合同生效要件的认定，一般包括以下几项：

### ▶ 一、当事人具有相应的缔约能力

（一）自然人的缔约能力

（1）大陆法采用民事行为能力的概念将自然人订立合同的能力加以区分。民事行为能力，指的是根据民事主体的年龄或精神状态为某种民事行为的资格。德国法区别无行为能力与限制行为能力两种情况。无民事行为能力的人包括：未满 7 岁的儿童；处于精神错乱状态，不能自由决定意志，而且按其性质此种状态并非暂时者；因患精神病被宣告为禁治产者。① 无行为能力的人所订立的合同一律无效；限制行为能力人订立的合同须经法定代理人追认后才能生效。如果法定代理人不予追认，则该合同自始无效。

（2）英美法没有行为能力这样的抽象概念，而是运用具体概念来对自然人订立合同的能力加以区分：其一，未成年人。原则上未成年人没有订立合同的能力。但在其成年之后，可以予以追认，也可以要求撤销，但属于必需品②的合同除外。其二，精神病人。其三，酗酒者。酗酒者的行为能力要视其在订立合同时，头脑是否清醒而定。

---

① 禁治产是大陆法的概念，是指因精神病或因嗜酒不能处理自己的事务，或因浪费成性有败家之虞者，经其亲属向法院提出请求，由法院宣告禁止其治理自己的财产。

② 按照美国法院的判例，必需品不仅仅包括衣服、食物等维持生存所必需的物品，还包括按该未成年人的社会地位所合理需要的东西，如手表、汽车、教育、医疗费用等。

> **案 例**
>
> ### 斯科恩诉嘉里特案(1931年)①
>
> 原告是一个未成年人,他与被告订立一个合同,原告以一张250美元的本票加上自己的汽车换取被告的汽车。合同履行后,原告要求撤销合同,并将被告的汽车返还给被告。原告起诉要求被告返还250美元以及原告的汽车款(该车已损毁)。一审被告胜诉,原告上诉。二审法院撤销一审的判决,发回重审。指令判决被告返还原告250美元及汽车款50美元。理由是原则上汽车不是未成年人的生活必需品,本案中原告已经脱离父母监护的情况也不能说明汽车是他的生活必需品。所以该合同可以被撤销。

(3) 中国法效仿德国法的规定,把自然人分为完全民事行为能力、限制民事行为能力及无民事行为能力三种类型。只是将限制民事行为能力的未成年人的年龄规定为8岁。限制行为能力人订立的合同,除了纯获利益的合同或者与其年龄、智力、精神健康状况相适应的合同以外,为效力待定的合同。所谓效力待定,是指:其一,限制民事行为能力人的法定代理人对欠缺生效要件的合同如果在一个月内予以追认,会使合同有效;不予追认,则合同归于无效;法定代理人或被代理人未作表示的,视为拒绝追认。其二,相对人欲使合同成立,可以行使追认催告权,催告限制民事行为能力人的法定代理人或被代理人追认合同的效力。其三,相对人如果要使合同效力归于消灭,可以行使撤销权。但是法律对相对人行使撤销权有所限制:一是相对人为善意;二是撤销权的效力低于追认权,合同一经追认即不得撤销。

> **案 例**
>
> ### 琼斯诉德雷斯尔案(1981年)②
>
> 原告在17岁时与被告订立了一个使用被告的空降机设备从事娱乐性延缓张伞空降运动的合同。1973年12月28日,原告年满18岁,成为一个成年人。1974年10月19日,原告再次使用了被告的空降设备。科罗拉多州最高法院判决,原告的这一行为构成了对合同的确认。

---

① Schoenung v. Gallet 238 N.W. 852, 206 Wis. 52(1931)。
② 参见王军编著:《美国合同法判例选评》,中国政法大学出版社1995年版,第128—129页。

（二）法人的缔约能力

（1）各国传统公司法的规定，公司必须通过它授权的代理人才能订立合同而且其活动范围不得超出公司章程的规定，即所谓越权无效规则。但随着社团立法的发展，区分一般社团立法与以营利为目的的公司立法，保障后者充分的经济活动的自由的要求，这一原则发生了变化。自20世纪以来，许多大陆法国家的公司法大都规定，公司的缔约行为超越章程范围时，如不能证明相对人为恶意则合同仍然有效；在此情况下，仅发生有关负责人对公司的民事责任。

（2）国家限制订立管制类合同的主体。对于某些特殊的属于国家公共政策控制之下，不属于自由市场交易的行业，比如国家专营行业，或虽然具有市场交易性质但国家特别加以控制的行业，如医药卫生行业，其从业资格受到有关行政法规的限制。

（3）我国《合同法》对法人的缔约能力也采用了目前各国通行的观点①。认为，当事人超越经营范围订立合同，人民法院不因此认定合同无效。但违反国家限制经营、特许经营以及法律、行政法规禁止经营的除外。

## 二、合同内容合法

要求合同内容合法，是对合同自由原则的限制。各国法律都要求当事人所订立的合同必须合法，并规定凡是违反法律、违反善良风俗与公共秩序的合同一律无效。

（一）非法合同的类型

大陆法与英美法在非法合同的分类上并没有大的不同，综合来说有三种：

（1）违法合同。当事人订立的合同不得违反法律。各国对违反法律的合同规定大致相同。

（2）违反公共政策的合同。违反公共政策的合同是指损害公众利益，违背某些成文法所规定的政策或目标，或旨在妨碍公众健康、安全、道德以及一般社会福利的合同。公共政策是英美法上一个十分灵活的概念，它随着社会、经济、政治环境的变化而改变。违反公共政策的合同包括：限制竞争的合同、限制贸易的合同和妨害司法的合同等。例如，X与Y达成一项协议，Y同意不与B结婚，Y为此得到X支付的1万美元，一年后，Y与B结婚了，X是不能向法院指控Y违约的。因为X与Y之间的协议违反了婚姻自由的公共政策。

---

① 参见最高人民法院《关于适用〈中华人民共和国合同法〉若干问题的解释（一）》第10条。

> **案例**
>
> ### 麦卡瑟诉联合霍姆斯公司案(1971年)①
>
> 原告是被告公司的一个房客。一天晚上,当原告顺着通往她租用的公寓的楼梯往下走时,由于那里没有安装电灯,原告从楼梯上摔了下来,受了伤。她向法院起诉,要求被告就其疏忽对她负责赔偿责任。被告的答辩是,双方订立的租约中包括了一个免责条款,免除了被告进行此种赔偿的责任。华盛顿州上诉法院在判决中指出,尽管这种免责条款被认为是合法的,但是它违反了这个州的公共政策,因而不能被强制执行。

(3) 违反善良风俗和不道德的合同。违反善良风俗是大陆法的概念,不道德的合同是英美法的概念。它们属于道德伦理的范畴,由法院根据每个案件的具体情况作出决定。如英国法认为允诺以支付妻子的生活费用作为她同意离婚的交换条件的合同是不道德的合同。例如,A 与妹妹 B 约定,如果 B 在圣诞节不回去看望 A 所痛恨的父亲,A 就会付给 B 1000 法郎,B 如果真的不去看望父亲,B 也不能要求法院强迫 A 支付 1000 法郎,因为 A 与 B 之间的协议违反了基督教国家的善良风俗。

我国合同法规定违法合同是指违反法律、行政法规强制性规定的合同。②

(二) 合同违法的后果

(1) 凡是违法或不道德的合同都是无效的,大陆法和英美法法院对违法合同的基本原则是不予救济,即不允许当事人以无效的合同提起诉讼。当事人既不能要求履行合同,也不能要求赔偿损失。但对于一方要求返还财产的要求,法院在坚持不予救济的原则下有所例外。比如英美法认为,一方因为受骗、被威胁或受到经济上的压力而订立了违法的合同,对其已经履行的部分,可以要求对方返还。

> **案例**
>
> ### 奇里里棉花公司诉戴华尼案(1960年)③
>
> 原告是承租人,被告是房主。原告为了租住被告的房子,向被告支付了 1 万先令的好处费。该租赁合同已经付款并履行。原告起诉要求被告返还 1 万先令的好处费。此案历经三审,法院均判决原告胜诉。法院认为,处理违法合同的一般原则

---

① 参见 79 Wash. 2d 443, 486 P. 2d 1093 (1971),载 http://ielaw.uibe.edu.cn/fgal/gwal/htfl/19389.htm,访问时间:2018 年 9 月 8 日。
② 参见最高人民法院《关于适用〈中华人民共和国合同法〉若干问题的解释(二)》第14条。
③ Kiriri Cotton Co. Ltd. v. Dewani [1960] A. C. 192, [1960] 1 ALL E. R. 177(P. C.)。

是,如果该合同尚未履行,则可以要求返还;但如果合同已经履行完毕,则不能要求返还财产,除非一方当事人对订立违法合同负有主要过错。本案中双方的租赁合同违反了当地的租赁限制法案,该法律主要是用以保护承租人利益在房源紧张时不受房主剥削,所以出租人就负有遵守该法律的主要责任。违反该法律规定,出租人负有主要过错,故承租人已经支付的好处费可以要回。

(2)中国法规定合同因违法而无效,无效的后果是以恢复原状为原则的返还财产,财产不能返还或者没有必要返还的,应当折价补偿。如果因一方当事人的过错造成对方当事人遭受损害,则过错方应承担损害赔偿责任;如果双方都有过错的,应当各自承担相应的责任。

▶ 三、当事人意思表示真实

意思表示真实是指合同当事人的表示行为应真实地反映其内心的效果意思,如果当事人的意思表示不真实,合同的效力会因此而受影响,合同或者无效或者可撤销。对各种意思表示不真实的情形,应作具体的分析。

(一)错误

各国法律都一致认为,原则上意思表示错误的一方有权要求法院宣告合同无效或者撤销该合同。但并不是所有意思表示错误,都能使表意人主张合同无效或撤销合同。

1. 错误的特点

(1)对已存在的事实或法律存在不正确的看法;

(2)当事人的错误发生在订立合同之时。

2. 错误的法律后果——无效或可撤销

(1)大陆法区分错误的对象,认定合同是否无效或可撤销。如法国法认为,关于标的物的性质错误和对方当事人的错误可以构成合同无效的原因;德国法认为,关于意思表示内容和形式的错误可以产生撤销合同的后果。

(2)英美法区分为单方错误和共同错误。单方错误通常不能导致合同的无效或撤销,而共同错误则可以。

## 舍伍德诉沃克案(1887年)①

合同双方当事人订立了一个买卖一头母牛的合同。双方在订立合同时认为,这

---

① 参见高尔森:《英美合同法纲要》,南开大学出版社1984年版,第91—92页。

头牛不能产仔,因而交易的价格定得很低,仅相当于一般母牛售价的1/10。可是卖方后来发现,这头牛怀有小牛,因而拒绝按原来约定的价格把这头牛交给买方。密歇根州最高法院判卖方有权以共同错误为由主张该合同无效。

**案例**

### 第一安全人寿保险公司诉基斯案(1975年)①

一家保险公司在出售一张人寿保险单时把对受益人付费的初步数额和最终数额写颠倒了。这一错误会使该保险公司多付给受益人16500美元。在诉讼过程中,该公司总裁作证说,在保险单中,初步数额从来都是最终数额的两倍,而在这张有争议的保险单中,初步数额为8250美元,最终数额却是16500美元。但法院判决,尽管该公司能证明他所理解的协议是什么,却无法证实投保人的理解是什么,这只能是单方错误。因此,本法院只能判决,原合同的内容不应当重新认定。

3.《国际商事合同通则》对错误的规定
(1)可以宣告合同无效的情形:
① 当事人共同发生或造成一个通情达理的人如果知道真相,就不会订立合同;
② 在另一方当事人知道或应当知道的情况下,违背公平交易的商业合理标准,使误解的当事人一直处于错误状态之中发生的错误;
③ 另一方当事人尚未依其对合同的信赖行事前所发现的错误。
(2)不能宣告合同无效的情形:
① 当事人自己的重大疏忽造成的错误;
② 错误与某事实相关联,而对于该事实所发生的风险已被设想到,该错误的风险应当由误解的当事人承担;

**案例**

### 伍德诉波英顿案②

原告将一块保存多年未经雕琢的钻石以一美元的售价卖给了被告(珠宝商)。双方都以为那只是一块黄玉。经雕琢后发现这块钻石的实际价值其实是700美元。

---

① 参见王军、戴萍编著:《美国合同法案例选评》(第二版),对外经济贸易大学出版社2006年版,第134页。
② Wood v. Boynton And Another 64 Wis.265,25 N. W.42 (1885)。

原告主张由于共同错误而撤销合同,双方返还财产,恢复原状。法院判决合同有效,原告败诉。理由是原告保存这块石头多年,在出售之前已经过多方打听未能确认它的价值,在出售时原告已经设想到它可能是值钱美玉的风险,所以错误不能成立。

③ 当事人对不履行合同可以或本来可以提供救济而未提供。

4. 中国合同法对重大误解的规定

我国《民法通则》《合同法》以及《民法总则》都对因重大误解订立合同的效力作出规定,行为人因为对行为的性质、对方当事人、标的物的品种、质量、规格和数量等的错误认识,使行为的后果与自己的意思相悖,并造成较大损失的,可以认定为重大误解。① 有权请求人民法院或者仲裁机关予以变更或者撤销。

(二) 欺诈(fraud)

欺诈是故意使他方产生错误的行为。包括两种情形:一方当事人为引诱对方当事人订立合同而对事实所作的欺诈性陈述;或沉默地隐瞒事实真相的行为。对后者而言,只有当一方对某种事实负有说明的义务时,当事人沉默而不披露实情才构成欺诈。如,劳动者不披露因旷工被原单位除名的事实不构成欺诈;而保险合同当事人不披露保险标的风险增加的事实则构成欺诈。

各国法律一致认为,凡因欺诈订立的合同,受欺诈一方可以撤销合同或主张合同无效。

(1) 大陆法国家法国和德国对欺诈的处理原则不同。法国法认为欺诈导致合同无效;德国法则认为欺诈仅导致合同可以被撤销。

(2) 英美法把欺诈称为"欺骗性的不正确说明"(fraudulent misrepresentation)。受欺诈的一方可以要求赔偿损失,并可以撤销合同或拒绝履行其合同义务。

案 例

瑞德格瑞诉赫德案(1881 年)②

原告是一名在伯明翰执业的资深律师。他通过广告邀请参与经营现有的律师事务所并出售自己在郊区的房子。被告是一名在斯图尔德执业的律师。看到广告后原告询问有关律师事务所的经营收入状况。原告声称该所年收入在 300 英镑到 400 英镑之间,其后来向被告提供的 1877 年到 1879 年的年收入报表,表明该所年收入在 200 英镑左右。对书面报表与原告口头声称的收入差额,原告解释为还有一

---

① 参见最高人民法院《关于贯彻执行〈中华人民共和国民法通则〉若干问题的意见(试行)》第71条。

② Redgrave v. Hurd (1881), 20 Ch. D. 1 (C. A.).

些其他的业务收入。被告对此未加核实,最终与原告达成以 1600 英镑参与该律师事务所经营并购买原告房产的合同。被告依约支付了 100 英镑预付款并举家迁到伯明翰原告的房子住下来。但经了解,原告的律师事务所其实一钱不值。于是被告拒绝继续履行合同,原告起诉要求被告实际履行该合同。被告同时提出反诉,以其订立合同是受到原告欺诈性不正确说明为由,要求解除合同,返还 100 英镑预付款,并要求原告赔偿其因搬家和放弃原有工作所遭受的损失。一审原告胜诉。二审法院支持被告反诉的理由,改判解除合同,由原告向被告返还 100 英镑预付款。

(3)《国际商事合同通则》规定:合同无效或可撤销,在发生损害时,受欺诈的当事人还有权要求赔偿。

(4) 我国《合同法》规定,一方以欺诈手段,使对方在违背真实意思的情况下订立的合同,受损害方有权请求人民法院或者仲裁机构变更或者撤销;损害到国家利益的,合同无效。

### (三) 胁迫(duress)

胁迫是以非法威胁的方法使对方当事人产生恐惧而被迫与之订立合同的行为。各国法律一致认为,凡因受胁迫订立的合同,受胁迫的一方可以主张合同无效或撤销合同。

胁迫的构成要件一般认为有两个:(1) 胁迫采用的是非法威胁的方法。如,出租人威胁,如果承租人 3 天内不付清拖欠的租金,出租人将向法院申请冻结其资产,并请求警察驱逐承租人。这样的警告不是非法的威胁,因而不构成胁迫。(2) 胁迫使用的手段非常紧急严重,以致受胁迫者无其他合理选择。例如,威胁者说:若不与之订立合同,他会天天上门纠缠。这样的威胁并不是非常紧急,因而也不能构成胁迫。

胁迫发生后,若受胁迫者依明示或默示方式放弃行使合同撤销权的,无权撤销合同。

### 北大西洋船舶公司诉海威汀造船厂案(1978 年)①

被告同意按固定价为原告建造一艘船舶。在交付前被告要求加付 10% 的款项,鉴于自己急需船舶,原告被迫同意加价。船舶交付后,原告继续付款直至原合同价款与被迫同意增加的款项全部付清。后来,原告以胁迫为由,向法院提出撤销加价

---

① North Ocean Shipping Co. v. Hyundai Construction Co. Ltd. [1979] 3 W. L. R. 419.

承诺,要求被告退还多收的价款。英国法官认为,交付船舶后,被告不再拥有胁迫手段,原告仍然将加价部分付清这一事实表明,原告以默示方式放弃了行使对加价合同的撤销权。

(1) 德国法区别胁迫与乘人贫困等情况。受胁迫人得撤销合同,而乘他人穷困、无经验、缺乏判断能力或意志薄弱与之订立合同的,该合同无效。法国法认为因胁迫订立的合同无效。

(2) 英美法除普通法上的胁迫外,还有衡平法中的不正当影响的概念。所谓不正当影响,是指一方当事人违背诚信原则,利用对方当事人的某种依赖关系、缺乏远见、无知、无经验或缺乏谈判技巧等,诱使其签订合同的行为。现在两个概念已经合而为一。蒙受不利的一方当事人可以撤销合同。例如,A 是 X 老太太的邻居,A 利用 X 老太太的律师 B 花言巧语的影响,诱使 X 老太太签订了低息贷款合同。X 就可以以不正当影响为由要求撤销合同。

## 案 例

### 古德斯沃诉布里克案(1987 年)[①]

原告与被告是相邻的两个农场的农场主。被告一直对原告的生产生活予以帮助,提供建议。原告对被告由此产生了信托并依赖于被告。1977 年原告与被告达成将自己农场租给被告使用的协议,并附买卖选择权。后来原告后悔,要求撤销与被告的合同,理由是在订立该合同时被告对原告产成了不正当影响。法院支持了原告的主张,原告只需要证明以下三点:第一,原被告之间存在一种信托关系;第二,该合同的订立从原告的角度讲是非常缺乏远见的,一个普通人不会订立这样一个合同;第三,该合同的订立是在被告的劝说之下订立的,而非原告自发。

(3)《国际商事合同通则》规定了不正当影响,只有在对另一方当事人过分有利的情况下,才可以宣告合同无效。

(4) 我国《合同法》对胁迫的规定与欺诈相同,除损害国家利益合同无效以外,因胁迫而利益遭受损害的当事人有权请求变更或者撤销合同。

### ▶ 四、合同必须符合法定形式

合同的形式可以作两种分类,一种要式,一种不要式。要式合同是指必须按照

---

① Goldsworthy v. Brickell [1987] 1 All E. R. 853 (C.A.).

法定的形式或手续订立的合同;不要式合同是指法律上不要求按特定的形式订立的合同。由于严格的合同形式会给交易的达成制造人为的障碍,合同的形式经历了一个由要式向不要式的发展过程。到了近代社会,各国法律都采取"不要式原则"。只是对某些特殊合同才要求作成要式,作为"不要式原则"的例外。

各国法律要求作成要式合同有两种特殊的目的:一是作为合同生效的要件;二是作为合同存在的证据使用,不具备法律规定形式的合同将因为缺乏证据而无法得到法院的强制执行,但如果双方自愿履行,合同仍然有效。

(1) 德国法将合同的形式侧重于作为合同生效的要件;法国法偏重于作为证据要求。

(2) 英国法区别两种情况分别作出规定,认为海上保险合同、债务承认等合同会因缺乏书面形式而无效;如保证合同、借贷合同和有关土地买卖或处分土地权益的合同,如果缺乏书面形式会无法得到法院的强制执行。美国法的欺诈法确立了以下四种书面形式作为证据要求的合同:第一,不动产买卖合同;第二,从订约时起不能在1年之内履行的合同;第三,为他人担保债务的合同;第四,价金超过500美元的货物买卖合同。但美国《统一商法典》也规定了例外的情况,例如,如果卖方已在实质上开始生产专为买方制造的,不宜于售给其他买方的商品,则该合同虽然没有采取书面形式,但仍可以强制执行。再如,在缺乏书面形式的合同已经得到部分履行后,对已经履行的部分,合同仍具有强制执行力。

### 案 例

#### 布鲁克诉巴顿(1936年)①

原告(女)与被告(男)在1931年"五一"期间达成了一个口头合同,约定等被告的儿子读完高中后两人结婚。事实上这至少需要三年的时间,两人当时也知道,但未订立书面合同。后被告不愿与原告结婚。原告起诉要求被告承担违约损害赔偿责任。一审被告胜诉,原告上诉,二审维持原判。理由是,根据美国成文法的规定,不在一年内履行完毕的合同必须采用书面形式,否则无效。

(3)《联合国国际货物买卖合同公约》对于国际货物买卖合同的形式,原则上不加以任何限制。无论当事人采用口头方式还是书面形式,都不会影响合同的有效性和强制执行力。

(4) 中国法对于合同形式问题的态度也经历了一个由要式向不要式转化的过程。中国在加入1980年《联合国国际货物买卖合同公约》时还对《公约》第11条提

---

① Brock v. Button 187 Wash. 27. 59p. (2d)761 (1936).

出了保留,坚持合同要采取书面的形式,不承认口头形式合同的效力。① 1999年中国《合同法》颁布后正式以立法的形式承认了口头合同形式的效力。② 只有法律、行政法规规定采用书面形式的和当事人约定采用书面形式的合同必须采用书面形式。

目前要式合同主要有以下几种:(1) 不动产合同;(2) 特殊动产合同,如汽车、飞机销售合同;(3) 标的额较大,不能及时清结的涉外合同,如融资租赁合同、技术开发合同等。

中国《合同法》对欠缺形式要件的要式合同也有类似于美国《统一商法典》规定的例外情形③,当事人未采用法定或约定的书面形式,但一方已经履行主要义务,对方接受的,该合同成立。

## 五、格式条款的效力

格式条款指的是当事人为重复使用而预先拟定,并在订立合同时未与对方协商的条款,又称为"共同条件"(general condition)。这是现代商业交易当中一些垄断企业经常在合同中使用的形式。这种条款因为不具有订约双方自由协商的特点,各国对格式条款的效力都有专门的规定。

(1) 德国法一般承认格式条款为合同的一部分,但对意义含糊的条款,作不利于指定该条款的当事人的解释。凡不能按照诚信原则安排双方当事人的利益的,一律无效。法国法相对比较宽松,只要对方当事人知道或只要加以注意就能够知道的格式条款,构成合同的一部分,即便格式条款的内容只倾向于一方当事人。而只有那些免除严重过失责任的免责条款才归于无效。

(2) 英国法对此宽容的态度类似于法国法。认为,不论对方当事人是否看过或这些条款是以小字印刷的,如果共同条件已经写进合同,就可以成为合同的内容。如果共同条件没有写进合同文本,只要订约一方提请对方当事人注意,也可以认为该格式条款有效。美国法则持严格的态度,格式条款尤其是免责条款,必须公正、不违反公共政策以及能够引起对方足够的注意,才能被认定为有效。

### 韦弗诉美国石油公司案(1971年)④

被告将一个加油站出租给了原告经营,双方签订的租赁合同中一个免责条款规

---

① 2013年1月,我国政府已正式提交了撤回该项保留的申请。
② 参见我国《合同法》第10条。
③ 参见我国《合同法》第36条。
④ 参见王军、戴萍编著:《美国合同法案例选评》(第二版),对外经济贸易大学出版社2006年版,第176页。

定,该承租人将免除该出租人所有的发生于该出租财产的过失责任。日后,被告公司的雇员把汽油喷到了原告及其助手的身上,使他们被烧伤。被告请求依据该免责条款解除自己对原告的赔偿责任。该法院发现:原告没有能力理解该合同免责条款。他只读过一年半的中学,不是那种懂得法律和能够理解技术性条款的含义的人。该法院在判决中说,让一个没有受到多少教育的人受一个由美国石油公司的律师起草的这样一种合同的支配,那真太可悲了,是对正义的亵渎。

(3) 中国法的规定也比较严格。我国《合同法》及司法解释规定提供格式条款当事人的法定义务有:第一,遵循公平原则确定当事人之间的权利和义务关系;第二,对免除或限制其责任的条款,采取合理方式提请对方注意的义务;第三,对免除或限制其责任的条款,应对方要求给予说明的义务,未尽提示和说明义务导致对方没有注意免除或者限制其责任的条款,对方当事人可以申请撤销该格式条款①。格式条款会因为下列情形而无效:第一,属于合同无效的情况②;第二,属于无效的免责条款:造成对方人身伤害的;因故意或重大过失造成对方财产损失的。第三,免除提供格式条款一方当事人责任、加重对方责任、排除对方主要权利的。格式条款有两种以上解释的,应当作不利于提供格式条款一方的解释;格式条款与非格式条款不一致的,应当采用非格式条款。

### 案 例

孙某与上海某美容公司签订服务协议,约定服务期限6个月,选择价值10万元的尊贵疗程,所有项目疗程单价按85折从卡内扣。如孙某未按计划及进程表接受被告提供的服务,经被告善意提醒,仍未能有改善的,视为放弃服务。如因自身原因不能按被告制定的方案履行,则不能要求退还任何已支付的费用。如因自身原因连续3个月不能参加相关项目,则美容公司有权终止服务,孙某不得要求退赔任何费用。美容公司向孙某声明,孙某必须遵从顾问安排,因个人原因不能配合而导致疗程失败或进度缓慢,公司一概不负任何责任,也不会因此而退还余款或保留追究违约责任的权利。孙某在该声明书上签字予以确认,之后两次向美容公司支付了10万元的服务费。后孙某因体重未能减轻,停止接受瘦身疗程,双方交涉未果,孙某向法院提起诉讼,要求美容公司返还9万元服务费。法院审理认为,服务协议及声明书中虽然写明孙某放弃或者不按照安排接受服务,则不退回任何费用,但这些约定系美容公司提供的格式化条款,并未遵循公平的原则来确定其与孙某之间的权利和

---

① 参见最高人民法院《关于适用〈中华人民共和国合同法〉若干问题的解释(二)》第9条。
② 参见我国《合同法》第52条、第53条。

义务,明显加重了孙某的责任,排除了孙某的权利,这些约定条款应属无效。①

## 第四节 合同的违约与救济

违约,即违反合同义务,合同当事人完全没有履行其合同义务,或没有全部履行其合同义务就构成了违约。除非出现法定的免责事由,违约一方当事人应负违约责任。

### ▶ 一、违约

(一)违约责任的归责原则

违约责任的归责原则是指基于一定的归责事由而确定违约责任是否成立的法律原则,英美法与大陆法判断的标准不同。

(1)大陆法的归责原则是过错责任。合同当事人只有存在过错时,才会承担违约责任。也就是说一方当事人必须同时证明对方当事人既存在违约行为,又对该违约行为存有过错才能得到救济。

(2)英美法的归责原则是严格责任,只要一方当事人有违约行为,不论他对该违约行为是否存在主观上的过错,都必须承担违约责任。

尽管两大法系在违约责任归责原则上有不同的判断标准,但是基于合同自由原则,当事人可以在既有规则下作出相应的特别性约定,如在英国当事人可以通过免责条款限制或者免除责任,而在法国当事人则可以约定对无过错情形承担责任。正因为如此,尽管归责原则不同,但实际的运作结果并不存在显著的差异。②

(二)违约的形式

违反合同的表现形式多种多样,由于不同的违约行为对应不同的违约责任,各国都将违约行为加以形式上的分类。

1. 大陆法

德国《民法典》把违约分为两类:给付不能和给付迟延。

给付不能,是指债务人由于各种原因不可能履行其合同义务。导致这种不可能履行的原因可以是法律上的原因、事实上的原因、主观上的原因或者客观上的原因。德国法进而又将给付不能区分为自始不能和嗣后不能两种情况。自始不能会导致合同在法律上归于无效。嗣后不能则要区别是否有可以归责于当事人的事由而有

---

① 参见最高人民法院发布的人民法院维护消费者权益典型案例,载《最高人民法院公报》2014年第9期, http://gongbao.court.gov.cn/Details/4fd7368395f35add70ce7f2d723249.html?sw=,访问时间:2018年11月8日。

② 参见韩世远:《合同法总论》(第三版),法律出版社2011年版,第593页。

所不同:(1)如给付不能不是由于当事人的过错造成的,当事人不承担违约责任;(2)如果给付不能是由于当事人的过错造成的,原则上要承担违约责任;(3)如果是不可归责于任何一方的给付不能,双方均可免除违约责任。

给付迟延,是指可以履行的债务已届履行期,但债务人没有按期履行其合同义务。给付迟延也要根据当事人是否有过错加以区别,没有过错的给付迟延当事人无需承担违约责任;只有经债权人催告仍不为给付的,债务人才自受催告时起承担迟延责任。

2. 英美法

英国法把违约区分为违反条件(condition)与违反担保(warranty)两种不同的情况给予不同的违约救济。英国法按照合同条款的性质和重要性,将合同条款分为"条件"和"担保"两种。凡带有根本性的重要条款称为"条件",违反"条件"的,对方当事人有权解除合同,并可以要求赔偿损失;违反担保的,即违反合同次要条款或随附条款的,对方当事人只能寻求解除合同以外的救济方式。例如,买卖合同中履约时间、货物的品质及数量条款都属于合同的条件,相反,货款的给付时间则一般属于担保。由于按照合同条款的重要性来区分违约救济方法在实践中表现出其僵化的弊端,英国法又通过判例发展了一种新的违约类型"违反中间条款"。它既不是"条件"也不是"担保",一方当事人违反这类条款的结果是,视此种违约的性质及后果是否严重,给予对方当事人以解除合同的权利。

美国法已经不再使用"条件"和"担保"两个概念。美国法按照违约行为造成结果的严重程度,将违约分为重大违约和轻微违约两种。所谓重大违约是指当事人没有履行合同或履行合同有缺陷,致使对方当事人无法得到根据该合同期待得到的主要利益,受损害方可以解除合同,同时可以要求赔偿损失。轻微违约是指当事人在履约中的瑕疵并未影响对方当事人得到合同的主要利益,受损害方可以要求赔偿损失,但不能解除合同。

在英国法引入以违约后果严重程度为判断标准的"违反中间条款"这一概念后,实际上英国与美国在违约形式划分上的区别已不明显。

## 案 例

### 汉莎诺德案[①]

原告是买方,被告是卖方。双方签订了一份出售柑橘果肉浆的 CIF 合同。货到目的地发现其中 1 号货柜中的货物有部分货损(1260 吨),2 号货柜中的货物完好无损(2053 吨)。买方拒收全部货物,要求解除合同。理由是该合同第 7 条规定,"货

---

① Cehave N. V. v. Bremer Handelsgesellschaft m. b. H(The "Hansa Nord") [1976]Q. B. 44.

物交付时应处于良好状态",这是一个条件条款。卖方违反条件,买方有权解除合同。一审法院判决原告胜诉,被告上诉,二审丹宁勋爵推翻了一审判决,支持被告。他认为,合同第7条既不是条件,也不是担保。而是中间条款。违反此条款的结果要视违反合同的后果严重程度而定,本案中货损并不构成对合同严重或实质性的违反。

英美法中还有一种特殊违约形式——预期违约。所谓预期违约,是指一方当事人在合同规定的履行期到来之前,即明确表示他届时将不履行合同。当一方当事人预期违约时,对方可以解除自己的合同义务,并可立即要求给予损害赔偿,而不必等到合同规定的履行期来临时再采取行动。

3. 1980年《联合国国际货物买卖合同公约》

《联合国国际货物买卖合同公约》创设了根本违约和非根本违约两种违约形式。所谓根本违约是指,一方当事人违反合同的结果,使另一方当事人蒙受损害以至于实际上剥夺了他根据合同有权期待得到的东西。对于根本违约《联合国国际货物买卖合同公约》给予受损害一方以解除合同的权利,而对于非根本违约当事人只能寻求解除合同以外的救济方式。

(三) 违约责任的免除

如果违约事件发生的原因不属于当事人应该承担的风险时,当事人可以依法免除违约责任。对此大陆法国家与英美法国家也有不同的规则加以调整。

1. 大陆法系国家的情势变迁原则

所谓情势变迁原则是指在法律关系成立之后,作为该项法律关系基础的情事,由于不可归责于当事人的原因,发生了非当初所能预料得到的变化,如果仍然坚持合同原来的法律效力,将会产生显失公平的结果,有悖于诚实信用的原则,因此应该对原来的法律效力作相应的变更的一项法律原则,如增加或减少履行的义务,或解除合同等。

2. 英美法系国家的合同落空制度

英美法的合同落空制度与大陆法的情势变迁原则相似,是指在合同成立之后,非由于当事人自身的过失,而是由于事后发生的意外情况而使当事人在订约时所谋求的商业目标受到挫折。在这种情况下,对于未履行的合同义务,当事人得予免除责任。

### 泰勒诉卡德威尔案①

原告与被告订立的合同规定,原告将使用被告的音乐厅作四天的演出;在每次

---

① Taylor v. Caldwell 3 B & S. 826, 122 Eng. Rep. 309.

演出结束时,原告将付给被告100英镑的租金。在第一次演出前不到一周的时间,该音乐厅突然被一场大火焚毁。原告请求被告承担违约责任,赔偿原告为准备这几场音乐会而花费的开支。英国王座法庭判决原告败诉,被告得以免责。依据是合同落空原则,法院认为,如果合同的履行要以某人或某物的存在为前提,则视为合同中默示的规定。如果该人或该物死亡或灭失,又不是当事人的原因造成的,则当事人可以免责。

### 3. 不可抗力条款

实践中判断何时可以适用情势变迁原则或合同落空制度是十分复杂和困难的,最好的办法是当事人自己在合同中订入不可抗力条款(force majure clause),事先规定订约双方在发生他们所不能控制的客观情况时,不论这种客观情况从法律角度看是否能够构成合同落空或情势变迁,他们都可以延迟履行合同或解除履行义务,任何一方对此都不能请求损害赔偿。而我国《合同法》将不可抗力作为法定的免责事由加以规定。

## ▶ 二、违约救济

针对不同的违约行为,合同另一方当事人可以寻求法律上的不同的救济方法。

### (一) 实际履行(specific performance)

实际履行是指债权人向法院提起实际履行之诉,由法院判决债务人按照合同的规定履行合同。各国对法院判决实际履行的规定有所不同。

#### 1. 大陆法系国家

大陆法系国家认为实际履行是对不履行合同的一种主要的救济方法。凡是债务人不履行合同时,债权人都有权要求债务人实际履行。

#### 2. 英美法系国家

英美普通法则认为,对不履行合同唯一的救济方法是要求损害赔偿。在衡平法院,实际履行作为例外的救济方法可以由法官自由裁量而定。根据英美法院的审判实践,下列情况法院通常不会作出实际履行的判决:

(1) 金钱损害赔偿已可以作为充分的救济方法的情况;
(2) 属于提供个人劳务的合同;
(3) 法院不能监督其履行的合同;
(4) 对当事人一方是未成年人的合同;
(5) 如判决实际履行会造成对被告过分苛刻的负担的情况。

一般而言,在涉及土地买卖或公司债券的交易时,英美法院通常会作出实际履行的判决,对于一般的货物买卖合同,法院原则上不作出实际履行的判决。

#### 3. 《联合国国际货物买卖合同公约》

由于大陆法系与英美法系在是否给予当事人实际履行救济方式的问题上分歧

较大,《联合国国际货物买卖合同公约》采取了折衷的做法,把权力交给受理案件的法院来执行,如果按照法院地国法律可以作出实际履行判决的,就可以判决实际履行,法院地国法律不支持实际履行的,法院则可以不作出实际履行的判决。

4.《国际商事合同通则》

《国际商事合同通则》也对两大法系的不同规定作出了调和,即允许当事人提出实际履行的主张,但要受到下列条件的限制:

(1) 实际履行必须是法律上或事实上可能的实际履行;

(2) 实际履行或相关的强制履行不会带来不合理的负担或费用;

(3) 要求实际履行的当事人无法合理地从其他渠道获得履行;

(4) 所履行的事项不具有强迫劳动的性质。

(二) 损害赔偿(damages)

损害赔偿是各国都采用的一种违约救济方法。但对于损害赔偿责任的成立、损害赔偿的方法及损害赔偿的范围有着不同的规定。

1. 损害赔偿责任的成立

(1) 大陆法上的损害赔偿责任有三个构成要件:一是要有损害的事实;二是要有债务人的过错;三是损害事实与债务人过错之间要有因果关系。

(2) 英美法不同于大陆法。只要一方当事人有违约的事实即可成立损害赔偿责任,既不需要有损害的事实,也不需要证明债务人对违约事实存在过错。

### 案 例

#### 纳瑞诉瑞特尔船公司案[①]

原告是买方,被告是中间商。双方订立了一个买卖船舶的合同,原告向被告支付了订金4250美元。由于原告生病需要动手术,不能继续履行合同。但在接到原告律师的这个通知之前,被告已经向第三方订购了该船并收货。于是被告拒绝退还原告已付订金。原告起诉要求被告返还4250美元订金。理由是被告后来又将该船转卖,所得价款与原被告之间的合同金额相同。被告并没有因为原告的违约行为遭受损失。法院没有完全支持原告的主张,认为原告仍须承担违约责任。

2. 损害赔偿的方法

损害赔偿的方法有回复原状和金钱赔偿两种。

(1) 以德国为代表的大陆法系国家以回复原状为原则,以金钱赔偿为例外;

(2) 英美法系国家采取金钱赔偿的方法。

---

① Neri v. Retail Marine Corp. 30n. Y. 2d 393,334 N. Y. S. 2d 165,285 N. E. 2d 311.

### 3. 损害赔偿的范围

损害赔偿的计算有时是相当困难的,当事人可以通过自行约定的方法来减少计算损害赔偿金额的麻烦。这种损害赔偿称为约定的损害赔偿;当事人未约定的由法律予以确定,称为法定的损害赔偿。这里介绍法定损害赔偿范围的确定。

(1) 以德国法为代表的大陆法系国家认为,损害赔偿的范围应该包括违约所造成的实际损失和所失利益两个方面。所谓实际损失是指由于债务人的违约行为造成债权人根据合同可得利益的损失,比如应该交货而没有交货。所谓所失利益,是指如果债务人不违反合同本应能够取得的利益。比如,买卖合同的买方已经与第三人签订出售该合同项下货物的另外一份买卖合同,由于买方不交货的违约行为导致买方在与第三人买卖合同项下的利润损失就是所失利益。

(2) 英美法系国家计算损害赔偿的基本原则,是使由于债务人违约而蒙受损害的一方在经济上能够处于该合同得到履行时同等的地位。但同时损害赔偿金额要受到可预见规则和减损规则的限制。所谓可预见规则是指,可获得赔偿的损失必须是当事人在订立合同时可以合理预见到的后果。

**案 例**

#### 哈德里诉巴辛达尔案(1854 年)[①]

原告磨坊的机轴坏了,原告将坏轴交给被告承运人,委托他找人重做一个新的机轴。被告由于疏忽未能在合理的时间内交付新的机轴,从而使磨坊超时停工。原告要求被告赔偿由于迟延交付机轴所造成的利润损失。法院判决原告败诉,理由是原告并没有事先告知承运人他没有备用的机轴,如果不能及时把新轴送到就会产生利润损失。

所谓减损规则是指,当一方违约时,受损害的一方有义务采取一切合理的措施以减轻由于违约所造成的损失。如果由于受损害一方的疏忽,没能采取合理的措施减轻损失,则受损害的一方对于违约发生后本来可以合理避免的损失,不能要求给予赔偿。

(3)《国际商事合同通则》确立了完全赔偿原则,即违约造成的任何损失、被剥夺的收益及肉体或精神的痛苦等损害都可以得到赔偿。《国际商事合同通则》同时采用了可预见规则和减损规则。

---

① Hadley v. Baxendale 9 Ex. 341,156 Eng. Rep. 145.

### 案　例

#### 罗金汉姆郡诉拉顿桥梁公司案(1929年)[①]

原告是一名建筑商,他于1月与当地市政府签约建造一座有争议的桥梁,由于公众的反对及郡政府委员会再次投票结果,决议取消建造此桥梁而通知原告终止建造活动,此时原告已经花费了1900美元。原告接到郡政府通知后,自以为郡政府委员会可以推翻原决议而恢复建造该桥梁,于是继续建造直至同年11月止。累计建造费用达1.8万美元。原告向郡政府要求支付遭到拒绝,法院判决认为,原告只能就1900美元的费用及预期利益得到赔偿,经被告通知取消合同后所发生的费用不得求偿。

（4）我国《合同法》综合了上述具有代表性的规则,损害赔偿包括所受损失和所失利益。同时受到可预见规则和减损规则的限制。

（三）违约金(liquidated damages)

违约金是指为了保证合同的履行,双方当事人事先约定的如果一方违约应向对方支付的金钱。

1. 大陆法上的违约金

大陆法上的违约金有两种:惩罚性的违约金和补偿性的违约金。

（1）惩罚性的违约金。德国法认为,违约金是对债务人不履行合同的一种制裁,具有惩罚性。当债务人不履行债务时,债权人除了请求违约金以外,还可以请求损害赔偿。

（2）补偿性的违约金。法国法认为,违约金的性质是属于预先约定的损害赔偿金额。当事人请求了违约金就不可以同时主张对方当事人实际履行合同或承担损害赔偿责任。

另外,大陆法系国家的法院有权根据实际损失的大小对违约金予以增加或减少。

2. 英美法上的违约金

英美法不承认惩罚性违约金,认为合同关系不能用来惩罚任何人。对于违约只能要求赔偿损失,因此英美法上只有补偿性的违约金一种。对于当事人约定违约金的目的在于对违约方惩罚的,法院将不予承认,受损害一方只能按通常的办法或实际遭受的损失要求损害赔偿。

---

[①] Rockingham Country v. Luten Bridge Co. 35 F.2d 301(4th Cir. 1929).

> **案 例**
>
> 怀特诉本考斯基案①
>
> 1962年,怀特一家买了一栋房子,与被告是邻居。因为该房子没有自己的水源而必须从被告的家里连接水源。双方为此订立了一份供用水合同。合同约定,被告向原告提供生活用水10年,原告向被告每月支付3美元水费以及将来发生的一半维护费用。但从1964年以后,双方发生纠纷。被告经常给原告停水,理由是原告超量用水。原告起诉要求被告对其违约行为承担补偿性违约金及惩罚性违约金两项。法院仅判给原告补偿性违约金10美元,没有支持惩罚性违约金。

3. 我国《合同法》上的违约金

我国《合同法》规定的违约金主要为补偿性质,但也承认惩罚性违约金。当约定的违约金过分高于或低于实际损失时,当事人可以请求法院予以减少或增加。

(四) 解除合同(rescission)

解除合同是比较严厉的违约救济方法,各国法律都对解除合同的条件和解除合同效力的溯及力等问题作出了不同的规定。

1. 解除合同的条件

大陆法认为,在债务人不履行合同时,债权人有权解除合同。不履行合同包括履行不可能、履行迟延、拒绝履行和不完全履行四种情况。英美法则认为,只有在违反条件或重大违约时才发生解除合同的问题。我国《合同法》规定了不可抗力致不能实现合同目的、预期违约、迟延履行主要债务、履行延迟或者其他违约行为致不能实现合同目的等四种可以解除合同的情况。②

2. 解除合同效力的溯及力

合同一经解除,合同的效力即告消灭。大陆法认为解除合同原则上具有溯及既往的效力,即未履行的不必再履行,已经履行的要恢复原状。英美法则认为,违约导致的解除合同并不使合同自始无效,而只是指向将来,即只是在解除合同时尚未履行的债务不再履行,已经履行的债务原则上不产生返还的问题。我国《合同法》与大陆法的规定相同。③

3. 解除合同与损害赔偿的关系

大陆法与英美法比较一致地认为在解除合同时可以同时要求损害赔偿。我国

---

① White v. Benkowski 37 Wis 2d 285,155 N. W. 2d 74.
② 参见我国《合同法》第94条。
③ 参见我国《合同法》第97条。

《合同法》也认为损害赔偿可以与解除合同同时并用。①

（五）禁令(injunction)

禁令是英美衡平法特有的一种救济方法。它是指由法院发出禁令,强制执行合同中所规定的某项消极义务,即由法院判令被告不允许做某种行为。禁令仅限于在采取一般损害赔偿的救济方法不足以补偿债权人所受的损失,而且这样做符合公平合理的原则的时候才能发出。例如,信用证欺诈案件中,开证申请人可以申请法院向银行发出止付的禁令以避免遭受损失。

---

① 参见我国《合同法》第97条。

# 第五章　国际货物买卖法

## 第一节 国际货物买卖及其立法

国际货物买卖是一种具有国际性的货物买卖交易,这种交易关系通常是由买卖双方通过签订国际货物买卖合同的形式来确立的。调整国际性的货物买卖过程中所产生的买方和卖方之间权利义务关系的法律即为国际货物买卖法。

### ▶一、国际货物买卖的国内立法

无论是民商分立还是民商合一的国家,买卖法通常是作为民法典的一部分在债篇中加以规定,如意大利、瑞士、土耳其、泰国。不同的是民商分立的国家,除了民法典外,还制定单独的商法典,如法国、德国、日本等。日本《民法典》在第三篇债权第二节契约中就契约的成立、契约的效力、契约的解除作了规定。第三节买卖对总则、买卖的效力、买回作了规定。日本《商法典》第三篇商行为就属于商行为的买卖所涉及的特殊问题作了规定。在民商合一的国家,没有单独的商法典,而把包括买卖法在内的商法内容并入各自的民法典或债务法典中。例如意大利只有民法典,瑞士只有债务法典,他们分别将买卖法的内容编入民法典和债务法典。

英美法系各国既没有民法典,也没有大陆法意义上的商法典。这些国家的买卖法除以法院判例形式确立的普通法律原则外,有颁布单行法规的形式制定了买卖法。如英国 1893 年《货物买卖法》,这项法律是英国在总结法院数百年有关货物买卖案件作出的判例基础上制定的,它自公布以来多次修订。美国 1906 年《统一买卖法》是以英国 1893 年《货物买卖法》为蓝本制定的。该法曾被美国 36 个州所采用,但随着时间的推移,该法已不适应美国经济发展的需要。因此,从 1942 年起,美国统一各州法律委员会和美国法律学会合作起草《统一商法典》(Uniform Commercial Code, U. C. C.)。该法典于 1952 年正式公布,其后作过多次修订,现在使用的是 1988 年公布的文本。美国《统一商法典》不是由美国联邦立法机关制定和通过的,而是由民间组织起草制定,供各州议会自由选用。目前美国《统一商法典》已得到除路易斯安那州的 49 个州议会通过。美国《统一商法典》第二篇对货物买卖进行了规定。

中国没有专门的商法典,关于货物买卖的法律主要规定在《民法总则》《民法通则》《合同法》等法律中。2017 年 10 月 1 日实施的《民法总则》第六章民事法律行为、第八章民事责任的规定,1987 年 1 月 1 日实施的《民法通则》第四章第一节关于民事法律行为的规定、第五章第二节关于债权的规定,以及第六章有关民事责任的规定,都与货物买卖密切相关。① 1999 年 10 月 1 日实施的《合同法》在第九章中专

---

① 我国《民法总则》通过后并未废止《民法通则》,我国调整私人人身关系和财产关系的法律,将存在《民法总则》和《民法通则》并存的格局。

门对买卖合同进行了规定。

## 二、国际货物买卖的国际条约

（一）1964年的国际货物买卖统一法公约

早在20世纪30年代，罗马国际统一私法协会就决定制定一项有关国际货物买卖的统一法，以协调和统一各国关于货物买卖的实体法。1935年完成《国际货物买卖统一法公约》草案初稿。1936年开始起草的《国际货物买卖合同成立统一法公约》由于第二次世界大战爆发而中断。战后，1950年恢复工作。经过十多年的酝酿、讨论和修改，于1964年4月25日海牙会议上通过了《国际货物买卖统一法公约》和《国际货物买卖合同成立统一法公约》。《国际货物买卖统一法公约》于1972年8月18日起生效。参加或核准的国家有比利时、冈比亚、德国、以色列、意大利、荷兰、圣马力诺和英国，共8个国家。《国际货物买卖合同成立统一法公约》于1972年8月23日生效。参加或者核准国为7个，上述各国除以色列。

两个公约的核准生效是国际货物买卖法向法典化方向发展迈出的重要一步，但在理论和实践中存在明显的局限性和不足，两个公约受欧洲大陆法传统的影响较多，内容烦琐，有的概念比较晦涩难懂。因此，参加两个公约的国家为数不多，没有能够被各国广泛接受和采纳，使这两项公约未能达到统一各买卖法的预期目的。

（二）《联合国国际货物买卖合同公约》

鉴于上述两个公约的情况，1966年联合国国际贸易法委员会成立，1969年决定组织专门工作组即"国际货物买卖工作组"，在上述两个海牙公约的基础上制定统一的国际货物买卖法，力求使条约能得到不同法律制度和不同社会、经济制度国家的广泛接受。大卫（David）、施米托夫（Schmitthoff）和巴布斯库（Tudor Popescu）教授组成指导委员会分别代表大陆法系、普通法系和社会主义国家的法律体系，于1974年举行第一次会议开始工作。1978年完成新公约的起草，并决定把1964年海牙通过的两个公约合并为一个，定名为《联合国国际货物买卖合同公约》（Convention Contract for the International Sale of Goods, CISG）。1980年3月，《公约》在62国代表参加的维也纳外交会议上获得通过。我国政府代表以观察员身份参加会议，并提出了补充和修改意见。按《公约》第99条规定，《公约》在有10个国家批准之日起12个月后生效。自1988年1月1日起，《公约》生效。我国于1986年12月11日交存批准书，1988年1月1日对我国生效。截至2018年12月，全世界总共有89个国家参加该《公约》，缔约国包括了大部分普通法系和大陆法系的主要贸易国。[①]

《公约》分四部分共101条。第一部分为公约的适用范围及总则，第二部分关于合同的成立，第三部分为货物买卖，第四部分为最后条款。

公约的宗旨是以建立新的国际经济秩序为目标，在平等互利的基础上发展国际

---

[①] 资料来源：http://www.uncitral.org，访问时间：2018年12月10日。

贸易,促进各国的友好关系。减少国际贸易的法律障碍,促进国际贸易的发展。

1. 《公约》的适用

（1）适用《公约》的合同。根据《公约》第1条第1款(a)项规定,本《公约》适用于营业地在不同国家的当事人之间订立的货物买卖合同,如果这些国家是缔约国。从该条款可知,在判断合同的国际性时,它强调的是合同当事人的营业地位于不同国家,而不考虑当事人的国籍。所谓营业地,是指固定的、永久性的、独立进行营业的场所。[①] 代表机构(如外国公司在我国的常驻代表机构)所在地就不是该《公约》意义上的"营业地"。这些机构的法律地位实际上属于代理关系中的代理人。代理人以委托人的名义从事活动,由委托人享有相应的权利并承担相应义务。因此,某外国公司授权其在中国的代表机构与中国公司签订货物买卖合同,仍然是公约意义上国际货物买卖合同。《公约》第10条(a)(b)项规定,如果当事人有一个以上的营业地,则以与合同及合同的履行关系最密切的营业地为其营业地;如果当事人没有营业地,则以其惯常居住地为准。

（2）由国际私法规则导致适用《公约》。根据《公约》第1条第1款(b)项规定,如果国际私法规则导致适用某一缔约国的法律,则本《公约》也将适用于营业地在不同国家的当事人之间所订立的货物买卖合同。根据《公约》第1条第1款(a)项适用公约的条件是合同的双方当事人的营业地处于不同国家,而且有关国家均是公约缔约国。但是,按照该条款的(b)项,只要当事人的营业地在不同国家,即使这些国家不是公约缔约国,但如果根据国际私法规则导致适用某一缔约国的法律,则该《公约》亦将适用于当事人之间所订立的国际货物买卖合同。这一规定扩大了公约的适用范围。

（3）不属于《公约》适用范围的货物买卖。所谓货物,各国法律有不同规定,通常指有形动产,包括尚待生产与制造的货物。《公约》第2条采用了排除法的规定方法,列举了不适用于《公约》的货物买卖。其一,货币、股票、票据、其他投资证券的买卖。由于这类交易为非有形动产的交易,具有其自身的特殊性,一般适用特殊的法律、法规,而且关于这方面的法律在各个国家差别较大,往往带有强制性,所以这类商品的买卖不适用于《公约》。其二,船舶、飞机、气垫船的买卖。《公约》排除适用这类销售的主要原因在于不同国家对这些货物有不同的分类。有些国家的法律规定船舶、飞机的买卖为动产的买卖,而另外一些国家则规定船舶、飞机的买卖属于不动产买卖。此外,大多数国家法律都规定船舶、飞机应遵守特殊的注册规定。至于哪些船舶、飞机必须注册,其规定也有所不同。其三,电力的买卖。由于电力不具有物质形态,不属于"货物"的范畴。此外,电力买卖也有其自身的特殊性,很难通过一般货物买卖的规定加以调整,需要专门的法律规范进行调整。所以,《公约》排除了对电力买卖的适用。其四,仅供私人或家庭使用的货物买卖。将这类买卖排除于

---

[①] 参见钟建华：《国际货物买卖合同中的法律问题》,人民法院出版社1995年版,第2页。

《公约》适用范围之外的原因主要有两点:一是这类货物的买卖涉及各国不同立法的规定,关系到消费交易中消费者权益的特殊保护,为了避免《公约》与这类强制性法律规范发生冲突,减少适用《公约》的困难,《公约》将这部分买卖排除在适用范围之外,《公约》所作的这种排除是有前提的,即卖方在订立合同时已经知道买方的购买目的。也就是说,如果卖方在订立合同前任何时候或订立合同时不知道而且没有理由知道这种购买目的,则仍然适用《公约》。二是供私人或家庭使用的消费品的买卖并不具有普遍性。所以,《公约》不适用于这类买卖是较为适宜的。但是,如果货物由个人购买但是用于商业目的。则仍属于《公约》的适用范围。其五,由拍卖方式进行的销售。与一般的货物买卖相比,拍卖有其自身的特点和独特的规则,较难用一般的货物买卖法调整,且拍卖通常要遵守国内法的特殊规则,各国的立法又各不相同,很难用《公约》进行调整。其六,根据法律执行令状或其他令状的买卖。这类买卖是根据司法部门和行政机构的决定,按照所在国的法律强制执行程序进行的,而且这类买卖也不是国际货物买卖的主要部分,所以《公约》将这部分买卖排除于适用范围之外。

《公约》第3条还规定了《公约》不适用于供应货物一方的绝大部分义务是提供劳务或提供其他服务的合同,也不适用于由买方提供制造货物的大部分原材料的合同。《公约》这样规定的目的主要在于规范国际货物买卖。如果买方保证供应制造商品所需的大部分重要材料,或者卖方的"绝大部分"义务在于供应劳务或其他服务,则这种合同已超越了《公约》的范围。因为这种合同实际上已是加工合同或劳务合同。如补偿贸易合同和咨询服务合同等。但是对混有货物买卖和提供劳务的合同,则要根据具体情况进行分析。如果提供劳务是合同的主要义务,则该合同是劳务合同,不适于《公约》,反之,合同的性质即为货物买卖合同,适用《公约》。

(4)《公约》不涉及的若干问题。就买卖合同而言,《公约》只适用于货物买卖合同的订立以及卖方和买方双方因此种合同而产生的权利和义务,并不解决与合同有关的一切问题。《公约》第4条规定:"本公约只适用于买卖合同的订立和买方与卖方因此种合同而产生的权利和义务。特别是,本公约除非另有明文规定,与以下事项无关:(a)合同的效力,或其任何条款的效力,或任何惯例的效力;(b)合同对所售货物所有权可能产生的影响无关。"第5条规定:"本公约不适用于卖方因货物对任何人所造成的死亡或伤害的责任。"从这两条规定可以看出:其一,《公约》不调整国际货物买卖合同及其条款和惯例的有效性问题。所谓国际货物买卖合同的有效性是指国际货物买卖合同的合法性及其是否能产生预期的法律后果。影响合同有效性的主要因素是合同是否具备有效合同的法律要件。一般认为,一项有效合同的法律要件由以下三个要件构成:当事人具有相应的民事行为能力;当事人意思表示真实、一致;合同的形式及内容合法。凡缺少以上要素之一的,均认为合同不具有有效性。但由于关于合同的有效性的问题涉及各国法律的强制性规定以及各国的公共秩序和善良风俗等问题,这就使得各国关于合同有效性的法律规定有较大差别,很难用统一的法律加以规范。所以《公约》对此只能采取回避的方法处理;合同中任何条款的效力由于同样的原因也不能适用《公约》;关于惯例的有效性的问题,《公约》第9条第1款规定,双方当事人业已同意的惯例和他们之间确立的习惯做法,对双方当事人均有约束力。从《公约》的规定可以看出,当双方当事人选择的惯例与《公约》发生冲突时,应首先适用惯例。但适用《公约》这一规定的前提是双方当事人选择国际贸易惯例作为合同的准据法。至于惯例本身的有效性、惯例的内容以及惯例的解释等问题,《公约》并未作出规定,而应适用有关的专门解释。其二,《公约》不调整国际货物买卖合同所引起的有关货物所有权的问题。一是货物所有权转移的时间问题。货物所有权何时由卖方转移给买方,是国际货物买卖中一个非常重要的问题。因为一旦货物所有权转移,对方拒付货款或破产,卖方将蒙受钱物两空的损失。由于各国法律关于这个问题的规定差别较大,很难统一,所以《公约》对此并未作出具体规定。在国际商事交往中,这一问题主要取决于买卖合同的具体约定。二是第三方对买卖标的物可能提出的权利和权利主张的问题。《公约》第41条规定:"对卖方所交付的货物必须是第三方不能提出任何权利或权利请求的货物。"这条规定的实质是要求卖方保证对其所售出的货物享有合法权益,如果有第三人对买卖合同的标的物提出了权利主张或请求权,卖方应对买方承担责任。但是如果卖方将不属于他所有的或未经货主合法授权出售的货物卖给了买方,而买方由于不知情而买进了这批货物,当货物的真正所有人向买方提出权利请求时,真正的所有人能否将货物从第三人手中追回,对这个问题,《公约》未作规定。其三,《公约》不调整产品责任问题。《公约》将卖方的产品责任义务排除在调整范围之外,即《公约》对产品缺陷使消费者、使用者或者其他第三人的人身遭受伤害或导致死亡时,卖方是否应当承担产品责任的问题未作规定。这主要是因为各国对此的立法差异很大,较难统一。另外,各国国内法对此问题的规定大多属强制性规范,当事人不得在买卖合同中用约定加以排除,这与《公约》的自由选择适用很难协调,所以《公约》对此问题采用了回避的方法。

(5)《公约》的适用不具有强制性。根据《公约》第6条的规定,双方当事人可以不适用本《公约》,或在第12条①的条件下,减损本《公约》的任何规定或改变其效力。根据该规定,《公约》的适用不具有强制性,即使双方当事人营业地分处不同的缔约国,只要当事人在合同中约定不适用《公约》,就可以排除《公约》的适用,而适用当事人约定的所要适用的法律。

凡《公约》未明确解决的属于公约范围的问题,应按公约所依据的一般原则来解决,在没有一般原则的情况下,则应按照国际私法规定适用的法律来解决。同时,《公约》第9条还规定,双方当事人业已同意的任何管理和他们之间确立的任何习惯

---

① 涉及《公约》第11条、第29条或第二部分合同的订立等以书面以外任何形式作出的规定,如果缔约国已依据《公约》第96条声明保留,各当事人不得减损或改变其效力。

做法,对当事人均有约束力。除非另有协议,双方当事人应视为已默示地同意对他们的合同或合同的订立适用双方已知道或理应知道的惯例,在国际贸易上,已为有关特定贸易所涉同类合同的当事人所广泛知道并为他们所经常遵守。

2. 我国对《公约》的保留

我国在核准加入该《公约》时,根据《公约》第 95 条和第 96 条的规定,声明对第 1 条第 1 款(b)项和第 11 条的规定作出了保留。

(1) 关于适用范围的保留。《公约》第 1 条第 1 款(b)项由国际私法规则导致公约的适用的规定,我国提出了保留。我国不同意扩大《公约》的适用范围,公约的适用范围仅限于营业地处于不同缔约国的当事人订立的买卖合同,而不适用于营业地均处于非缔约国当事人之间或一方的营业地处于缔约国而另一方的营业地处于非缔约国的当事人之间所订立的货物买卖合同。因为,《公约》第 1 条第 1 款(b)项的规定使《公约》的适用产生不确定性,而且这一规定有悖于当事人的意思自治,限制了我国国内法的适用。

(2) 关于合同形式的保留。《公约》第 11 条涉及合同的形式,该条规定:"销售合同无需以书面形式订立或书面证明,在形式方面也不受其他条件的限制。销售合同可以用包括人证在内的任何方法证明。"根据该条,国际货物买卖合同可以用书面、口头或其他方式订立、证明,不受形式方面的限制。同时,《公约》也允许缔约国提出保留,即声明不受该条约束。鉴于当时我国适用于国际经济贸易的《涉外经济合同法》[①]要求合同必须以书面形式订立,与《公约》第 11 条不一致,因此我国在递交核准书时,声明不受《公约》第 11 条及与第 11 条内容有关的规定的约束。1999 年,我国颁布并施行《合同法》,同时废止了《涉外经济合同法》。《合同法》[②]对合同形式不作要求,合同可以以各种方式成立,该规定已与《公约》第 11 条的内容一致。我国政府于 2013 年 1 月 16 日向联合国秘书长正式交存有关撤回在《联合国国际货物买卖合同公约》项下"书面形式"声明的申请,并于 2013 年 8 月 1 日正式生效。[③]撤回书面保留有效地解决了国内法与《公约》之间的冲突,使两者对于合同形式的规定及适用趋于一致,对国际贸易活动及其纠纷解决减少了法律适用的障碍。撤回书面保留意味着营业地位于中国的当事人与其他国家当事人之间达成的货物买卖合同,不一定必须是书面的,而是可以任何形式达成,包括通过口头或其他某种行为达成。

---

① 我国 1985 年《涉外经济合同法》第 7 条规定:"当事人就合同条款以书面形式达成协议并签字,即为合同成立。……"

② 我国《合同法》第 10 条规定:"当事人订立合同,有书面形式、口头形式和其他形式。法律、行政法规规定采用书面形式的,应当采用书面形式。当事人约定采用书面形式的,应当采用书面形式。"第 11 条规定:"书面形式是指合同书、信件和数据电文(包括电报、电传、传真、电子数据交换和电子邮件)等可以有形地表现所载内容的形式。"

③ 参见 China Withdraws "Written Form" Declaration Under the United Nations Convention on Contracts for the International Sale of Goods (CISG), at http://www.unis.unvienna.org/unis/pressrels/2013/unisl180.html,访问时间:2018 年 11 月 8 日。

需要强调的是，虽然法律规定订立合同不拘于形式，但并非任何情况下都无需订立书面合同。实践中，国际货物买卖合同以书面形式订立为好，特别是合同金额较大、货物复杂的交易或者交易涉及新客户、客户资信欠佳等情况，更应坚持订立书面合同，并且将合同条款订立齐全完备。

### 三、国际货物买卖的国际惯例

由于国际惯例是从各国商人的交易习惯中发展演进而来，所以大部分成文的国际惯例是由民间性国际组织编纂整理而成，由当事人选择予以适用。如1936年国际商会制定的《国际贸易术语解释通则》（目前为2010年修订本）、1997年《国际销售合同示范合同》、1932年《华沙—牛津规则》、1941《美国对外贸易定义》等。1932年《华沙—牛津规则》是国际法学会在1932年制定的。该规则共有21条，其内容完全是适用于成本、保险费加运费（CIF）合同的。它对CIF合同中买卖双方所承担的责任、费用与风险作了详细的规定，在国际上有较大的影响。1941年《美国对外贸易定义》由美国几个商业团体制定，对FOB、FAS等六种贸易术语下了定义，规定了各种术语中买卖双方的权利和义务。特别是对装运港交货（FOB）条件的解释，与国际商会制定的《国际贸易术语解释通则》所作的解释有很大差别。该《定义》在南北美洲各国有较大的影响。此外，还有罗马国际统一私法协会制定的《国际商事合同通则》。其中，最有影响的是国际商会制定的《国际贸易术语解释通则》。

## 第二节　国际贸易术语

### 一、概述

国际贸易术语是在国际贸易实践中逐渐形成的、以不同的交货地点为标准，用简短的概念或者英文缩写字母表示的、用以确定买卖标的物价格、买卖双方各自承担的费用、风险、责任范围的一种贸易价格条件。本节主要介绍《国际贸易术语解释通则》（International Rules for the Interpretation of Trade Terms，简称Incoterms）对国际贸易术语所作的解释。《国际贸易术语解释通则》于1936年由国际商会制定并公布，先后经过1953年、1967年、1976年、1980年、1990年、2000年和2010年多次修改。其目的在于对国际贸易合同中所使用的贸易术语提供一套具有国际性的通用的解释，使从事商业的人们在不同国家有不同解释的情况下，能选用确定统一的解释。《国际贸易术语解释通则》本身对国际货物买卖合同的当事人不具有法律效力，只有通过国家或当事人之间的认可，才产生法律的约束力。《国际贸易术语解释通则》最近的两次修订文本分别是2000年1月1日生效的2000年《通则》和2011年1月1日起生效的2010年《通则》。

（一）2000年《通则》的适用范围

2000年《通则》仅适用于涉及买卖合同当事人因交付货物而产生的权利和义

务。首先,2000 年《通则》仅适用于货物贸易,即有形货物贸易,对无形的货物贸易不适用。其次,2000 年《通则》仅适用于买卖合同,而且只适用于买卖合同的部分领域;只涉及与交货有关的事项,包括货物的进口和出口的清关、货物的包装、买方受领货物的义务以及提供履行各项义务的凭证等,但不涉及货物所有权和其他产权的转移、违约、违约责任以及免责等事项,此类事项应当通过买卖合同的其他条款或者可适用的法律予以解决。2000 年《通则》还指出,它虽然是一套国际贸易术语,但是既可以适用于跨越国境的货物买卖,也适用于国内的货物买卖,只是适用于国内货物买卖合同时,各贸易术语中的有关进口和出口的有关规定就无作用了。另外 2000 年《通则》还规定,如果合同双方需要援用 2000 年《通则》,应在合同中明确写明适用 2000 年《通则》。因为《通则》经过多次修改,存在多个版本,当事人在合同中写明受 2000 年《通则》约束,以避免不必要的纠纷。

(二) 2000 年《通则》的主要内容

2000 年《通则》按买卖双方的义务规定各为 10 项内容(出卖人 A1—A10,买受人 B1—B10)

A 出卖人的义务

A1. 提供货物

A2. 许可证、核准文件和手续

A3. 运输合同和保险合同

A4. 交付货物

A5. 风险转移

A6. 费用划分

A7. 通知买方

A8. 交付证明、运输单据或者具有同等效力的电子数据

A9. 货物检验

A10. 其他义务

B 买受人的义务

B1. 支付价款

B2. 许可证、核准文件和手续

B3. 运输合同和保险合同

B4. 收取货物

B5. 风险转移

B6. 费用划分

B7. 通知卖方

B8. 交付证明、运输单据或者具有同等效力的电子数据

B9. 检查、包装、标记

B10. 其他义务

贸易术语的标准化、规范化,简化了交易程序,节约了交易时间和费用,减少了贸易中的纠纷,对促进国际贸易顺利发展起了很大作用。

## 二、2000 年《国际贸易术语解释通则》规定的贸易术语

2000 年《通则》对 13 个贸易术语按照卖方承担义务的大小分为 E、F、C、D 四组。

(一) E 组

E 组包括一个贸易术语,EXW—Ex Works(named place)即工厂交货(指定地点)。

在该贸易术语条件下,卖方的责任是:(1) 在其所在地(工厂或者仓库)把货物交给买方即履行了交货义务;(2) 承担交货前的风险和费用;(3) 提交单据或者相

等的电子单证。

买方的责任是:(1)自备运输工具将货物运至目的地;(2)承担卖方交货后的风险和费用;(3)自费办理出口和进口结关手续等。

在这一术语中,卖方的责任最小。适用于各种方式的运输。

(二) F 组

F 组包括三个贸易术语:

FAS—Free Alongside Ship(named port of shipment)即装运港船边交货(指定装运港)

FOB—Free On Board (named port of shipment)即装运港船上交货(指定装运港)

FCA—Free Carrier(named place)即货交承运人(指定地点)

F 组贸易术语中,卖方的责任是:(1)在出口承运人所在地(包括港口)将货物交给承运人履行交货义务;(2)自费办理货物的出口结关手续;(3)自费向买方提交与货物有关的单据。买方的责任是:(1)自费办理货物的运输和保险手续;(2)自费办理货物的进口和结关手续等。

三个贸易术语下买卖双方责任的不同:(1)风险和费用划分是不同的。FAS 是以指定装运港买方指定的船边为界限;FOB 以装运港货物越过船舷为界限;FCA 以货交承运人的时间和地点作为界限。(2) FAS、FOB 适用于海运和内河船运;FCA 适用于各种运输方式。(3)在 FCA 中具体规定了卖方交货和装货义务。即如果在卖方所在地交货,卖方负责装货,卖方把货物装上买方指定的承运人提供的运输工具,即完成交货义务。如果在任何其他地方交货,则卖方不负责卸货,当货物在卖方的车辆上尚未卸货而交给买方指定的承运人处置时,即完成交货。

(三) C 组

C 组包括四个贸易术语:

CFR—Cost and Freight(named port of destination)即成本加运费(指定目的港)

CIF—Cost Insurance and Freight(named port of destination)即成本、运费加保险费(指定目的港)

CPT—Carriage Paid To(named place of destination)即运费付至(指定目的地)

CIP—Carriage and Insurance Paid To (named place of destination)即运费、保险费付至(指定目的地)

C 组贸易术语中,卖方的责任是:(1)自费办理货物运输手续;在 CIF 和 CIP 中,卖方还要自费办理投保手续并交纳保险费用;(2)在 CFR 和 CIF 中,承担货物越过船舷以前的风险和费用;在 CPT 和 CIP 术语中,承担货交承运人以前的风险和费用;(3)自费办理货物出口及结关手续;(4)向买方提交与货物有关的单据。

买方的责任是:(1)在 CFR 和 CPT 中自费投保并支付保险费用;(2)在 CFR 和 CIF 中,承担货物在装运港越过船舷以后的风险和费用;(3)在 CPT 和 CIP 中,承担货交承运人以后的风险和费用;(4)自费办理货物进口的结关手续。

C 组中,CFR 和 CIF 适用于海上或者内河运输;CPT 和 CIP 适用于任何方式的运输。

(四) D 组

DAF—Delivered At Frontier (named place)即边境交货(指定地点)

DES—Delivered Ex Ship(named port of destination)即目的港船上交货(指定目的港)

DEQ—Delivered Ex Quay (…named port of destination)即目的港码头交货(指定目的港)

DDU—Delivered Duty Unpaid (…named place of destination)即未完税交货(指定目的地)

DDP— Delivered Duty Paid(…named place of destination)即完税后交货(指定目的地)

在 D 组贸易术语中,卖方的责任是:(1) 将货物运至约定的地点或者目的地交货;(2) 承担货物运至目的地前的风险和费用;(3) 自费办理货物出口手续,交纳出口有关的捐、税、费。在 DDP 术语中,还要自费办理货物的进口结关手续并交纳进口关税及其他税、费。(4) 向买方提交与货物有关的单据或者相等的电子单证。买方的责任是:(1) 承担货物在目的地交付后的一切风险和费用;(2) 除 DDP 外自费办理货物进口结关手续。

DES 和 DEQ 主要用于海上和内河航运;DAF 可用于任何方式运输,但主要是公路和铁路运输;DDU 和 DDP 可用于任何方式的运输。

另外,2000 年《通则》进一步明确了以下问题:

第一,风险和费用的转移。

2000 年《通则》吸收了《联合国国际货物买卖合同公约》的规定,确定了在卖方交货后,货物灭失和损坏的风险及负担,以及与货物有关的费用从卖方转移给买方,但这一原则的适用条件是:买卖双方都没有过失,并且货物已特定化为买受人的货物或者货物已为买受人而处于某处,即该货物已正式划拨于合同项下。这一点在 EXW 术语中尤为重要。

第二,检验费用。

一般情况下,都有装运前检验。如果检验是为了买方的利益安排的,买方应承担检验费用。如果进行检验的目的是卖方本国的强制性规定,则除在 EXW 术语条件下外,卖方应支付检验费用。

第三,贸易术语的变体。

在贸易实务中,当事人经常在国际贸易术语后面添加一些词语以额外增加双方当事人的义务。例如:EXW(装车)、FOB(平舱和理舱)等等。EXW(装车),卖方的义务是否仅仅扩大到负责装车并承担由此发生的费用?还是包括装车期间发生短少或者灭失的风险?又例如,FOB(平舱和理舱),卖方的义务是仅仅扩大到负责装船并承担由此发生的费用？还是包括平舱和理舱期间发生的货物短少或者灭失的风险？2000年《通则》没有规定任何对价格术语进行变形，也没有规定已经变形的价格术语任何进一步解释的问题。实践中经常出现的纠纷就在于，当事人对价格术语进行变形仅仅涉及费用的承担问题，还是涉及风险转移问题，或者兼而有之。如果当事人对此没有明确约定，双方之间又无交易习惯能够证明价格术语变形的含义所指，则可能出现不同法院进行不同解释从而作出不同判决。为此，2000年《通则》在其引言中提醒双方当事人在合同中应对其添加词语的含义作明确的解释，以避免各自理解不同发生的争议。

### 三、常见的国际贸易术语

（一）FOB术语

FOB术语是海上运输最早出现的国际贸易术语，也是目前最普遍应用的贸易术语之一。

卖方的主要责任：(1) 提供符合合同规定的货物、单证或者相等的电子单证；(2) 自负费用及风险办理出口许可证及其他货物出口手续，交纳出口税捐和费用；(3) 按照约定的时间、地点，依照港口惯例将货物装上买方指定的船舶并给予买方以充分的通知；(4) 承担在装运港货物越过船舷以前的风险和费用。

买方的主要责任：(1) 支付货款并接受卖方提供的交货凭证或者相等的电子单证；(2) 自负费用及风险取得进口许可证，办理进口手续，交纳进口的各种税捐和费用；(3) 自费租船并将船名、交货地点、时间给予卖方充分的通知；(4) 承担在装运港货物越过船舷以后的风险和费用。

例如，欧洲某公司与非洲某公司签订了一份FOB合同。在卖方欧洲公司将货物交给承运人，承运人用吊装机械装运货物的过程中，部分货物包装被吊钩钩破，货物损坏。货物到达目的港后，买方经检验发现该损失，随即向卖方欧洲公司提出索赔。欧洲公司拒绝赔偿，并声称该损失应该由装运港装运部门负责。根据2000年《通则》的规定，在FOB术语下，买卖双方风险的划分是以货物在装运港越过船舷为界，即货物在装运港越过船舷之前的风险由卖方承担，越过船舷之后的风险由买方承担。本案中部分货物在装船过程中，包装被吊钩钩破即属于越过船舷之前的风险，因此，应该由卖方承担该货物的损失，而不是买方。卖方让买方向装运部门索赔没有法律依据。

适用FOB术语应注意的是通知问题。FOB术语中涉及两个充分通知。一个是买方租船后，应将船名、装货时间、地点给予卖方充分的通知；另一个是卖方在货物装船后要给买方以充分通知。第一种情况下，如买方未给予充分的通知，指定的船舶未按时到达或者未能按时受载货物，或者比规定的时间提前停止装货，由此产生的货物灭失或者损失应由买方承担。在第二种情况下，由于货物风险是在越过船舷时由卖方转移给买方，因此卖方在货物装船时必须通知买方，以便买方投保，否则由此造成买方受到的损失,卖方应当负责。

此外,应注意各国对 FOB 的不同的解释。《美国对外贸易定义》,把 FOB 术语分为 6 种,其中只有 FOB VESSEL( named port of shipment ) 与国际商会规定的 FOB 含义相类似。如用 FOB 应注明采用的是哪一个,如采用《美国对外贸易定义》,则需要在 FOB 后面加上"VESSEL"(船舶)字样,以免引起误解。

(二) CIF 术语

卖方的主要责任:(1) 提供符合合同规定的货物、单证或者相等的电子单证;(2) 自负费用及风险办理出口许可证及其他货物出口手续,交纳出口税捐和费用;(3) 自费订立运输合同并将货物按惯常航线运至目的港,并支付运费;(4) 自费投保,交纳保险费;(5) 承担在装运港货物越过船舷以前的风险和费用。

买方的主要责任:(1) 支付货款并接受卖方提供的交货凭证或者相等的电子单证;(2) 自负费用及风险取得进口许可证,办理进口手续,交纳进口的各种税捐和费用;(3) 承担在装运港货物越过船舷以后的风险和费用。

例如,有一份 CIF 合同规定:在货物到达目的港汉堡时凭装运单据支付现金。合同订立后 1 个月,货物出运,但由于运输途中遇险,不能到达目的港汉堡。当卖方持提单等装运单据要求买方付款时,买方以货物不能到达目的港汉堡为由,拒绝接受单据和付款。但卖方认为,自己已经按照合同规定的条件投保,买方应该接受符合合同规定的单据并支付货款。根据 2000 年《通则》的规定,在 CIF 术语下,货物在装运港越过船舷之后的风险由买方承担。本案中,卖方并无违约事实,并按照合同的规定提交了装运单据,买方应向卖方付款。货物在运输途中遇险不能到达目的港汉堡造成的货物风险属于货物在装运港越过船舷之后的风险,应该由买方承担。同时,在 CIF 术语下,卖方负责办理海上货物运输的保险,因此,买方可以根据卖方提交的保险单向保险公司索赔。

采用 CIF 术语应注意的问题:(1) 在 CIF 术语中,卖方投保并支付保险费是卖方的一项义务,除非另有协议,否则卖方只负责按伦敦保险协会货物保险条款投保海上运输的最低险别;(2) 缩略语后跟目的港名称,指明运费和保险费的计算是从装运港至目的港全程的运费和保险费,而不是指卖方的交货地点。

例如,我国某公司与韩国某公司签订了一份 CIF 合同,进口电子零件。合同订立后,韩国公司按时发货。我国某公司收到货物后,经检验发现,货物外包装破裂,货物严重受损。韩国公司出具离岸证明,证明货物损失发生在运输途中。对于该批货物的运输风险双方均未投保。本案中,货物外包装破裂的损失发生在运输途中,该风险属于货物在装运港越过船舷之后的风险,因此,应该由买方承担。但是,根据 2000 年《通则》的规定,卖方韩国公司有责任就货物在海运中的风险向保险公司进行投保。而事实是卖方韩国公司违反该规定,没有投保,使得买方不能取得保险单据,进而无法就上述损失向保险公司索赔。因此,货物外包装破裂风险不由买方承担,而应由卖方韩国公司承担。

### （三）CFR 术语

与 CIF 术语的不同之处仅在于价格构成。按 CFR 术语成交时，价格构成中不包括保险费。即由买方自费投保并支付保险费用。其余关于交货地点、买卖双方的责任、费用均与 CIF 术语相同。

使用 CFR 术语应注意的问题是装船通知。在 CFR 合同中，买方要自行投保，因此和 FOB 合同的情况一样，卖方要给买方货物装船的充分通知，否则，由此造成买方漏保货物运输险引起的损失应由卖方负责。

例如，德国某公司与我国某公司签订了一份 CFR 合同，由德国公司向我国公司出口化工原料。合同规定：德国公司在 1998 年 4 月交货。德国公司交货后，载货船于当天启航驶往目的港青岛。德国公司于 5 月 10 日向我国公司以传真发出装船通知，我国公司于当天向保险公司投保。货到目的港后经过我国公司检验发现，货物于 5 月 8 日在海上运输途中已经发生损失。在 CFR 术语下，卖方负有在货物装船后给予买方货物已装船的充分通知。该义务直接关系到买方能否及时就运输的货物投保海上货物运输风险。如果卖方怠于通知，使得买方未能及时投保，由此造成的货物损失应该由卖方承担。本案中，德国卖方在 4 月既已将货物装船，本应该在 4 月份向买方发出装船通知，而实际情况是到 5 月 10 日才发出装船通知，造成买方不能对货物在装船后至 5 月 9 日期间可能发生的风险进行投保，即造成买方投保延误，因此，该风险损失只能由卖方德国公司承担。

### ▶ 四、2010 年《国际贸易术语解释通则》

2010 年《国际贸易术语解释通则》是国际商会根据国际货物贸易的发展，对 2000 年《国际贸易术语解释通则》的修订，2010 年 9 月 27 日公布，于 2011 年 1 月 1 日实施。与 2000 年《国际贸易术语解释通则》相比，2010 年《通则》删去了 2000 年《通则》的 4 个术语，添加了 2 个新的术语。

2010 年《国际贸易术语解释通则》删去了 2000 年《国际贸易术语解释通则》的四个术语：DAF（Delivered At Frontier，边境交货）、DES（Delivered Ex Ship，目的港船上交货）、DEQ（Delivered Ex Quay，目的港码头交货）、DDU（Delivered Duty Unpaid，未完税交货），新增了两个术语：DAT（delivered at terminal，目的地或目的港的集散站交货）、DAP（delivered at place，目的地交货）。即用 DAP 取代了 DAF、DES 和 DDU 三个术语，DAT 取代了 DEQ，且扩展至适用于一切运输方式。

DAT（delivered at terminal）是指目的地或目的港的集散站交货，类似于取代了的 DEQ 术语，指卖方在指定的目的地或目的港的集散站卸货后将货物交给买方处置即完成交货，术语所指目的地包括港口。卖方应承担将货物运至指定的目的地或目的港的集散站的一切风险和费用（除进口费用外）。本术语适用于任何运输方式或多式联运。

DAP（delivered at place）是指目的地交货，类似于取代了的 DAF、DES 和 DDU 三

个术语,指卖方在指定的目的地交货,只需做好卸货准备无需卸货即完成交货。术语所指的到达车辆包括船舶,目的地包括港口。卖方应承担将货物运至指定的目的地的一切风险和费用(除进口费用外)。本术语适用于任何运输方式、多式联运方式及海运。

此外,修订后的2010年《国际贸易术语解释通则》取消了"船舷"的概念,卖方承担货物装上船为止的一切风险,买方承担货物自装运港装上船后的一切风险。在FAS、FOB、CFR和CIF等术语中加入了货物在运输期间被多次买卖(连环贸易)的责任义务的划分。考虑到对于一些大的区域贸易集团内部贸易的特点,2010年《通则》规定不仅适用于国际销售合同,也适用于国内销售合同。

因此,2010年《国际贸易术语解释通则》共有11种贸易术语,按照所适用的运输方式划分为两大类:

第一组:适用于任何运输方式的术语七种:EXW、FCA、CPT、CIP、DAT、DAP、DDP。

　　EXW(ex works)　　　　　　　　　　工厂交货
　　FCA(free carrier)　　　　　　　　　　货交承运人
　　CPT(carriage paid to)　　　　　　　　运费付至目的地
　　CIP(carriage and insurance paid to)　　运费/保险费付至目的地
　　DAT(delivered at terminal)　　　　　目的地或目的港的集散站交货
　　DAP(delivered at place)　　　　　　目的地交货
　　DDP(delivered duty paid)　　　　　　完税后交货

第二组:适用于水上运输方式的术语四种:FAS、FOB、CFR、CIF。

　　FAS(free alongside ship)　　　　　　装运港船边交货
　　FOB(free on board)　　　　　　　　装运港船上交货
　　CFR(cost and freight)　　　　　　　成本加运费
　　CIF(cost insurance and freight)　　　成本、保险费加运费

## 第三节　国际货物买卖合同

国际货物买卖合同又称国际货物销售合同,是指买卖双方为确定具有国际性的货物买卖所发生的权利义务而达成的协议。就其国际性而言,不同的国家采用不同的标准加以判断。根据《联合国国际货物买卖合同公约》的规定,国际货物买卖合同是以当事人的营业地作为判断标准,而有的国家则以当事人的国籍作为判断标准。不论判断标准如何,国际货物买卖合同与一般国内货物买卖合同相比,具有鲜明的特征:(1)合同具有国际性,合同当事人具有不同国籍或者其营业地位于不同的国家;(2)合同的客体是跨越国境交付的货物;(3)为履行合同所涉及的法律关系多种多样;(4)因法律关系的多种多样导致法律适用的复杂性。

## 一、国际货物买卖合同的主要条款

国际货物买卖合同一般由约首、正文与约尾三部分组成。约首包括合同的名称、编号、缔约日期、缔约地点、缔约双方的名称、地址及合同序言等。正文是合同的主体部分,包括各项交易条件及有关条款。约尾是合同的结束部分,包括合同份数、附件、使用文字及其效力、合同生效日期与双方签字等。以下介绍合同正文的主要条款。

(一) 货物品质规格条款

货物品质规格条款是合同的重要条款。货物品质规格是指商品所具有的内在质量与外观形态。货物品质规格条款的主要内容是:品名、规格和牌名。

合同中货物品质规格条款的规定方法有两种:凭样品和凭文字说明与图样方法。

(1) 凭样品方法(凭样品买卖)。即双方约定以样品作为交货品质依据的买卖。通常样品是由卖方提供的,即凭卖方样品买卖;但有时也可以由买方提供样品,即凭买方样品买卖。无论凭卖方样品或者凭买方样品买卖,双方约定的样品为标准样品。卖方承担交货时货物品质与标准样品品质一致或者基本一致的责任。"复样"即对外寄送样品留复样。"回样"即买方来样,复制或者将相近的买方样品作为回样寄给对方确认,作为交货时的依据。买卖由凭买方样品转为凭卖方样品。需注意的是,合同中应规定"交货品质与样品大体相符"。

(2) 凭文字说明与图样方法。第一,凭规格、等级、标准买卖。第二,凭商标或牌名买卖牌名货以及以货物产地或者制造厂名称成交。当然,为了规定明确,除牌名、商标外,还应订明规格、等级。第三,凭说明书成交,指机电、仪器产品及成套设备,由于结构、性能复杂,安装使用、维修必须以说明书来细说。

(二) 数量条款

数量是指用一定的度量衡制度表示出的商品的重量、个数、长度、面积、容积等的量。数量条款的主要内容包括:交货数量、计量单位、计量办法。在制订数量条款时应注意计量单位和度量衡制度;在数量方面,合同通常规定有"约数",但对"约数"的解释容易发生争论,故应在合同中规定"溢短装"条款(More or Less),明确规定溢短装幅度如"东北大豆500吨,溢短装3%",同时规定溢短装的作价方法。"溢短装"条款适用于无法准确把握数量的货物。

(三) 包装条款

包装是指为了有效地保护商品的数量完整和质量完好,把货物装进适当的容器。包装条款的主要内容有:包装方式、规格、包装材料、费用和运输标志。

货物包装的种类有:(1) 裸装货:自成件数、难于包装、品质稳定的货物,如钢材、铝锭、木材、橡胶等。(2) 散装货:散装在船上,如石油、矿砂、粮食、煤等。(3) 包装货:有运输包装和销售包装。运输包装有单件运输包装和集合运输包装。

销售包装有大包装和小包装。

包装标志有运输标志、指示标志和警告标志。运输标志又称嘜头或者唛头。由四部分组成：收货人代号（用图形）；发货人代号（字母）；目的港；件号（序号、总件数）。指示标志如小心轻放、防湿等。警告标志如毒品等。

制定包装条款应注意：（1）明确包装材料、造型、规格。（2）包装费用一般含在货价内，如买方要求特制包装，由买方自付费用。（3）买方提供包装、材料、运输标志时，应在合同中注明买方提供的时间，以保证备货、出运、结汇。（4）注意各国包装的法律与禁忌及国际惯例要求与做法及其变化，如颜色、图案等。

（四）价格条款

价格是指每一计量单位的货值。价格条款的主要内容有：每一计量单位的价格金额、计价货币以及指定交货地点，贸易术语与商品的作价方法等。在制定价格条款时应注意：（1）计量单位要确定清楚；（2）明确计价货币的名称；（3）价格术语要准确、完整、写明其解释依据；（4）价格术语的选择要与合同中条款一致。

合同价格的作价方法主要有：（1）短期合同可用固定价格；（2）长期交货合同可采用滑动价格：合同中暂定价格，在交货时，再根据行情及生产成本作调整；（3）后定价格：合同中不定价格，只规定价格确定的时间和方法，如"以某年、月、日伦敦商品交易所价格计价"。

（五）装运条款

装运是指把货物装上运输工具。装运条款的主要内容是：装运时间、装运港与目的港、装运方式（分批、转船）及装运通知等。

（六）保险条款

国际货物买卖中的保险是指进出口商按一定险别向保险公司投保并交纳保险费，以便货物在运输过程中受到损失时，从保险公司得到经济上的补偿。

保险条款的主要内容包括：确定投保人及支付保险费，投保险别和保险金额。

（七）支付条款

国际贸易支付是指用什么手段，在什么时间、地点，用什么方式收取货款及其从属费用。

支付条款的主要内容包括支付手段、支付方式、支付时间和地点。

（八）检验条款

商品检验是指商品检验机关对进出口商品的品质、数量、重量、包装标记、产地、残损等进行查验分析与公证鉴定，并出具检验证明。商品检验的目的在于给双方交接货物、支付货款及进行索赔提供依据。所以，检验条款也称索赔条款。

检验条款的主要内容包括：检验机构、检验权与复验权，检验与复验的时间与地点，检验标准与方法以及检验证书。

（1）检验机构。主要有由政府设立的官方检验机构、由产品的生产或者使用部门设立的检验机构、由私人或者同业公会、协会开设的公证、鉴定行。

(2) 检验权与复验权。即谁有权决定货物的品质、数量是否符合合同的规定，作为卖方提交货物以及买方接受或者拒收货物的法律依据。

国际通行的做法有三种：第一，以货物离岸时的品质、重量为准，即以装船口岸商检机构出具的货物品质、重量证书作为合同品质、重量、包装的最后依据，这种做法对卖方有利。第二，以货物到岸时的品质、重量为准，即合同中规定，商品在目的地港检验，以目的地港商检机构出具的货物品质、重量、包装证书作为合同中商品品质、重量、包装的最后依据，这种做法对买方有利。第三，以装运港的商检证书作为议付货款的依据，货到目的港后，买方保留对货物再行检验的权利（复检权），其结果作为买方是否接受货物并进行索赔的依据。这种做法符合买卖双方平等互利的原则，也是国际货物买卖中通行做法。

(3) 商检证书。商检机构出具的证明商品品质、数量等是否符合合同要求的书面文件，是买卖双方交接货、款并据以进行索赔的重要文件。主要有：品质检验证、重量检验证、卫生检验证、消毒检验证、产地检验证、验残检验证等。商检证书具有以下法律效力：第一，是货物进出海关的凭证；第二，是征收或者减免关税的必备证件；第三，是买卖双方履行合同义务，交接、结算的有效凭证；第四，是计算运费的凭证；第五，是进行索赔、证明情况、明确责任的法律依据。

(九) 不可抗力条款

不可抗力是指合同订立以后发生的当事人订立合同时不能预见的、不能避免的、人力不可控制的意外事故，导致合同不能履行或者不能按期履行。遭受不可抗力的一方可由此免除责任，而对方无权要求赔偿。

不可抗力条款的主要内容包括：不可抗力的含义、范围以及不可抗力引起的法律后果、当事人的权利义务等。

一般情况下，不可抗力来自两方面：自然条件和社会条件。自然条件如水灾、旱灾、地震、海啸、泥石流等；社会条件如战争、暴动、罢工、政府禁令等。

构成不可抗力事故应具备以下条件：(1) 该事故是在合同订立以后发生的。如果在订立合同时，当事人就已经知道或者应当知道意外事故的存在，则不能作为不可抗力。(2) 事故在订立合同时，是双方不能预见的。通常认为，货币贬值、价格涨落是普通的商业风险，作为商人是应当预见到的专业常识，不能算不可抗力。(3) 事故不是由任何一方的疏忽或者过失引起的。由一方的过失引起意外事故发生导致合同不履行或者不能按期履行，则视为违约，违约方要承担赔偿责任。(4) 事故的发生是不可避免且人力不可抗拒、不能控制的。不可抗力的法律后果是免除遭受不可抗力的一方的责任，而不是解除合同。解除合同还是延迟履行，取决于不可抗力持续相当的时间还是暂时的、对合同履行的影响程度如何、合同标的是金钱交付还是提交货物。一般而言，没有任何意外事故可以解除当事人履行金钱债务的义务。特定物发生灭失可以解除合同；种类物如果在客观上不是不能提供这种货物时，即使发生不可抗力也不能解除卖方的履约义务。此外，还要看意外事故于当事人未履行或者不能按期履行合同之间的因果关系。

发生不可抗力后，受不可抗力影响的一方应立即将发生的不可抗力事故对合同的影响程度以及要求停止履行或者延期履行的意图通知对方，并由当地商会出具证明，证明事故的发生、时间、地点、对合同的影响程度，遭受不可抗力的一方还要采取一切合理、可能的措施减轻由于意外事故造成的损失；对方在接到通知后，不论是否同意对方的要求都应及时作出答复。最后要由仲裁庭或者法院确认该事故是否免除当事人责任的不可抗力事故。

（十）仲裁条款

仲裁条款又称仲裁协议，是双方当事人愿意将其争议提交第三者进行裁决的意思表示。仲裁条款的主要内容有：仲裁机构、适用的仲裁程序规则、仲裁地点及裁决效力等。

（十一）法律适用条款

由于各国法律关于国际货物买卖合同的规定不尽相同，在国际货物买卖合同关系中就产生了法律冲突和法律适用问题。各国冲突法及国际条约的冲突规则都允许合同当事人双方根据意思自治原则选择合同适用的法律。选择的法律可以是当事人的内国法、第三国法律；与合同有联系的或与合同无联系的法律；国际公约、国际惯例等。

## ▶二、国际货物买卖合同的成立

各国法律或国际公约一般通过要约和承诺两个方面对合同的成立作出规定。即法律上把订立合同的意思表示分别称为要约与承诺。

（一）要约

1. 要约的定义

要约是指一方向另一方提出的订立合同的建议（希望和他人订立合同的意思表示）。具体地讲，要约是指一方向另一方提出的愿意按一定条件同对方订立合同的建议，如果其内容十分确定并且一旦被对方接受就对提出建议的一方产生约束力的意思表示。提出要约的一方为要约人，对方为受要约人。

2. 要约必须具备的条件

（1）必须表明要约人愿意按要约中的条件同对方订立合同的意旨。要约发出的目的在于订立合同，不是以订立合同为目的的意思表示不能称为要约。因为要约一经受要约人的承诺，合同即告成立，不需对方确认。即受要约人一旦承诺，要约人必须受要约的约束。

要约与要约邀请不同。商业活动中的寄送报价单、价目表、商品目录等，其内容可能包括价格、品质规格、数量等，但其目的是为了吸引对方向自己提出订货单（要约）。在此情况下，收到报价单、价目表等的一方即使完全同意其价格、规格，但仍需发出报价单的一方确认，合同才能成立，否则不受约束。

另一方面，即使要约人在要约中没有使用不得撤销等字样，也不等于说要约人不准备受其要约的约束。但是，如果要约人在其提出的订约建议中加注"仅供参考"或者"须以要约人的最后确认为准"等字样，则很可能被认为要约人没有受其约束的意思，这样的订约建议就不能认为是要约，而只是一项要约邀请。

（2）要约是向一个或者一个以上特定的人(specific person)发出的。即在要约中指明受要约人的姓名或者公司名称，这就把普通商业广告、向大众散发的商品目录、价目表等与要约相分开。我国《合同法》第15条规定：要约邀请是希望他人向自己发出要约的意思表示。寄送的价目表、拍卖公告、招标公告、招股说明书、商业广告等为要约邀请。商业广告的内容符合要约规定的，视为要约。

广告有普通商业广告和悬赏广告，悬赏广告是广告人以广告的方式表明，对于完成一定行为的人将给予一定的报酬。这种广告内容确定、肯定也可视为要约。一旦看到该广告的人作出承诺的行为，刊登广告的人就要受要约的约束。如寻人广告、寻找失物广告。

北欧各国法律一般都规定要约必须是向一个或者一个以上特定人发出，广告原则上不是要约(悬赏广告除外)。英国有的判例认为：向公众发出的广告，只要内容确定，在某些情况下可视为要约。罗马统一私法协会制定的《国际商事合同通则》也规定，凡不是向一个或者一个以上特定人发出的订立合同的建议应视为要约邀请，除非发出该建议的人另有明确的相反表示。《联合国国际货物买卖合同公约》第14条第2款有相同规定。所谓"另有相反表示"可以有各种不同的表示方式，例如：广告中注明"本广告构成要约"，或者注明"广告项下的商品将售给最先支付现金或者最先开来信用证的人"等，从而使该广告被视为要约。

（3）要约的内容必须十分确定。要约一般应包括将要订立合同的主要条件。如商品的名称、价格、数量、品质、规格、交货日期和地点及付款方式等。但不必包括合同的全部内容，至于某些条件，可待日后确定(根据法律或者公约)。此点两大法系要求基本一致。例如，某初级产品200吨，每吨CIF鹿特丹1950美元，即期装运，不可撤销信用证支付。根据《联合国国际货物买卖合同公约》第14条规定，所谓"十分确定"即需要写明货物的名称并明示或者默示地规定数量和价格或规定确定数量和价格的方法。

（4）要约必须送达到受要约人。即要约于到达受要约人处时生效。因为受约人只要在收到要约后即在要约生效后，方能作出承诺，从而导致合同的成立。如果要约人在发出一项不可撤销的要约之后，但在其尚未到达受要约人之前改变主意，则根据《联合国国际货物买卖合同公约》的规定，要约人仍可撤回要约，但要约已生效则该项要约不能撤销。

3. 要约的拘束力

（1）对受要约人的拘束力。对受要约人来说，要约对其没有拘束力。受要约人接到要约后，只是在法律上取得了承诺的权利。但并不因此承担必须承诺的义务。

而通常情况下,不承诺也没有通知对方的义务。

但某些国家法律规定,在商业交易中,某些例外情况,受要约人无论承诺与否,均应通知要约人。如德国《商法典》、日本《商法典》都规定:商人对于经常来往的客户,在其营业范围内,在接到要约时,应即发出承诺与否的通知,如怠于通知则视为承诺。但缄默不等于承诺。

(2) 对要约人的拘束力。指要约人发出要约后,在对方承诺之前能否反悔,把要约的内容予以变更或者取消要约,包括要约的撤回和要约的撤销。

要约的撤回是指要约人在发出要约之后,在要约尚未生效之前,将要约取消。即要约发出尚未生效;撤回的理由是要约未生效;撤回通知先于要约到达或者与要约同时到达对方;即使是不可撤销的要约在其尚未生效之前都可以撤回。对于要约的撤回,各国法律规定一致。

要约的撤销是指要约人在要约已经送达受要约人之后,即要约已经生效之后,将该项要约取消,从而使要约的效力归于消灭。

对于要约的撤销,英国、美国、德国、法国、意大利等国的法律有不同的规定或者要求。

Ⅰ. 英美普通法认为,要约原则上无拘束力。要约人在受要约人作出承诺之前,任何时候都可以撤销要约或者修改内容,即使规定了要约的有效期限,仍可不受限制,在期满前撤销要约。理由是英美法认为一个人所作出的允诺,在法律上有约束力,是由于对方的某种"对价",或者由于允诺行为时,采用了法律所要求的某种特殊的形式(如在允诺的书面文件上签字蜡封),否则对允诺人不具有约束力。此原则与现代的商业实践不相适应,这样做对受要约人没有保障。如:受要约人收到要约后,为了准备作出承诺,可能已经支出了某种费用,甚至与第三方订立了供应合同,以便与要约人的合同相衔接,在此情况下,如果要约人不受拘束,受要约人就要蒙受损失,对达成协议不利。

因此,英美两国都考虑有必要对此进行修改。美国的实践已有改变,如有判例规定,总承包人信赖并按照分包人所开列的价格作了投标,且中标,分承包人就不能撤销要约,而使总承包人遭受损失。另外美国《统一商法典》规定,要约人在规定的期限内或者如果要约中没有规定期限,在合理的期限内,要约人不得撤销或者更改其要约,即承认无"对价"的"确定的要约"。具体条件如下:要约人是商人;要约有期限规定,无期限的,在合理期限内不得撤销,但无论如何不超过3个月;要约须书面作出,并由要约人签字。

Ⅱ. 德国法律规定,要约原则上对要约人具有约束力。要约一旦生效,要约人就要受其约束,不得随意撤销。规定了有效期的,在有效期内不得撤销或者变更;没有规定有效期的,则按通常情形可望得到对方答复以前不得撤销或者变更。瑞士、希腊、巴西等国均采用此原则。

但根据这些国家法律,要约可采用"不受约束"等词句来表示,要约对要约人无拘束力。实际中采用这些词句,在法律上就不是要约而是要约邀请。

Ⅲ. 法国法律原则上认为,要约人在其要约被受要约人承诺以前可以撤销或者变更。法国《民法典》对此无具体规定。根据判例:要约人在要约中指出了承诺期限的,要约人可以在期限届满之前撤销要约,但须承担赔偿责任。没有规定期限的,根据具体情况或者正常交易习惯,要约被视为应在一定期限内等待承诺者,要约人如撤销要约,也要赔偿损失。即要约人在期限届满之前撤销要约,受要约人不能以承诺的行为来表示合同成立,只能就过早撤销要约提出赔偿。其法律依据:多数学者认为是因侵权而产生的责任;也有学者认为是要约人滥用权利而产生的责任。

Ⅳ. 意大利民法典规定,凡要约人在要约未规定有承诺期限的,在期限届满前不得撤销要约。如在要约中无期限规定,则在受要约人承诺之前可以撤销要约。但是,如受要约人善意信赖要约,并为履行作了某种准备,则要约人应对由此造成的损失承担赔偿的责任。

Ⅴ. 《联合国国际货物买卖合同公约》第16条第1款规定:在合同成立以前,要约得予撤销,但撤销通知须于受要约人发出承诺之前送达受要约人。第16条第2款规定:但是,在下列情况下,要约一旦生效,即不得予以撤销:一是要约中写明了承诺的期限或者以其他方式表示要约是不可撤销的;二是受要约人有理由信赖该要约是不可撤销的,而且受要约人已经本着对该要约的信赖行事。

对于《联合国国际货物买卖合同公约》的上述规定应注意几点:第一,要约已经生效,但合同尚未成立以前的情形。第二,"合同成立以前"实质上是指受要约人发出承诺之前,即要约人在其要约已经送达受要约人之后至受要约人发出承诺之前这一段时间内,只要他及时将撤销通知送达受要约人,仍可将其要约撤销。但是,一旦受要约人发出承诺通知,要约人撤销要约的权利即告终止,而不是等到承诺通知生效之时(即承诺通知送达要约人之时)方告终止。第三,但属于第16条第2款规定的要约,则不得撤销。

例如,香港A商行于10月20日来电向上海B公司发盘出售一批木材。发盘中列明了各项交易条件,但未规定有效期限。B公司于当天收到来电,经研究决定后,于22日上午11时向上海电报局交发对上述发盘表示接受的电报。该电报于22日下午1时送达香港A商行。在此期间,因木材价格上涨,香港A商行于10月22日上午9时15分向香港电报局交发电报,其电文如下:"由于木材价格上涨,我10月20日电发盘撤销。"香港A商行的电报于22日上午11时20分送达上海B公司。问:香港A商行是否已成功撤销了10月20日的发盘?A商行与B公司之间的合同是否成立?根据《联合国国际货物买卖合同公约》第16条的规定,要约(发盘)的撤销通知应该于受要约人发出接受通知之前送达受要约人。而在本案中,实际上香港A商行的撤销发盘的通知到达上海B公司的时间晚于B公司发出承诺(接受)的时间。因此,撤销发盘通知无效,双方之间的合同成立。

4. 要约的消灭

要约的消灭即要约失去效力,此时要约人、受要约人不再受要约的拘束。要约失效有如下原因:(1) 要约中规定的期限已过而失效。如果无期限规定,有两种情况:第一,当事人之间以对话(如电话、面对面商谈)方式进行交易,要约须立即予以承诺,否则,要约失效。第二,当事人分处异地(隔地),以函电等非对话方式发出,各国不同。大陆法系国家如德国、瑞士、日本等国民法典规定,要约中无期限规定,如果不在相当期间内或者不在"依通常情形可期待承诺达到的期间内"作出承诺,要约即告失效。这一期间据大陆法系学者解释,应包括:要约到达受要约人的时间,受要约人考虑承诺的时间和承诺到达要约人的时间。英美法则认为,要约未规定承诺期限,应在合理的时间内作出承诺,否则要约失效。(2) 要约被要约人撤回或者撤销。(3) 要约被受要约人拒绝而失效。

(二) 承诺

1. 承诺的定义

承诺是指受要约人对要约的内容表示接受的意思表示。

2. 承诺必须具备的条件

(1) 承诺必须由受要约人作出(包括受要约人本人及其授权的代理人)。除此之外,其他人即使知道要约的内容并表示愿意接受,也不能成立合同。

(2) 承诺必须与要约的内容一致。对此问题各国不完全一致。传统英美法要求承诺像镜子一样反照要约的内容,否则为反要约。美国比较灵活,《统一商法典》第2-207条规定:商人之间受要约人在承诺中附加了某些条件,仍然有效,附加的部分得视为合同的一部分。除非:要约中明确不得附加条件;这些附加条款对要约作了重大修改;要约人在接到承诺后合理的时间内作了拒绝通知。

根据《联合国国际货物买卖合同公约》第19条第1款规定,承诺如有添加、限制或者其他更改,应视为对要约的拒绝或者反要约。根据该《公约》第19条第2款规定,如果所载的添加或者不同条件在实质上并不变更该要约的条件,则除非要约人在不过分迟延的期间内,以口头或者书面通知提出反对,否则,仍构成承诺。在此情况下,合同仍可有效成立,合同条件就以要约及承诺所附加的条件为准。

所谓实质上的变更是指对有关货物的价格、付款、货物的质量和数量、交货的地点和时间、赔偿责任范围或者解决争议等的添加或不同条件。

例如,我某出口公司于2月1日向美国商人发出要约,除列明各项必要条件外,还表示:"用坚固包装"。在要约有效期内,美商复电称:"用新包装"。我方收到上述复电后即着手备货。数日后该产品价格猛跌,美商来电称:我方对包装条件作了变更,你方未确认,合同并未成立。而我公司则坚持合同已经成立,于是双方发生纠纷。根据《联合国国际货物买卖合同公约》第19条的规定,对非实质性变更除非另一方在不过分迟延的时间内表示异议,否则合同成立。本案中,美国商人复电是对货物包装方式的修改,因而构成对要约的非实质性变更,而我方对此并未表示异议,因此,应视为合同成立。

(3) 承诺应在要约规定的有效期内进行。未规定期限的要约,应在合理的期限内承诺。

《联合国国际货物买卖合同公约》对此作了灵活的规定。其第 21 条第 1 款规定:逾期的承诺仍具有承诺的效力,只要要约人毫不迟延地用口头或书面将此种意思通知受要约人(即如果要约人不及时对逾期承诺给予确定,或者拒绝接受逾期的承诺,则该承诺不具有承诺的效力,合同不能成立)。《公约》第 21 条第 2 款规定:如果载有逾期承诺的信件或者其他书面文件表明,依照寄发时的情况,只要邮递正常,它本来应当是能够及时送达要约人的,则此项逾期承诺应认为具有承诺的效力,除非要约人毫不迟延地用口头或者书面通知受要约人,表示其要约已因逾期而失效。

要约人在要约中规定了有效期或者承诺期,根据《联合国国际货物买卖合同公约》第 20 条的规定,其具体的计算方法如下:第一,要约人在电报或者信件内规定的承诺期限,从电报交发之时或者信件上载明的发信日期起算;第二,如果信上未载明发信日期,则从信封上所载日期起算;第三,要约人以电话、电传或者其他快速通讯方式规定的承诺期限,从该要约送达受要约人时起算;第四,在计算承诺期限时,承诺期限内的正式假日或者非营业日应计算在内。但如果承诺通知在承诺期限的最后一天因遇要约人营业地的正式假日或者非营业日而未能送达要约人,则该要约的承诺期限应顺延至下一个营业日。这主要是对"本要约有效期 10 天"这种规定方法的情况下需进行的解释。如果要约中已规定"从 8 月 1 日起算"或者"本要约有效期至 8 月 10 日为止",就不会引起解释上的麻烦。

《联合国国际货物买卖合同公约》第 18 条第 3 款规定,如果根据要约或者依照当事人间已确立的习惯做法或者惯例,受要约人可以以作出某种行为,例如发运货物或者支付货款的行为,来表示同意,而无须向要约人发出通知,则承诺于作出此项行为时即告生效,但此项行为必须在要约所规定的有效期或者承诺期限内作出,如要约对此未作规定,则应在合理期间内作出。

根据这项规定,如果要约人在要约中使用了"立即装运"或者"立即为我采购"等字样,则受要约人在收到了此要约后,就可以立即装运货物或者立即采购的行为表示同意,而无须向要约人发出通知。

(4) 承诺的传递方式应符合要约要求。要约人在要约中可以对承诺方式作具体规定,此时,受要约人必须按其要求的方式办理。如果未规定具体方式,一般应按要约所采用的传递方式,但如果受要约人采用了比要约的传递方式更为快捷的通讯方式作出承诺,在法律上是有效的,要约人不能因此拒绝。

3. 承诺生效的时间

各国在实践中,就承诺生效时间形成三种原则:

(1) 投邮生效原则(postal rule or mailbox rule)。也称为"发信主义",英美法采用

此原则,只适用于邮寄与电报承诺。始于英国 1818 年的 Adams v. Lindsell 一案。① 在此案中,被告于 9 月 2 日致函原告,要约出售一批羊毛予原告,并要求对方于 9 月 7 日前回函。由于被告将原告的地址写错,以致其要约迟至 9 月 5 日才抵达原告之手,原告于 9 月 5 日当即致函被告,接受其要约,并将其承诺的信函交邮局寄返被告。被告于 9 月 9 日方收到此信。被告因原告于 9 月 7 日未将回函寄到,而将该批羊毛于 9 月 8 日出售给他人,原告因此控告被告违约。本案法院判决被告违约,法院认为原告、被告之间的契约,于原告将承诺信函交邮局投寄给被告时,契约即告成立。即在以书信、电报作出承诺时,承诺一经投邮,立即生效,合同即告成立。即使表示承诺的信函在传递过程中丢失,承诺仍有效。只要受要约人能证明确已把信函付了邮资、写妥地址交于邮局。之所以如此,理由是:要约人曾默示指定邮局为其接受承诺的代理人。所以,受要约人将承诺交到邮局就如同交到要约人手中。即使邮局疏忽丢失,也不影响合同的成立。真正的理由是为了缩短要约人能够撤销要约的时间,旨在保护承诺人对要约人发生死亡或者要约人撤销要约时提供保障。

美国总体上在契约法中仍遵行承诺发信主义原则。主要包括信件、电报。但在今天传递工具日新月异的情况下,可以采用快捷的传递方式承诺,已很少采用发信主义。1955 年 Entores Ltd. v. Miles Far East Corporation 一案中,因双方都使用 txlex 传送要约及承诺,法院认为在此情况下,承诺必须送达要约人之 telex 机器上清晰可读方可。因为使用此类即时传送工具时,双方当事人立即或者很快即知道对方来件的内容,如有错误等也可立即通知对方。如果当事人一方于收到对方电传承诺来文而不作反应,法院视之为接受,合同成立。②

(2) 到达生效原则。也称为到达主义,是指载有承诺内容的函电须于到达要约人时发生效力。大陆法系国家采用此原则。

根据德国法,要约、承诺、要约的撤回等都属于意思表示,所以适用意思表示的规定。德国《民法典》第 130 条规定:"对于相对人以非对话方式所作意思表示于意思表示到达相对人时发生法律效力。"即承诺生效的时间是采用到达生效原则,承诺到达要约人,合同成立。所谓到达是指到达收信人的支配范围时起,风险由收件人负责(因为在传递中有风险,在传递中丢失就不能生效)。但是,此时,即到达收信人处,但收信人不了解内容,承诺也于到达时生效。所谓"支配范围"是指收件人的营业地或者惯常居所地,不要求送到收件人的手中。

日本《民法典》规定,隔地人之间的意思表示,自通知到达相对人时生效。但契约一章中规定,隔地契约于发出承诺通知时成立,即发出生效原则。

法国法对此无具体规定。法国最高法院认为承诺生效的时间完全取决于当事人的意思,即根据当事人具体情况来定。实践中,往往推定适用"投邮生效原则"。

---

① 参见杨桢:《英美契约法论》,北京大学出版社 1997 年版,第 16 页。
② 同上书,第 78 页。

（3）了解生效原则。主要是意大利采用此原则，但其实际操作有困难，究竟何时要约人看到或者了解到该承诺，难以确定，实践中，现已很少采用。1980年《联合国国际货物买卖合同公约》第18条第2款采纳了到达生效原则。即对要约的承诺应于同意要约的表示送达要约人时生效。所谓到达是指送交要约人的营业地、通信地址或者惯常居所。

4. 承诺的撤回

承诺的撤回是指承诺人阻止承诺发生效力的一种意思表示。承诺必须在生效之前才能撤回，一旦生效不得撤回。

在英美法系国家，承诺生效采用投邮生效原则，所以受要约人发出承诺后，不得撤回。英国及美国均认为撤回无效。但是，如果承诺人在承诺发出之后，又复发电通知要约人拒绝其要约。此时，按投邮生效原则，承诺人的承诺有效，双方缔结合同。而由于拒绝的通知先于承诺到达要约人，要约人因此将货物出售给他人。然而双方之间契约仍成立，如此对要约人似乎甚为不公。美国学者认为，可以美国《第二次合同法重述》第63节规定中评论c及解说7的说明，引用禁反言原则不予承诺人主张契约成立之权利，以示公平。英国对此虽无直接的判例说明，但学者均主张此种情况下，撤回承诺无效。但如果要约人因相信承诺对要约的拒绝或者撤回承诺通知，而将标的物另行处理，承诺人也不得稍后主张契约之存在而控告要约人违约①。

英国和美国对承诺采用投邮生效原则至今未变。但在实务中，要约人如果在其要约中规定，承诺必须到达要约人手中方可生效，这样，承诺的投邮生效原则就被排除了，而适用到达要约人手中后生效的到达生效原则。德国法采用到达生效原则，所以，要约人发出承诺通知后，原则上仍可撤回。但撤回的通知必须与承诺通知同时或者先于到达要约人，才能撤回。

## 第四节　买卖双方的义务

### ▶一、卖方的义务

根据《联合国国际货物买卖合同公约》的规定，卖方应承担以下义务：

（一）交付货物

（1）交货的地点：合同有规定的，卖方按合同规定的地点交货。合同没有规定交货地点的，《公约》第31条分三种情况规定了卖方的交货义务：第一，合同没有规定具体交货地点，而该合同涉及运输，要求卖方运送货物给买方，则卖方交货义务是把货物交给第一承运人。第二，合同无具体交货地点，也不要求卖方运送货物给买方，即卖方不负责运输事宜，特定物或者从某批特定的存货中提取的货物或者尚待

---

① 参见杨桢：《英美契约法论》，北京大学出版社1997年版，第79—80页。

加工生产制造的未特定化的货物,双方当事人在订立合同时已知道存放地点,或者已经知道将在某地方生产制造,则卖方在该地点交货。第三,其他情况下,卖方应在订立合同时的营业地把货物交给买方处置(即指卖方采取一切必要的行动,让买方能够取得货物)。卖方有几个以上营业地的指与合同有最密切联系的营业地。实际上,如果当事人选择了具体贸易术语,则明确了交货地点。

（2）交货时间:第一,合同中规定了交货的日期,或者从合同中可以确定交货日期,则卖方应在该日期交货。交货日期较难做到,这种规定应谨慎。第二,合同中如规定了一段交货时间,或者从合同中可确定一段时间,卖方有权在这段时间的任何一天交货。(除非有情况表明买方有权选择一具体日期外)。第三,其他情况,卖方应在订立合同后一段合理时间内交货。所谓合理时间根据交易的情况来定,如货物的性质、买方用途、运输方式、市场状况及贸易惯例等因素。

（二）提交有关货物的单据

装运单据十分重要,它是买方提取货物,办理报关手续、转售及向保险公司请求赔偿必不可少的文件。卖方不提交单据影响买方的转售和提货、办理海关手续、享受关税优惠、影响及时获得保险赔偿。根据《联合国国际货物买卖合同公约》第34条规定,交付单据,必须按照合同规定的时间、地点和方式移交。主要有提单、保险单、商业发票,有时还包括:领事发票、原产地证书、重量证书、品质检验证书等。

在期限届满之前,移交单据还可以对不符合合同要求的地方修改。但不能为此使买方承担不合理开支或者不便。

（三）品质担保义务

根据《联合国国际货物买卖合同公约》第35条,卖方交付的货物必须与合同所规定的数量、质量、规格相符,并按合同规定的方式装箱或者包装。除双方另有协议外,卖方交的货物应符合下列要求:

（1）货物应适用于同一规格货品通常使用的用途。

（2）货物应适用于订立合同时买方曾明示或者默示地通知卖方的任何特定用途。除非有情况表明买方并不依赖卖方的技能和判断力或者这种依赖对卖方来说是不合理的。例如,买方凭其指定的商标购物,或者使用高度技术性的规格描述所需货物,就可以认为买方是凭对自己的自信来选购货物。在此情况下,卖方不承担提供适用特定用途的义务。

（3）货物质量应与卖方向买方提供的货物样品或者样式相同。

（4）货物应按同类货物通用的方式装入容器或者包装。无此通用方式,应按足以保全和保护货物的方式装进容器或者包装。

《公约》第36条还对卖方承担义务的时间作了规定。即卖方应对货物在风险转移于买方时所存在的任何不符合合同的情况承担责任,即使这种不符合合同的情况是在风险转移于买方之后才明显表现出来的。如有些货物需经科学鉴定甚至使用一段时间后才能显示其是否与合同要求相符。在此情况下,风险已转移于买方,但如果货物缺陷是在风险转移之前就已经存在的,则卖方仍应承担责任。

《公约》还规定,风险已转移于买方之后,发生的任何不符合要求的情况,如果这些情况是由于卖方违反了某项义务,则卖方仍承担责任。如机械设备交易中,规定产品保证期为一年,一年内买方发现质量不符,卖方仍负责。

（四）对货物的权利担保义务

(1)《联合国国际货物买卖合同公约》第41条规定:卖方所交付的货物必须是第三方不能提出任何权利或者请求的货物。除非买方同意在受制于这种权利或者请求的条件下,收取这项货物。

往往涉及货物所有权或者担保物权方面的问题。但《公约》对货物所有权方面的问题未涉及,一旦出现卖方违反此义务,则应按合同所应适用的国内法来处理。

根据《公约》第41条的规定,有两重含义:第一,如果第三方对买方起诉,主张他认为货物所有权或者对货物有某种权利,结果胜诉,卖方应对买方承担责任。第二,如果第三方对货物提出某种请求,由于法律依据不足而败诉,卖方仍然是违反了第41条的义务。因这种请求干扰了买方,使买方受到损失,对此卖方仍应承担责任。例如,卖方从第三方购货,当时承诺不得转售甲国,如果买方正是在甲国,此时第三方如请求,可能败诉,但卖方要对买方负责,以保护善意的买方的利益。

(2)《联合国国际货物买卖合同公约》第42条规定,卖方所交付的货物不得侵犯任何第三方的工业产权或者其他知识产权。

由于工业产权、知识产权保护的地域性,所以侵犯之问题比较复杂。对此条的规定有一些条件限制:

第一,卖方在订立合同时已知道或者不可能不知道对其货物会提出工业产权方面的权利或者请求时才承担责任。而且这种权利和请求是根据以下国家的法律规定提出的:(a)合同订立时卖方已经知道买方打算把该货物转售某国或者在某国做其他使用。此时卖方对第三方依据该国法律提出的有关工业产权或者知识产权的权利请求向买方负责。(b)其他情况下,卖方对第三方根据买方营业地所在国法律所提出的有关工业产权、知识产权的请求,对买方承担责任。

第二,如果买方在订立合同时已知或者不可能不知将会有第三方提出侵犯其工业产权的权利或请求,则买方不负责。

第三,第三方提出的权利或者请求是由于卖方按买方提供的技术图纸、图案或者规格制造的产品而引起的,应由买方负责。

例如,某年,我某机械进出口公司向一法国商人出售一批机床。法国商人又将机床转售美国及一些欧洲国家。机床进入美国后,美国的进出口商被起诉侵犯了美国有效的专利权,法院判令被告赔偿专利权人损失,随后美国进口商向出口商追索,法国商人又向我方索赔。我方是否应该承担责任？根据《联合国国际货物买卖合同公约》第42条的规定,我某机械进出口公司有对买方法国商人承担所出售的货物不会侵犯他人知识产权的义务,但是,这种担保义务以订立合同时买方告知卖方所要销往的国家为限,否则,卖方只保证其销售的货物不会侵犯买方所在国的知识产权人的权利。因此,本案中,如果法国商人在订立合同时已告知我某机械进出口公司货物将销往美国,我国卖方应承担责任,法国商人可以向我国卖方索赔。否则,我国卖方不承担责任。同时,如果中方机床是按法国商人提供的图纸或规格生产的,则法国商人应自己承担责任,不能向中方追索。[1]

《联合国国际货物买卖合同公约》第43条规定,买方在已知或者理应知道第三方对货物的权利或者请求后,应在合理时间内通知卖方,否则丧失第41、42条的权利,除非买方未及时通知有合理的理由。

另外,《公约》第85条规定了卖方保全货物的义务,该条规定:"如果买方推迟收取货物,或在支付价款和交付货物应同时履行时,买方没有支付价款,而卖方仍拥有这些货物或仍能控制这些货物的处置权,卖方必须按情况采取合理措施,以保全货物。他有权保有这些货物,直至买方把他所付合理费用偿还给他为止。"

## ▶二、买方的义务

根据《联合国国际货物买卖合同公约》的规定,买方有支付货款和收取货物的义务。

(一) 支付货款

买方支付货款的义务涉及许多方面的问题。

1. 履行必要的付款手续

《公约》第54条规定,买方支付货款的义务包括:按合同或者法律、规章所要求的步骤及手续,以便使货款得以支付。付款程序复杂涉及外汇。买方履行必要的手续和步骤也是卖方履行交货义务的前提条件。按买卖合同规定,申请银行信用证或者银行保函;在实行外汇管制的国家,必须按法律规章,向政府申请取得支付货款所需的外汇。

2. 确定货物价格

《公约》第55条规定,如果合同已有效地订立,但没有明示或者默示地规定如何确定价格,在没有任何相反表示的情况下,双方当事人应视为已默示地引用了订立合同时此种货物在有关贸易的类似情况下销售的通常价格。目的是为了稳定合同关系,使合同不至于无法履行。如果价格是按货物的重量规定的,应按净重确定。

3. 支付货款的地点

合同未约定付款地点的,应当在:(1)卖方营业地付款。一个以上营业地,应在与该合同履行关系密切的营业地点付款。(2)凭移交货物或者单据来付款,则买方应在移交货物或者单据的地点支付货款。具体地点《公约》未规定,要看采用何种支付方式。如托收在买方营业地交单付款;信用证则在卖方(出口地)议付银行提交单

---

[1] 参见王传丽主编:《国际经济法案例教程》,知识产权出版社2002年版,第20—21页。

据付款。卖方营业地在订立合同后发生变动,由于变动引起的支付方面的费用,由卖方承担。

4. 支付货款的时间

《公约》第58条规定,(1)如果买方没有义务在任何其他特定时间内付款,他必须于卖方按合同和公约规定将货物或者控制货物处置权的单据交给买方处置时支付货款。卖方可以支付货款作为移交货物或者单据的条件。(2)合同涉及运输的,卖方可以在支付货款后才把货物或者控制货物处置权的单据交给买方,作为发运货物的条件。(3)买方在未有机会检验货物前,无义务支付货款,除非这种机会与双方当事人议定的交货或者支付程序相抵触。如CIF凭单付款,此时要求先检验再付款则与合同相抵触。买方则无权要求先检验。但并不等于买方放弃检验权,而是等货到后再检验,如发现有不符,仍有权要求赔偿。

(二)收取货物

《公约》第60条规定:

(1)采取一切理应采取的行动,以便卖方能交付货物。主要是要求买方合作,如及时指定交货地点或者按合同规定安排有关运输事宜,以便卖方履行交货义务。如FOB,买方负责租船。通常买方采取的行动主要有两种:一是在买方有权选择装运港或者目的港时,须在合理时间内通知卖方;二是买方负责办理运输事宜。

(2)接收货物:买方在卖方交货时接收货物。如果买方不及时接收货物,有时会对卖方利益产生直接影响。如卖方可能要对承运人支付滞期费及其他费用,对此买方要负责。如在CIF或者CFR中,更为重要的是,滞期不提货,在这一期间货物发生灭失、损坏,会引起严重后果,并涉及风险转移问题。如EXW,合同不涉及货物的运输情况,货物的风险一般应从买方收取货物的时候起,由卖方转移于买方。如果买方迟迟不提取货物,就是一个很大的问题。买方不在适当时间内提取货物是一种违约行为。因此,根据《公约》第69条的规定,从货物交给买方处置,而买方因不收取货物违反合同之时起,货物损坏或者灭失的风险应由买方承担。

"接收"和"接受"是有区别的:卖方交货相符,买方应接受货物。所谓接受是指买方认为货物在品质、数量等各方面均符合合同要求。通常是买方接收货物后一段合理时间未提出任何异议,或者直接表示接受,或者已经从事了与卖方对货物所有权相抵触的行为。例如,我国某公司出口了一批棉布,交货后国外进口商寄来1件上衣,声称该上衣系我国公司出口合同项下所交染色棉布经其转销给某厂制成成衣的样品,该上衣两袖的色差有明显的不同,证明我国公司提供的货物品质有严重色差,不能使用。为此,要求将已经缝制的全部成衣退回,并按合同规定的品质和数量重新交货。① 对此,我国某公司应该如何处理呢?我国某公司应拒绝赔偿及重新发货。本案中,该国外进口商已将棉布转销制衣商,构成对我国某公司交付货物的接

---

① 参见王传丽主编:《国际经济法案例教程》,知识产权出版社2002年版,第20页。

受,因此,已丧失了对我国某公司的索赔权,而且其要求退还的货物不是我国某公司出售给他的原货物,货物已不能返还原状,故不能要求重新换货。

接收是指货到目的地,经检验后,即使货物不符合合同规定,买方也应接收货物,并向卖方及时提出索赔,如将货物弃之码头或者露天任其遭受风吹雨打,则买方违反了收取货物的义务,由此造成的损失应由买方负责。

根据《公约》第86条的规定,如果买方已收到货物,但打算行使权利把货物退回,他必须按情况采取合理措施,以保全货物。他也有权保有货物直至卖方把他所付的合理费用偿还给他为止。

如果发运给买方的货物已到达目的地,并交给买方处置,而买方行使退货权利,则买方必须代表卖方收取货物,除非他这样做需要支付货款而且会使他遭受不合理的不便或者承担不合理的费用。如果卖方或者授权代表他掌管货物的人也在目的地,则无需买方接收。如果买方根据规定收取货物,其权利和义务仍按上述规定。同时向卖方发出拒绝接收货物的通知,货物的处理,除非情况紧急,否则待争议解决后再定。

## 第五节　违反合同的补救方法

### ▶一、《联合国国际货物买卖合同公约》对违反合同的规定

《公约》将违约分为根本违反合同和非根本违反合同两种类型。根据《公约》第25条的规定,一方当事人违反合同的结果,使另一方当事人蒙受损害,以至于实际上剥夺了他根据合同规定有权期待得到的东西,即为根本违反合同,除非违反合同一方并不预知而且一个同等资格、通情达理的人处于相同情况中也没有理由预知会发生这种结果。从这一规定可知,判断当事人的行为是否构成根本违反合同,以违反合同造成的另一方的损害程度作为标准。如果损害严重到剥夺了另一方当事人根据合同有权期待得到的东西的程度,就构成根本违反合同。但《公约》无法对损害作出具体规定,如果因违约发生争议,有待法院或仲裁庭根据具体情况作出判断。尽管如此,国际货物买卖合同当事人亦有必要根据交易的性质等采取合适的救济措施维护自身的合法权益。

根本违反合同以外的其他违约行为即为非根本违反合同的行为,但《公约》并未对其作出定义。根本违反合同与非根本违反合同的划分,对当事人可以采取的补救措施有直接关系。如果一方违约构成根本违反合同,则对方有权解除合同并要求赔偿损失;如果违约的程度尚未达到根本违反合同的程度,受损害的一方当事人则无权宣告解除合同,只能要求损害赔偿或其他合适的救济方法。

### ▶二、卖方违反合同的补救方法

卖方违反合同是指卖方不交付货物或单据;交付迟延;卖方交货不符合合同规

定以及第三者对交付的货物存在权利或权利主张。根据《联合国国际货物买卖合同公约》的规定,卖方违反合同时,买方可以采取的补救办法有:

(一) 要求卖方履行其合同义务

《公约》第46条规定,如果卖方不履行合同义务,买方可以要求卖方履行其合同或公约规定的义务。但是,如果买方已经采取了与这一要求相抵触的其他救济方法,则不能再采取这种方法。例如,如果买方已经宣告解除合同,就不能再要求卖方履行其合同义务。《公约》所规定的这种救济方法与各国法律中所规定的实际履行的救济方法基本上是一样的。但是,根据《公约》第28条的规定,当一方当事人要求另外一方当事人履行某项义务时,法院没有义务作出判决要求具体履行此一义务,除非法院根据其本身的法律对不属本《公约》范围的类似销售合同愿意这样做。

(二) 要求卖方交付替代物

《公约》第46条第2款规定,如果卖方所交付的货物与合同规定不符,而且这种不符合合同的情形已构成根本违反合同,买方有权要求卖方另外再交一批符合合同要求的货物,以替代原来那批不符合合同的货物。从该规定可以看出,买方在采用这种救济方法时,受一项条件的限制,即只有当卖方交付的货物不符合合同的情形相当严重,已构成根本违反合同时,买方才可以要求卖方交付替代货物。如果卖方所交付的货物虽然与合同不符,但情况并不严重,尚未构成根本违反合同时,买方则不能要求卖方交付替代货物,而只能要求卖方赔偿损失或对货物不符之处进行修补等。从法律上看,要求卖方交付替代货物,实质上是要求卖方实际履行的一种方式。

同时,《公约》还要求,如果买方要求卖方交付替代货物,买方必须在向卖方发出货物与合同不符的通知时提出此项要求,或者在发出上述通知后一段合理时间内提出这种要求。

(三) 要求卖方对货物不符合同之处进行修补

《公约》第46条第3款规定,如果卖方所交的货物与合同规定不符,买方可以要求卖方通过修理对不符合同之处作出补救,除非他考虑了所有情况之后,认为这样做是不合理的。这项规定适用于货物不符合同的情况并不严重,尚未构成根本违反合同,只需卖方加以修理,即可使之符合合同要求的情形。但是,如果根据当时的具体情况,要求卖方对货物不符合同之处进行修理的做法是不合理的,则买方就不能要求卖方来对货物不符合同之处进行修理。

修理的要求必须在发现或理应发现不符情形后一段合理时间内通知卖方的同时提出,或者在该通知发出后一段合理时间内提出。

(四) 给卖方一段合理的额外时间让其履行合同义务

《公约》第47条第1款规定,如果卖方不按合同规定的时间履行其义务,买方可以规定一段合理的额外时间,让卖方履行其义务。这是《公约》针对卖方延迟交货而规定的一种救济方法,它的基本思想是,买方不能仅因卖方不按时交货就宣告合同无效①,而应给卖方一段额外的合理时间让其交货。本条规定的另一意义是为买方日后宣告撤销买卖合同提供依据。因为根据《公约》第49条第1款(b)项的规定,如果卖方不按买方规定的合理的额外期限交货,或声明他将不在上述额外期限交货,买方就有权宣告合同无效。

根据《公约》第47条第2款的规定,如果买方已经给卖方规定了一段合理的额外时间,让卖方在此期间内履行其义务,则在这段时间之内,除非买方收到卖方的通知,声称他将不在所规定的时间内履行义务,买方在这段时间内不得对违反合同采取任何补救办法。但是,买方并不因此丧失他对迟延履行义务可能享有的要求损害赔偿的任何权利。

另外,卖方不按合同规定交货时,如果已构成根本违反合同,则买方可以不给卖方规定额外的合理期限,就可以立即宣告合同无效。通常情况下,卖方迟延交货并不当然构成根本违反合同,在具体的案件中是否构成根本违反合同,应根据合同的具体交易情况来确定。例如,买方从国外进口一批供应圣诞节市场的火鸡,卖方交货的时间比合同规定的期间晚了一个星期。由于圣诞节已过,火鸡难以销售,使买方遭受重大损失。在这种情况下,卖方延迟交货可以被认为是根本违反合同,买方有权宣告解除合同,拒收迟交的货物。又例如,合同规定卖方应于7月至8月装运,但实际上卖方的装运日期,比合同规定的时间迟了一个星期。在这段时间肉鸡的市场价格并没有发生什么变化,供销情况亦正常。在这种情况下,卖方延迟交货就不能认为是根本违反合同,买方不能宣告解除合同。

(五)卖方得对不履行义务作出补救

按照《公约》第48条的规定,除第49条关于撤销合同的规定外,卖方即使在交货日期之后,仍可自付费用,对任何不履行义务作出补救,但这种补救不得造成不合理的迟延,也不得使买方遭受不合理的不便,或无法确定卖方是否将偿付预付的费用。但是,买方保留本《公约》所规定的要求损害赔偿的任何权利。但是,第48条第2款还规定,如果卖方要求买方表明他是否接受卖方履行义务,而买方不在一段合理时间内对这项要求作出答复,则卖方可以按其在要求中所指明的时间履行义务。买方不得在该段时间内采取与卖方履行义务相抵触的任何补救办法。

(六)宣告合同无效

根据《公约》第49条的规定,当卖方违反合同时,买方在以下情况下可以宣告合同无效:

(1)卖方不履行其在合同中或《公约》中规定的任何义务,已构成根本违反合同;

(2)如果发生不交货的情况,卖方在买方规定的合理的额外时间内仍不交货,

---

① 《公约》所称的"宣告合同无效"并非指合同的效力有瑕疵而无效,而是指一方当事人根本违反合同,另一方当事人宣告解除合同。

或卖方声明他将不在买方规定的合理的额外时间内交货。

除上述情况下买方有宣告合同无效的权利外,《公约》第49条第2款还规定,如果卖方已经交付货物,买方就丧失了宣告合同无效的权利,除非他按照《公约》的下列规定及时提出宣告合同无效:(1)对于迟延交货的情形,买方必须在卖方交货后的一段合理时间内宣告合同无效,否则,他就将失去宣告合同无效的权利。(2)对于迟延交货以外的任何违反合同的情形(如货物与合同规定不符等),买方必须在已经知道或理应知道这种违反合同后的一段合理时间内宣告合同无效,否则,他亦将失去宣告合同无效的权利。

(七)要求减低价格

按照《公约》第50条的规定,如果货物不符合同,不论价款是否已付,买方都可以减低价格,减价按实际交付的货物在交货时的价值与符合合同的货物在当时的价值两者间的比例计算。但是,如果卖方已按《公约》规定对其任何不履行义务作出了补救,或者买方拒绝接受卖方对此作出补救,买方就不得减低价格。《公约》的这项规定是针对卖方交货与合同规定不符而规定的救济方法。减低价格的计算办法是按照实际交付的货物在交货时的价值与符合合同的货物在同时间的价值两者之间的比例计算。在下列情况下,买方丧失要求减低价格的权利:(1)如果卖方已经对交货不符采取了补救办法;(2)买方拒绝了卖方对违约采取的补救办法或对卖方提出的补救办法未在合理时间内作出答复。

(八)卖方只交部分货物或者货物部分符合合同规定,买方的救济方法

根据《公约》第51条的规定,当卖方只交付一部分货物,或者卖方所交付的货物中只有一部分与合同的要求相符合时,买方只能对漏交的货物或对与合同要求不符的那一部分货物,采取上述第46条至第50条所规定的救济方法,包括退货、减价及要求损害赔偿等。但一般不能宣告撤销整个合同或拒收全部货物,除非卖方完全不交付货物,或者不按照合同规定交付货物已构成根本违反合同时,买方才可以宣告整个合同无效。例如,卖方拟向买方出售50吨镀锌钢板。合同规定:"其中应包含6英尺、7英尺、8英尺、9英尺及10英尺几种规格。"买方预付了全部货款。货到后买方发现50吨货物全部为6英尺的钢板。买方起诉卖方,声称有权拒收4/5的货物并要求返还这部分货款。① 在本案中,卖方所交付的货物只有一部分符合合同的要求,如果根据《公约》的规定,买方有权对不符合合同规定部分的货物拒收并要求赔偿。

(九)卖方提前交货或者超量交货,买方可采取的补救方法

根据《公约》第52条第1款的规定,如果卖方在合同规定的日期以前交货,买方可以收取货物,也可以拒绝收取货物。该条第2款还规定,如果卖方交付的货物数量大于合同规定的数量,买方可以收取也可以拒绝收取多交部分的货物。如果买方收取多交部分货物的全部或一部分,他必须按合同规定价格付款。

---

① 参见陈若鸿编译:《英国货物买卖法:判解与评论》,法律出版社2003年版,第139页。

（十）请求损害赔偿

根据《公约》第 45 条的规定，如果卖方违反合同，买方可以要求损害赔偿。而且买方可能享有的要求损害赔偿的任何权利，不因其行使采取其他补救办法的权利而丧失。这就是说，即使买方已经采取了撤销合同、拒收货物或要求交付替代货物等救济方法，但他仍然有权要求卖方赔偿因其违反合同所造成的损失。

### 三、买方违反合同的补救方法

买方违约的情形主要为不按合同规定支付货款；不按合同规定接受货物。对于买方的违约，卖方有权采取如下的救济方法。

（一）要求买方履行其合同义务

按照《公约》第 62 条规定，无论买方在付款或收取货物方面的违约，卖方可以要求买方支付价款、收取货物或履行其他义务，除非卖方已采取与此一要求相抵触的某种补救办法。

（二）给买方一段合理额外时间，让买方履行其合同义务。

《公约》第 63 条规定，卖方可以规定一段合理额外时间，让买方履行义务。除非卖方收到买方的通知，声称他将不在所规定的时间内履行义务，卖方不得在这段时间内对违反合同采取任何补救办法。但是，卖方并不因此丧失他对迟延履行义务可能享有的要求损害赔偿的任何权利。

（三）宣告合同无效

当买方不履行合同构成根本违反合同时，卖方可以宣告合同无效；如果卖方已经给买方规定了一段合理额外时间，买方不在此期限内支付价款或收取货物，或声明他将不在此期限内履行义务，卖方也有权解除合同。

但是，如果买方已支付价款，卖方就丧失宣告合同无效的权利，除非对买方迟延履行义务，卖方在知道买方履行义务前已宣告合同无效，或者对迟延履行以外的违反合同，卖方在已知道或理应知道这种违反合同后一段合理时间内宣告合同无效；否则卖方将丧失宣告合同无效的权利。

对于宣告合同无效的后果，根据《公约》第 81 条至第 84 条的规定，宣告合同无效解除了双方在合同中的义务，但应负责的任何损害赔偿仍应负责。宣告合同无效不影响合同中关于解决争端的任何规定，也不影响合同中关于双方在宣告合同无效后权利和义务的任何其他规定。已全部或局部履行合同的一方，可以要求另一方归还他按照合同供应的货物或支付的价款。如果双方都须归还，他们必须同时这样做。

（四）自行确定货物的具体规格

《公约》第 65 条规定，如果买方应根据合同规定订明货物的形状、大小或其他特征，而他在议定的日期或在收到卖方的要求后一段合理时间内没有订明这些规格，则卖方在不损害其可能享有的任何其他权利的情况下，可以依照他所知的买方的要求,自己订明规格。如果卖方自己订明规格,他必须把订明规格的细节通知买方,而且必须规定一段合理时间,让买方可以在该段时间内订出不同的规格。如果买方在收到这种通知后没有在该段时间内这样做,卖方所订规格就具有约束力。

(五) 请求损害赔偿

当买方违反合同义务或《公约》所规定的义务时,卖方有权请求损害赔偿。根据《公约》规定,卖方请求损害赔偿的权利不因其已采取其他补救办法而受到影响。

## ▶ 四、买卖双方都可采取的补救措施

(一) 预期违反合同

预期违反合同是指合同订立后,合同履行期之前,已明显看出合同对方当事人将根本违反合同或显然将不履行其合同的大部分重要义务。根据《联合国国际货物买卖合同公约》第71条规定,如果订立合同后,另一方当事人由于下列原因显然将不履行其大部分重要义务,一方当事人可以中止履行义务:(1) 履行义务的能力或者信用有严重缺陷;或(2) 他在准备履行合同或者履行合同中的行为显示他将不履行其主要义务。例如,我国某公司与一外国公司先后订立了5种商品的5份买卖合同。在履行完第三份合同时我国卖方发现,买方对卖方已经履行的合同的部分货款延迟支付。卖方开始怀疑该外国公司的信用存在问题,故通知该外国公司暂时中止尚未履行的其他两份合同。该合同是分5批交货,买方在前3份合同的履行中均未按时向卖方付款,因此卖方完全有理由断定,在以后的两份合同的付款方面,买方还将会违约,我国某公司作为卖方有权采取暂时中止履行合同的救济。根据《公约》的规定,中止履行义务的一方当事人必须立即通知另一方当事人,如果经另一方当事人对履行义务提供充分保证,则他必须继续履行义务。例如,加拿大公司与泰国公司订立一份出口精密仪器的合同。合同规定:泰国公司应在仪器制造过程中按进度预付货款。合同订立后,泰国公司获悉加拿大公司供应的仪器质量不稳定,于是立即通知加拿大公司:据悉你公司供货质量不稳定,故我方暂时中止履行合同。加拿大公司收到通知后,立即向泰国公司提供书面保证:如不履行义务,将由其担保银行偿付泰国公司支付的款项。但泰国公司收到此通知后,仍然坚持暂时中止履行合同。在本案中,加拿大公司收到泰国公司的通知后,立即向泰国公司提供了书面的保证,泰国公司本应继续履行合同,但从加拿大公司所提供的保证来看,难以认定是提供了充分的保证。因为其保证"如不履行义务,将由其担保银行偿还泰国公司支付的款项",而买方关心的是卖方按时提供质量稳定的仪器。根据《公约》的规定,如果一方未能提供充分的担保,另一方当事人就有权继续中止履行合同义务。

如果在履行合同日期之前,明显看出一方当事人将根本违反合同,另一方当事人可以宣告合同无效。如果时间许可,打算宣告合同无效的一方当事人须向另一方当事人发出合理的通知,使他可以对履行义务提供充分保证。如果另一方当事人已声明他将不履行其义务,则无需发出通知,让对方当事人提供充分保证。

## （二）对分批交货合同发生违约的救济方法

《公约》第 73 条规定，对分批交付货物的合同，如果一方当事人不履行对任何一批货物的义务，便对该批货物构成根本违反合同，则另一方当事人可以宣告合同对该批货物无效。如果一方当事人不履行对任何一批货物的义务，使另一方当事人有充分的理由断定对今后各批货物将会发生根本违反合同，该另一方当事人可以在合理时间内宣告合同今后无效。例如，卖方向买方出售大米 1 万吨。合同规定：自 2 月份开始每月装船 1000 吨，分 10 批交货。合同订立后，卖方按照合同规定从 2 月份开始交货。但交到第 5 批大米时，发现大米品质有霉变，不适合人类食用，买方以此为理由主张以后各批交货均应解除。本案买方不能解除以后 5 批货物的交货合同。因为只是在交第 5 批货时发现大米有霉变，而之前的 4 批大米不存在质量问题。因此，不能推论以后 5 批大米也将全部存在霉变。买方只能对存在霉变大米的第 5 批货物合同宣告合同无效。

根据《公约》的有关规定，买方宣告合同对任何一批货物的交付无效时，可以同时宣告合同对已交付的或今后交付的各批货物均为无效，如果各批货物是互相依存的，不能单独用于双方当事人在订立合同时所设想的目的。

## （三）损害赔偿

损害赔偿是一种主要的救济方法。当一方违反合同时，另一方当事人有权要求损害赔偿，而且当事人要求损害赔偿的权利，并不因其已采取其他救济方法而丧失。当事人要求损害赔偿的补救方法可与其他补救方法并用。

1. 损害赔偿的原则及责任范围

根据《公约》第 74 条的规定，一方当事人违反合同应负的损害赔偿额，应与另一方当事人因他违反合同而遭受的包括利润在内的损失额相等。这种损害赔偿不得超过违反合同一方在订立合同时，依照他当时已知道或理应知道的事实和情况，对违反合同预料到或理应预料到的可能损失。

这一规定表明损害赔偿以受损害的一方遭受的损失为基础，损害赔偿数额，应与非违约方遭受的损失相当，违约造成的损失就是赔偿损失的范围，包括因违约给对方造成的直接损失以及利润损失。违约方的损害赔偿应使受损害方的经济状况与合同如果得到切实履行时他本应得到的经济状况相同。但是损害赔偿不得超过违反合同一方在订立合同时，已知道或者理应知道的事实和情况，对违反合同预料到或理应预料到的可能损失。

2. 减轻损失的义务

根据《公约》第 77 条的规定，声称另一方违反合同的一方，必须按情况采取合理措施，减轻由于该另一方违反合同而引起的损失，包括利润方面的损失。如果不采取这种措施，违反合同的一方可以要求从损害赔偿中扣除原可以减轻的损失数额。例如，欧洲一公司与我国某公司签订进口食用油的合同。货物到达目的港时因部分货物的包装破裂而发生食用油渗漏，欧洲买方因货物包装问题拒绝提货，也未采取措施进行补救,致使渗漏现象更加严重,最后起火燃烧。事后,欧洲公司向我国公司提出赔偿全部货物损失的要求。本案买方已收到货物,并发现渗漏现象,同时他应当知道该货物具有自燃的危险性,理应采取防范措施以减少损失的扩大,但买方没有这样做,导致最后货物起火燃烧。因此,买方不得向卖方提出赔偿全部货物损失,而只能就包装破裂的部分货物损失要求赔偿。

3. 损害赔偿的计算方法

《公约》第75条和第76条对在合同被宣告无效的情况下,如何计算损害赔偿额的具体办法作了规定。

(1) 如果合同被宣告无效,而宣告无效后一段合理的时间内,买方已以合理方式购买替代货物,或者卖方已以合理方式把货物转卖,则要求损害赔偿的一方可以取得合同价格和替代货物交易价格之间的差额以及可以取得的任何其他损害赔偿。

(2) 如果合同被宣告无效而货物又有时价,要求损害赔偿的一方,如果没有进行购买或转卖,则可以取得合同规定的价格和宣告合同无效时的时价之间的差额以及可以取得的其他任何损害赔偿。但是,如果要求损害赔偿的一方在接收货物之后宣告合同无效,则应适用接收货物地点的现行价格,而不适用宣告合同无效时的时价。时价是指原应交付货物地点的现行价格,如果该地点没有时价,则是指另一合理替代地点的价格,但应适当地考虑货物运费的差价。

## 第六节 货物所有权与风险的转移

在国际货物买卖中,货物的所有权从何时起由卖方转移于买方,以及货物的风险在何时由卖方转移于买方,关系到买卖合同双方当事人的切身利益,是十分重要的问题。货物所有权如果已转移到买方,而买方遭遇破产,卖方将遭受重大损失。因为此时卖方只能作为普通债权人与买方的其他债权人分割剩余财产,实际所得可能远低于本应收取的货款。在一些国家,其法律规定所有权的转移决定风险的转移,而风险的转移关系到买卖合同履行中货物的损坏灭失的风险由谁承担的问题。各国法律对货物所有权的转移和风险的转移都作了明确的规定。由于各国关于货物所有权的转移的规定差异较大,对此,《联合国国际货物买卖合同公约》并未加以规定,但对货物风险的转移有明确的规定。

▶ **一、货物所有权的转移**

(一) 英国《货物买卖法》关于所有权转移的规定

首先应明确的一点是,在英国《货物买卖法》中,货物所有权的转移决定着货物风险的转移,即货物的所有权何时从卖方转移至买方,决定着谁承担货物的风险以及谁对货物有保险利益。具体的所有权转移主要区别特定物的买卖与非特定物的买卖。

1. 特定物的买卖

根据英国《货物买卖法》第 17 条的规定,在特定物或已特定化的货物买卖中,货物的所有权应在双方当事人意图转移时转移于买方。如果当事人在合同中对此没有规定,则法院可以根据合同条款、双方当事人的行为以及具体情况来确定双方的意图。

英国《货物买卖法》第 18 规定了法院判断当事人的意图的规则:

(1) 凡属无保留条件的特定物买卖合同,如果该特定物已处于可交付状态,则货物所有权在合同订立时即转移至买方;至于付款时间或交货时间是否在其后,是无关紧要的。

(2) 在特定物买卖合同中,如果卖方须对货物作出某种行为,才能使之处于可交付的状态,则货物所有权须于卖方完成此行为,并且买方收到有关通知时,才移转给买方。

(3) 在特定物买卖合同中,如该特定物已处于可交付状态,但卖方仍须对货物进行衡量、丈量、检验或其他行为,才能确定其价金者,则须在完成上述行为,并且买方收到通知时,货物所有权才转移给买方。

(4) 当货物是按"试验买卖"或"余货退回"条件交付给买方时,货物所有权的转移应按下列时间移转给买方:第一,当买方向卖方认可或接受该货物,或以其他方式确认该项交易时,所有权转移于买方;第二,买方虽没有向卖方表示认可或接受该货物,但在收到货物后,在合同规定的退货期届满前没有发出退货通知,或在合同中没有规定退货期限时,则在经过一段合理的时间后没有发出退货通知,则到期所有权转移至买方。

例如,科塞尔诉木材经销有限公司案。① 某年 9 月 10 日买卖双方订立了买卖合同,标的物是当年 8 月 20 日生长于拉脱维亚某森林中的所有"可出售的木材"。根据合同,"可出售的木材"是指"所有树的树干和枝条,但树苗及离地四英尺处树干直径小于六英寸的小树除外。"合同签订后,买方进驻了这片森林开始伐木。但到 10 月 1 日时,拉脱维亚政府通过了一项森林征收法律。该法律使得合同涉及的整片森林都变成了国有财产,其原有的私有权被废止。买方拒绝付款,卖方起诉,称标的物所有权已经转移给买方,买方应该付款。本案法官判决买方胜诉。本案双方没有确定交易的木材到底是哪些。并非森林里所有的树木都是交易的对象。只有符合一定条件的树木才是可以砍伐的。而这一条件在订立合同时还没有确定下来。每棵树的实际木材体积取决于离地多高的地方砍伐。而且只有等买方把树砍倒后树木才处于可交付状态。对于那些尚未被确认为合同标的的树木的未知部分,买方无义务受领。鉴于以上事实,法官认为货物所有权没有转移给买方,因此货物风险不应由买方来承担。

---

① 参见陈若鸿编译:《英国货物买卖法:判解与评论》,法律出版社 2003 年版,第 57 页。

2. 非特定物买卖

非特定物通常是指仅凭说明进行交易的货物。

根据英国《货物买卖法》的规定，凡属凭说明买卖未经指定或未经特定化的货物，在将货物特定化之前，所有权不转移给买方。所谓特定化就是把处于可交付状态的货物无条件地划拨于合同项下的行为。这种划拨行为可以由卖方提出征得买方同意，也可以由买方提出征得卖方同意。同意可以是明示的同意也可以是默示的同意；可以在划拨之前作出同意的表示，也可以在划拨之后予以确认。如果按合同规定，卖方以把货物运交买方为目的而将货物交给承运人，而又没有保留对货物的处分权，则可以认为卖方已经无条件地把货物划拨于合同项下。但是将货物加以特定化只是转移货物所有权的前提，至于把货物特定化之后，货物的所有权是否转移于买方，尚须视卖方有无保留对货物的处分权而定。

例如，希利诉赫利特父子案。① 卖方出售 20 箱青鱼给买方。火车站交货。这些鱼盒子被装上火车，但盒子上没有标明买方名称。同车一起运输的还有另外 170 箱青鱼，是卖方准备卖给其他买主的。货到目的地后，铁路公司将 190 箱中的 20 箱青鱼交给了买方，买方发现货物品质不合格，拒绝付款。卖方起诉要求付款，因为货物在装上火车时已被划拨在合同项下，所有权已经转移给买方。该案法院判决卖方败诉。190 个装有青鱼的箱子中没有一个打上了买方的名字以将其与其他货物区别开来，因此货物没有被划拨到合同项下。

3. 卖方保留对货物的处分权

根据英国《货物买卖法》第 19 条的规定，无论是在特定物买卖中，还是在货物已经特定化的非特定物买卖中，卖方都可保留对货物的处分权。在这种情况下，在卖方要求的条件得到满足前，货物的所有权仍不移转给买方。在下述情况下，应认为卖方保留了对货物的处分权。

（1）卖方可以在合同条款中作出对货物处分权的规定。

（2）卖方可以通过提单抬头的写法表示保留了对货物的处分权。如果货物已装船，而提单抬头载明该项货物须凭卖方或卖方的代理人的指示交货时，则在卖方将该项提单背书交给买方或其代理人以前，应推定卖方保留了对货物的处分权。

（3）卖方可通过对装运单据的处理方法来表示卖方保留对货物的处分权。如果卖方已按合同规定的货价向买方开出以买方为付款人的汇票，并将汇票和提单一起交给买方，要求买方承兑该汇票或见票付款，在这种情况下，如买方拒绝承兑或拒绝付款，他就必须把提单退回给卖方；如果买方非法扣下提单，货物的所有权亦不因此而移转于买方。

（二）美国《统一商法典》的有关规定

美国关于货物所有权移转的法律曾与英国法基本一致。在美国制定《统一商法

---

① 参见陈若鸿编译：《英国货物买卖法：判解与评论》，法律出版社 2003 年版，第 82 页。

典》之后,采取了将货物所有权的移转问题与货物风险的移转问题分离的做法,分别作出了具体规定。

根据美国《统一商法典》第2—401条的规定,买卖合同中的货物在特定于合同项下前所有权不转移,除非双方当事人另有明确协议。这一规定说明美国《统一商法典》将货物特定化作为所有权转移的一项基本原则。同时,该法允许双方当事人在合同中明确规定所有权转移的时间。该条款还规定,卖方在货物已发运或已交付给买方后所保留的对货物的所有权(财产权),效力上只相当于保留担保权益。货物的所有权应于卖方完成其履行交货义务时移转于买方,而不管卖方是否通过保留货物所有权凭证(如提单)来保留其对货物的权利。这并不影响货物所有权按照该法典的规定移转于买方。

按照美国《统一商法典》的规定,货物所有权移转于买方的时间主要应区别以下两种不同的情况:

(1) 当货物需要运输时。当合同要求或授权卖方将货物发送给买方时,卖方需要把货物运交买方,但并未规定将货物送至目的地时,所有权在交付发运的时间和地点转移至买方。当合同规定在目的地交货时,所有权在卖方于目的地提示交货时转移至买方。

(2) 当货物无需移动时。当不需移动货物即可交付时,如果卖方应交付所有权凭证,所有权在交付凭证的时间和地点转移;或者,如果合同订立时货物已特定化,且无需交付所有权凭证,所有权在合同订立的时间和地点转移。

另外,该法还规定,当买方不论有无正当理由以任何形式拒绝接收或保留货物时,或当买方正当地撤销对货物的接受时,所有权重新转移至卖方。所有权的此种重新转移系由法律规定,不构成一次"买卖"。

(三) 法国《民法典》的有关规定

法国《民法典》原则上是以买卖合同的成立决定货物所有权的移转。按照法国《民法典》第1583条的规定,当事人双方就标的物及其价金相互同意时,即使标的物尚未交付、价金尚未支付,买卖即告成立,而标的物的所有权即依法由卖方移转于买方。但是,在审判实践中,法国法院会根据案件的实际情况适用下述原则:(1) 如果买卖的标的物是种类物,则必须经过特定化之后,其所有权才能移转于买方,但无需交付。(2) 如系附条件的买卖,例如试验买卖,则必须待买方表示确认后,所有权才移转于买方。(3) 买卖双方可以在合同中规定所有权移转的时间。例如,可以规定所有权须于货物运到目的地后,或须于买方支付价金后才移转于买方等。

(四) 德国《民法典》的有关规定

德国法认为,所有权的转移问题属于物权法的范畴,而买卖合同属于债法的范畴,买卖合同本身并不起转移货物所有权的效力。德国《民法典》对所有权问题分别在第二篇债的关系和第三篇物权中予以规定。在第二篇第七章第一节关于买卖的内容中主要有两项规定,一是规定卖方有义务交付标的物,并使买方取得该标的物的所有权(第433条);另一项规定是要求卖方承担权利瑕疵担保义务,保证任何第三方对买方不得就该标的物主张权利(第434条)。至于有关所有权转移的条件和要求,则主要在第三篇物权中作出了规定。按照德国《民法典》第929条规定,动产所有权的让与必须符合以下两项要求:(1)交付,即由动产所有人将其交付给受让人;(2)合意,即双方当事人应就所有权转移成立合意。如果卖方有义务交付物权凭证(如提单),则卖方可以通过交付物权凭证而把所有权转移于买方。至于不动产所有权的转移,则须以向主管机关登记为条件。

(五)《联合国国际货物买卖合同公约》的规定

《公约》第4条第2款明确规定,该《公约》不涉及买卖合同对所售货物所有权可能产生的影响。因此,《公约》除原则性地规定卖方有义务把货物所有权移转于买方,并保证他所交付的货物必须是第三方不能提出任何权利或请求权的货物之外,对所有权移转给买方的时间、地点和条件,以及买卖合同对第三方货物所有权所产生的影响(如货主对其货物被非法出售时可否向买方进行追夺)等问题,都没有作出任何规定。

(六)国际贸易惯例的有关规定

在国际贸易惯例中,只有国际法协会制定的关于CIF合同的《华沙—牛津规则》对所有权移转于买方的时间与条件作了规定,其他国际贸易惯例,包括国际商会制定的《国际贸易术语解释通则》都没有涉及所有权移转的问题。根据《华沙—牛津规则》第6条的规定,在CIF合同中,货物所有权移转于买方的时间,应当是卖方把装运单据(提单)交给买方的时刻。即根据《华沙—牛津规则》,在CIF合同中,货物的所有权既不是在订立合同的时候移转,也不是在装运货物的时候移转,而是在卖方把代表货物所有权的单据(如提单)交给买方的时候才移转于买方。

## ▶ 二、货物风险的转移

在国际货物买卖中,货物需要从一国销售到另一国,货物需要经过跨国运输、仓储、装卸等,由此可能产生各种自然灾害或意外事故风险,这些风险造成的货物损失或灭失的后果应当由卖方还是买方承担,即货物风险的转移问题,其中的关键点就是货物从卖方转移于买方的时间和地点。如果货物尚未转移给买方时发生了导致货物损失或灭失的风险,由卖方来承担,如果是在风险转移于买方之后发生了导致货物损失或灭失的风险,应由买方承担。货物风险的转移直接影响买卖双方的权利义务。《联合国国际货物买卖合同公约》对货物风险的转移作了以下规定:

1. 风险转移的时间和条件

《公约》允许当事人在合同中约定风险转移的时间和条件。根据《公约》第6条的规定,双方当事人可以不适用本《公约》,或减损《公约》的任何规定或改变其效力。同时,《公约》第9条规定双方当事人业已同意的任何惯例和他们之间确立的任何习惯做法,对双方当事人均有约束力。这两项规定可以表明,当事人完全可以自行约定有关货物风险转移的时间及条件。实践中,许多国际货物买卖合同条款中都选择适用某一贸易术语,例如《国际贸易术语解释通则》中 11 种贸易术语中的任何一个,那么,关于风险的转移的时间、地点和条件就应根据双方所选择的《国际贸易术语解释通则》来确定货物风险的转移。

2. 风险转移的后果

《公约》第 66 条规定,货物在风险转移到买方承担后遗失或损坏,买方支付价款的义务并不因此解除,除非这种遗失或损坏是由于卖方的行为或不行为所造成的。根据这一规定,自货物的风险转移给买方后,即使货物已遭遇风险而损坏或灭失,买方仍有义务履行合同规定的付款义务,不得以货物已遭受损失为由拒绝支付货款。例如,某 CIF 合同,货物已在合同规定的时间和装运港装船,受载船只离港 4 小时后触礁沉没。第二天,当卖方凭手中的提单、保险单、发票等装运单据要求买方付款时,买方以货物已全部损失为理由,拒绝接受单据和付款。显然,货物已装船运输,风险已从卖方转移给买方,因此,买方不能拒绝付款。

当然,如果货物损失或灭失是由于卖方的行为或不行为造成的,则应由卖方承担责任,买方可以拒绝付款,而且买方可以根据《公约》的规定对卖方采取相应的救济措施。卖方的"行为或不行为"通常情况下都构成违约,如卖方未按合同规定对货物进行包装,致使货物遭受损坏,这无疑是属于卖方的违反合同的行为。但也可能卖方的"行为或不行为"虽然不构成违约或不属于违约范围仍会给货物造成灭失或损坏。①

3. 买卖合同涉及运输时货物风险的转移

(1) 一般规则。《公约》第 67 条第 1 款规定,如果买卖合同涉及货物的运输,但卖方没有义务在某一特定地点交付货物,自货物按照买卖合同交付给第一承运人以转交给买方时起,风险就转移给买方承担。如果卖方有义务在某一特定地点把货物交给承运人,在货物于该地点交付给承运人以前,风险不移转到买方承担。卖方有权保留控制货物处置权的单据,并不影响风险的移转。

这一规定表明,如果买卖合同并未规定卖方有义务在某个指定的地点交付货物,则货物的风险从卖方按照合同把货物交付给第一承运人以转交买方时起移转给买方;如果买卖合同规定卖方有义务在某一特定地点把货物交给承运人,则在该特定地点交付给承运人时,风险从卖方转移给买方。在国际货物买卖中,货物涉及运输时,卖方向第一承运人交付货物后,向银行办理付款手续前的一段时间内,卖方仍然持有可处置货物的装运单据。此时,根据《公约》的规定,卖方有权保留控制货物处置权的单据,并不影响货物风险的转移。而同样的情况,如果根据英国买卖法的规定,当卖方保留货物处置权时,货物所有权就不转移给买方,从而导致货物的风险也不转移给买方。

---

① 参见冯大同主编:《国际货物买卖法》,对外贸易教育出版社 1993 年版,第 140 页。

（2）《公约》第67条第2款规定,在货物以货物上加标记、或以装运单据、或向买方发出通知或其他方式清楚地注明有关合同以前,风险不移转到买方承担。这一规定表明在货物被清楚地确定于合同项下以前,货物的风险不能转移给买方。这是风险转移的一个必要条件。所谓将货物确定于合同项下就是将货物特定化,具体的做法是在货物上加标记或在装运单据上加以说明或向买方发出装船通知或其他方式。例如,有一份CFR合同,A出售1000吨小麦给B,当时在A装运的3000吨散装小麦中,有1000吨是卖给B的。货物运抵目的港后,将由船公司负责分拨。但载货船运输途中遇到风险,而使该批货物损失1200吨,其余1800吨安全抵达目的港。但A宣布出售给B的1000吨小麦已在途中全部损失,并认为自己对此风险不负任何责任。本案中卖方出售的1000吨小麦是散装的,并与另外2000吨混装在一起,无法分清其中的哪1000吨是卖给买方B的。因此,运输途中遇到风险造成的1200吨小麦损失,但卖方不能以此为理由把损失中的1000吨小麦认定为是卖给买方B的。由于货物并未被清楚地确定于卖方A与买方的买卖合同之下,货物风险并未转移给买方B。卖方应对买方承担交付货物的责任。如果货物已被清楚地分开,属于被特定化的货物,则货物的损失风险由买方承担。

4. 货物在运输途中出售,风险的转移时间

运输途中出售货物也可称为路货买卖,它是指卖方先把货物装上开往目的地的船舶,然后再寻找适当的买方出售在途货物的买卖。这种在运输途中出售的货物在国际货物买卖的实务中称为"海上路货"。《公约》对于运输途中出售的货物风险转移的时间作了明确的规定。根据《公约》第68条的规定,对于在运输途中销售的货物,从订立合同时起,风险就移转到买方承担。但是,如果情况表明有此需要,从货物交付给签发载有运输合同单据的承运人时起,风险就由买方承担。尽管如此,如果卖方在订立合同时已知道或者理应知道货物已经遗失或者损坏,而他又不将这一事实告知买方,则这种遗失或损坏应由卖方负责。

根据这一规定,运输途中出售的货物原则上从订立合同时风险转移给买方。例如,香港某公司与内地某公司于某年10月2日签订出口合同,价格条款为FOB青岛,11月2日货物准时通过海轮出运。11月4日,香港公司与德国公司签订合同,将该批货物转卖给德国公司,价格条款为CFR汉堡,合同适用法律为《联合国国际货物买卖合同公约》。此时货物仍在运输途中。11月20日,运输货物的海轮在海上航行中发生海水渗漏,货物受损严重。德国公司遂向香港公司和我国内地某公司索赔。本案中货物发生损失的风险应由德国公司承担。根据《联合国国际货物买卖合同公约》的规定,11月4日香港公司与德国公司签订合同后,货物已由香港公司转移给德国公司,本案并未表明存在将包括保险单在内的全套单据交付给买方的情况,所以按通常情况,运输途中出售的货物风险从订立合同之日转移给买方承担。德国公司无权向香港公司和我国某公司索赔。

但是,在路货买卖中有时很难以合同订立的时间来确定风险转移的时间。首

先,路货买卖实际上是凭单据的交易。买卖双方只能凭单据判断货物的状况,往往不大可能知道货物是否有损坏或灭失等情况。如果货物抵达目的地后发现损坏或灭失就很难判断该损失究竟是在订立合同之前还是在订立合同之后发生的。其次,在路货买卖中,订立货物买卖合同时货物早已装上运输船舶并正在运输途中,货物发生风险卖方无法控制,因此,《联合国国际货物买卖合同公约》还规定,如果情况表明有此需要,从货物交付给签发载有运输合同单据的承运人时起,风险就由买方承担,这就是说将货物风险转移的时间提前到订立货物买卖合同之前,以货物交付给承运人的时间决定风险转移的时间。对于买方来说,由于路货买卖基本是凭单据交易,卖方交付单据主要有代表货物所有权的凭证如提单,而且通常情况下,卖方交付的单据包括保险单,也就是说货物的所有权与保险利益同时转让。如果货物发生损坏,只能由持有保险单的买方行使追索权。

另外,根据《公约》规定,运输途中货物风险的转移的规则有一个前提条件,即如果卖方在订立合同时已知道或者理应知道货物已经遗失或者损坏,而他又不将这一事实告知买方,则这种遗失或损坏应由卖方负责。这就是说,在订立合同时货物已经发生损坏或灭失,而卖方知道或应该知道货物已发生损失,但是卖方在与买方订立合同时隐瞒了货物损失的实情。此时货物损失的风险应由卖方承担。

5. 其他情况下风险的转移

这种情况主要是在货物不涉及运输即买方自行安排运输的情况下,货物风险的转移。《公约》第 69 条对此作了明确的规定。

(1) 从买方收货时起或者如果买方不在适当时间收货,则从货物交给买方处置而买方违反合同不收取货物时起,风险转移到买方承担。这一规定主要适用于买方去到卖方的营业地受领货物的情况。具体讲确立了两项标准:一是买方按合同规定到卖方营业地接收货物,然后由买方自己安排运输事宜,此时风险自买方接收货物时起转移给买方。二是买方违约的时间,就是风险转移的时间。

(2) 如果买方有义务在卖方营业地以外的某一地点接收货物,当交货时间已到而买方知道货物已在该地点交给他处置时起,风险方始转移。适用这一条款的条件如下:第一,货物买卖合同规定买方有义务在卖方营业地以外的某一地点接收货物。第二,货物买卖合同规定的交货时间已到。这实际上是交货时间决定风险转移时间,因此,要求卖方要按合同规定的时间交货。如果卖方提前交货则不适用该规定。第三,买方知道货物已在该地点交给他处置。如果货物买卖合同已规定了交货地点,则买方是知道在该地点交给他处置的。在国际货物买卖中,有时在合同订立时交货地点可能尚未确定,而是在交货时由卖方通知买方。如果卖方未及时通知买方,或未来得及将单据移交给买方,则即使交货时间已到,风险也不转移给买方。

但是,无论在任何情况下,如果出售的货物尚未确定于合同项下,则不能认为货物已交给买方支配,其风险不转移。

6. 卖方根本违反合同对风险转移的影响

《公约》第 70 条规定,如果卖方已根本违反合同,则上述规定都不损害买方因此种违反合同而可以采取的各种补救办法。这项规定仅适用于卖方根本违反合同的场合,如果卖方虽有违约行为但尚未构成根本违反合同,则不能援用此项规定。按照该规定,即使卖方已根本违反合同但并不影响货物风险按《公约》规定转移给买方。但是,在此情况下,买方对卖方根本违反合同所应享有的采取各种补救办法的权利不应受到损害。也就是说,当卖方根本违反合同时,即使货物的风险已转移于买方,但买方仍有权拒收货物,宣告解除合同或者要求卖方交付替代货物。

# 第六章 国际货物运输法

国际货物运输是国际贸易中的一个必不可少的重要环节,是国际货物买卖的必备手段。买卖双方除了订立买卖合同之外,还需要订立一些其他的合同来保证买卖合同的实现,其中,最主要的就是货物运输合同。但是国际货物运输合同本身是独立于买卖合同的,也可以说是买卖合同中装运条款的具体化。它们属于不同的法律关系,并分别由不同的法律来调整。国际货物运输的方式很多,有海上运输、铁路运输、航空运输、公路运输、管道运输、多式联合运输等。其中,海上运输具有运量最大,运输成本低等特点,其历史也最悠久,是最重要的一种运输方式。

## 第一节　国际海上货物运输

### 一、国际海上货物运输合同

国际海上货物运输合同是指承运人收取运费,负责将托运人的货物经海路由一国的港口运至另一国港口的合同。该定义可以表明海上货物运输合同的双方当事人是承运人与托运人。承运人负有义务将货物安全、迅速运至目的港而享有收取运费的权利;托运人则负有支付运费而享有收取如数完好货物的权利。承运人是指本人或者委托他人以本人名义与托运人订立海上货物运输合同的人。[①] 在海上货物运输中,有时承运人订约后不是自己去运输,而是将全程运输或者部分运输转由他人进行,实际完成运输的人被称为实际承运人。因此,实际承运人是指接受承运人委托,从事货物运输或者部分运输的人,包括接受转委托从事此项运输的其他人。[②] 海上运输合同的另一方为托运人,是指本人或者委托他人以本人名义或者委托他人为本人与承运人订立海上货物运输合同的人;本人或者委托他人以本人名义或者委托他人为本人将货物交给与海上货物运输合同有关的承运人的人。[③] 由此定义可以表明托运人应分订约托运人和实际托运人。在国际海上货物运输中,有时会出现提单中载明的托运人与将货物交给承运人的托运人不一致的情况。例如 FOB 条件下,运输是由买方负责的,买方是运输单证上的托运人,但货物却是由卖方运到码头交给承运人的。

### 二、国际海上货物运输的种类

（一）班轮运输

班轮运输是指由承运人(航运公司)在固定的航线、沿线停靠若干固定的港口,按固定的船期、固定的运费率将托运人的件杂货运往目的港的运输。

班轮运输条件下,货物装卸由船方负责,凡班轮停靠的港口,不论托运的货物多

---

① 参见我国《海商法》第 42 条第 1 项。
② 参见我国《海商法》第 42 条第 2 项。
③ 参见我国《海商法》第 42 条第 3 项。

少都能接运。因此这种运输对于成交数量少、批次多、交接港口分散的进出口货物的运输比较合适。班轮运输又被称为件杂货运输,这是针对班轮运输的货物特征而言的。由于班轮运输合同多以海运提单的形式表现出来,所以,班轮运输又被称为提单运输。班轮运输的承运人与托运人相比实力强大,因此各国法律一般对班轮运输进行强制性的法律调整,以保护托运人与收货人等的权益。目前,调整国际海上货物运输的国际公约主要有:1924年《统一提单的若干法律规则的国际公约》(以下简称《海牙规则》)、1968年《修改统一提单的若干法律规则的国际公约的议定书》(以下简称《维斯比规则》)、1978年《联合国海上货物运输公约》(以下简称《汉堡规则》)。此外,2008年12月11日,联合国大会第63届会议第67次会议审议通过了联合国国际贸易法委员会(UNCITRAL)提交的《联合国全程或部分海上国际货物运输合同公约》,2009年9月23日在荷兰鹿特丹开放签署,并建议将该《公约》定名为《鹿特丹规则》。我国调整国际海上货物运输的法律主要是《中华人民共和国海商法》(以下简称《海商法》)。

(二)租船运输

租船运输是指通过包租整条船、船的一部分或者指定舱位进行海上运输的一种方式。它没有预定的船期表,航线、港口、航行时间都不固定,由船租双方通过签订租船合同作出具体安排。这种运输方式适合于大宗货物如粮食、矿砂、煤炭、石油等的运输。租船运输包括航次租船、定期租船和光船租赁。

### 三、提单

(一)提单的概念

《汉堡规则》第1条第7款规定,提单(Bill of Lading,B/L)是用以证明海上货物运输合同和货物已经由承运人接收或者装船,以及承运人保证据以交付货物的单证。我国《海商法》第71条作了同样的规定。

(二)提单的法律性质

从提单的概念可以看出提单具有以下法律性质或者功能:

1. 提单是海上货物运输合同的证明

关于提单是海上货物运输合同本身还是运输合同的证明是有争议的。多数意见认为,提单只是运输合同的证明。因为合同是以当事人双方意思表示一致为生效主要条件,而提单只是由一方当事人(承运人)签发的;从时间上看,在班轮运输中,托运人依班轮公司的船期、运费率等向承运人提出订舱要求,一经承运人接受,海上货物运输合同即告成立。而提单通常是在货物装船之后,承运人或其代理人签发提单给托运人,所以,运输合同是在签发提单之前成立的,签发提单只是承运人履行合同的一个环节。从法律性质上看,提单只是运输合同的证明,而不是运输合同本身。当提单与运输合同的内容不一致时,应以运输合同为准。

提单是运输合同的证明只是就承运人与托运人之间的关系而言的。当托运人把提单转让给收货人或其他提单持有人时,提单就成为受让人与承运人之间的运输合同,他们之间的权利义务关系以提单的规定为依据,即使原来的托运人与承运人之间另有协议,由于提单的受让人对此一无所知,他可以不受其约束,承运人亦不得以此为由要求改变提单的内容。

2. 提单是承运人接收货物或者将货物装船的证明

托运人将货物交给承运人,承运人收到货物或把货物装船之后,在提单上记载货物的数量或者重量、货物的表面状况、货物的主要标志等内容,由承运人签字后交与托运人,表明承运人已收到货物,并按照提单上所记载的内容在目的港交货。

承运人所签发的提单应作为承运人已经按提单所载明状况收到货物或者已将货物装船的一种初步证据。即如果承运人有确实有效的证据证明其实际收到的货物与提单上的记载不符,承运人可以向托运人提出异议,否定提单的证据效力。但是,如果托运人将提单背书转让至善意的受让人手中,对于提单受让人来说,提单即作为对承运人有约束力的最终证据。因为提单的受让人是根据提单上的记载事项受让提单的,他对货物的实际情况并不知情。此时,即使承运人能够提出有效证据以证明其实际接收或者装船的货物与提单所记载内容不符,也不得借此对抗善意的受让人,应按提单记载如实交付给提单持有人货物。

3. 提单是代表货物所有权的凭证

提单的主要目的是使提单的持有人能够在货物运输过程中通过处分提单来处理提单项下的货物。谁拥有提单,在法律上就表明谁拥有提单上所记载的货物,谁就有权要求承运人交付提单项下的货物。承运人的责任是把提单项下的货物交给提单持有人。承运人必须凭正本提单交付货物,副本提单不是物权凭证。例如,美国维玛国际有限公司(以下简称维玛公司)与浙江对外经济贸易开发公司(以下简称浙江外贸公司)提单侵权纠纷一案。[①] 1996年4月5日,维玛公司委托协和班轮公司托运1000吨异丁醇,协和班轮公司签发了三份正本指示提单。当该批货物抵达目的港时,浙江外贸公司以金利隆公司为被告,向杭州市中级人民法院起诉,要求被告依约履行提供1000吨异丁醇的义务。法院立案后,根据浙江外贸公司的申请及担保,查封扣押了前述提单项下的货物。维玛公司遂以全套正本提单持有人的身份,在法院对浙江外贸公司提起诉讼。另查明,1996年1月23日,浙江外贸公司与香港金利隆公司签订购买1000吨异丁醇的合同,金利隆公司为卖方,浙江外贸公司为买方。同日,金利隆公司又与维玛公司签订一份买卖合同,维玛公司为卖方,金利隆公司为买方,合同条件与上述合同一致。此案上诉到最高人民法院,法院最后审理认为:协和班轮公司签发的正本指示提单是讼争货物的财产权利的凭证。维玛公司为合法提单持有人,对提单项下货物所有权应依法保护。浙江外贸公司申请法院

---

① 参见《中国涉外商事海事审判指导与研究》(2001年第1卷),人民法院出版社2001年版,第171页。

查封扣押该提单项下的货物,其行为侵害了维玛公司合法权益,应承担责任。维玛公司和金利隆公司之间的合同纠纷,不属于本案审理范围。

由此案可以看出,提单作为货物所有权的凭证,谁持有提单,谁就有权处置提单项下的货物。维玛公司作为提单的合法持有人,享有提单项下货物的所有权,这种权利应得到法律的保护。浙江外贸公司不是提单的持有人,不能享有提单项下货物的处置权,所以,其申请法院扣押该批货物的行为侵犯了维玛公司的合法权益,应承担赔偿责任。

1990年国际海事委员会第34届大会通过的《海运单统一规则》及《电子提单规则》试图确立一种不可转让的非物权凭证的海运单,这种海运单主要起提货凭证的作用。海运单是20世纪70年代以来,随着集装箱运输的发展,特别是在航程较短的运输中产生出来的一种运输单证。如上所述在短途运输中,如坚持依正本提单提货,就会出现因货等提单而引起的延迟卸货和码头拥挤的现象,而通过出具保函,以非正本提单提货的做法也有诸多的问题。海运单就是在这种形势下产生的。海运单(Sea Way Bill,SWB)是证明海上运输货物由承运人接管或装船,且承运人保证将货物交给指定的收货人的一种不可流通的书面运输单证。海运单具有提单所具有的货物的收据和海上货物运输合同的书面证明的作用,但海运单不是货物的物权凭证,收货人提货时无需凭海运单,而只需证明其身份。因而,海运单具有实现快速提货的优点。海运单不具有流通性,不能转让,因此非法取得海运单的运单持有人是无法凭以提货的。海运单的运转程序是:第一,由船公司依双方同意的条件签发海运单给托运人;第二,船公司在船舶到卸货港前约一个星期向收货人发出到货通知;第三,收货人签署到货通知,并将通知退还船舶代理人;第四,由船舶代理据以签发提货单给收货人;第五,在船舶抵达目的港后,收货人凭提货单提货。

海运单具有简便、快捷和安全的特点。在签发海运单的情况下,货物的交付不取决于递交海运单,承运人只要将货物交给海运单上所列明的收货人或其授权的代理人就视为已做到小心谨慎地履行其义务了。对于收货人来说,则可以免除因等待提单而导致的延误损失。海运单的不可转让性使得此种单证具有了较之提单更安全的特点,从而可以减少欺诈,使第三者在非法得到海运单时不能提取货物。为了适应近年来对海运单越来越多的运用,国际商会1990年《国际贸易术语解释通则》已赋予了海运单与提单相同的法律地位,使其同样可以作为卖方向买方履行交单义务的一种方式。国际商会第500号出版物《跟单信用证统一惯例》(UCP 500)第24条也将不可转让的海运单接纳为在信用证项下可接受的单据之列。①

(三) 提单的签发

早期海运中由船长签发提单,随着国际海运发展,有权签发提单的人,便不再限于船长一人。例如,《海牙规则》第3条第3款规定:"承运人或者船长或者承运人的

---

① UCP 600 第21条也将不可转让的海运单接纳为在信用证项下可接受的单据之列。

代理人,在接管货物后,应依托运人的请求,发给托运人提单。"英国1924年《海上货物运输法》和美国1936年《海上货物运输法》均采用了此规定。我国《海商法》第72条规定:"货物由承运人接收或者装船后,应托运人的要求,承运人应当签发提单。提单可以由承运人授权的人签发。提单由载货船舶的船长签发的,视为代表承运人签发。"此规定是参照《汉堡规则》制定的。

承运人负有签发提单的义务,并且负有如实、依法签发提单的责任。提单的签发通常是在货物装船后,提单的签发日期应为货物装船日期。如装船日期晚于买卖合同及信用证中规定的装船期限,买方可以卖方违约为由提出索赔。承运人对同批货物只允许签发一套正本提单,一式二份或者一式三份。提单签发人应在各份正本提单上签字,副本提单不必签署。提单正本份数应载于提单的正面,同时还应规定,凭其中一份提单提货后,其他各份提单失效,提单副本是不可转让的。

(四) 提单的内容

提单并无统一的格式,可由轮船公司自行制定。世界各轮船公司都有自己的提单格式和提单条款,但内容主要是按《海牙规则》的规定加以制定的。

根据《海牙规则》的规定,提单正面的内容只有三项,即货物标志、件数或者数量或重量、货物表面状况。这样的规定是很不充分的。《汉堡规则》第15条第1款规定,提单正面应载明以下内容:(1)货物的一般性质、标志、包数或者件数、重量或数量;(2)货物的表面状况;(3)承运人姓名和主要营业所;(4)托运人姓名;(5)如托运人指定收货人时,收货人的姓名;(6)装货港及承运人接管货物的日期;(7)卸货港;(8)提单正本的份数;(9)提单签发的地点;(10)运费的支付;(11)承运人或其代理人的签字。

提单背面印有详细的运输条款,主要是规定承运人与托运人的权利义务,其内容包括:(1)管辖权条款;(2)法律适用条款;(3)承运人责任条款;(4)承运人免责条款;(5)责任期间条款;(6)赔偿责任限额条款;(7)特殊货物条款;(8)留置权条款;(9)转船、换船与转运;(10)共同海损与救助;(11)双方有责碰撞条款等。

(五) 提单的种类

从不同角度可以对提单进行不同的分类。

1. 清洁提单和不清洁提单

根据提单上有无货物状况不良的批注,提单可以分为清洁提单和不清洁提单。

清洁提单(Clean B/L)是指承运人对货物的表面状况未加批注的提单。这种提单表明,货物是在表面状况良好的条件下装船的。在国际货物买卖合同中,一般都规定卖方必须提供已装船的清洁提单。

不清洁提单(Unclean B/L)是指承运人对货物表面状况加有不良批注的提单,也称有批注提单。这种提单表明,货物是在表面状况不良的条件下装船的。如果货物包装表面有瑕疵,如"包装不固""沾有油污"等,承运人在提单上注明,一旦因此使货物受损,承运人可不承担责任或者减轻责任。

在国际贸易中,买方是不愿意接收不清洁提单的。因为有不良批注,一旦货物受损,买方不能请求承运人赔偿,而且银行除非在信用证上规定可以接受这类提单的情况下,一般不会议付货款办理结汇。卖方为了获得清洁提单以便及时收汇,往往在货物表面状况有缺陷的情况下,通过向承运人提供保函来换取清洁提单。保函也可以称为赔偿保证书,其内容是由托运人承担承运人因签发清洁提单而受到的一切损失。由于这种保函侵害了不知情的收货人的利益,因此在法院判决中,常常将其归于无效。但在实践中使用保函的情况时常发生。关于保函的有效性在法律上是有疑问的,但保函有时确实能起到变通的作用,使保函处于一个矛盾的地位。对于承运人和托运人之间的保函效力问题,多数国家认为应依具体情况区别对待。如果已发现货物表面状况有问题,仍以保函换取签发清洁提单,则保函具有欺诈因素,应属无效。如果由于对货物数量或轻微缺陷,其实质不会使收货人拒绝收货,而善意签发的清洁提单,在此情况下的保函应视为有效。例如,"柳林海"轮保函纠纷案就是一例。[①] 1982 年 3 月,广西土产公司出口木薯片给意大利米尼美德公司,该外国公司租用上海远洋公司"柳林海"号轮承运,装货后,土产公司要求船长在途中开舱晒货,防止出汗霉损。船长在收货单上作了批注"至卸货港发生短重,船方概不负责"。为了取得清洁提单,土产公司向船长出具保函:"因开舱晒货,至卸货港短重,其责任由我方负责"。船长接受了保函。签发了清洁提单。到达法国目的港卸货短重 566 吨。收货人向上海远洋公司索赔 70 多万法郎。上海远洋公司向广州海事法院据保函向广西土产公司索赔。经广州海事法院审理认为:本案承运人与托运人之间的保函是一种合意行为,并能约束双方当事人,该保函没有损害第三方的利益。法院判决广西土产公司赔偿上海远洋公司因短重的全部损失。《汉堡规则》已对非欺诈性保函的效力予以了规定。

2. 记名提单、不记名提单和指示提单

根据提单上收货人抬头,提单可以分为记名提单、不记名提单和指示提单。

记名提单(Straight B/L)是指提单的抬头中写明了收货人的名称,即提单托运人指定特定人为收货人的提单。记名提单只能由指定的收货人提货,不能通过背书方式转让。记名提单一般用于运送贵重物品如金银、珠宝等。

不记名提单(Bearer B/L)是指提单正面没有载明收货人名称,即不填写收货人具体名称或者仅填写"交与持票人"字样。谁持有这种提单,谁就可以向承运人提取货物。不记名提单的转让手续十分简便,无需背书,只要将提单交付给受让人即可。但这种提单在流通过程中风险较大,因此实践中很少使用。

指示提单(Order B/L)是指在提单正面载明凭指示交付货物的提单。在收货人一栏中填写"凭指示"(To order)字样的提单为不记名指示提单;在收货人一栏填写"凭某人指示"(To order of ……),为记名指示提单。指示提单的转让须经过背书,

---

① 参见金正佳:《从"柳林海"轮案看保函的法律地位》,载《海事审判》1989 年第 2 期。

背书又分为记名背书和不记名背书。记名背书又称为特定背书,是指提单上应记载被背书人的姓名或者写凭某某受让人指示交货,同时还应由背书人签字。这种背书的提单,由被背书人背书还可以转让。不记名背书又称为空白背书,是指只需背书人签字,而不填写被背书人的姓名。这种空白背书的提单与不记名提单一样,可以只交付就可再度转让。

例如远东中国面粉厂诉香港东昌航运公司案。① 1988年远东中国面粉厂(以下简称远东面粉厂)委托香港面粉厂在美国购买小麦,香港面粉厂遂与美国大陆谷物公司签订了购买合同。货物由被告经营的轮船承运。香港面粉厂将两份指示提单正本交给远东面粉厂。提单载明:托运人是美国大陆谷物公司,通知人是香港面粉厂,凭托运人指示提货。托运人美国大陆谷物公司在提单背面签字盖章作了空白背书转让。当轮船抵达目的港时,远东面粉厂持正本提单提货。船长交付了货物,但远东面粉厂在收货时发现货物大部分受损,遂向法院提取诉讼。被告声称,提单上没有背书转让给原告的事实记载,因而原告不是该提单的合法持有人,也不是提单所代表的货物的合法所有人,不能对货物的受损提出赔偿要求。

本案中原告究竟是不是提单项下货物的所有人呢?在国际海上货物运输中,除少量的记名提单外,承运人签发的多为指示提单。指示提单是一种可以流通转让的单据,提单持有人可以通过背书的方式将它转让给第三人而无需取得签发人的认可。本案中托运人美国大陆谷物公司在提单背面签名盖章,说明指示人已按惯例作空白背书转让。由于提单并未指明谁是背书转让的受让人,而原告持有提单,又无他人对提单主张权利,原告即可合理推定为提单的合法受让人,提单对此没有记载是由于空白指示提单的性质所决定的。因此,原告即为提单项下货物的所有人,有权对该货物的损坏提出赔偿要求。法院也正是以此为根据,判决被告应对原告承担赔偿责任。

3. 已装船提单和备运提单

根据货物是否已装船,提单可以分为已装船提单和备运提单。

已装船提单(Shipped B/L 或 On Shipped B/L)是指货物已经装船后,承运人签发给托运人的提单。承运人一旦签发这种提单,即表明承运人承认货物已装船。已装船提单对收货人按时收货比较有保障。所以在买卖合同中,通常规定卖方须向买方提供已装船提单。《跟单信用证统一惯例》也规定,在按信用证方式付款时,除信用证有不同规定外,买方向银行提交的提单必须是已装船提单。

备运提单也称收货待运提单(Received for Shipped B/L)是指承运人在收到货物但尚未把货物装上船之前签发给托运人的一种提单。由于备运提单对货物将来何时装运没有保障,所以买方一般不愿意接受这种提单。目前,由于集装箱运输的发展,备运提单也在增加。因为集装箱轮船公司需要在内陆收货站收货装箱,内陆收

---

① 参见王传丽主编:《国际经济法案例评析》,中国政法大学出版社1999年版,第102页。

货站无法确定船名和装船日期,所以无法签发已装船提单,而只能签发备运提单,这是集装箱运输的正常做法。

备运提单可以改变为已装船提单,其做法是:当承运人已签发备运提单后,如果他已经把货物装上船只,则承运人可以在提单的正面加注"已装船"字样和装船日期,并在其上签字,这样就可以使备运提单成为已装船提单。

4. 直达提单、转船提单、联运提单和多式运提单

根据运输方式,提单可以分为直达提单、转船提单、联运提单和多式联运提单。

直达提单(Direct B/L)是指表明中途不经转船,直接将货物运到目的地的提单。

转船提单(Transhipment B/L)是指当货物的运输不是由一条船直接运到目的港,而是在中途需转换另一条船运往目的港时,船方签发的全程提单。这种提单往往由第一程船的承运人签发,第二程船名不记载,只写"在某某港转船"字样。转船提单的中途港名称应填写在卸货港一栏,目的港则应载于最后卸货港一栏中。银行只有在信用证中规定可接受转船提单时,才接受这种提单。

联运提单是指依联运合同签发的提单,它分为海上联运提单(Ocean Through B/L)和多式联运提单(Combined Transport B/L)。海上联运提单是指一条以上船舶进行海上运输的情况下签发的提单,实际就是转船提单。需要说明的是,海上联运与转船是两个不同的概念,但又有联系。海上联运是根据承运人与托运人事先达成的协议,或者得到托运人的默许,由两个或者多个海上承运人连续完成的运输。转船通常是指由于船舶在运输途中遭遇风险或者其他意外情况而不得不终止运输时,承运人将货物转装至其所有的其他船舶或者交给他人用船舶运输至目的港。许多提单中订有转船条款,如果这种条款是托运人事先同意的,或者承运人据以合理地将货物转船而没有损害收货人的利益,则此种情况下,订有这种条款的提单,实际上已构成海上联运提单。

海上联运提单涉及签发提单的承运人与运输货物的承运人(实际承运人)之间的关系。承运人对全程货物运输负责,运输过程中实际承运人应负的责任,由承运人与实际承运人相互进行划分和追偿。如根据我国《海商法》第60条第1款规定,承运人将货物运输或者部分运输委托给实际承运人履行的,承运人仍然应当依法对全部运输负责。但是,联运提单规定该提单的部分运输由承运人以外的实际承运人承担运输任务,接运货物的实际承运人对自己的运输航程中发生的货物损失或者延迟交货等负有法律责任,签发提单的承运人不负赔偿责任。我国《海商法》第60条第2款规定:"在海上运输合同中明确约定合同所包括的特定的部分运输由承运人以外的指定的实际承运人履行的,合同可以同时约定,货物在指定的实际承运人掌管期间发生的灭失、损坏或者迟延交付,承运人不负责任。"

多式联运提单是以两种或者多种运输方式从一地运至另一地而签发的提单。多式联运提单的签发人是多式联运经营人。这种提单多用于国际集装箱货物运输。

5. 特殊提单

在国际海运实践中,会出现一些特殊情况的提单。

(1) 过期提单(Stale B/L),是指卖方向当地银行交单结汇的日期与装船开航日期相距太久,以致银行按正常邮程寄单预计收货人不能在船到达目的港前收到的提单。根据《跟单信用证统一惯例》,在提单签发日期后 21 天才向银行提交的提单属过期提单。

(2) 倒签提单(Anti-Dated B/L),是指货物装船后签发的,以早于货物实际装船日期为签发日期的提单。承运人应托运人的要求,签发提单的日期早于实际装船日期,以符合信用证中对装船日期的规定,便于托运人在该信用证下结汇。提单日期对买卖双方都十分重要,提单日期的确定应以接货记录和已装船的大副收据为依据。托运人要求承运人签发这种提单时,常常出具保函,但承运人签发倒签提单需要承担很大的风险,特别是市场价格发生变化,收货人可拒绝收货、终止合同并索赔。倒签提单在国际惯例及西方国家法律中认为是一种欺诈行为,是违法的,一旦保险公司确定提单日期倒签,保险人可以拒绝赔偿。由于倒签提单是欺诈行为,因此,为取得倒签提单而出具的保函是无效的保函。

(3) 预借提单(Advanced B/L),又称无货提单,是指在货物尚未全部装船,或货物已由承运人接管,但尚未开始装船情况下签发的提单。在实践中,因信用证规定日期已到货物因故而未能及时装船,但已被承运人接管,或者已经开始装船而未装完毕,托运人出具保函,要求承运人签发已装船提单的提单,为预借提单,它与倒签提单同属一种性质,都是一种欺诈行为。

对于倒签提单和预借提单的责任属性有不同观点。第一种观点认为责任者应承担合同责任;第二种观点认为责任者应承担侵权责任;第三种观点主张竞合责任说,认为倒签提单带有违约和侵权的双重法律特征。上海海事法院审理的福建省宁德地区经济技术协作公司诉日本国日欧集装箱运输公司案即为一起典型的预借提单纠纷案。该案是中华人民共和国建立以来第一起涉外预借提单诉讼案,该案中法院认定承运人预借提单为侵权行为。① 1985 年 3 月 29 日福建省宁德地区经济技术协作公司(简称宁德公司)与日本国三明通商株式会社签订了一份 C&F 条件购买东芝空调机的合同,交货期限为同年 6 月 30 日和 7 月 30 日各交 1500 台。买方于 4 月 5 日开立了信用证,并将信用证有效期改为 7 月 30 日,卖方先后两次要求更改信用证有效期均被拒绝。日本国日欧集装箱运输公司(简称日欧公司)承运了合同项下货物,并分别于 1985 年 6 月 30 日和 7 月 25 日两次签发了指名"大仓山"轮的已装船提单。但宁德公司持提单在马尾港提货不着,同期三明通商株式会社却从银行提走了全部货款。同时,宁德公司的国内买方与其解除合同并索赔违约金。经调查证实

---

① 参见郭国汀、高子才:《国际经济贸易法律与律师实务》,中国政法大学出版社 1994 年版,第 235 页。

日欧公司在签发上述两份提单时,"大仓山"轮不在日本,因而日欧公司签发的系预借提单。上海海事法院审理认为,被告作为承运人在货物装船前即签发已装船提单,属于对原告的侵权,被告应对此而产生的后果承担民事责任。

(4) 舱面提单(On Deck B/L),又称甲板货提单,即对装在甲板上的货物所签发的提单。一般写"装舱面"。这种货物风险大。《海牙规则》规定承运人对此种货损、灭失不负责。所以,买方和银行一般不愿意接受舱面提单。但有些货物,如易燃、爆、毒、体积大、活牲畜等必须装在甲板上。只有当合同与信用证中规定"允许装在甲板上"时,当事人才可结汇。

▶ **四、有关海上货物运输的国际公约**

有关海上货物运输的国际公约主要有三个,即《海牙规则》《维斯比规则》和《汉堡规则》。此外,2008 年联合国大会通过的《鹿特丹规则》已开放签字,但目前尚未生效。①

(一)《海牙规则》(Hague Rules)

《海牙规则》的全称为 1924 年《统一提单的若干法律规则的国际公约》(International Convention for the Unification of Certain Rules of Law Relating to Bills of Lading, 1924)

1. 公约产生的背景

《海牙规则》是在承运人势力强大的历史背景下产生的。19 世纪末,随着世界航运业的迅速发展,英国成为世界上头号航运大国。当时以英国航运资本家为代表的船东(承运人),滥用契约自由原则,在提单上列入各种免责条款,以缩小其责任范围。承运人在提单上的免责条款越来越多,似乎承运人除了收取运费外,海运过程中造成的货物损失与其无关,使提单的信用随之下降,提单的自由转让遭受阻碍,引起贸易界、银行界、保险界的强烈不满。

为了维护美国货主的利益,美国国会 1893 年通过了《哈特法》。该法明确规定了承运人应尽的义务及可免责的范围,并定明提单中免除承运人应尽义务的条款应归于无效。此后,各海运国家也纷纷效仿进行立法。随着航运国内立法的发展,货方、船方和保险人均认为有缔结国际航运协议的必要,以保证航运业的顺利发展。为此,国际法协会所属的海洋法委员会于 1921 年在海牙召开会议,采纳了《哈特法》的基本原则,草拟了《海牙规则》草案。1924 年 8 月 25 日在布鲁塞尔会议上修改通过。该公约 1931 年 6 月 2 日生效。到目前为止,已有八十多个国家和地区批准、参加了该公约。《海牙规则》是目前在航运业影响最大的一个公约。我国没有加入该公约。但在我国 1993 年 7 月 1 日实施的《海商法》和我国航运公司制定的提单中采

---

① 根据该公约第 94 条的规定,公约于第二十份批准书、接受书、核准书或加入书交存之日起一年期满后的下一个月第一日生效。截至 2018 年底,共有 25 个国家签署了该公约。4 个国家(西班牙、多哥、刚果、喀麦隆)批准了该公约。参见 http://www.unis.unvienna.org/,访问时间:2018 年 12 月 10 日。

纳了《海牙规则》中关于承运人最低限度义务和承运人免责的规定。

2. 公约的主要内容

《海牙规则》共16条,其主要内容是规定承运人的最低限度义务和诸项免责条件及责任期间、赔偿责任限额、诉讼时效等问题。

(1) 承运人的最低限度义务。

根据《海牙规则》的规定,承运人有两项最低限度的义务:

第一,承运人的适航责任。《海牙规则》第3条第1款规定,承运人在开航前和开航时必须克尽职责,以便:使船舶处于适航状态;适当地配备船员、装备船舶和配备供应品;使货舱、冷藏舱和该船运载货物的其他部分适宜并能安全地收受、运送和保管货物。

承运人负有提供适航船舶的责任,承运人提供的船舶应同时具备上述三项要求,才称为船舶适航。一艘适航的船舶必须符合的标准:一是船舶适航的标准。适航是指船舶的船体、船机、构造、装备能抵御预定航程的一般海上风险。二是适当配备船员、装备船舶和配备供应品的标准。承运人在开航前和开航时配备的船员应当按照船舶定编的人数要求配足,船员必须是合格的即必须持有与其职务相应的船员证书。装备船舶是指船舶必须具备航海和装卸货物所需的各种设备和各种文件,是保证安全航行的基本要求。配备供应品是指船舶必须备足预定航程所需的燃料、物料、淡水、食品以及其他给养等航海必需品。三是船舶适货的标准。船舶适货是指船舶的货舱、冷藏舱和其他载货处所适宜并安全收受、配载、保管和运送约定的货物。货舱适合装货的标准要求货舱清洁、干燥、无毒、无味、无害虫、无鼠。如果装载需要冷藏或通风的货物,应保证冷藏机的温度和通风程度适宜货物的要求。

对于船舶必须符合适航性的责任,仅限于要求承运人克尽职责、谨慎处理,以使船舶能够适航,而不是要求承运人保持船舶绝对适航。承运人必须克尽职责使船舶处于适航状态,不限于承运人本人,也包括其代理人、雇佣人和其他人员(验船师等),不能有疏忽,船舶本身具有能力经得起一般的海上风浪侵袭,同时能把货物安全运到目的港;如果船舶不适航是承运人经过谨慎处理后仍不能发现的潜在缺陷造成的,承运人不负责任。例如,某轮在定期检查时曾抽样钻探船身铁板厚度,由于检验的习惯做法只需抽样钻探,而有一处其实已被腐蚀75%,但未被觉察,结果船级社检验员认为厚度合格。验毕,船舶启航,途中该铁板裂开,海水涌入,使货物湿损,船方是否须负责呢? 法院判决:该轮开航时,肯定是不适航的,但船东已克尽职责,船级社的检验人员亦克尽职责——由于职责上他无需每处都钻探,因此,没有发觉某处未被选中作钻探试验的铁板有严重腐蚀现象不算工作过失,船东当然亦无需对不适航负责。① 又例如"The Muncaster Castle"案,是一起被判决承运人未恪尽职守,应

---

① 参见杨良宜编著:《提单》,大连海运学院出版社1994年版,第51页。

承担责任的案例。① 1953年5月7日,"Muncaster Castle"轮装载150箱牛舌罐头从悉尼前往伦敦,船舶到达伦敦卸货时发现有113箱货物被海水湿损。据法庭调查,该轮在出航澳大利亚之前,即在1953年2月,曾入坞进行特别检查及例行载重线年检。检验时,曾将全船31个防浪阀打开让劳氏检验员进行检验,验毕后,由于该坞一名有经验的钳工没有把其中第五舱的两个防浪阀螺丝拧紧。在航运中遭受风浪与船舶颠簸,使防浪阀的螺丝松动,致使海水进入第五舱,导致货物受损。显然,船舶不适航无可争议,但承运人与货方争论的焦点是承运人是否已恪尽职守使船舶适航。货方认为防浪阀未盖好,就是承运人没有恪尽职守使船舶适航,应对货损负责。承运人认为自己已经恪尽职守使船舶适航,至于船舶不适航是因船坞钳工的疏忽所致,与其恪尽职守无关。本案经英国上议院判决,认定承运人未恪尽职守使船舶处于适航状态。英国上议院认为《海牙规则》第3条规定的"承运人应在船舶开航前和开航时恪尽职守,使船舶适航"中所指的恪尽职守不单是指承运人及承运人的雇员,而且包括承包商的雇员,代理及独立承包商亦须恪尽职守,如果这些人工作疏忽造成船舶不适航,承运人仍要负责。

而且,承运人恪尽职守使船舶适航的责任期间是在"开船前和开船时",而不是整个航运过程中都始终保持适航。"开船前和开船时"是指至少从船舶开始装货至船舶启航时为止的一段时间。例如,"Maurienne"号轮案。② 货物被装上"Maurienne"号轮的第三舱,装货时间从2月3日至6日晚上,该轮预计7日启航。就在6日早上,船员发现绕过第三舱的污水管因冻结而堵塞,船长即命令船员用吹管烘烤以使冻冰融化,结果引起火灾,到7日清晨,船长不得不命令将该轮凿沉,导致货方的货物全损。对该案,英国枢密院司法委员会认为:① 船上发生火灾时,该轮已不适航,不适航而致货损以及由于船方的雇佣人员的疏忽导致火灾都属于没有恪尽职守。②《海牙规则》第3条第1款"开航前和开航时"是指至少从船舶开始装货至船舶启航时为止的一段时间。③ 货方的货损因船方未在规定时间内恪尽职守使船舶适航所致,船方应负责赔偿。

第二,承运人应适当而谨慎地装载、搬运、积载、运送、保管、照料和卸载所运货物。该项义务可以概括为"妥善管理货物"。要求承运人在装船时,应依货物的种类,使用相应的装货工具,谨慎地操作。在积载时要选择适当的部位载货,不能将重货放于轻货之上,将怕热的货物放于机房附近,应避免性质相抵触的货物混载。同时,还应考虑船舶的总体安全,避免因配载重心偏移,使船舶丧失稳定性,避免超载、不平衡装载对船体结构强度产生不良影响。在运送时,承运人应尽速、直接、安全地将货物运至目的地,不得进行不合理的绕航。在运输过程中,承运人有妥善和谨慎保管和照料货物的责任。谨慎是指认真,而妥善则带有承运人在照料货物上具有一

---

① 参见杨良宜编著:《提单》,大连海运学院出版社1994年版,第49页。
② 参见沈木珠:《海商法比较研究》,中国政法大学出版社1998年版,第115页。

定的业务水平。

凡是由于船舶不适航所造成的货物灭失和损坏,对于恪尽职守的举证责任,应由要求免责的承运人或者其他人承担。

我国《海商法》规定,承运人除上述两项义务外,还应当按照约定的或者习惯的或者地理上的航线将货物运往卸货港。船舶在海上为救助或者企图救助人命或者财产而发生的绕航或其他合理绕航不在此限。

(2) 承运人的免责。

承运人承担的是不完全过失责任。承运人在克尽职责之后,可享受《海牙规则》中规定的17项免责。即不论承运人或者船舶,对下列原因所引起或者造成的灭失或者损坏都不负责:

第一,航行管船过失免责。船长、船员、引航员或承运人的雇佣人员在驾驶或管理船舶上的行为、疏忽或过失所引起的货物灭失或损失,承运人可以免除赔偿责任。驾驶上的过失,是指船舶开航后,船长、船员在船舶驾驶上的判断和操纵上的错误,如船舶碰撞、触礁、搁浅等引起的事故。管理船舶的过失,是指航行中,船长、船员对船舶的性能和使船舶处于有效状态上缺少应有的注意而引起的货物损失。在航运实践中,管理船舶与管理货物往往被看成是相关的问题,难以区分。但两者所引起的法律后果是决然不同的法律责任。凡是以管理船舶为目的而造成货物的损失,属于管船过失,承运人可以免责。例如,某船在航行中,由于天气寒冷使燃油舱内燃料冻结,船长令船员将燃油舱加热,以使燃油融化,但由于不慎加热过度,使燃油舱上的货舱温度增高,致使该货舱内所装大豆变坏受损。该例中船员的行为是管理船舶的过失,对因此造成的货物损失不承担责任。凡是为了管理货物为目的的疏忽或过失而造成货物损失的,承运人应负有赔偿责任。例如,某船舶装载水泥,船员在离开货舱时没有把防水盖关好,后因海水入舱使水泥受损。此例中船员进入货舱的目的即查看货物即直接目的是管理货物,出舱时忘记关好防水盖即属于管理货物的过失,货物的损失应由承运人负责赔偿。而且,享受该免责的前提是必须尽"谨慎处理"使船舶适航的义务。

第二,火灾。但由于承运人实际过失或私谋所引起的除外。火灾尽管是由于船员的疏忽,如船员不小心烟火所引起的火灾,只要不是船东指使或者船东知情而不制止,船东就不负责任。所谓实际过失和私谋是指现实已存在的过失和承运人明知故犯。承运人享受火灾免责时,必须首先尽到恪尽职守使船舶适航的义务。如承运人由于在开航前和开航时未恪尽职守使船舶适航所引起,例如船上电器用品负荷过重及电线霉烂漏电引起的火灾,承运人不能依火灾而免责。对该项免责的举证责任公约没有规定,各国不尽相同。

第三,海上或者其他通航水域的灾难、危险和意外事故。包括海难和航行危险。通常认为不能合理预见的、超出一艘适航船舶所能正常抵御的海难,如海上的风暴、浓雾、冰山和海图中未标明的暗礁等等。在航行实践中,海难还包括船舶碰撞、搁浅、翻船、沉船等等。

第四，天灾。指由于自然力量造成的事故，承运人无法预料、不能抵御或防止的自然现象，如地震、海啸等。

第五，战争行为。两国或多国之间正式宣布的战争。

第六，公敌行为。与船旗国为敌对国家的敌对行为。与战争行为相比，公敌行为要窄得多。海盗行为也属于公敌行为，因为海盗是所有国家的敌人。

第七，君主、当权者或者人民的扣押或拘禁，或者依法扣押。指政府对航行船舶的强制管制，如禁止、限制货物进口，没收违禁品，征用或者扣押船舶。

第八，检疫限制。一国港口可以按本国规定的检疫制度，限制带有疫情或者来自疫情发生地的船舶进港或对船货采取熏蒸和消毒措施。

第九，货物托运人或者货主、其代理人或代表的行为或不行为。如提供货物标志不清、包装不牢固、申报有误等。

第十，不论任何原因引起的局部或者全面罢工、关闭、停工或强制停工。

第十一，暴动和骚乱。由于聚众使用暴力或非法制造混乱的行为。

第十二，救助或企图救助海上人命或财产。

第十三，由于货物的固有缺点、性质或缺陷所造成的体积或者重量的损失，或者任何其他灭失或损害。例如，易腐货物会变坏、谷物生虫、煤炭和鱼粉自燃等，另外，还有固有缺陷所造成的容积或重量的损失，即指正常耗量。如装载原油会有部分贴附舱壁，部分结块不能泵出；装载谷物水分会蒸发，装载矿砂会有部分在装载时随风飘散等。

第十四，包装不固。如果包装不固是可以从外观觉察到的，而承运人却签发清洁提单证明收货时是外表状况完好的，就不能事后轻易依该项免责，除非承运人可以证明从外观不能觉察出包装有问题。

第十五，标志不清或不适当。标志是托运人在货物上标明的记号。标志不清或不当，都可能导致承运人交错货或者运错港，承运人可以免责。

第十六，克尽职责仍不能发现的潜在缺陷。潜在缺陷是指船壳、机器以及船舶附属设备的缺陷经周密检查而不能发现的缺陷。

以上各项免责，承运人只要证明货物的灭失或损害是由于免责原因所致即可，而不需证明承运人或其代理人和雇员没有过失。

第十七，不是由于承运人的实际过失或者私谋，或者承运人的代理人或雇佣人员的过失或者疏忽所引起的其他任何原因。承运人必须负责举证，证明有关的货物灭失或者损害，既非由于承运人的实际过失或私谋，又非由于承运人的代理人或受雇人员的过失疏忽所造成。

我国《海商法》规定的承运人的免责事项基本与上述规定相同，但同时规定，除火灾一项外，承运人承担举证责任。

（3）承运人的责任期间。

根据《海牙规则》第1条第5款的规定，承运人的责任期间为从货物装上船起至卸离船舶为止的期间。因采用的装卸工具不同，对上述责任期间，通常又有三种不同的认定方法：第一，在使用船舶吊杆装卸货物时，采用"钩至钩"原则，即自吊钩钩起货物时起到货物在目的港卸下与吊钩脱离时为止；第二，在使用码头起重设备时，采用"舷至舷"原则，即从货物装入船舶时起至在目的港卸离船舶时止；第三，在使用驳船装卸货时，承运人的责任期间是从货物钩吊时起，至货物卸至驳船上为止的期间。

（4）承运人的赔偿责任限额。

承运人的赔偿责任限额，是指承运人对每件货物或每一计算单位的货物的损坏或灭失进行赔偿的最高限额。《海牙规则》第9条规定，承运人对每件货物或每一计费单位的货物的灭失或损坏，最高赔偿额为100英镑。但托运人于装货前已申明该货物的性质和价值，并在提单上注明的，不在此限。

（5）运输合同无效条款。

为了防止船东利用自己较强的谈判地位，随意免除或者减轻自己的责任而影响海运的发展，《海牙规则》第3条第8款规定，凡解除或者减轻承运人《海牙规则》规定的责任或者义务的条款或协议一律无效。

（6）托运人的义务和责任。

第一，保证其提供的货物情况的正确性。根据《海牙规则》第3条第5款的规定，托运人应保证其货物在装船前，向承运人书面提供的货物标志、号码、数量和重量的正确性，否则，托运人应赔偿因此使承运人遭受的损失。第二，不得擅自装运危险品。《海牙规则》第4条第6款规定，如托运人未经承运人同意而装运属于易燃、爆炸或者其他危险性质的货物，应对因此直接或者间接引起的一切损害和费用负责。

（7）索赔通知与诉讼时效。

《海牙规则》第3条第6款规定，收货人在提货时发现货物灭失和损坏，应立即向承运人提出索赔通知；如果灭失或损坏不明显，则应在3日内提出索赔通知。在联合检验的情况下，收货人不需出具索赔通知。

《海牙规则》第3条第6款还规定，货方对承运人或者船舶提起货物灭失或者损坏索赔的诉讼时效为1年，自货物交付之日或者当货物全部灭失时自货物应交付之日起算。

（8）公约的适用范围。

《海牙规则》第10条规定"本公约各项规定，适用于在任何缔约国签发的一切提单。"第5条规定："本公约的规定，不适用于租船合同，但如果根据租船合同签发的提单，则应符合本公约中的规定。"

《海牙规则》的产生，从法律上限制了船方单方面的任意行为，规定承运人不得在提单条款中排除其应负的基本义务,这比过去由承运人在提单中任意加列各种免责条款,片面免除自己责任的做法,是前进了一步,有一定的积极作用。但是,由于当时参加布鲁塞尔会议的主要航运国家都是代表船方利益,所以,《海牙规则》的很多内容仍然是明显偏袒船方利益的。正因为如此,《海牙规则》一直受到代表货方利益的国家和航运不发达的国家的反对。

(二)《维斯比规则》

《维斯比规则》全称是 1968 年《修改统一提单的若干法律规则的国际公约的议定书》(Protocol to Amend the International Convention for Unification of Certain Rules of Law Relating to Bills of Lading, 1968)

1. 公约制定的背景

由于《海牙规则》带有偏袒承运人利益的倾向,20 世纪 70 年代后,越来越多的第三世界国家强烈要求修改《海牙规则》,以使承运人与货方的利益达到平衡。而且,《海牙规则》本身在适用中已有一些规定不能适应发展的要求。因此发达国家也认为应对《海牙规则》进行修改。1959 年国际海事委员会第 24 届大会上,决定成立小组委员会负责修改《海牙规则》。根据各国的修改建议,小组委员会 1963 年草拟了修改《海牙规则》议定书草案并在斯德哥尔摩大会上通过了该草案。1968 年 2 月 23 日在布鲁塞尔召开的外交会议上通过。由于该议定书是在维斯比完成准备工作的,故称《维斯比规则》。《维斯比规则》于 1977 年 6 月 23 日生效。参加国多数是主要航运国家。我国也未参加《维斯比规则》,但我国《海商法》中关于承运人的责任限额、集装箱条款则采纳了《维斯比规则》的规定。

2. 《维斯比规则》对《海牙规则》的主要修改和补充

(1) 明确规定了提单对于善意受让人是最终证据。

按照《海牙规则》的规定,提单上载明的主要标志、件数或者重量和表面状况应作为承运人按其上所载内容收到货物的初步证据。对第三人的证据效力没有规定。《维斯比规则》在第 1 条第 1 款中则进一步规定,当提单转让至善意的第三人时,与此相反的证据不予采用。也就是说,在存在善意第三者的情况下,提单对于善意的受让人来说,则是最终证据。我国《海商法》采纳了《维斯比规则》的规定,其第 77 条规定,承运人或者代其签发提单的人签发的提单,是承运人已经按照提单所载状况收到货物或者货物已经装船的初步证据;承运人向善意受让提单的包括收货人在内的第三人提出的与提单所载状况不同的证据,不予承认。

(2) 延长了诉讼时效。

《海牙规则》规定诉讼时效为 1 年。《维斯比规则》规定,只要双方当事人同意,诉讼时效可以延长。当承运人向第三者提起追偿之诉时,尽管 1 年时效届满,但只要在受理诉讼法院所在地的法律允许的时间内,仍可提起索赔诉讼。但是,允许的时间自原索赔案件解决之日或者向其本人送达诉状之日起算,不得少于 3 个月。

(3) 提高了承运人的赔偿限额。

鉴于《海牙规则》规定的赔偿限额太低,《维斯比规则》将每件或者每单位的赔偿限额提高到 1 万金法郎, 或每公斤 30 金法郎, 二者以较高者为准。一个金法郎是指含有纯度 900‰的黄金 65.5 毫克的单位。改用金法郎作为计算赔偿限额的单位, 有利于防止因采用某国货币而引起的贬值问题。《维斯比规则》通过时, 1 万金法郎大约等于 431 英镑, 与《海牙规则》相比, 这一赔偿限额显然是大大提高了。

然而, 国际市场上金价本身也在浮动, 以金法郎为计算单位的赔偿限额仍然是不稳定的。为此, 1979 年, 在有 37 个国家代表参加的外交会议上通过了修订《海牙—维斯比规则议定书》或称《特别提款权议定书》, 该《议定书》于 1984 年 4 月开始生效。其内容主要是将承运人责任限额的计算单位由金法郎改为特别提款权, 并按 1 特别提款权等于 15 金法郎计算。据此, 承运人的赔偿限额按每件或者每单位 666.67 特别提款权或每公斤 2 特别提款权计算, 两者以较高者为准。另外, 该《议定书》同时规定, 不能使用特别提款权的缔约国, 可以继续使用金法郎为计算单位。

我国《海商法》关于承运人的赔偿限额, 基本采纳了《维斯比规则》的规定, 其第 56 条第 1 款规定, 承运人对货物的灭失或者损坏的赔偿限额, 按照货物件数或者其他货运单位数计算, 每件或每个货运单位为 666.67 计算单位, 或者按货物毛重计算, 每公斤为 2 计算单位, 以两者中赔偿限额较高的为准。

(4) 增加了集装箱条款。

随着集装箱运输方式的出现,《维斯比规则》明确了计算集装箱或托盘货物最高赔偿责任的数量单位。其规定, 如果货物是用集装箱、托盘或者类似的装运器具集装时, 提单中所载明的装在其中的件数或者单位数, 应视为货物件数或者单位数, 如果提单中对此没有具体载明, 则一个集装箱或托盘应视为一件货物。这样的规定在我国《海商法》中也得到了体现。①

(5) 对非合同之诉讼作了规定。

《维斯比规则》第 3 条第 1 款规定,《海牙规则》规定的抗辩和责任限制, 应适用于就运输合同所载货物的灭失或者损坏, 对承运人提起的任何诉讼, 而不论该诉讼是以合同为依据, 还是以侵权行为为依据。这一规定的目的是防止收货人或者其他货物灭失或者损坏的索赔人排除《海牙规则》有关承运人免责或者责任限制规定的适用。

(6) 规定了承运人的雇佣人或代理人的责任限制。

《海牙规则》未规定承运人的雇佣人或者代理人能否享受责任限制的保护。因此, 在损失是由承运人的雇佣人或者代理人引起的时候, 货方往往对承运人的雇佣

---

① 参见我国《海商法》第 56 条第 2 款。

人或代理人提起侵权之诉。著名的"喜马拉雅"案①曾确立了一个原则,即承运人的雇佣人或代理人不得享受以承运人为当事人的合同所规定的承运人的权利。该案判决后,承运人为了保护自己的利益,纷纷在提单中加注"喜马拉雅"条款,规定承运人的免责和限制赔偿金额的权利,同样适用于雇佣人员和代理人。

《维斯比规则》承认了"喜马拉雅"条款的合法性。其第3条第2款其规定:对承运人提起的货损索赔诉讼,无论是以合同为依据,还是以侵权为依据,均可以适用责任限制的规定。同时第3条规定,凡是承运人可以享受的免责权利和责任限制,承运人的雇员和代理人也可以享受。我国《海商法》也采纳了这样的规定。②

(7) 扩大了公约的适用范围。

《海牙规则》适用于在任何缔约国所签发的一切提单。《维斯比规则》第5条将其修改为:公约适用于两个不同国家港口之间有关的货物运输的每一份提单,如果提单在一个缔约国签发,或从一个缔约国的港口启运,或提单载有的或为提单所证明的合同中规定,该提单(或合同)受本公约的各项规则或者使其生效的任一国家的立法所约束。不论船舶承运人、托运人、收货人或任何其他有关人的国籍如何。

《维斯比规则》对《海牙规则》进行了一些有益的修改,适应了航运业发展的某些要求,但并没有对《海牙规则》进行实质性的修改,在航行过失免责等方面仍然保持着《海牙规则》的体系。

(三)《汉堡规则》

《汉堡规则》全称是1978年《联合国海上货物运输公约》(United Nations Convention on the Carriage of Goods by Sea,1978)

1. 公约制定的背景

《维斯比规则》并没有对《海牙规则》进行实质性修改。国际上主要货主国对此极为不满,许多发展中国家也强烈要求对《海牙规则》作全面实质性修改。自1969年起,修改工作由联合国国际贸易法委员会设立的国际航运立法工作组负责。1976年5月完成了《联合国海上货物运输公约》的起草,于1978年3月6日提交由78个国家参加的海上货物运输大会讨论,会议通过了该公约。由于大会在汉堡举行,故称《汉堡规则》。该公约于1992年11月1日起开始生效。中国未加入该公约。

2. 《汉堡规则》对《海牙规则》的实质性修改和补充

(1) 延长了承运人的责任期间。

《汉堡规则》第4条第1款和第2款规定承运人的责任期间为货物在装货港、运

---

① 该案中,原告阿德勒夫人是一名游客,在搭乘P&O公司的一艘名为"喜马拉雅号"游轮时,于下船时因舷梯断裂而摔伤,由于阿德勒夫人持有的船票上载有承运人的疏忽免责条款,故阿德勒夫人转而以侵权行为对船长和水手提起诉讼。船长和水手认为作为船公司的雇员,他们有权享受船票上关于承运人免责的规定。法院判决认为,船票上的免责条款是船公司和乘客之间签订的,有权援引该条款的只能是该合同的当事人。作为船公司的雇佣人员无权享受不是由他签订的合同中免责条款的权利,判决阿德勒夫人胜诉。

② 参见我国《海商法》第58条。

送途中和卸货港在承运人掌管下的全部期间。一般称之为"接至交"期间。在下述期间,货物应视为是在承运人的掌管之下:第一,自承运人按下列方式接管货物时起:A. 从托运人或代表他办事的人;B. 根据装货港适用的法律或规章,从货物必须送交待运的当局或者其他第三方。第二,直到他按下列方式交付货物时为止:A. 将货物交付给收货人;或 B. 如果收货人不向承运人提货,则依照契约或在卸货港适用的法律或特定商业习惯,将货物置于收货人支配之下;或 C. 根据卸货港适用的法律或规章,将货物交付给必须交付的当局或者其他第三方。

根据我国《海商法》第46条的规定,对承运人责任期间进一步具体化。承运人对集装箱的货物的责任期间,是指从装货港接收货物时起至卸货港交付货物时止,货物处于承运人掌管之下的全部期间。承运人对非集装箱装运货物的责任期间,是指从货物装上船时起至卸下船时止,货物处于承运人掌管之下的全部期间。

(2) 规定了承运人的责任基础。

《汉堡规则》取消了承运人对航行管船过失的免责,采用完全过失责任制。根据《汉堡规则》第5条第1款规定,承运人对由于货物的灭失、损坏以及延迟交付的损失负赔偿责任,除非承运人能证明,他及他的受雇人和代理人为避免事故的发生已经采取了一切所能合理要求的措施。也就是说,在货损发生后,先推定承运人有过失,如承运人主张自己无过失,则必须承担举证的责任。

(3) 增加了对于延迟交货赔偿的规定。

《海牙规则》延迟交付的责任没有规定,承运人为避免延迟交货引起的损失,常常在提单中加入延迟交货的免责条款。货方因此也很少就迟延交货索赔。《汉堡规则》第6条第1款规定:承运人因迟延交货给收货人造成的经济损失应负赔偿责任。赔偿责任限额为迟延交付的货物应付运费的2.5倍为限,但不得超过海上货物运输合同规定的应付运费总额。

我国《海商法》规定,货物未能在明确约定的时间内,在约定的卸货港交付的,为延迟交付,承运人应当负赔偿责任;承运人对货物因迟延交付造成经济损失的赔偿限额,为所迟延交付的货物的运费数额。[①]

(4) 提高了承运人的赔偿责任限额。

《汉堡规则》第6条第1款规定,承运人对货物的灭失或损坏的赔偿责任限额为每件或每一货运单位835特别提款权,每公斤毛重2.5特别提款权,以两者中较高的为准。尚未参加国家货币基金组织的国家,且国内不允许采用特别提款权的,按每件或每一货运单位1.25万金法郎,或者毛重每公斤37.5金法郎。

(5) 规定了责任限制权利的丧失。

《汉堡规则》第8条还规定,货物的灭失、损坏或迟延交付,如果是承运人或者其受雇人或其代理人有意的行为或者不行为,或者明知可能会产生而不顾后果作出的

---

① 参见我国《海商法》第50条、第57条。

行为或不行为产生的,则丧失享受公约所规定的责任限额的权利。

(6) 规定了货物的适用范围。

《海牙规则》不适用于舱面货和活牲畜。对于舱面货,《汉堡规则》第9条规定,承运人按照同托运人的协议,或者符合特定的贸易惯例,或者依据法规和规章的要求,有权在舱面上载运货物,否则,承运人应对将货物装在舱面上造成的损失负赔偿责任。对于活动物(活牲畜),《汉堡规则》第5条第5款规定,活牲畜的受损如是因其固有的特殊风险造成的,承运人可以免责,但承运人须证明已按托运人的特别指示办理了与货物有关的事宜。我国《海商法》也吸收了上述规定。①

(7) 规定了承运人与实际承运人的关系。

《海牙规则》只有承运人的概念,没有关于实际承运人的规定,也没有对在转船、联运和租船进行班轮运输的情况下承运人的责任作出规定,以致订约承运人常常以自由转船条款等逃避在部分航程中或全部航程中的货损责任。受委托的实际承运人也可以非订约承运人为由拒绝货方的索赔。《汉堡规则》第10条规定,即使订约承运人将全程运输或部分运输委托给实际承运人,订约承运人仍应对运输全程负责。如承运人和实际承运人都有责任,则两者负连带责任。

(8) 规定了保函的效力。

保函是托运人为了换取清洁提单而向承运人出具保证赔偿承运人因此而造成的损失的书面文书。《汉堡规则》第一次在一定范围内承认了保函的效力。这主要是考虑到托运人与承运人对货物的数量等有分歧,而又无从查验时,出具保函可以免去许多麻烦,也是商业上的一种习惯的变通做法。根据《汉堡规则》第17条的规定,托运人为了换取清洁提单可向承运人出具保函,保函只在托运人与承运人之间有效。提单对包括收货人在内的任何第三方均无效力,承运人不得据以对抗第三人。如果承运人或者其代表接受托运人的保函构成对第三方的欺诈,则保函在承托双方之间也不具有效力,承运人对第三者的损失的赔偿不能享受责任限制。

(9) 规定了索赔通知和诉讼时效。

《汉堡规则》第19条规定,索赔通知应在收货人收到货物后的第一个工作日内提交。如损害不明显,则应在收货后15日内提交。迟延交付的索赔通知应在收到货后连续60天内提交。《汉堡规则》将《海牙规则》和《维斯比规则》规定的1年诉讼时效改为2年,时效期间自承运人交付货物或者部分货物之日起算,或者在未交付货物的情况下,自应当交付货物的最后一日起算。同时规定,被索赔人可以在上述时效期限内的任何时间,向索赔人提出书面声明,延长时效期限,并可再次声明延长。此外,承运人向收货人赔付后在向第三方追偿时,即使上述时效已届满,仍可在诉讼所在国法律许可的时间内提起诉讼,但所许可的时间,自起诉人已解决对其索赔的案件,或已接到向其本人送达的起诉状之日起算,不少于90天。显然,《汉堡规

---

① 参见我国《海商法》第52条和第53条。

则》对索赔通知提出的期限和诉讼时效的规定比《海牙规则》的规定更为灵活。

我国《海商法》关于索赔时效的规定,是将集装箱交货与非集装箱交货加以区分的。如当货物灭失或损坏情形非显而易见时,在货物交付的次日起连续 7 日内,集装箱货物交付的次日起连续 15 日内,收货人未提交书面通知的,视为承运人已交付货物且货物状况良好的初步证据。[①]

(10)规定了管辖权和仲裁。

《海牙规则》和《维斯比规则》没有关于管辖权的规定。实践中,承运人在提单中一般都订有在船运公司所在地法院诉讼的条款,这对托运人和收货人显然不利。《汉堡规则》第 21 条则明确规定,原告可以选择下列地点的法院之一管辖:被告的主要营业所或者其惯常居所所在地;合同订立地,但该合同是通过被告在该地的营业所、分支机构或者代理机构订立的;装货港或卸货港;海上运输合同中指定的任何其他地点。该条同时规定,扣押船舶的法院具有管辖权,但经承运人请求,原告应将诉讼转移到由其选择的上述有管辖权的法院之一。按照该条规定,提单上的管辖条款至多只能作为一项可供选择的法院而不是唯一的管辖法院。

《汉堡规则》第 22 条增加了有关仲裁的规定,即当事人可协议将争议交付仲裁。申诉人可以选择以下地点之一,提起仲裁程序:被告的主要营业所或惯常居所所在地;合同订立地,但该合同是通过被告在该地的营业所、分支机构或者代理机构订立的;装货港或卸货港;仲裁协议为此目的而指定的任何地点。

(11)规定了公约的适用范围。

根据《汉堡规则》第 2 条的规定,公约适用于不同国家之间的海上运输合同,并且提单或作为海上运输合同证明的其他单证在某一缔约国签发;提单或者作为海上运输合同证明的其他单证中载有适用《汉堡规则》或采纳该《规则》的任何国内法的首要条款;装货港或卸货港或备选卸货港位于缔约国;公约不适用于租船合同,但适用于租船合同项下的提单。

3. 评价

《汉堡规则》按照船方和货方合理分担海上运输风险的原则,适当增加了承运人的责任。但由于《汉堡规则》的缔约国都是发展中国家,所以该《规则》目前的影响和作用还不大。

4. 《汉堡规则》与《海牙规则》《维斯比规则》的关系

根据《汉堡规则》规定,凡《海牙规则》和(或)《维斯比规则》的缔约国,在加入《汉堡规则》时,必须声明退出该两公约,如有必要,这种退出可推迟到《汉堡规则》生效之日起 5 年。即以前曾是《海牙规则》和(或)《维斯比规则》的缔约国,在加入《汉堡规则》后,从 1997 年 11 月 1 日起,不再是前述两公约的缔约国。

(四)《鹿特丹规则》

《鹿特丹规则》是统一国际海上货物运输立法的一个新成果。21 世纪的国际贸

---

① 参见我国《海商法》第 81 条和第 82 条。

易和航运,与20世纪初《海牙规则》产生时的情况相比,不论是在船货各方面的力量方面,还是在国际货物的运输方式方面,都有大的不同,新的发展形势迫切要求产生新的国际公约。《鹿特丹规则》正是在这样的背景下产生的。

《鹿特丹规则》共有18章96条,主要围绕船货双方的权利义务、争议解决及公约效力与退出等作了一系列规定。与以往的国际海运公约相比较,《鹿特丹规则》有较大的不同。其重大变革主要体现在以下几方面。

(1) 扩大了公约的适用范围。

《鹿特丹规则》第5条规定:本公约适用于收货地和交货地位于不同国家的运输合同以及海上运输装货港和同一海上运输航次的卸货港在不同国家的运输合同。其第12条明确规定了承运人对货物的责任期间,自承运人或履约方为运输而接收货物时开始,至货物交付时终止。可见根据《鹿特丹规则》的规定,即使承运人接收、交付货物的地点在内陆,即采用了非海运方式,公约依然适用。也就是说,《鹿特丹规则》涉及的运输方式是海运加其他,即海运方式加上与其两端连接的内陆、内河或者空运方式。

(2) 增加了运输单证种类。

《鹿特丹规则》明确将运输单证区分为"可转让运输单证"和"不可转让运输单证"①,并用专章规定了上述单证的内容、证据效力、单证签发等相关事项。《鹿特丹规则》未再使用"提单"这一术语。此外,考虑到电子商务的发展以及1990年国际海事委员会《电子提单规则》的局限性,《鹿特丹规则》分别对"可转让电子运输记录"和"不可转让电子运输记录"、电子运输单证的签发、转让作了界定。②

(3) 增加了涉及的运输合同类型。

《鹿特丹规则》明确规定不适用于班轮运输中的租船合同、使用船舶或者部分舱位的其他合同。同时,《鹿特丹规则》还排除了对非班轮运输合同的适用。但是,在非班轮运输下,如果当事人之间没有订立租船合同却签发了运输单证或电子运输记录的,公约依然适用。"批量合同"③成为《鹿特丹规则》的调整对象,并且规定,在符合特定条件的情况下,除适航义务等少数规定外,批量合同可以不受本公约中其他强制性规定的约束,即可以背离本公约。换言之,本公约对批量合同只是"非强制适用",批量合同的当事人享有较充分的合同自由。

(4) 规定了对承运人的义务与责任。

第一,扩展了承运人的责任期间。《鹿特丹规则》规定承运人的责任期间自承运

---

① 参见《鹿特丹规则》第1条第1款"运输合同"、第14款"运输单证"、第15款"可转让运输单证"、第16款"不可转让运输单证"以及第8章的相关内容。

② 《鹿特丹规则》第1条第17、18、19、20、21、22款对电子通信、电子运输记录、可转让电子运输记录、不可转让电子运输记录以及可转让电子运输记录的签发和转让等加以界定,同时第8章有关运输单证的专门规定中,明确了电子运输记录的内容、效力、签署等相关问题。

③ 批量合同是指在约定期间内分批装运特定数量货物的运输合同。参见《鹿特丹规则》第1条第2款。

人接收货物开始,至货物交付终止,改变了以往三个公约中港到港的责任期间,因此,承运人的责任期间可能延伸至"门到门"。

实际上,《鹿特丹规则》变"钩至钩"(《海牙规则》)或"港到港"(《汉堡规则》)运输为"门到门"运输,并将国际集装箱运输班轮公司普遍采用的国际商会推荐的多式联运经营人的网状责任制法定化。

第二,扩展了海上承运人的适航义务期间。《鹿特丹规则》规定,承运人必须在开航前、开航当时和海上航程中谨慎处理,在整个航程中保持船舶处于适航状态。即承运人的适航义务贯穿航次始终。[①] 而以往的公约及我国《海商法》均规定海上承运人的适航义务期间限于在开航前、开航当时。

第三,承运人管理货物义务扩大到九个环节。《鹿特丹规则》规定,承运人应当妥善而谨慎地接收、装载、操作、积载、运输、保管、照料、卸载并交付货物。

第四,重新构建了承运人的责任基础。承运人的责任基础,原则上实行完全过失责任制,且由承运人负责举证,证明自己没有管货过失;若其举证不能,将承担赔偿责任。但在规定的免责范围内,则由索赔方负责举证,证明承运人有过失;若其举证不能,便推定承运人无过失,承运人可援引免责条款,免除赔偿责任。

关于承运人的适航义务,索赔方完成初步举证后,承运人自己承担已尽"谨慎处理"使船舶适航,或者货物灭失或损害与不适航不存在因果关系的举证责任。

第五,提高了货物单位赔偿责任限额。《鹿特丹规则》规定,承运人对货物灭失或损坏的赔偿限额为每件或每货运单位 875 特别提款权,或者毛重每公斤 3 特别提款权,以较高者为准。[②] 这一限额标准,与《海牙—维斯比规则》相比,分别提高了 31% 和 50%;而与《汉堡规则》相比,分别提高了 5% 和 20%。承运人的赔偿额度的提高,加重了其责任。

第六,承运人免责事项的部分内容发生了变化。《鹿特丹规则》延续了《海牙规则》采用的"封闭列举式",明确规定免责事项仅限于公约列明的 15 项。[③]《鹿特丹规则》基本沿用了《海牙规则》免责条文规定,但有如下变动:废除了驾驶船舶和管理船舶过失免责;明确火灾免责仅限于在船舶上发生的火灾,不包括陆地上发生的火灾;增加了有关"海盗、恐怖活动"的规定,以反映当今航运实践的现状和发展情况;根据以往公约的规定,只要是救助或者企图救助人命或财产都构成合理绕航,承运人无需对由此导致的损失承担赔偿责任,而《鹿特丹规则》强调,对于财产救助的免责必须是采取合理措施的结果;增加了为避免环境损害而采取合理措施导致的货损承运人可以免责的规定。

第七,对于迟延交付,《鹿特丹规则》仅规定了约定交付时间情况下的迟延交付

---

① 参见《鹿特丹规则》第 14 条。
② 参见《鹿特丹规则》第 59 条。
③ 参见《鹿特丹规则》第 17 条。

问题①,对于未明确约定交付时间是否构成迟延交付,未采用《汉堡规则》的"合理时间"的规定方法,而是留给各国国内法解决。

(5)确定了承运人的定义与范围。

《鹿特丹规则》规定,承运人是与托运人订立运输合同的人,其主体范围大大扩展,反映了海运与物流的扩展和融合的发展趋势,改变了以往三个规则将承运人仅定义为从事从港到港海上运输的海上承运人。《鹿特丹规则》新创设了"履约方"②含"海运履约方"③的法律概念,将以往公约中的实际承运人、区段承运人、分立契约人、雇用人员等界定为履约方,进而确定其权利与义务。"履约方"是指承运人以外的,履行或承诺履行承运人在运输合同下有关货物接收、装载、操作、积载、运输、照料、卸载或交付的任何义务的人。"海运履约方"是指凡在货物到达船舶装货港至货物离开船舶卸货港期间履行或承诺履行承运人任何义务的履约方。内陆承运人仅在履行或承诺履行其完全在港区服务范围内的服务时方为海运履约方。海运履约方与托运人之间不存在直接的合同关系,而是在承运人直接或间接的要求下、监督或控制下,实际履行或承诺履行承运人"港至港"运输区段任务的人,突破了合同的相对性原则。"海运履约方"承担公约规定的承运人的义务和责任,并有权享有相应的抗辩和赔偿责任限制。

(6)进一步明确了货方的定义和权利。

第一,《鹿特丹规则》除规定了"托运人""收货人"外,还首次规定了"单证托运人"和"持有人"。④ "单证托运人"被界定为托运人以外的,同意在运输单证或者电子运输记录中记名为"托运人"的人。此外,公约还明确规定了单证托运人的具体权利义务⑤,明确了收货人主张提货权的权源以及有关提取货物的义务和责任。⑥

第二,引入了"控制权"概念。《鹿特丹规则》首次在海运公约中引入控制权概念,主要是基于如下考虑:一是可以与贸易法中卖方的中途停运权相对应。在以往的国际运输中,由于大多数情况下使用的是可转让提单,货物卖方可以通过控制提单来行使对货物的控制权。而今天,海运的情况已经大不一样,在许多行业中使用可转让单证的情况正迅速减少,或者已完全消失。因此,规定控制权以保护未使用可转让单证进行货物运输的卖方利益已经成为必需。二是控制权对于未来的电子商务至关重要。三是明确在货物运输途中以及抵达卸货港交付货物之前,控制方是承运人的合同相对方。在涉及类似控制权的一些国际公约中,通常将该权利限定在

---

① 参见《鹿特丹规则》第 21 条规定,未在约定时间内在运输合同约定的目的地交付货物,为迟延交付。

② 参见《鹿特丹规则》第 1 条第 6 款。

③ 参见《鹿特丹规则》第 1 条第 7 款。

④ 参见《鹿特丹规则》第 1 条第 8 款("托运人")、第 9 款("单证托运人")、第 10 款("持有人")、第 11 款("收货人")。

⑤ 参见《鹿特丹规则》第 33 条。

⑥ 参见《鹿特丹规则》第 43、44 条。

不可转让运输单证的情形。

《鹿特丹规则》明确规定,控制权也适用于可转让运输单证或者电子运输记录或者没有签发任何运输单证的情况。因此,公约关于控制权规定的内容是全新的。虽然这一概念自引入之日起就一直伴随着争论,但是公约从实体上以及程序上的规定,应当说更加有利于海上运输与贸易实践的衔接和协调。

第三,明确了权利转让问题。《海牙规则》规定了提单记载事项的初步证据效力。在此基础上,《维斯比规则》和《汉堡规则》规定了提单转让后的绝对证据效力。但是,这些国际公约都没有明确提单转让与运输合同下权利、义务转让的关系。实践中,这些问题通常由各国国内法解决,例如英国1992年《海上货物运输法》和美国1916年《联邦提单法》。

《鹿特丹规则》专章规定了"权利转让",明确了可转让运输单证或者可转让电子运输记录的转让将产生合同下权利转让的结果,但运输合同下的义务并不随之转让。单证持有人只有在行使单证上的任何权利时,才承受转让义务的后果。此外,《鹿特丹规则》对于权利转让的方式予以明确。但是,公约没有规定在未使用任何运输单证或者签发了一份不可转让单证的情况下,运输合同下的权利如何转让的问题,只能留给各国国内法解决。

(7) 规定了可转让运输单证下的无单放货问题。

现有的海运公约对货物交付的规则均未作出规定,《鹿特丹规则》则专列一章(即第九章)对货物交付问题作出了详细的规定。公约第九章的规定,既有对国际航运惯例和各国立法普遍遵循的一些做法的总结,也有不少创新的内容。正是这些创新的内容,引发了广泛的争论。其中,第47条关于可转让运输单证下无单放货的规定引发的争论可谓最为激烈。根据第47条的规定,在签发可转让运输单证或可转让电子运输记录时,如果运输单证上明确记载可以不凭正本单证放货的,一旦持有人收到到货通知而不及时提货,或者前来主张提货的人未能证明其为持有人,或者承运人无法确定持有人的,承运人即可以通知托运人或单证托运人,并根据托运人或单证托运人的指示交付货物。当然,承运人根据托运人或单证托运人的指示放货,需承担一定的风险,即可能仍然要对运输单证的持有人承担无单放货的责任。为此,公约允许承运人可以向发出交货指示的托运人或单证托运人索取担保,并且规定托运人或单证托运人应对承运人按照其指示交付货物而遭受的损失承担最终的赔偿责任。

《鹿特丹公约》第47条的规定,主要是为了解决承运人在目的港经常遇到的前来主张提货的人并不持有可转让运输单证,或者根本就没有人主张提货这一问题。公约希望通过其第47条所设计的制度,使承运人可以在自愿承担一定风险的情况下,凭托运人或单证托运人的指示尽早交付货物,从而尽快从运输合同中脱身。正如在审议公约草案时有代表所指出的,这一套机制的用意是保留承运人应承担的一些风险,并为可转让运输单证持有人不提取货物的问题提供一种两面兼顾的解决。

(8) 规定了诉讼与仲裁。

除前述内容外,《鹿特丹规则》在借鉴《汉堡规则》相关内容的基础上,明确了诉讼时效或者仲裁时效均为2年,还明确了管辖权问题和仲裁协议效力问题。① 但根据《鹿特丹规则》第74条、第78条的规定,第14、15章的规定只能根据第91条声明其将受本章规定的约束的缔约国具有约束力。

### ▶ 五、租船合同

(一) 概念

租船合同,简称租约,是指出租人与承租人之间订立的,船舶出租人按一定条件将船舶的全部或部分租给承租人进行运输,由承租人向出租人支付使用费的协议。

租船合同的作用不同于提单。提单是运输合同的证明,而对大多数租船合同来说,其本身就是运输合同,而且,租船合同只具有运输合同的作用,它既不能作为承运人收到货物的收据,也不能起到货物所有权凭证的作用。

租船合同不受《海牙规则》的制约,主要由各国有关国内法调整。合同的内容可以由出租人与承租人双方自由协商。但对于《海牙规则》的成员国来说,对租船合同项下签发的提单,应适用《海牙规则》的有关规定。租船合同的运输方式占世界海运货量的大部分,在海上货物运输中的作用是非常重要的。租船合同发展到近代已经高度标准化了,按照船舶租用方式的不同,主要有三种类型:航次租船合同、定期租船合同和光船租船合同三种。

(二) 航次租船合同

1. 概念

航次租船合同又称程租合同,是指船舶出租人向承租人提供船舶或者船舶的部分舱位,装运约定的货物,从一港运至另一港,由承租人支付约定运费的合同。

在航次租船合同中,由出租人按约定的航程负责完成运输任务。出租人保留船舶的所有权和占有权,任命船长、雇佣船员,船舶的经营管理仍由出租人负责,由出租人承担船员工资、港口使用费、船用燃料、港口代理费等费用。承租人不直接参与船舶的经营事宜。承租人指定装货与卸货的港口与所承运的货物,依合同规定负担装卸费用,其他均由出租人负责。因此可以看出,航次租船合同是一种海上货物运输合同。

2. 租船合同项下的提单

航次租船运输条件下,船长或承运人的代理人仍须签发提单。被称为租船合同项下的提单,与班轮运输中的提单相比简单得多,只有提单正面的内容,没有提单背面的内容,又称简式提单。

---

① 参见《鹿特丹规则》第14、15章。

(1) 航次租船合同下提单的性质。

在航次租船运输的条件下,船长或者承运人的代理人仍须签发提单,这种提单被称为租船合同项下的提单。由于提单是船方印制的,而租船合同是出租人与承租人商定的,有时会发生提单内容与租船合同的规定不同的情况。对两者的冲突,应以哪个规定为准呢?在实践中区分不同的关系人来确定提单和租船合同的效力。即此时的提单通常由于不同的人持有而使提单具有不同的性质。

当租船人为货物的托运人(提单持有人)时,运输关系中只有租船人(托运人)与船东两方当事人。此时,提单只是货物的物权凭证和货物的收据的作用,而不具有海上运输合同证明的性质。船东和租船人之间的运输合同是租船合同,双方权利义务以租船合同为准。提单条款与租船合同冲突应归于无效。

当租船人将提单转让给第三人时,提单对第三人就不仅是货物的物权凭证和货物的收据,而且是运输合同的证明。即提单由非承租人的发货人或收货人持有时,该提单具有完整的功能。出租人与提单持有人的权利义务以该提单为准,受提单公约或国内法的约束。

当提单以出租人、船长或者出租人的代理人的名义签发时,出租人通常又是提单的承运人,对非船舶当事人的提单持有人而言,他是承运人而受提单约束;对于承租人而言,他是出租人并受租船合同约束。因此,该具有双重身份的船东同时要受两份合同的约束。

(2) 租船合同对提单的效力。

租船合同对提单的效力视提单中是否将租船合同并入提单而定。如提单中注有"一切条款、条件、免责和豁免以租船合同为准"的字样,即并入条款。则提单应受租船合同的约束,否则,不能认为提单中并入了租船合同条款。租船合同中的详细条款往往通过提单上的批注合并到提单中,所以租船合同项下的提单常比班轮运输提单简短。然而对于提单受让人来说,让其接受不知情的租船合同条款是不公平的。因此,提单受让人一般会要求随提单附上租船合同副本,以备查询。

"并入条款"的效力在国际上受到普遍的承认。但对该条款的要求严宽不一。我国《海商法》第95条规定:"对按照航次租船合同运输的货物签发的提单,提单持有人不是承租人的,承运人与该提单持有人之间的权利、义务关系适用提单的约定。但是,提单中载明适用航次租船合同条款的,适用该航次租船合同的条款。"

3. 航次租船合同的格式

航次租船合同比较复杂,所以,航次租船合同多以标准格式出现,常见的有波罗的海国际航运公会制定的《统一杂货租船合同》(Uniform General Charter),简称"金康"合同(CENCON);《北美谷物租船合同》(North American Grain Charter Party),简称"NORGRAIN";《澳大利亚谷物租船合同》(Australian Grain Charter Party),简称"AUSTWHEAT";《油轮航次租船合同》(Tanker Voyage Charter Party),简称"ASBA-TANKVOY",该格式由美国船舶经纪人和代理人协会(Association of Ship Brokers and

Agency)等制定。其中金康合同适用的最为广泛。

4. 航次租船合同的主要条款

我国《海商法》第 93 条规定,航次租船合同的内容,主要包括出租人和承租人的名称、船名、船籍、装货重量、容积、货名、装货港和目的港、受载期限、装卸期限、运费、滞期费、速遣费以及其他有关事项。

根据国际惯例及标准合同,航次租船合同的主要内容有:

(1) 船舶说明条款。在租船合同中通常有关于船舶特征的陈述,其主要内容包括船名、船舶国籍或船旗、船级、船舶吨位和船舶动态等。这些陈述的作用是把出租的船舶予以特定化,使之成为用以履行该合同的特定船舶。出租人必须保证对上述内容陈述的正确性。船舶一经特定化后,除合同另有规定外,非经租方同意,船方不得以其他船舶代替该船来履行租船合同。

(2) 预备航次条款。船舶在上一个卸货港时达成一项航次租船合同,则船舶驶往下一个租船合同的装货港的空放航次被称为预备航次。预备航次是租船合同的一部分,船方应尽责速遣,否则船方须对因迟延造成的承租人的损失负赔偿责任。此外,预备航次还涉及以下内容:

第一,受载期和受载日。受载期是指航次租船合同中约定的船舶应做好装货准备的期限。该期限的最早日期为受载日。一般,船方希望受载期订得长些,以免船舶脱期。而租方则希望受载期订得短些,方便备货。如果船舶在受载期以前到达并已作好了装货准备,租方依合同可以拒绝装货,一直等到最早受载日才开始装货,这就造成脱期。如船舶未能在受载期到达,则承租人得向出租人索赔因迟延而造成的损失。

第二,解约日。解约日是指合同中规定的船舶应到达装货港的最迟日期。船舶如迟于解约日到达装货港,租船人有解除合同的选择权。租船人的解约权是绝对的,不受租船合同中一般免责条款的影响。因不可抗力延期到港,船方可以免责,租方仍有权解除合同,但不能要求赔偿损失。船方因疏忽或者过失迟延到达,租船人不但可以解除合同,而且可以要求赔偿损失。

第三,质询条款。解约的选择权可以在船舶到达装货港时行使,即使船方明知不能在解约日前到达,只要租方不提出解除合同,船舶仍应驶往装货港,为此,有些合同中规定有质询条款,即规定在承租人接到出租人或船长询问船舶于解约日后抵达是否会取消租船合同时,租船人应在一定期限内答复的条款。

(3) 有关货物的条款。在租船合同中应规定货物的货类、货名、包装等内容。如承租人提供的货物与合同不符,出租人有权拒收货物。因提供的货物与合同约定的货物不同引起的损失应由承租人承担。另外,在租船合同中,对于货物的数量通常只规定一个约量。在装货前,船长须根据将要履行的航次情况,向承租人宣布本航次可以承载货物的数量,船长的这种做法被称为"宣载",宣载的数量不能超出上述规定的范围。宣载必须以书面方式进行,具有法律效力。如果承租人提供的货物数量不足,应向出租人支付亏舱费。

(4) 装卸港口。租船合同中一般都明确订明装卸港的数目和名称。但有时租船合同内也可能不规定具体的装卸港,而是规定一个装卸区,由承租人选择其一。承租人必须在合理的时间内行使选择权。

在装卸港口是由承租人指定的情况下,出租人为了保证船舶的安全,通常要求指定的港口和泊位是安全的。有关安全港口的争议可能涉及船舶的损坏、额外的费用,也可能带来对第三者的责任等。安全港口可以包括两方面:一是从政治角度讲即船舶可以安全驶进和驶出港口,不会遭受扣留、没收、拿捕等危险。二是在地理上,该港口可供船舶在空载和满载的情况下均能驶进和驶出。例如,在蒙克诉一批爪哇糖货物案①中,出租人的本拉瑞格号船舶从爪哇承运食糖。指定的卸货港口位于布鲁克林大桥下游,船舶的主桅杆太高而无法从大桥下通过。这意味着从地理上,指定的港口对该船舶是不安全的。安全泊位是指在船舶满载后仍能保持浮泊状态的泊位。

(5) 装卸费用条款。航次租船合同中通常采用下列方法规定装卸费用的分担:第一,出租人负担货物的装卸费用(Gross Terms)。第二,出租人不负担装货费用(Free In, FI)。第三,出租人不负担卸货费用(Free Out, FO)。第四,出租人不负担装卸费用(Free In and Free Out, FIO)。第五,出租人不负担装卸费用和积载费用(Free In and Out and Stow, FIOS);出租人不负责装卸和平舱费用(Free In and Out and Trim, FIOT)。

(6) 装卸期间。装卸期间是指合同当事人双方约定的用于装卸货物而无需支付附加费的期间。在航次租船合同规定的装卸期间内,出租人具有使船舶等待装卸的义务。航次租船合同中有装卸期间的规定是因为航次租船下的时间损失在出租人。如果承租人未能在装卸期间内装货或卸货完毕,则需按超过的时间向出租人支付延长费用,这笔费用被称为滞期费。船舶在装卸港作业,超过合同规定的期间经常发生,如果被认定滞期,则承租人要承担违约责任,支付滞期费。例如,"西丽梅斯"轮案②中,原告(反诉被告)是塞浦路斯共和国 Combi Line Ltd.,被告(反诉原告)是汕头经济特区南方公司。"西丽梅斯"轮从罗马尼亚康斯坦萨装运9000吨盘元钢条运往中国汕头。船舶在卸货时发生了滞期,承运人根据租船合同中的提单合并条款向收货人主张滞期费。同时向法院申请扣押和拍卖货物。经海事法院审理认定,

---

① 具体案情如下:出租人的本拉瑞格号船舶承运食糖。船舶在爪哇港如约装货,驶往巴巴多斯,到达后又被指令直接驶往纽约。在货物到达纽约之前,食糖货主即收货人将货物连同附带提单出售并转让给一家炼糖厂。提单写明:提单包括了租约规定的相同条件。炼糖厂指定的卸货地点位于布鲁克林大桥下游,而船舶的主桅杆太高而无法从大桥下通过。后双方同意在大桥下游卸货,再由驳船运往炼糖厂,由此产生了驳船费。炼糖厂在支付运费时扣除了驳船运费,出租人认为驳船费应当由炼糖厂支付。出租人作为原告提起了驳船费诉讼。参见冯辉编著:《美国海商法案例选评》,对外经济贸易大学出版社2003年版,第280页。

② 参见金正佳主编:《中国典型海事案例》,法律出版社1998年版,第205页。

提单合并条款有效,收货人应向承运人支付滞期费。如果承租人在租船合同规定的装卸期间届满前提前完成装货或卸货,则由出租人向承租人支付一定报酬,这部分费用被称为速遣费。

装卸期间通常自船长或者出租人的代理人向承租人或者其代理人递交装卸准备就绪通知书后,经过一定时间开始起算。船长或出租人的代理人递交装卸准备就绪通知书应满足两个条件:第一,船舶必须到达合同规定的港口或者泊位,即船舶必须是一艘到达船舶。如果合同中只规定船舶应到达规定的港口,则船舶一经到达该港口,不论是否已靠泊,即视为到达船舶。这种合同称为港口租船合同。如果合同规定船舶必须到达合同规定的或承租人根据合同指定的泊位,则船舶只有到达该泊位时,才视为到达船舶。这种合同称为泊位租船合同。在泊位合同中,承租人为了在港口拥挤而船舶不能立即靠泊时,避免等泊引起的时间损失,常常要求列入"到达即可靠泊""不论靠泊与否""等待泊位损失的时间计为装货/卸货时间"等条款,以便将不能到达泊位的时间风险转移给承租人。第二,准备就绪,即船舶在各方面已做好装卸货物的必要准备,包括两方面的含义,一是船舶在物理上准备就绪,指货舱适合装载合同中指定的货物以及起货机、吊杆的正常使用。二是船舶在法律上准备就绪,指已办理完了各项法律上的手续。这里的手续指影响船舶进行装卸作业的手续,而并非一切法律手续。

(7) 运费条款。支付运费是租船人的一项主要义务。租船合同对运费的计算方法和支付方法一般都有具体的规定。运费的计算方法主要有两种:一种是运费率,指按所载货物的每单位容积所表现的金额;另一种是整船包价,指按提供的船舶规定一笔整船运费。在整船包价的情况下,不管涉及装货多少,一律照付全部运费。

运费的支付方式有预付运费和到付运费两种。预付运费一般是在签发提单时支付运费。如果货物在运输中灭失,运费一概不退。除非发生下列情况,出租人应退运费:一是未能提供适航船舶和在合理时间内开航。二是货物由于免责条款以外的事故而造成灭失。如果货物在预付运费前灭失,则不需交运费。到付运费一般在船舶到达目的港后支付。根据航次租船合同或运输货物的类型,到付运费可以在货物卸船前支付,也可以在卸货中或卸货后支付。在到付运费的情况下,出租人须承担运费风险,即因某种原因没有将货物全部或者部分运至目的港,因此而收不到运费或者收不足运费。在出租人承担运费风险的情况下,出租人通常进行运费风险保险,将这种风险转嫁给保险公司。

(8) 承租人责任终止和留置权条款。在货物装船完毕后,承租人对租船合同的责任即告终止。但在合同所规定的运费、空舱费和滞期费以及共同海损分摊等费用未付清之前,出租人对货物有留置权。但是,除提单订有并入条款外,非租船合同当事人的收货人不受租船合同的约束。因此,如果根据卸货港所适用的法律,出租人无权就应由承租人负担的运费、亏舱费、滞期费和共同海损分摊费用等而对非租船合同当事人的收货人的货物进行留置,或者,出租人虽有留置权,但不能有效行使,则承租人履行租船合同的责任并不因此而终止。

(9) 出租人的责任条款。租船合同不受《海牙规则》的管辖,因此,航次租船合同中有关货物损坏的条款,由承租人和出租人双方协商确定,法律上没有强制性的规定。实践中更多的做法是用附加条款说明出租人对货物的责任与免责适用《海牙规则》。

此外,在航次租船合同中还有关于绕航、罢工、战争、冰冻期等内容的条款。

(三) 定期租船合同

1. 概念

定期租船合同也称为期租船合同,是指由船舶出租人向承租人提供约定的由出租人配备船员的船舶,由承租人在约定的期限内按约定的用途使用,并支付租金的合同。①

按照这种合同,在租船期间,出租人提供配备船员的船舶,出租人仍保留船舶的所有权和占有权,负责船舶航行和内部管理事务,并支付与船舶有关的费用(如船舶保险费及修理费)以及船长、船员的工资和给养。而船舶的调度和营运以及由经营所直接产生的各种费用(如燃料费、港口费、码头费等),则由承租人负担。

2. 定期租船合同的性质

关于定期租船合同的性质,理论界没有定论。有的认为定期租船合同是财产租赁合同,也有的认为,定期租船合同具有财产租赁合同和运输合同的双重性质。根据民法理论,财产租赁的法律特征之一是合同标的物的占有和使用权从出租人转移至承租人。而在定期租船合同情况下船舶在租期内仍由出租人通过其雇佣的船长、船员占有。但是定期租船合同下,承租人在约定的租期内取得对船舶的调度权和使用权,在标的物的使用上,定期租船合同与财产租赁合同有一定相似之处。在绝大多数情况下,承租人是为了承运第三者的货物,而且定期租船合同主要是关于货物运输的规定,这具有运输合同的某些特征。

3. 定期租船合同的主要条款

与航次租船合同一样,定期租船合同也有各式标准合同,常用的有:《统一定期租船合同》(Uniform Time Charter,简称 BALTIME,由波罗的海国际航运公会于1909年制定,此后经多次修改,最近一次修改为2001年)、纽约土产交易所制定的《纽约土产定期租船合同》(New York Produce Exchange,简称 NYPE)以及中国租船公司制定的《期租合同》(Sino Time Charter,简称 SINOTIME 1980)。

我国《海商法》第130条规定:"定期租船合同的内容,主要包括出租人和承租人的名称、船名、船籍、船级、吨位、容积、船速、燃油消耗、航区、用途、租船期间、交船和还船的时间和地点以及条件、租金及其支付,以及其他有关事项。"

根据国际惯例及标准合同,定期租船合同的主要内容有:

---

① 参见我国《海商法》第129条。

（1）船舶说明条款。关于船舶的规定基本与航次租船合同一样，但关于船速和燃油消耗量的规定在航次租船合同中则没有。这是因为在定期租船合同情况下，承租人按照使用船舶的时间支付租金，因而，船舶航行速度直接影响承租人在租期内使用船舶的经济效益。在航次租船的情况下，燃料是由出租人负责的，与承租人没有直接的关系，但在定期租船中，营运所需的燃油是由承租人负责的，营运成本的高低与油耗有很大的关系，因此，在合同中必须订明船舶的船速和燃油耗油量。出租人有义务提供符合合同约定的船速和燃油消耗量的船舶。

（2）交船条款。交船是指出租人将处于适航状态的船舶交给承租人使用的行为。出租人应在租船合同规定的期间内将船舶交给承租人使用，否则承租人有权解除合同。根据我国《海商法》第131条的规定，出租人应当按照合同约定的时间交付船舶。出租人未按时交付船舶的，承租人有权解除合同。承租人将船舶延误情况和船舶预期抵达交船港的日期通知承租人的，承租人应当自接到通知时起48小时内，将解除合同或者继续租用船舶的决定通知承租人。

（3）租期条款。定期租船合同都订有租船的期限。租期可以是数月、一年或数年，视承租人的需要而定。租期从出租人在交船港把船舶交给承租人时开始计算。

（4）有关承租人指示的条款。我国《海商法》第136条规定："承租人有权就船舶的营运向船长发出指示，但是不得违反定期租船合同的约定。"定期租船合同通常都规定：船长对于有关使用、代理及其他有关事宜，应根据承租人的指示行事；但由于船长按承租人的指示签发提单或执行承租人的其他有关指示而引起的一切后果或责任，承租人应给予出租人以赔偿。

船长在定期租船合同中扮演双重角色，一方面，他是出租人的雇员，另一方面他又是承租人的代理人。承租人的指示只能是在合同规定的范围内发生的与船舶营运有关的指示。承租人不能发出下列指示：与合同无关的指示；违反合同的指示，如合同规定的航区除去了战区，而承租人为了赚钱却指示开往战区；扩大航行及船舶安全方面的指示；不合理的指示，如不合理的绕航。船长或船员因执行承租人的指示而造成船方的损失，承租人应承担赔偿责任。

（5）租金支付条款。定期租船合同的租金通常按每月每载重吨若干金额计收。一般规定每隔半个月预收一次。承租人必须按时、如数支付租金，否则，出租人有权撤回船舶。

（6）航区条款。根据我国《海商法》第134条的规定，承租人应当保证在约定航区内的安全港口或者地点之间从事约定的海上运输。否则，出租人有权要求赔偿因此遭受的损失。

定期租船合同中一般都规定承租人可以指示船舶前往的地区和不能指示船舶前往的地区，同时要求承租人保证其指示船舶前往的港口泊位、码头或者地点都必须是安全的。

（7）运送合法货物条款。定期租船合同中，承租人对船舶具有指挥权，但承租人对船舶装运货物应负有保证义务。这种保证应符合租船合同中规定的装运合法的货物。所谓合法货物是指装运的货物符合装货港、卸货港、中途挂靠港口所在地法律、船旗国法律或者合同所适用的其他法律。如果承租人要装运与合同不符的货物,船长有权拒绝。除合同另有约定外,承租人不得擅自装运危险货物。根据我国《海商法》第135条的规定,承租人应当保证船舶用于运输约定的合法的货物。承租人将船舶用于运输活物或者危险货物的,应当事先征得出租人的同意。违反上述规定致使出租人遭受损失的,应当负赔偿责任。

(8) 停租条款。定期租船合同的时间损失在承租人,承租人是按时间交付租金的,而不是按航次交付。如果承租人将船舶搁置不用,仍需向出租人支付租金。有时船舶不能使用并非承租人的原因,承租人为了保障自己的利益,就要订入停租条款,规定在发生某些影响承租人使用船舶的情况时,承租人可以停付租金。可以停付租金的事项可以由双方协商决定。根据我国《海商法》第133条第2款的规定,船舶不符合约定的适航状态或者其他状态而不能正常营运连续24小时的,对因此而损失的营运时间,承租人不付租金,但是上述状态是由承租人造成的除外。我国《海商法》的这一规定是在合同对停租没有约定时适用的。停租的原因主要有:船上人员或者物料不足;船体、船机或者设备的故障或损坏;船舶或者货物遭受海损事故而引起延误;船舶入坞或者清洗锅炉等。

(9) 还船条款。还船是指承租人按合同约定的时间、地点和状态,将船舶还给出租人。还船时,船舶应处于交船时相同的良好状态,但自然耗损除外。

(10) 转租条款。定期租船合同中一般都订明,承租人可将船舶转租给他人的条款。但原承租人始终负有履行合同的责任。根据我国《海商法》第137条的规定,承租人可以将租用的船舶转租,但是应当将转租情况通知出租人,租用的船舶转租后原租船合同约定的权利和义务不受影响。承租人转租船舶,与转租承租人订立的转租合同,在航行区域、装运货物的范围等方面,不能与原租船合同相抵触。否则,船长有权拒绝接受转租承租人的指示。如果转租合同规定的出租人责任超出原租船合同规定的范围,原出租人所承担的责任仍以原租船合同为准。

此外,定期租船合同条款还有共同海损条款、留置权条款、双方互撞责任条款、法律适用条款、仲裁条款、战争条款等等。双方当事人在谈判中还可以附加其他条款。

(四) 光船租赁合同

光船租赁合同,是指船舶出租人向承租人提供不配备船员的船舶,在约定的期间内由承租人占有、使用和营运,并向出租人支付租金的合同。[①]

从上述定义中可以看出,在光船租赁合同下,出租人只提供船舶,并不配备船员。在租期内,出租人只保留船舶所有权和收取租金的权利,船舶的占有权、使用权

---

① 参见我国《海商法》第144条。

和营运权转移给承租人。光船租赁合同签订后,出租人仅提供适航船舶和船舶有关文件证书,不再承担其他义务。承租人有权任命船长和雇佣船员,并在合同规定的范围内进行船舶经营,经营中发生的风险和责任由承租人承担。

与其他两种租船合同不同,光船租赁合同具有财产租赁合同性质,而不属于真正的运输合同。光船租船合同通常是在格式合同基础上达成的。目前国际上使用比较广泛的光船租赁合同格式是波罗的海国际航运公会于1974年制定的《标准光船租赁合同》(Standard Bareboat Charter),简称"贝尔康"(BARECON)。光船租赁合同的具体条款可以由双方当事人自行商定。我国《海商法》第145条规定,光船租赁合同的内容,主要包括出租人和承租人的名称、船名、船籍、船级、吨位、容积、航区、用途、租船期间、交船和还船时间和地点以及条件、船舶检验、船舶的保养维修、租金及其支付、船舶保险、合同解除的时间和条件,以及其他有关事项。

## 第二节 国际航空货物运输

### 一、有关国际航空货物运输的国际公约

航空运输速度快,货物受损率小,对于某些急需物资、鲜活商品、贵重和易损物品来说,国际航空运输是最佳的运输方式。目前,调整国际航空货物运输的公约主要有两大体系:一是以《华沙公约》为核心的华沙公约体系,另一个是蒙特利尔公约体系。

华沙公约体系主要包括1929年《统一国际航空运输某些规则的公约》(简称《华沙公约》)、1955年的《关于修改统一国际航空运输某些规则的公约的议定书》(简称《海牙议定书》)和1971年《海牙议定书的危地马拉议定书》。上述《华沙公约》和《海牙议定书》对承运人责任限额的规定都是以金价为标准,而自20世纪70年代开始金本位制度废除,1975年国际民航组织在蒙特利尔召开会议,签订了4个《蒙特利尔附加议定书》,用特别提款权代替了上述两个公约中的金价。《华沙公约》规定了航空承运人和货方的基本权利义务。公约共5章41条,是国际航空运输领域最基本的公约。该《公约》于1933年2月开始生效。迄今为止,已有130多个国家和地区加入了该《公约》。我国于1958年正式加入该《公约》。

由于1929年《华沙公约》和1955年《海牙议定书》都没有明确规定这两个公约所适用的"承运人"究竟是指与旅客或货物托运人订立运输合同的承运人,抑或还包括根据订约承运人的授权负责具体履行运输事宜的实际承运人。为了解决这个问题,各国于1961年在墨西哥签订了《瓜达拉哈拉公约》,把《华沙公约》关于订约承运人的各种规定,适用于实际承运人。该《瓜达拉哈拉公约》于1964年5月开始生效,目前已有50多个成员国,我国至今尚未加入该《公约》。

就上述几个公约而言,1929年《华沙公约》是基础,其他的几个公约只是对《华沙公约》的修改和补充,但都没有改变《华沙公约》的基本原则。但另一方面,上述

几个公约又都是相互独立的国际公约,对每一个国家来说,可以只参加其中的一个公约,也可以同时加入两个或三个公约。这样一来,就使上述几个公约在具体适用时,出现了一些复杂的情况,在适用时需要注意区别。

上述国际航空公约的相互独立和不统一性,在某种程度上阻碍了国际航空运输业的发展。1995 年国际民航组织决定起草一部新的统一性公约。1999 年 5 月,国际民航组织在其总部加拿大的蒙特利尔通过了新公约《统一国际航空运输某些规则的公约》(简称《蒙特利尔公约》)。该《公约》旨在促进《华沙公约》及相关文件的现代化与一体化,确保航空运输消费者的利益,在恢复性补偿原则的基础上,提供公平赔偿,而制定新公约来增进对国际航空运输某些规则的一致化和法典化是获得公平的利益平衡的最适当方法。《蒙特利尔公约》于 2003 年 11 月 4 日生效。我国签署了该《公约》,于 2005 年 2 月批准了该《公约》。

▶ 二、华沙公约体系下的法律规则

（一）空运单证

1929 年《华沙公约》把空运单证称为空运托运单(Air Consignment Note, ACN)。按照《华沙公约》的规定,承运人有权要求托运人填写空运托运单,每件货物应填写一套单证,而承运人则应接受托运人填写的空运托运单。每一套托运单应有三份正本,并与货物一起提交承运人。其中,第一份注明"交承运人",由托运人签字;第二份注明"交收货人",由托运人签字后随同货物递送;第三份在货物受载后由承运人签字,交给托运人。托运人还需向承运人提交有关货物运输和通过海关所必需的有关单证,如发票及装运单等,以便及时办妥海关手续,迅速将货物送到收货人手中。

根据《华沙公约》的规定,空运托运单应包括以下各项内容:(1) 空运托运单填写的地点和日期;(2) 起运地和目的地;(3) 约定的经停地点;(4) 托运人的名称和地址;(5) 第一承运人的名称和地址;(6) 收货人的名称和地址;(7) 货物的性质;(8) 货物的包装件数、包装方式、特殊标志或号码;(9) 货物的重量、数量、体积或尺寸;(10) 如果运费已经议定,就写明运费金额、付费日期和地点以及付款人;(11) 如果是货到付款,应写明货物的价格,必要时还应写明应付的费用;(12) 货物和包装的外表情况;(13) 声明的货物价值;(14) 空运托运单的份数;(15) 随同空运托运单交给承运人的凭证;(16) 经过约定写明运输期限,并概要说明经过的路线;(17) 一项运输应受公约有关责任规则约束的声明。

根据《华沙公约》第 9 条的规定,如果承运人接受货物而没有填写空运托运单,或空运托运单中没有包括上述第(1)—(9)项和第(17)项的内容,承运人就无权引用本公约关于免除或限制承运人责任的规定。另外,托运人应对他在托运单上所填报的有关货物资料的正确性负责,如因托运人填报不实或有遗漏而致使承运人遭受损失,托运人应负赔偿责任。

空运托运单不同于海运提单,它不是货物所有权的凭证。因为空运的速度很快,通常在托运人把托运单送交收货人之前,货物就已经运到目的地,这在很大程度上排除了通过转让装运单据来转让货物的需要,因此,虽然公约并不妨碍签发可转让的空运托运单,但在实际业务中,空运单据一般都印有"不可转让"的字样。货物运抵目的地后,收货人凭承运人的到货通知及有关证明提货,并在提货时在随货运到的空运托运单上签收,而不要求收货人凭空运托运单提货。

在空运单证方面,1955年《海牙议定书》对《华沙公约》的修改主要有两处:一是《海牙议定书》把空运单证改称为空运单(Air Waybill,AWB);二是空运单上所须载明的货运资料项目比《华沙公约》对空运托运单的要求有所删减。《海牙议定书》仅仅规定空运单必须载明以下三项内容:(1)起运地和目的地;(2)如起运地和目的地均在同一缔约国领土内,而在另一个国家有一个或数个约定的经停地点时,注明至少一个此种经停地点;(3)承运人应对托运人声明:如运输的最终目的地或经停地不在起运地所在国家内时,《华沙公约》可以适用于该项运输,且该公约规定并在一般情况下限制承运人对货物遗失或损坏所负的责任。至于其他内容,1955年《海牙议定书》均与《华沙公约》有关空运托运单的规定相同。

(二) 承运人的责任与豁免

按照《华沙公约》的规定,空运货物的承运人应对货物在空运期间所发生的毁坏、灭失、损害或迟延交货承担责任。所谓空运期间是指货物交由承运人保管的整个期间。不论货物是在机场或是已装上飞机,或在机场外降落的任何地点。在机场以外为了装载、交货或转运空运货物的目的而进行地面运输时,如发生任何损害,除有相反的证据外,亦应视为是在空运期间发生的损失,承运人应对此负责。承运人可以引用公约所规定的免责事由要求免责,但不能在空运合同中排除其对货物所应承担的责任。

《华沙公约》规定,承运人可以引用下列几项抗辩理由,要求免除其对货物损害或灭失的责任:

(1)如果承运人能证明,他和他的代理人或雇用人员已经采取一切必要措施以避免发生损失,或者证明他和他的代理人或雇用人员不可能采取这种防范措施,则承运人对货物的损失不承担责任。

(2)如果承运人能证明,货物的损失是由于受害人的过失所引起或促成时,法院可根据具体情况免除承运人的全部或部分责任。

(3)如果承运人能证明,损失是由于领航上的疏忽或飞机操作上的疏忽或驾驶上的失误所引起的,并能证明他和他的代理人已经在其他一切方面采取了一切必要措施以避免损失,他对该项损失就可以不承担责任。但实际上承运人从来没有引用过这项抗辩理由,因为这一点对于旅客人身伤亡是不适用的,而且如果承运人对货物提出这项抗辩理由,一旦上述疏忽行为构成故意的不当行为时,承运人就要对旅客伤亡承担无限责任。因此,1955年《海牙议定书》已把《华沙公约》的这一项免责规定予以删除。

公约要求承运人证明他"已经采取一切必要措施以避免损失",这就意味着把证明没有疏忽的举证责任加到承运人身上,如果承运人不能证明其没有疏忽,他就被推定为有疏忽,就要对货物的损失承担责任。

例如,在香港某公司诉中国某航空公司案中,香港某公司与汕头某公司签订了一份销售合同,约定由香港某公司供给汕头某公司热水貂皮一批,总价款149.7万美元,货款以信用证方式支付。为此,汕头某公司委托广东发展银行汕头经济特区分行(以下简称汕头银行)开出以香港某公司为受益人的信用证。香港某公司收到信用证后,于1991年11月26日向中国某航空公司在香港的代理人办理了托运手续。航空货运单载明托运人为香港某公司,承运人为中国某航空公司,收货人为汕头银行,通知人为汕头某公司,起运地为香港,目的地为汕头。航空货运单背面合同条款第1条规定:"货物到达目的地后,应按照托运人在到达目的地前的指示交付货物。如果收货人拒绝接收货物或者无法与之联系,应根据托运人指示对货物进行处理。"但在货物到达机场后,中国某航空公司未通知收货人汕头银行提货,却书面通知货运单上记载的通知人汕头某公司提货。汕头某公司在未与汕头银行联系并获其授权的情况下,把该批货物提走。后来,由于该批货物单据与信用证不符,买卖双方同意退货,但买方汕头某公司迟迟未将货物退回卖方。于是,香港某公司在法院对中国某航空公司提起诉讼,声称因中国某航空公司未办理正常提货手续就让汕头某公司将货提走,违反了国际航空公约,损害了发货人的权益,要求中国某航空公司支付货款及利息。中国某航空公司在诉讼中提出其责任应依《华沙公约》规定承担有限责任。

在本案中,航空货运单的收货人为汕头银行,通知人为汕头某公司,依照法律和合同规定,中国某航空公司应在货物抵达目的地后,通知收货人提取货物并将货物交付给收货人,或按收货人的指示交货。而本案中汕头银行从未收到中国某航空公司的提货通知,也从未授权汕头某公司提取货物,中国某航空公司擅自通知通知人提货,应当对自己的过错行为负责。至于中国某航空公司在诉讼中提出其责任应依《华沙公约》规定承担有限责任并享有责任限制,但是,如前所述,承运人承担有限责任和责任限制的前提是承运人证明他"已经采取一切必要措施以避免损失",即承运人对货物在空运期间所发生的损坏、灭失、损害或迟延交货没有过错,而本案中中国某航空公司故意违反合同及法律规定,擅自将货物交给非收货人汕头某公司,致使发货人香港某公司蒙受全部货物损失,中国某航空公司的行为已构成"故意不当行为",无权援引《华沙公约》和《海牙议定书》中有关限制或免除承运人责任的规定,而应全部赔偿香港某公司的损失。正是基于上述理由,法院最后判定中国某航空公司赔偿香港某公司全部货款及利息。

另外需要注意的一个问题是,《华沙公约》和《海牙议定书》并未对运输"延迟"作具体解释,但根据惯例,如果承运人未能在合同规定的时间内或合理时间内(合同没有约定运输时间)完成运输,即构成延误。例如,上海某机械有限公司(原告)与美国某包裹运送服务公司(被告)因国际航空快递标书延误赔偿纠纷,在上海市某人民法院提起诉讼。法院经审理后查明:原告于1993年7月20日上午电话通知被告,表明7月21日需快递一份文件到也门共和国投标。7月21日上午被告到原告处提取托运物标书。7月23日晚被告办完标书的出境手续,7月27日该标书到达目的地,但已超过投标截止日(7月26日)。在审理中被告辩称,被告与原告未就标书到达目的地的时间有过明确约定;被告为原告快递标书费时6天零5个小时,并未超过国际快件有关中国到达也门的4—7天的合理运输时间,无延误送达标书的事实。标书在上海滞留了两天系原告未按照规定注明快件的类别、性质,以致被告无法报关,责任在原告。法院最后认为:被告作为承运人,理应迅速、及时、安全地将原告标书送达指定地点。但被告于1993年7月21日上午接受标书后未按照行业惯例于当天送往机场报关出境,以致标书在上海滞留两天半,被告的行为违背了快件运输迅速、及时的宗旨,其行为构成延误,应当承担民事责任。原告虽未能按照被告运单规定填写运单,但被告在收到原告所填运单后未认真审核,责任在被告,应赔偿原告经济损失。就本案而言,虽然被告已在4—7天的合理时间内完成运输,但正如法院认为的那样,被告作为承运人理应迅速、及时、安全地将原告标书送达目的地,而不应在上海滞留两天半后方办妥报关出境手续。① 实践中一些国家在处理该问题时也大多本着承运人在运输中不能作不合理延迟的原则②,同时要求承运人承担举证责任,如果承运人证明已采取或不可能采取一切必要措施,一般视为合理延误。

(三) 承运人的责任限制

空运承运人的责任限制,是指国际航空货物运输中承运人对承运货物的灭失、损害或迟延交货而引起的损失进行赔偿的最高限额。《华沙公约》规定,对货物的灭失、损坏或延迟交货的责任,承运人的最高赔偿限额为每公斤250金法郎,但托运人在向承运人交货时,曾特别声明货物运到后的价值,并已缴付必要的附加费,则不在此限。在这种情况下,承运人赔偿的数额应以声明的金额为限,除非承运人证明该金额高于货物运到的实际价值。

同时,《华沙公约》还规定,如果损失的发生是由于承运人或其代理人的故意所引起的,承运人就无权引用公约中有关限制和免除承运人责任的各项规定。1955年《海牙议定书》把《华沙公约》中的"故意不当行为"一词改为"故意引起损失,或明知会引起损失而仍漫不经心而引起损失",在这种情况下,承运人就不能援引《海牙议

---

① 参见史晓丽:《从一起国际航空货物运输快递延误赔偿案谈国际航空货物运输承运人与托运人的责任》,载《国际法学论丛》(第3卷),中国方正出版社2004年版。
② 在圭亚那法院判处的"巴特诉大不列颠西印度航空公司"一案中,原告行李包中有一场伦敦足球赛的彩券,如中彩可获得2万英镑,结果原告飞抵伦敦后行李却仍滞留在圭亚那,等行李运到时中彩时机已过,原告起诉被告。被告辩称,被告没有在某一天必须运到行李的义务。圭亚那上诉法院在判决中反驳说:"但这并不表明允许承运人随便哪天运到。考虑具体事情的全部情况,承运人必须在合理时间内完成运输,这是一个必然的暗示。"参见赵维田:《国际航空法》,社会科学文献出版社2000年版,第350页。

定书》中有关限制或免除承运人责任的规定,要求限制或免除其对损失的责任。至于承运人对货物损失的最高赔偿限额,《海牙议定书》的规定同《华沙公约》的规定是相同的。

(四) 托运人的基本权利和义务

《华沙公约》规定,托运人的基本义务主要有:(1) 对其在空运托运单上所填写的各项内容的正确性负责;(2) 提供货物以及与货物有关的各种单证资料,附于空运托运单,以便在货物交付之前完成海关、税务等手续;(3) 支付规定的费用;(4) 承担承运人因执行其指示而造成的损失。

托运人在履行运输合同所规定的一切义务的条件下,享有以下几项权利:(1) 在起运地和目的地将货物提回;(2) 在运输途中经停时中止运输货物;(3) 在目的地或运输途中将货物交给非空运托运单上所指定的收货人,或者要求将货物退回起运地。但托运人不得因为行使此项权利而使承运人或其他托运人遭受损失,并且应支付由此而产生的一切费用。

(五) 收货人的基本权利和义务

货物到达目的地,收货人缴付了应交纳的费用和履行了空运托运单中的运输条款所列的其他义务后,有权从承运人处接受空运托运单及货物。如货物灭失、损坏或在应该到达之日7天以后仍未到达,收货人有权向承运人索赔,如果承运人拒绝赔偿,收货人有权对承运人提起诉讼。

(六) 索赔通知与诉讼时效

根据《华沙公约》规定,当货物发生损害时,收货人或有关当事人应于发现后立即向承运人提出书面通知,或最迟在收到货物7天内向承运人提出书面通知;在延迟交货的情况下,收货人应在货物交由其处理之日起14天内提出异议。如果在上述期限内没有提出异议,除非承运人有欺诈行为,否则就不能再向承运人提起诉讼。1955年《海牙议定书》对收货人提出书面申诉的期限作了修改,对货物遭受损害时收货人提出书面申诉的时间由7天延长至14天;对延迟交货时收货人提出书面申诉的时间由14天延长至21天。

有关空运合同的诉讼时效为两年,从货物到达之日或货物应到达之日,或从运输终止之日起算,如逾期不提起诉讼,一切诉权归于消灭。

在航空运输中,同托运人订立运输合同的订约承运人可以把全部或部分运输任务分包给其他承运人履行。在这种情况下,如果货物遭受损失,就会出现托运人或收货人应当对谁提起诉讼的问题。根据《华沙公约》的规定,如果运输合同是由几个连续的承运人来履行的话,则每一个承运人对其所负责的那一部分运输任务,均应视同订约承运人。在这种地位上,他就是所谓的"实际承运人"。如果在这种运输过程中,货物发生灭失或损害,或出现延迟交货等情况,托运人有权向第一承运人以及发生货损那一段的实际承运人提起诉讼;收货人则有权对最后承运人和实际承运人提出诉讼。第一承运人、实际承运人和最后承运人分别对托运人和收货人承担连带责任。而订约承运人则仍需对整个运输过程负责。所有这些承运人都可以享受公约给予承运人的各项保障,其中包括承运人的责任限制和豁免。

### ▶三、蒙特利尔体系下的法律规则

（一）公约的适用范围和优先适用性

《蒙特利尔公约》适用于所有以航空器运送人员、行李或者货物而收取报酬的国际运输,也适用于航空运输企业以航空器履行的免费运输。国际运输,系指根据当事人的约定,不论在运输中有无间断或转运,其出发地点和目的地点是在两个当事国的领土内,或者在一个当事国的领土内,而在另一国的领土内有一个约定的经停地点的任何运输,即使该国不是当事国。在一个当事国的领土内两个地点之间的运输,而在另一国的领土内没有约定的经停地点的,不是国际运输。该公约当事国可以在任何时候向该公约的保存人提交通知,声明公约对下列事项不适用:由当事国就其作为主权国家的职能和责任为非商业目的而直接办理和运营的国际航空运输,或使用在该当事国登记的或者为该当事国所租赁的、其全部运力已为其军事当局或者以该当局的名义所保留的航空器,为该当局运输的人员、货物或行李运输。

关于《蒙特利尔公约》与《华沙公约》等公约的关系,《蒙特利尔公约》规定:当国际航空运输在该公约的当事国之间履行,而这些当事国同为下列条约的当事国时,《蒙特利尔公约》优先于国际航空运输所适用的任何规则:(1)《华沙公约》;(2)《海牙议定书》;(3)《瓜达拉哈拉公约》;(4)《海牙议定书的危地马拉议定书》;(5)各个蒙特利尔议定书。当国际航空运输在《蒙特利尔公约》的一个当事国内履行,但该当事国是上述五项所指一个或几个文件的当事国时,《蒙特利尔公约》优先于国际航空运输所适用的任何规则。

《蒙特利尔公约》就其与其他航空公约关系的规定,使《蒙特利尔公约》具有了优先适用的效力,排除了其他公约的适用。

（二）关于旅客、行李与货物运输的凭证

《蒙特利尔公约》第二章专门规定了关于旅客、行李与货物运输的凭证问题,比《华沙公约》的相关规定更加详细具体。该章主要规定如下:(1)承运人除可提交传统的纸制单证外,也可以用任何其他保存客票资料的方法或任何保存所作运输的记录的方法代替交给客票或航空货运单,并出具书面说明或货物收据,作为签订合同、接收承运标的与运输条件的证明。(2)《华沙公约》和《海牙议定书》规定了惩罚性的条款,即承运人不交客票或行李票、航空货运单而承运、客票或行李票、航空货运单没有载明受《华沙公约》和《海牙议定书》约束的条款,承运人无权援用公约中的免除或限制责任。1999年《蒙特利尔公约》取消了该惩罚性的条款。(3)在航空货运单或货物收据的内容方面,要求载明托运货物性质与重量,但取消了载明受《华沙公约》或《海牙议定书》约束的条款的要求。同时还规定,承运人必要时可要求托运人提交说明货物性质的证件。(4)取消了单独对行李票内容的要求。因为在运输实践中行李是随旅客的,行李票大多并入客票,因此,公约将行李运输并入旅客运输之列,不要求一定出具单独的行李票。(5) 托运人和承运人的签字可以印刷或盖章。同时还取消了承运人应该在货物装入航空器之前签字的要求。

(三) 承运人责任制度和赔偿损害的范围

《蒙特利尔公约》第三章详细规定了旅客伤亡及行李损失、货物损坏、延误,免除责任,旅客伤亡的赔偿,延误、行李与货物的责任限额等。

1. 旅客伤亡的双梯度赔偿与延误的限额赔偿

公约规定,对于旅客因死亡或身体伤害而造成的损失,只要事故发生在航空器上或上下航空器过程中,承运人就应当承担责任。但由于旅客健康状况造成的伤亡,承运人不承担责任。

同时,公约考虑到发达国家和发展中国家的利益要求,不再对旅客的伤亡赔偿仅仅规定单一的限额,而是规定双梯度责任制。第一梯度,每位旅客的索赔不超过10万特别提款权的,实行严格责任制,旅客不需承担举证责任。除旅客健康状况引起的伤亡外,不论承运人是否存在过错,承运人不得排除或限制责任。第二梯度,每位旅客的索赔超过 10 万特别提款权的,承运人若证明有下列情况者,则不承担责任:损失不是由承运人或其受雇人或代理人的过失或其他不当行为或不行为造成的,损失完全是由第三方过失或其他不当行为或不行为造成。实行双梯度责任制意味着,对旅客的死亡或身体伤害赔偿可以有两种处理。一是可以采用限额赔偿;二是可以采取无限责任即无限额赔偿制度。

对于客运延误造成的旅客损失,公约仍实行限额赔偿,即每位旅客限制在 150 特别提款权。

2. 行李(包括托运行李和非托运行李)毁灭、遗失、损坏或延误的限额赔偿

公约规定,对于因托运行李毁灭、遗失造成的损失,只要事故发生在航空运输期间,承运人就应该承担责任。但由于行李的固有缺陷、质量或瑕疵造成的行李损失,承运人不承担责任。对于非托运行李,包括个人物品,承运人对因其过错或其受雇人或代理人的过错造成的损失承担责任。由此可见,公约对托运行李毁灭、遗失造成的损失实行严格责任制。

对行李的毁灭、遗失、损害或延误,公约仍实行限额赔偿,即对每位旅客的责任限制在 1000 特别提款权,除非交运行李时特别申报其价值。

3. 货物毁灭、遗失、损坏或延误的限额赔偿

在货物毁灭、遗失或损坏方面,公约基本上采用了《蒙特利尔第四号议定书》的规定,即实行严格责任。对于因货物由毁灭、遗失或损坏而产生的损失,只要造成损失的事件是在航空运输期间发生的,承运人就应当承担责任。但是,承运人证明货物毁灭、遗失或损坏是由于下列一个或几个原因造成的,承运人不承担责任:货物的固有缺陷、质量或瑕疵;货物非由承运人或其受雇人或代理人包装,包装有缺陷;战争或武装冲突行为;公共当局对货物入境、出境、过境所实施的行为。

在货物运输中造成毁灭、遗失或损坏或延误的,公约仍实行限额赔偿,即以每公斤 17 个特别提款权为限,除非交运货物时特别申报其价值。

4. 旅客、行李或货物延误的限额赔偿

公约规定,延误旅客、行李或货物在航空运输中因延误引起的损失,承运人应当承担责任。但是,承运人证明本人及其受雇人或代理人为避免损失的发生,已经采取一切可合理要求的措施或不可能采取这种措施的,承运人不承担责任。由此可见,公约对延误旅客、行李或货物在航空运输中因延误引起的损失仍都实行推定过失责任制和限制责任制。

5. 关于赔偿限额例外的引用

公约规定,如能够证明损失是承运人或其受雇人或代理人有意造成或知道很可能造成损失而不顾后果的行为或不行为引起的,关于客运延误、行李与货物的赔偿限额规定不适用。

6. 管辖法院和仲裁条款

公约采用了《海牙议定书的危地马拉议定书》和《蒙特利尔第四号议定书》的规定。除《华沙公约》规定的四种有管辖权的法院(承运人住所地、主要营业地、订立运输合同的承运人营业机构所在地、航程目的地)外,公约还增加了第五种管辖法院,即向发生事故时的旅客的主要且永久居所所在国法院提出,但承运人使用的航空器应该经营到达该国或从该国领土始发的旅客航空运输业务,并且在该国领土内该承运人通过其本人或与其有商务协议的另一承运人租赁或所有的处所从事其旅客航空运输经营。

公约规定,货物运输合同的当事人可以约定,有关公约中的承运人责任所发生的任何争议通过仲裁解决。仲裁协议应该以书面形式订立。

# 第三节 国际铁路货物运输

## ▶一、国际铁路货物运输公约概述

国际铁路货物运输具有速度较快、运量大、连续性强、风险小及不受气候条件影响等优点,在国际货物运输中占有重要的地位。我国和俄罗斯、蒙古、朝鲜、越南等国的通商货物,很大一部分是通过铁路运输的。

目前,关于国际货物铁路运输的公约主要有两个:一个是由法国、德国、比利时、波兰等国于 1961 年在伯尔尼签订的《国际铁路货物运输公约》(简称《国际货约》),该公约于 1975 年 1 月 1 日生效,后几经修改。在 1980 年 5 月 9 日于伯尔尼举行的第八次修订会议上,决定将《国际铁路货物运输公约》与《国际铁路旅客和行李运输公约》合并为一个新的公约《国际铁路运输公约》,现已有三十多个欧洲、北非和中东国家参加了该公约。另一个是由苏联、波兰、捷克等八个国家于 1951 年签订的《国际铁路货物联运协定》(简称《国际货协》)。我国于 1953 年加入。

加入《国际货协》的东欧国家又是《国际货约》的成员国,这样《国际货协》国家的进出口货物可以通过铁路转运到《国际货约》的成员国去,这为沟通国际间铁路货物运输提供了更为有利的条件。我国是《国际货协》的成员国,凡经由铁路运输的进出口货物均按《国际货协》的规定办理。

▶ 二、《国际货协》的主要内容

(一) 运输合同的订立

《国际货协》规定,国际铁路货物运输合同的形式是铁路当局签发的货运单。货运单及其副本由发货人填写。自始发站承运货物并在货运单上加盖发货站和发货日期戳记时起,运输合同即告成立。

货运单不是货物所有权的凭证,不能转让,它是运输合同成立的书面证明,也是铁路承运货物的凭证,同时也是铁路在终点站向收货人核收运杂费用和点交货物的依据。货运单的正本要随货送到收货人手中,而发货人持有的运单副本,根据我国同《国际货协》其他参加国所签订的交货共同条件的规定,可以作为通过银行向买方结算货款的主要单证之一。

(二) 托运人的权利与义务

1. 托运人的基本义务

托运人既可指发货人,亦可指收货人;有时发货人和收货人均为托运人。根据《国际货协》的规定,托运人承担以下基本义务:

(1) 发货人应对他在货运单中所填报和声明的事项的准确性负责。

(2) 发货人必须递交货物在运送途中为履行海关和其他规章所需的添附文件。

(3) 发货人或收货人应支付运费。

(4) 收货人应收取货物。

2. 托运人的基本权利

托运人的基本权利包括:(1) 在《国际货协》允许的范围内有权对运输合同作必要的更改。例如变更到达站、变更收货人等等。但是只能变更一次运输合同,并且因此而引起的费用由要求变更的一方当事人承担。(2) 当货运单项下的货物毁损时,可以拒收货物,并按规定向承运人提出索赔。

(三) 承运人的责任制度

承运人指始发站和到达站的铁路方,承运人的责任制度包括以下几个方面的内容:

1. 承运人的基本义务

承运人应将货运单项下的货物运至到达站,交付给收货人。按货运单承运的各铁路方应对货物负连带责任。同时,应妥善保管发货人在货运单内所记载并添附的文件。在自签发运单时起至交付货物时止的责任期间内,对货物因逾期运到,以及因货物全部或部分灭失或毁损所造成的损失,承运人应负赔偿责任。

例如1993年,中国陕西某公司于西安站向俄罗斯某公司托运了一批货物。俄罗斯某公司收到货物后,因俄罗斯市场行情发生变化,遂与陕西某公司达成将货物全部退回的协议。1993年8月31日,俄罗斯某公司将货物交由俄罗斯铁鄂木斯克车站承运,货物运单注明到站为西安铁路分局西安西站,收货人为陕西某公司,运到期限为35日。运期届满后陕西某公司没有收到货物。哈尔滨铁路局满洲里站出具证明,证明俄罗斯铁路方面未向其交接该批货物,只传递了运单。西安铁路分局西安西站也出具记录,证实货物未到该站。陕西某公司遂提起诉讼。由于中国和俄罗斯都是《国际货协》的参加国,因此本案所适用的法律是《国际货协》的规定。在本案中,始发站俄罗斯铁鄂木斯克车站和到达站西安铁路分局西安西站作为承运人,所承担的义务就是把货物安全运到到达站,并对自签发运单时起至交付货物时止的责任期间内,对货物因逾期运到,以及因货物全部或部分灭失或毁损所造成的损失,应负赔偿责任。在承运期届满后陕西某公司没有收到货物,在这种情况下可视为货物已经全部灭失。承运人应承担赔偿责任,另外,按货运单承运的各铁路方(例如本案中的哈尔滨铁路局)应对货物负连带责任。

2. 承运人的免责

根据《国际货协》第22条的规定,在下列情况发生时,免除承运人的责任:(1)铁路方不能预防和不能消除的情况;(2)由于货物的特殊自然性质,以致引起的自燃、损坏、生锈、内部腐坏及类似结果;(3)由于发货人或收货人的过失或由于其要求,而不能归咎于铁路方;(4)由于发货人或收货人装车或卸车的原因所造成;(5)由于始发站规章许可,使用敞车类货车运送货物;(6)由于发货人或收货人的货物押送人未采取保证货物完整的必要措施;(7)由于容器或包装的缺点,在承运时无法从其外部发现;(8)发货人使用不正确、不确切或不完全的名称托运违禁品;(9)由于发货人在托运应按特定条件承运的货物时,使用不正确、不确切或不完全的名称,或未按该协定的规定办理;(10)货物在规定标准内的途耗。

如果根据情况推定,货损的发生可归责于上述第一项和第三项原因时,应由铁路方举证。反之,如果根据情况推定,货损的发生可归责于这两项原因之外的其他八项原因时,则只要收货人或发货人不能证明是由于其他原因引起时,即应认为是由于这些原因造成的。

此外,如果在运输过程中发生雪(沙)灾、水灾、崩陷和其他自然灾害,或因按有关国家政府的指示,发生其他行车中断或限制的情况,致使货物未能按规定的运到期限运达时,铁路亦可免除责任。

3. 承运人的责任限额

承运人对货物损失赔偿的金额,在任何情况下,都不得超过货物全部灭失时的金额。对全部或部分灭失的货物,按外国销售者在账单上所开列的价格计算,如果发货人对货物价格另有声明时,按声明的价格予以赔偿。

如货物遭受损坏时,铁路应偿付相当于货物价格减损金额的款额,不赔偿其他损失。

如货物运到逾期时,铁路应以所收运费为基础,按超逾期限的长短,向收货人支付规定的逾期罚款。如逾期不超过总运到期限的 1/10 时,应支付相当于运费 6% 的罚款;如逾期超过总运到期限 4/10 时,应支付相当于运费 30% 的罚款,等等。

4. 索赔与诉讼

《国际货协》规定,发货人和收货人有权根据运输合同提出赔偿请求。在提出赔偿请求时,应附有货运单或其副本或添附其他相应的证明文件,并注明具体的赔偿金额,以书面形式由发货人向发送站提出,或由收货人向到达站提出。

当事人在向铁路提出赔偿请求时,应按下列规定方法办理:(1) 货物全部灭失时,由发货人提出,同时须提出运单副本;或由收货人提出,同时须提出运单副本或运单;(2) 货物部分灭失、毁损或腐坏时,由发货人或收货人提出,同时需提出运单和铁路在到达站交给收货人的商务记录;(3) 货物运到逾期时,由收货人提出,同时还需提出运单;(4) 多收运送费用时,由发货人按其已交付的款额提出,同时还需提出运单副本或发送站国内规章规定的其他文件;或由收货人按其所交付的运费提出,同时需提出运单。

自当事人提出赔偿请求之日起,铁路需在 180 天内审查这项请求,并给予答复。铁路不作答复的,有权提出索赔的人才可以提起诉讼。诉讼只能向受理索赔请求的发送站或到达站所在国有管辖权的法院提起。

因诉讼时效对有关当事人诉权的行使关系重大,故该协定对此作了比较详细的规定,主要内容是:发货人或收货人依据运输合同向铁路方提出赔偿请求和诉讼以及铁路方对发货人和收货人关于支付运费、罚款和赔偿损失的要求和诉讼,应在 9 个月内提出;但关于货物逾期运到的赔偿请求和诉讼,应在 2 个月内提出。其具体诉讼时效起算日如下:关于货物毁损或部分灭失以及逾期运到的赔偿,自货物交付之日起算;关于货物全部灭失的赔偿,自货物运到期限期满后 30 日起算;关于补充运费、杂费、罚款的要求,或关于退还这项款额的赔偿请求,或关于纠正错算运费的要求,应自付款之日起计算,如未付款,应自交货之日起算;关于支付变卖货物的余款的要求,自变卖货物之日起计算;在其他情况下,自确定赔偿请求成立之日计算。

当发货人或收货人向铁路提出赔偿请求时,时效期间即行终止。凡时效期间已过的赔偿请求和要求,不得以诉讼形式提出。

## 第四节 国际货物多式联运

### ▶一、国际货物多式联运的特点及其引起的法律问题

国际多式联运是指按照多式联运合同,以至少两种不同的运输方式,由多式联运经营人将货物从一国境内接管货物的地点运至另一国境内指定交付货物的地点。

国际多式联运是随着集装箱运输的发展而发展起来的。在采用集装箱运输时，通常都是在发货人的工厂、仓库或集装箱货运站把货物装进按标准规格特制的集装箱内，然后用汽车或火车把装有货物的集装箱运往码头装船，或运往机场装上飞机，再由海船或飞机运往出口目的地。货物的交接方式，可以按惯常的"港到港"(port to port)方式，由卖方在装运港交货，而由买方在目的港接货；也可以从出口国内陆卖方的工厂、仓库或起运地集装箱货运站，直接把货物装上集装箱运到进口国内陆买方的工厂、仓库或目的地集装箱货运站，实行"门到门"(door to door)的交接方式。由于"门到门"的交接方式在国际集装箱运输中应用最为普遍，所以集装箱运输有一部分是属于陆、海（空）多种运输方式的联合运输。具体说，就是订立一个运输合同，凭一张运输单证，综合利用陆、海、空多种运输方式，把装在集装箱内的货物，由卖方工厂、仓库的门口直接运到买方工厂、仓库的门口交货。这种新型的运输方式具有装卸效率高、运输速度快、运费低、货损差少、货运手续简便等优点，因而得到了越来越广泛的使用。

然而，在国际货物多式联运方式下，由于货物一直密封在集装箱内，一旦发生货损，很难确定它是发生在海运阶段、陆运阶段抑或是在空运阶段，因而也就很难确定究竟应当适用哪一公约来确定承运人的责任与义务。

1965年，国际海事协商委员会和国际统一私法协会开始草拟有关国际货物多式联运的公约，并于1971年完成《货物联运公约（草案）》，但由于其内容过分偏袒发达国家联运经营人的利益，因而遭到了发展中国家的抵制。1972年，联合国经济及社会理事会在第53届会议上，作出了不讨论这个公约草案的决定。后来又将此类公约的起草工作交由联合国贸发会主持。经过数年的努力，联合国国际联运会议于1980年在日内瓦举行，会议通过了《联合国国际货物多式联运公约》（简称《多式联运公约》），共有67个国家在会议最后文件上签字，我国代表团参加了该公约的起草工作，并在最后文件上签了字。根据公约规定，该公约在30个国家正式批准或参加后12个月生效，目前尚未生效。

1973年，国际商会制定了《联运单证统一规则》，并于1975年修订后颁布。该规则后来成为各国联运经营人制定联合运输提单的蓝本。《联运单证统一规则》虽不是强制性的公约，而只是供当事人选用的国际商务惯例，但对这一领域法律制度的统一起到了一定的作用。

鉴于《多式联运公约》迟迟未能生效，联合国贸发会与国际商会协商，于1991年制定了《多式联运单证规则》，该规则于1992年公布。当事人以书面、口头或其他方式将《多式联运单证规则》纳入运输合同之后，该规则便可适用。

## 二、关于国际货物多式联运的若干法律规则

《多式联运公约》《联运单证统一规则》以及《多式联运单证规则》对多式联运经营人、多式联运单据、当事人赔偿责任以及索赔、诉讼、仲裁等事项都作了规定。

（一）多式联运合同双方当事人的法律地位

多式联运合同的订约双方，一方称为发货人，另一方称为多式联运经营人。在单一运输方式下，发货人和承运人的合同关系是比较明确的。但在多式联运方式下，承运人既有联运经营人，又有其他实际承运人，那么，当货物发生损害时，应由何者承担赔偿责任呢？

对此，《多式联运公约》《联运单证统一规则》以及《多式联运单证规则》均规定，联运经营人是与发货人订立联运合同的当事人，他不是发货人的代理人或代表，也不是实际承运人的代理人或代表，他有履行整个联运合同的责任，即联运经营人应对联运全程负责，而不能以其已把全程的某一区段委托给其他实际承运人运输为由而不负责任。

（二）多式联运单据

根据《多式联运公约》的规定，多式联运经营人在接管货物时，应向发货人签发一项多式联运单据。这种单据是证明多式联运合同及多式联运经营人已接管货物并负责按照合同条款交付货物的证据。

根据公约规定，多式联运单据依照发货人的选择，可签发可转让单据或不可转让单据。实践中，只有单据的签发人承担全程责任时，才有可能签发可转让单据。在签发可转让单据时，应列明是按指示或是向持票人交付。如果列明按指示交付，须经背书才能转让；如果列明向持票人交付，则无须背书即可转让。当签发一份以上可转让多式联运单据正本时，应注明正本份数。如签发任何副本，每份副本上均应注明"不可转让副本"字样。收货人只有提交可转让多式联运单据才能提取货物。多式联运经营人按其中一份正本交货后，即履行了交货义务。如签发不可转让多式联运单据，则应指明记名的收货人。多式联运经营人将货物交给不可转让单据所指明的记名收货人后，即履行了其交货义务。

《多式联运公约》第8条规定了多式联运单据应载明的15项内容，其中包括：（1）货物品类、标志、危险特征的声明、包数或件数、毛重；（2）货物的外部状况；（3）多式联运经营人名称与主要营业地；（4）发货人名称；（5）收货人名称；（6）多式联运经营人接管货物的时间、地点；（7）交货地点；（8）交货日期或期间；（9）联运单据可转让或不可转让的声明；（10）联运单据签发的时间、地点；（11）联运单据经营人或其授权人的签字；（12）每种运输方式的运费，用于支付的货币、运费，由收货人支付的声明等；（13）航线、转运方式和转运地点；（14）关于多式联运遵守本公约规定的声明；（15）双方商定的其他事项。但如果单据中缺少上述事项中的一项或数项，并不影响该单据作为多式联运单据的法律性质。

如果多式联运经营人及其代表知道，或有合理的根据怀疑多式联运单据所列货物的品类、主要标志、包数和件数、重量或数量等事项没有准确地表明实际接管的货物的状况，或没有适当方法进行核对时，则该多式联运经营人或其代表应在多式联运单据上提出保留，注明不符之处、怀疑的根据、或无适当的核对方法。若联运经营人未在多式联运单据上对货物的外表状况加以批注,则应认为货物的外表状况是良好的。

多式联运经营人接管货物时,发货人应视为已向多式联运经营人保证,他在多式联运单据中所提供的货物品类、标志、件数、重量和数量,如属危险物,其危险特性等事项,都是准确的。如果因上述资料不准确或不适当而使联运人遭受损失,发货人应负责给予赔偿。即使发货人已将多式联运单据转让给他人,他仍须负赔偿责任。但联运人对发货人的这种索赔权,并不限制他按照多式联运合同对发货人以外的任何人应负的赔偿责任,即联运人不得以发货人申报不实为理由来对抗善意的第三人。

《联运单证统一规则》和《多式联运单证规则》对多式联运单证性质和作用的规定,与《多式联运公约》的上述规定基本相同。

(三) 联运经营人的责任制度

关于联运经营人的责任制度,《多式联运公约》《联运单证统一规则》以及《多式联运单证规则》的规定是不同的。

1. 《多式联运公约》的规定

《多式联运公约》对联运经营人的责任划分、责任基础以及责任限额作了如下规定:

(1) 责任划分。公约实行的是联运经营人的全程统一责任制,即自其接管货物之日起,到交付货物时为止的整个期间,不论损害发生在哪个运输区段,多式联运经营人应按公约规定的统一的原则和限额进行赔偿。联运经营人向货主赔偿后,再与其他实际承运人解决责任分担问题。实行统一责任制,对货主是有利的,但是容易产生联运经营人与其他实际承运人在运输责任方面的矛盾,因而遭到联运经营人的反对。

(2) 责任基础。公约对联运经营人的赔偿责任采取推定过失责任制,即除非联运经营人能证明他和他的受雇人或代理人为避免损失事故的发生及其后果已经采取了一切合理的措施,否则就推定联运经营人有疏忽或过失,联运经营人就应对货物在其掌管期间所发生的灭失、损坏或延迟交货,负赔偿责任。

(3) 责任限额。多式联运经营人对货物的灭失或损坏的赔偿责任,限制为每件或其他每个货运单位不超过 920 特别提款权,或按毛重每公斤不超过 2.75 特别提款权,以较高者为准。如果一项国际多式联运合同不包括海上或内河运输,则多式联运经营人的赔偿责任的最高限额为按损坏货物毛重每公斤 8.33 特别提款权。这是因为空运承运人和铁路、公路承运人对货损的赔偿责任应当高于海运承运人的责任限额。

如果能确切知道货物的灭失或损坏发生于多式联运的某一特定阶段,而这一阶段适用的某项国际公约或强制性国家法律规定的赔偿限额高于适用《多式联运公约》所规定的赔偿限额,则多式联运经营人的赔偿限额由适用该特定区段的国际公约或国家强制性法律规定予以确定。

如果多式联运经营人故意欺诈,在多式联运单据上列入有关货物的不实资料,或者漏列有关应载明的事项,或货物的损失是由多式联运经营人故意造成的,则有义务负责赔偿因此而遭受的任何损失或费用,而不能援引公约上述责任限额的规定。

2.《联运单证统一规则》的规定

《联运单证统一规则》区分两种情况对联运经营人的责任划分、责任基础和责任限额作了规定:

(1) 不知货物损坏或灭失发生的运输区段的情况。在这种情况下,赔偿应由联运经营人按照《联运单证统一规则》第11条和第12条规定的责任基础和责任限额处理。第11条规定,对联运经营人实行推定过失责任制,即除非联运经营人能证明他和他的受雇人或代理人为避免损失事故的发生及其后果已经采取了一切合理的措施,否则就推定联运经营人有疏忽或过失。第12条规定,在责任限额方面,赔偿金额不得超过灭失或损坏的货物毛重每公斤30金法郎,除非经联运经营人同意,发货人已就货物申报较高的价值,则不在此限。但是,在任何情况下,赔偿金额都不应超过有权提出索赔的人的实际损失。

(2) 确知货物损坏或灭失发生的运输区段的情况。在这种情况下,则实行网状责任制,即分段责任制,即联运经营人的责任应按适用于该运输区段的强制性国内法或国际公约的规定办理。如果没有这样的规定,则按上述第11条和第12条规定的责任基础和责任限额处理。

3.《多式联运单证规则》的规定

(1) 责任基础。《多式联运单证规则》总体上采用推定过失责任原则,但对于水上运输区段,虽未明确指出,实际上仍采用了不完全过失责任制。《多式联运单证规则》规定,联运经营人对海上或内河运输中由于下列原因造成的货物灭失或损坏以及延迟交付,不负赔偿责任:承运人的船长、船员、引航员或雇佣人在驾驶或管理船舶中的行为、疏忽或过失;火灾(除非由于承运人的实际过失或私谋而造成)。但是,只要货物的灭失或损坏是由船舶不适航造成的,联运经营人需证明,他已经谨慎处理使船舶在航次开始时适航,否则即丧失免责的权利。

(2) 责任限额。《多式联运单证规则》规定,如能确定货物损失发生的运输区段,则应适用对该区段适用的国际公约或强制性国内法确定的赔偿限额。如不能确定货物损失发生的运输区段,《多式联运单证规则》参照《多式联运公约》的模式,设立了包括水运和不包括水运的赔偿限额,前者为每件或每单位666.67特别提款权或者货物毛重每公斤2特别提款权,以其中较高者为准(相当于《维斯比规则》的赔偿限额);后者以货物每公斤8.33特别提款权为限(相当于《多式联运公约》的规定)。如果发货人已对货物价值作出声明,则应以该声明价值为限。

对于联运经营人的责任期间,上述公约和惯例均规定,应自接收货物时起至交付货物时止。

（四）索赔与诉讼

《多式联运公约》规定，无论是收货人向联运经营人索赔，还是联运经营人向发货人索赔，都必须在规定的时间向对方发出有关货物灭失、损坏或延迟交货的书面通知。

1. 收货人向联运经营人索赔

当货物发生灭失或损坏时，收货人应在收货的次一工作日将货损、灭失的情况书面通知多式联运经营人。如果货损和灭失不明显时，则在收货后连续6日内提出书面通知。否则，承运人的交货行为就被视为按合同交货的初步证据。如果货物的状况在交付收货人时已经当事各方联合检验，则无须就检验所证实的灭失或损坏情况送交书面通知。

对于延迟交货所造成的损失必须在货物交付收货人之日起60日内，向多式联运经营人送交书面通知，否则联运经营人对延迟交货所造成的损失可不给予赔偿。

2. 联运经营人向发货人索赔

如果联运经营人由于发货人或其受雇人的过失或疏忽而造成损失，他应在损失发生之日起90日内，或在交货之日起90日内，以较迟者为准，将损失通知送交发货人，否则，未送交这种通知即作为联运经营人未遭受损失的初步证据。

3. 诉讼时效

《多式联运公约》规定，有关国际多式联运的任何诉讼，其诉讼时效为两年，自货物交付之日的次一日起算，如果货物未交付，则自货物应当交付之日的次一日起算。

值得注意的是，公约将提出索赔通知与时效问题联系在一起。规定如果在货物交付之日后6个月内，或于货物未交付时，在应当交付之日起6个月内，没有提出书面索赔通知，说明索赔的限制和主要事项，则在此期限届满后即失去诉讼时效。

公约还规定，受索赔人可在时效期间内向索赔人提出书面声明，延长时效期间。

对于诉讼时效，《联运单证统一规则》以及《多式联运单证规则》则规定，除非从货物交付之日或应当交付之日起的9个月内提起诉讼，否则，联运经营人应被解除赔偿责任。这一点与《多式联运公约》的规定不同。

关于司法管辖，《多式联运公约》规定，原告可选择在被告的主营业所或惯常居所、多式联运合同的订立地、货物的接管地或交付地、多式联运单据中所载明的诉讼地点的法院，提起诉讼。当事各方也可用书面协议将根据本公约所发生的任何争议交付仲裁。

与《多式联运公约》的规定不同，我国《海商法》中所指的"多式联运合同"是指多式联运经营人以两种以上的不同运输方式，其中一种是海上运输方式，负责将货物从接受地运至目的地交付收货人，并收取全程运费的合同。但在承担的责任期间上与《多式联运公约》的规定是一致的，即多式联运经营人对多式联运货物的责任期间，自接收货物时起至交付货物时止，并对全程运输负责。但多式联运经营人也可以与参与联运的各区段的实际承运人另以合同约定相互的责任,但这种约定不得影响多式联运经营人对全程运输应承担的责任。在损害赔偿方面,我国《海商法》规定,在损失发生在多式联运的某一区段时,多式联运承运人的赔偿责任和责任限额,适用调整该区段运输方式的有关法律规定;运输区段不能确定时,则依照本法关于海上运输合同中承运人赔偿责任和责任限额的规定来承担赔偿责任。①

例如厦门海事法院审理的匈牙利某公司诉香港富天船务公司等国际多式联运货物灭失赔偿案。② 1994年10月,原告匈牙利某公司作为买方与温州市进出口公司签订一份购买童装的合同。1995年2月11日,温州市进出口公司以托运人的身份将该批货物交由香港富天船务公司承运。富天船务公司收到货物后,签发了一式三份正本全程多式联运提单。提单载明:收货地厦门,装货港香港,卸货港布达佩斯,收货人为匈牙利某公司。1995年2月23日,货物运抵香港后,富天船务公司将其转至以星公司承运。以星公司也签发了提单。富天船务公司收执的提单上载明副本不得转让,并载明装货港香港,收货人为富天船务公司签发的正本提单持有人及本份正本提单持有人,通知人为本案原告匈牙利某公司,并注明该箱货物从厦门运至布达佩斯,中途经香港。3月29日,以星公司将集装箱运抵斯洛文尼亚的科波尔港,博雷蒂诺铁路运输公司出具了运单,该运单载明的箱号、铅封号以及集装箱货物与以星公司出具给富天船务公司的提单内容相同。4月12日,以星公司将集装箱经铁路运至目的地布达佩斯。4月15日,原告向以星公司提交了富天船务公司签发的一份正本提单,6月6日,当原告提货时打开箱子发现是空的。同日,匈牙利铁路公司出具证明,集装箱及门锁在4月15日抵达布达佩斯站时已被替换。后匈牙利公司多次向富天船务公司和以星公司催讨,三方协商未果。1996年4月10日,原告匈牙利某公司向厦门海事法院起诉富天船务公司和以星公司。

原告称:本公司所买货物由卖方作为托运人装于集装箱后交由第一被告富天船务公司承运,富天船务公司签发了全程多式联运提单。提单上载明接货地厦门,卸货地匈牙利布达佩斯,收货人为我公司。富天船务公司将货运至香港后,转由第二被告以星公司承运。以星公司承运至欧洲后由铁路运至匈牙利布达佩斯集装箱终点站。我公司作为提货人发现箱中无货,故向两被告索赔货物灭失以及为此支出的其他合理费用。第一被告富天船务公司作为全程多式联运承运人应对全程负责,第二被告以星公司作为二程承运人应对货物灭失负连带责任。被告富天船务公司在答辩中称:我公司虽签发了多式联运提单,但以星公司在1995年2月23日签发了转船清洁提单,说明货物交付以星公司时尚完好。此后货物灭失,依照联运承运人对自己船舶完成的区段运输负责的国际海运惯例,第二被告以星公司作为二程承运人应对本案货物灭失负责。被告以星公司在庭审时辩称:我公司将货物交给博雷蒂诺

---

① 参见我国《海商法》第102条至第106条。
② 参见王传丽主编:《国际经济法教学案例》,中国政法大学出版社1999年版,第61—63页。

铁路运输公司承运时,该公司以陆运承运人身份签发了铁路运单,运单显示铅封完好,可见我公司作为二程承运人是将货物完好地交给陆运承运人的。我公司已履行了义务。另外,我公司与原告无直接合同关系,不应对原告货物承担责任。另外,集装箱运输是凭铅封交接、我公司接受、交付集装箱时,铅封均完好,故应由托运人对箱内货物真实性负责。

  本案涉及我国《海商法》的适用。根据我国《海商法》的规定,多式联运经营人是指本人或者委托他人以本人名义与托运人订立多式联运合同的人。多式联运经营人对多式联运货物的责任期间,自接收货物时起至交付货物时止。多式联运经营人负责履行或者组织履行多式联运合同,并对全程负责。多式联运经营人与参加多式联运的各区段承运人,可以就多式联运合同的各区段运输,另以合同约定相互之间的责任。但是,此项合同不得影响多式联运经营人对全程运输所承担的责任。所以,在本案中,富天船务公司与托运人温州市进出口公司签订了多式联运合同,并签发了清洁的多式联运单据,富天船务公司就成为本案中的多式联运经营人,那么就承担了按照提单所载明的内容将货物运至目的地的责任。当货物在责任期间发生灭失或损坏时,其应承担赔偿责任。本案证据表明,集装箱及门锁在4月15日抵达布达佩斯站时就已被替换,货物的灭失是发生在多式联运经营人的责任期间,所以作为多式联运经营人的富天船务公司应承担赔偿责任,而不管其把货物交给实际承运人时货物是否完好。如果确有证据表明货物的灭失是由于实际承运人以星公司的过失或故意引起的,富天船务公司可以另行起诉,但这都不能排除富天船务公司在本案中应承担的责任。

# 第七章 国际货物运输保险法

国际货物运输保险是指一方当事人以预先支付约定的费用为条件,要求另一方当事人对在国际运输中的货物遭受约定的保险事故造成损失时,承担约定的赔偿责任的一种法律关系。支付约定费用的一方当事人称为被保险人,所支付的费用为保险费。承担约定赔偿责任的一方当事人称为保险人。国际货物运输保险是国际贸易的重要组成部分,国际贸易成交的货物多数需要经过长途的运输,货物在运输、装卸和储存过程中,可能会遇到各种风险而遭受损失,为了使货物在受损后能得到一定的补偿,货物的买方或卖方一般均要向保险公司投保货物运输保险。国际货物运输保险不但可以给运输中的货物提供保障,而且还能为国家提供无形贸易的外汇收入。国际货物运输保险主要包括海上货物运输保险、陆上货物运输保险、航空货物运输保险和邮包运输保险等。其中历史最悠久、业务量最大的是海上货物运输保险。目前,世界上还没有关于国际货物运输保险的国际公约,因此,国际货物运输保险关系主要由有关国家的保险立法来调整。英国的保险立法不仅为英国的保险业发展制定了规范,而且为世界其他国家的保险法律制度提供了借鉴。各国有关国际货物运输保险的立法大都受到英国保险法的影响。

# 第一节 国际货物运输保险的基本原则

## ▶一、最大诚信原则

最大诚信原则是投保人和保险人在签订保险合同时以及在保险合同有效期内必须遵守的一项原则。国际货物运输保险合同当事人应以诚实信用为基础订立和履行保险合同。该原则在英国 1906 年《海上保险法》中确立。该法第 17 条规定:"海上保险合同是建立在最大诚信上成立的合同,如果任何一方不遵守最大诚信,他方可以宣告合同无效。"现今该原则已被各国保险法所采用。最大诚信原则是保险合同当事人必须遵守的基本准则,贯穿于保险合同的订立以及履行合同的全过程。它不仅要求被保险人应尽最大诚信,也要求保险人尽最大诚信。依我国《保险法》的规定,订立保险合同,保险人应当向投保人说明保险合同的条款内容,并可以就保险标的或者被保险人的有关情况提出询问,投保人应当如实告知。投保人故意隐瞒事实,不履行如实告知义务的,或者因为过失未履行如实告知义务,足以影响保险人决定是否同意承保或者提高保险费率的,保险人有权解除保险合同。依我国《海商法》第 222 条的规定,合同订立之前,被保险人应当将其知道的或者在通常业务中应当知道的有关影响保险人据以确定保险费率或者确定是否同意承保的重要情况,如实告知保险人。保险人知道或者在通常业务中应当知道的情况,保险人没有询问的,被保险人无需告知。被保险人违反如实告知义务的,可能会导致保险合同无效,保险人有权解除合同的后果。从双方当事人权利义务方面,根据最大诚信原则,双方当事人都应履行诚信义务。

保险人对最大诚信原则的遵守主要是对保险条款的说明义务。说明义务是指保险人应当就保险合同利害关系条款特别是免责条款向被保险人明确说明。根据我国《保险法》第17条的规定，订立保险合同，采用保险人提供的格式条款的，保险人向投保人提供的投保单应当附格式条款，保险人应当向投保人说明合同的内容。对保险合同中免除保险人责任的条款，保险人在订立合同时应当在投保单、保险单或者其他保险凭证上作出足以引起投保人注意的提示，并对该条款的内容以书面或者口头形式向投保人作出明确说明；未作提示或者明确说明的，该条款不产生效力。根据此规定，明确说明显然是保险人遵守最大诚信原则应尽的具体义务。

被保险人对最大诚信原则的遵守主要是如实告知义务、履行保证义务。

（1）如实告知义务。指被保险人应将有关保险标的的重要情况据实告诉保险人。所谓重要情况是指足以影响一位谨慎的保险人决定是否同意承保或者提高保险费率的有关情况。各国保险立法关于告知义务程度的规定有两种：一是无限告知义务，即被保险人在投保时需将其知道和在通常业务中应当知道的影响保险人确定保险费率和决定是否承保的每一项重要情况告知保险人。例如，英国1906年《海上保险法》第18条第1款规定，在合同订立前，被保险人应将他所知悉的各项重要情况尽量告知保险人。凡一般业务过程中应知悉的各项情况，均视为被保险人知悉的情况。如果被保险人未作该项告知时，保险人可宣告合同无效。我国《海商法》第222条的规定采用了无限告知义务。二是询问告知义务，即保险人在投保单上将自己所要了解的事项列出，由投保人逐一回答，凡属投保单上所询问的事项，均视为重要情况，投保人只需逐项如实回答即认为已履行告知义务。我国《保险法》第16条的规定近似询问告知义务。

（2）履行保证义务。保证是保险合同中被保险人为了享受合同权利而承诺作出某些行为或不行为。依英国1906年《海上保险法》第33条第1款规定，保证是指一项承诺的保证，即被保险人保证履行或不履行某一特定事项，或者保证履行某项条件，或者保证某一特定事实情况的存在或不存在。对于保险合同中的保证，必须严格遵守，如违反，保险人可以从被保险人违反保证之时起解除自己的义务。而且，无论违反保证的事实对危险的发生是否重要，保险人均可解除义务。保证可分为明示保证和默示保证，明示保证是指保险单内明文表示的保证；默示保证是指在保险单虽未明文规定，但按照法律或者惯例，被保险人应保证某一事项的作为或不作为。海上保险的默示保证有三：一是有适航能力，即被保船舶在构造、性能、人员、装备、供给等方面，均应具备适合预定航行的能力；二是不改变航道，即被保险船只不应驶离两个港口之间的通用航道，除非为了躲避危险或履行人道主义义务；三是具有合法性，即被保险人不得从事非法运输，如进行走私、载运违禁品等。

保证义务与如实告知义务相比，告知义务立足于现在，是对过去或现在的事实的客观说明；保证是对于未来而言的，构成合同履行的一部分。违反如实告知义务并构成欺诈，合同自始无效。违反保证义务，保险人有权解除合同，但对于解除前所产生的保险费及保险事故对双方均有约束力。

## 二、可保利益原则

可保利益又称保险利益,是指投保人或被保险人对于保险标的因有利害关系而产生的为法律所承认、可以投保的经济利益,即被保险人对保险标的所具有的某种合法的利害关系。投保人或被保险人将因为该保险标的物的灭失或损坏遭受损失,或者因安全到达而获得应享有的利益。可保利益原则要求投保人或被保险人必须对保险标的具有可保利益,才能同保险人订立有效的保险合同,其损失才能得到赔偿。如果投保人或被保险人对保险标的没有可保利益,则他与保险人所签订的保险合同是非法的无效的合同。我国《海商法》没有关于可保利益的具体规定,但我国《保险法》对此有明确具体的规定,该法第12条规定,投保人或者被保险人对保险标的应当具有保险利益。保险利益是指投保人,或者被保险人对保险标的具有的法律上承认的利益。可保利益原则构成保险关系的重要条件,是保险合同存在的基本要素。该原则使被保险人无法通过不具有保险利益的保险合同获得额外利益,以避免将保险合同变为赌博合同。

关于具有可保利益的时间,在其他保险中,投保人或被保险人在合同生效时必须具有可保利益。而在海上货物运输保险中,在保险合同订立时,并不要求被保险人必须具有可保利益,但要求在保险事故发生时必须具有可保利益,被保险人才能获得赔偿。因为货运保险单是可以背书转让的,在保险合同订立时,保险单的最后所有者还没有取得对货物的所有利益。有些财产保险的被保险人如购买商品的被保险人为使其所购商品获得充分的保障,常需要在购买合同订立之前或在卖方交货和风险转移之前办理投保,而此时被保险人是没有可保利益的。但是,在保险标的物发生损失时,被保险人必须具有可保利益,否则,被保险人不能向保险人要求赔偿。而且,如果被保险人在发生损失时对保险标的尚未取得可保利益,则在其获悉损失发生后,就不能再以任何手段或方式取得可保利益。

可保利益包括现有利益和期得利益,构成可保利益的条件如下:(1)可保利益必须是合法利益。(2)可保利益必须是一种确定的、客观存在的可以实现的利益,而不是仅凭主观预测、推断可能获得的利益。如果是预期利益,虽在签合同时尚不存在,但只要它在客观上可以实现,并且在保险事故发生前或发生时是可以确定的,就可能成为可保利益,如承运人对运输利益、销售者对待销商品的合理利润等。(3)可保利益必须是经济利益,其价值是可以用货币形式来计算的,并为客观所承认,数额必须合理。

## 三、损失补偿原则

各国保险法都确认保险合同(人身保险合同除外)是补偿性合同,补偿性合同是建立在补偿原则基础上的。所谓损失补偿原则是指当保险标的物发生保险责任范围内的损失时,保险人应按照保险合同条款的规定及时履行赔偿责任。但保险人的赔偿金额不能超过保险单上的保险金额或者被保险人遭受的实际损失。保险人的赔偿不应使被保险人因保险赔偿而获得额外利益。依该原则,被保险人不应获得多于实际损失的补偿,其目的是:(1)防止被保险人从保险中赢利;(2)减少道德风险,避免故意制造损失赔偿。

损失补偿原则的内容主要有:

(1)及时赔偿。我国《海商法》第237条对及时赔偿作了原则规定:"发生保险事故造成损失后,保险人应当及时向被保险人支付保险赔偿。"而我国《保险法》第23、25条有具体的规定。根据这些规定,保险人必须在与被保险人达成赔偿协议后10日内支付保险赔款。在遇有复杂情况不能在以上时间内赔付的,应在被保险人提出赔偿60日内,根据被保险人提供的证据、材料可以确定的最低数额先予支付,待最终确定赔偿数额后,应当支付相应的差额。如果保险人未能在以上期限内履行赔付义务的,除支付赔偿外,还应当赔偿被保险人因此受到的损失。

(2)赔偿金额不能超过保险金额或者被保险人遭受的实际损失。保险价值是指保险人与被保险人双方商定的保险标的物的经济价值,它是保险人履行损失赔偿的最高限额,是确定保险金额的依据。各种财产保险主要采用不定值保险。所谓不定值保险就是指在投保时,保险人和被保险人对保险标的保险价值不加以约定,而是留待损失发生后再具体核实在不定值保单中,保险人和被保险人双方在投保时只商定一个投保金额,当标的物发生损失时,再确定损失当时标的物的实际价值。不定值保险符合损失补偿原则。如果保险金额大于标的物的实际价值即超额保险,赔偿的数额不超过实际价值;如果保险金额小于标的物的实际价值,即不足额保险,保险赔偿的数额不超过保险金额;如果保险金额等于标的物的实际价值即足额保险,保险赔偿数额按实际损失赔偿。

财产保险有时也采用定值保险,所谓定值保险是指在投保时,保险人和被保险人双方对标的物的价值加以确定,并以这个确定的价值作为保险金额投保。当保险标的物发生损失时,则以这个确定的价值作为计算赔款的依据,不再核实标的物受损时的实际价值。因此,对定值保险的赔偿是在保险金额的限额内按实际损失赔偿,最高赔偿金额不超过双方约定的保险价值。由于保险价值是投保时约定好了的,因此,即使出险时实际价值低于约定价值,保险价值也不会改变,在被保险人进行了足额保险的情况下,保险赔偿额大于保险标的物的实际价值,超过了被保险人的实际损失。

在国际货物运输保险中发生了超额保险和重复保险的情况下,保险人只赔偿实际损失。各国处理重复保险的分摊方式主要有三种:第一,比例责任,以每家保险公司的保险金额在总保险金额中的比例来承担损失金额。第二,限额责任,以每家保险公司对这次损失事故所负的限额作为基础计算比例分摊;第三,顺序责任,依保险时间的先后来分摊赔偿责任,即先承保的保险人应当首先承担赔偿责任,不足部分再由后承保的保险人依次承担,直至赔偿到保险标的的价值为止。

### ▶ 四、近因原则

近因是指主要的、决定性的、直接的原因。保险赔偿的近因不一定是指时间上或空间上最接近损失的原因,而是指对损失的发生具有支配力的、最主要的、最有影响的原因。在国际贸易货物运输中,特别是在海洋运输过程中,载货的运输工具遭受运输过程中的各种风险影响,保险货物发生损失往往是在错综复杂的情况下造成的。造成货物损失的原因可能有多个,其中有的属于承保范围,有的不属于保范围。保险人只对承保范围内的风险直接造成的货物损失负赔偿责任。因此,保险标的物发生损失时一定要确定造成货物损失的最直接、最主要和最有影响的原因。近因原则是确定保险人对保险标的的损失是否承担赔偿责任以及承担何种保险责任的重要原则。例如,承运船舶发生搁浅,当船舶重新起浮时船上装载的香蕉腐烂了。法院判决损失的近因不是延期而是搁浅。因此,被保险人有权对保险单下的海难所造成的损失获得赔偿。在此案中,香蕉腐烂是由于航期延误所造成的,而航期延误是由于重新起浮船舶所造成的,重新起浮船舶是因为发生了搁浅。尽管香蕉存在易腐烂的特性,但本案例中如果没有搁浅就不会腐烂。①

## 第二节 国际货物运输保险合同

国际货物运输保险合同是由保险人与被保险人签订的,以国际运输货物为保险标的,由保险人对保险标的遭受约定的保险事故造成的损失和责任负责赔偿,而由被保险人支付保险费的合同。

### ▶ 一、国际货物运输保险合同的内容

(一) 国际货物运输保险合同的当事人

国际货物运输保险合同的当事人为保险人和被保险人。保险人是保险合同中收取保险费,并在合同约定的保险事故发生时,对被保险人因此而遭受的约定范围内的损失进行补偿的一方当事人。被保险人是指按照保险合同支付保险费,在保险范围内的保险事故发生时受到损失,有权接受赔偿金额的一方当事人。国际货物运输保险合同中的投保人一般也是被保险人。

(二) 保险标的

国际货物运输保险合同的保险标的主要是货物,包括贸易货物和非贸易货物。

(三) 保险价值

保险价值是被保险人投保的财产的实际价值。投保人在投保时需说明所要投保的标的的价值,而准确地确定标的的实际价值是很困难的,因此,保险价值通常是

---

① 参见陈欣:《保险法》,北京大学出版社2000年版,第150页。

由被保险人与保险人协商确定的。这个价值是估算形成的,因此它可以是标的的实际价值,也可能与实际价值有一定的距离。

（四）保险金额

保险金额是指保险合同约定的保险人的最高赔偿数额。当保险金额等于保险价值时为足额保险。当保险金额小于保险价值时为不足额保险。当保险金额大于保险价值时为超额保险。

（五）保险责任和除外责任

保险责任是保险人对约定的危险事故造成的损失所承担的赔偿责任。"约定的危险事故"就是保险人承保的风险。保险人承保的风险可以分为保险单上所列举的风险和附加条款加保的风险两大类,前者为主要险别承保的风险,后者为附加险别承保的风险。它既是保险人负责赔偿和给付保险金的依据和范围,也是被保险人要求保险保障和获得赔付或给付的依据和范围。

除外责任就是保险人不承保的风险。保险所承保的是一种风险,所谓风险就是可能发生,也可能不发生。如果该风险必然发生则保险人是不承保的,因此,自然损耗这种必然发生的风险保险人通常会约定不予承保。市价跌落引起的损失属于间接损失,保险人也往往将其列入除外责任的范围。此外,被保险人的故意行为或过失造成的损失,属于发货人责任引起的损失等不是由于自然灾害、意外事故或约定的人为风险引起的损失保险人也不予承保。

（六）保险期间

保险期间也就是保险责任的期间,是指保险人承担保险责任的起讫期间,保险人只对保险期间内发生的保险事故承担赔偿或给付责任。国际海上货物运输保险中,保险期间的规定主要是以一定的航程(空间)为标准,例如规定保险责任自货物离开起运地仓库起至抵达目的地仓库止;或者是以航程(空间)和时间两方面为标准,例如规定自货物离开起运地仓库起至货物抵达目的地仓库止,但如在全部货物卸离海轮后60天内未抵达上述地点,则以60天期满为止。

（七）保险费

保险费是保险人因承担特定的赔偿或给付责任而向投保人或被保险人收取的费用。被保险人交纳保险费的多少,主要决定于保险金额和保险费率,保险费率是计算保险费的百分率。保险费率是由保险人根据保险标的风险的大小、损失率高低和经营费用多少等制定的。

## ▶二、国际货物运输保险合同的订立、转让、解除和终止

（一）国际货物运输保险合同的订立

国际货物运输保险合同的订立是由被保险人以填写投保单的形式向保险人提出投保申请,构成订立保险合同的要约。被保险人即为要约人。被保险人所填写的投保单经保险人接受即同意承保并签署即为承诺,保险合同即告成立。保险合同的

成立不以保险人签发保险单为要件,保险单只是保险合同的书面证明。如我国《保险法》第 13 条规定,投保人提出保险要求,经保险人同意承保,保险合同成立。保险人应当及时向投保人签发保险单或者其他保险凭证。保险单或者其他保险凭证应当载明当事人双方约定的合同内容。当事人也可以约定采用其他书面形式载明合同内容。依法成立的保险合同,自成立时生效。投保人和保险人可以对合同的效力约定附条件或者附期限。国际货物运输保险合同应当在保险事故尚未发生的时候订立,如果保险事故已经发生,就不能投保。但由于国际贸易中,买卖双方分处两国,货主对货物在运输过程中发生的情况难以完全掌握,有时可能出现货物已遭损失,但货主因不知情仍向保险人投保的情况。为解决此问题,保险单上通常都载有"不论灭失与否"(Lost or Not Lost)条款,即不论保险标的物在投保时是否已经灭失,保险人仍按合同承担赔偿责任。但是,被保险人已经知道标的物已发生毁损、灭失后再去投保,则保险合同无效。根据英国海上保险法的规定,这一条款是被保险人在标的发生损失时必须具有可保利益原则的例外。

(二) 国际货物运输保险合同的转让

国际货物运输保险合同的转让是指被保险人将其在保险合同中的权利和义务转让给另一人的行为。由于保险合同不是保险标的的附属物,保险合同不能随同保险标的的所有权的转移而转让,必须通过一定的转让手续才能转让。如果保险标的所有权发生转移,而保险合同未作转让,则保险合同将因被保险人失去了可保利益而失效,被保险人的权利和义务也就不再存在。一般的保险合同的转让都应经保险人同意并进行书面批改后,才能取得赔偿权利。我国《海商法》第 230 条第 1 款规定,因船舶转让而转让船舶保险合同的,应当取得保险人同意。未经保险人同意,船舶保险合同从船舶转让时起解除;船舶转让发生在航次之中,船舶保险合同至航次终了时解除。

国际海上货物运输保险合同可以不经保险人的同意而自由专转让。我国《海商法》第 229 条规定,海上货物运输保险合同可以由被保险人背书或者以其他方式转让,合同的权利、义务随之转移。合同转让时尚未支付保险费的,被保险人和合同受让人负连带支付责任。海上货物运输保险合同可不经保险人同意自由转让是因为海运保险货物在运输过程中,始终在承运人的控制与保管之下,被保险人对货物在运输中的安危不产生影响,因而保险合同的转让不会给保险人增加风险负担。同时,运输过程中货物在途中其所有权可能因提单的转让而多次转移。保险单是保险合同的书面证明,海上货物运输保险合同的转让一般就是保险单的转让。保险单的转让可以采取由被保险人在保险单上背书或其他习惯方式进行。背书可以采取空白背书方式和记名背书方式。空白背书方式即由保险单抬头署名的被保险人在保险单背面背书,此保险单即可自由转让;记名背书方式是在保险单后面背书时明确被背书人,只有被背书人才能成为保险单权利的受让人。

(三) 国际货物运输保险合同的解除

保险合同的解除是指保险合同当事人双方在保险合同开始生效后,尚未履行或没有履行完时,当事人提前终止合同的行为。保险合同的解除是被保险人与保险人之间权利义务关系的终止。

保险合同的解除一般是由以下原因产生的:(1)由于被保险人对保险标的的可保利益已经消失。(2)投保人或被保险人违反保证条件。(3)被保险人违背了最大诚信原则,采取欺诈、故意捏造虚假情况以及隐瞒事实真相等手段诱使保险人签订了合同。(4)投保人或被保险人违反保险合同中规定的义务,这些义务是合同明确规定,如有违反保险人有权解除合同者。

对海上保险合同的解除,我国《海商法》规定,在保险责任开始之前,所有海上保险合同的被保险人均可要求解除合同,但应向保险人支付手续费,保险人则应将保险费退还被保险人。

在保险责任开始之后,货物运输和船舶航次的被保险人不得要求解除合同,其他海上保险合同,如合同中规定在保险责任开始以后可以解约者,被保险人可以要求解约,但保险人有权取得自保险责任开始之日起至合同解除之日止的保险费,在保险人方面,也可以要求解约,但须将自合同解约之日起至保险期间届满之日的保险费退还被保险人。

(四)国际货物运输保险合同的终止

保险合同的终止是指合同依法成立后,依照法律或双方当事人的约定,消灭双方权利义务关系的情况。保险合同的终止一般有以下几种情况:(1)自然终止。是指保险合同规定的保险期限届满,保险人的保险责任即告终止的情况。(2)保险义务已履行而终止。指根据保险合同的规定,保险人已履行了支付全部保险赔款或者给付了全部保险金后,保险合同即告终止。(3)协议终止合同。如双方在订立保险合同时约定,在某种情况出现时保险合同终止。(4)违约终止。指由于当事人一方违反了保险合同的约定而导致保险合同的终止。如被保险人隐瞒了真实情况,保险标的是禁止进出口的货物等,导致保险合同终止。

### ▶三、国际货物运输保险单证

(一)投保单(Application Form)

投保单又称"要保书"或"投保申请书",是投保人或被保险人向保险人提出的保险要求和订立保险合同的书面要约。投保单一般由保险人事先按照统一格式印制而成。投保单上的内容主要有:投保人名称、投保人地址、保险标的、保险价值及金额、保险费率、保险费用、保险责任期限等。投保单并非合同正式文本,但却是保险合同的组成部分,投保单上的内容及被保险人向保险人所作的告知,能对整个合同的效力产生影响,如果被保险人在投保单中填写不实,违反了诚实信用原则,保险人有权解除合同。在投保单上有记载而保险单上有遗漏的情况下,投保单上的记载仍然有效。

投保单在合同的成立上也有一定的意义,保险人如果同意承保,就合同条款达成协议,并在投保单上盖有保险人承保的印章,这就意味着保险合同成立,意味着保险人同意向投保人签发保险单或者其他保险凭证。因此,投保单是保险合同的一部分。投保单是投保人向保险人提出保险要求的书面证明,同时又是保险合同的书面形式之一,但填写投保单并不是订立保险合同的必经程序。

(二) 保险单(Policy)

保险单又称大保单,是由保险人签发的,载有保险合同内容的书面文件,是保险合同的书面证明。货物运输保险合同的成立不以出立保险单为准,而是以保险人的承诺为准。承诺可以是书面的,也可以是口头的,为了防止口头承诺可能发生的争议,一般口头承诺之后均会以书面的形式加以补充,这种书面的形式就是保险单。保险单上主要载有被保险人的名称、保险标的、运输工具的种类和名称、承保险别、开航日期、保险期限、保险金额和偿付地点以及保险人的责任范围和保险费率等事项,并印有规定当事人双方权利义务的保险条款。保险单是被保险人向保险人索赔的主要依据,也是保险人理赔和保险人向被保险人赔偿以及收取保险费的依据。

保险单虽然是保险合同成立的书面凭证,但并不是保险合同成立的必要条件。只要双方当事人就保险条款已达成协议,合同即告成立。即使保险事故发生在正式保险单签发之前,保险合同仍然有效,保险人仍然要负赔偿责任。除非双方约定以出立保险单为保险合同生效的条件,保险人才不负赔偿责任。

保险单可以从不同角度进行分类:

(1) 按保险价值是否确定,保险单可分为定值保险单和不定值保险单。定值保险单是指保险标的价值在订立保险合同时经双方约定在保险单内明确载明的一种保险单。在定值货物保险单下,保险人和被保险人约定的保险价值一般包括货价、运费、保险费以及被保险人销售货物可望获得的预期利润。在国际贸易中,被保险人一般按保险价值进行投保,因而保险金额通常即为保险价值。不定值保险单是指保险人与被保险人在保险单内不事先约定保险标的价值,而留待以后再行确定的保险单。在不定值保险单下,如发生保险责任范围内的损失,根据我国《海商法》第219条的规定,货物的保险价值是保险责任开始时货物在起运地的发票价格或者非贸易商品在起运地的实际价值以及运费和保险费的总和。赔偿金额最高不超过保险金额。

(2) 按保险期限,保险单可分为航程保险单、定期保险单和混合保险单。航程保险单是指保险人与被保险人约定由保险人承保一定航程内风险的保险单。在这种保险单下,保险人对保险标的所负责期限是以航程限定的,航程结束,保险责任期限即告结束。定期保险单是保险人承保一定时期内风险的保险单。这种保险单在货物运输保险中很少应用。混合保险单是兼有航程和定期两种性质的保险单。在这种保险单下,保险人既承保保险标的特定航程,又在某一固定时间内对之负责。例如在海洋货物运输保险中采用的带有仓至仓条款的保险单,一方面规定保险责任在航程范围内有效,另一方面又规定以货物运离海轮后60天为限,即属于此类性质的保险单。

(3) 按船名是否确定,保险单可分为船名已定保险单和船名未定保险单。船名已定保险单是指投保人在投保时载货的船舶已经确定,并在保险单上注明船名及开航日期的保险单。一般保险单都属于船名已定保险单。船名未定保险单是指投保人投保时不能确定载货船舶,而需以后确定的保险单。船名未定保险单主要有:流动保险单、预约保险单和总括保险单。

流动保险单是一种连续有效的保险单,它是一种载明保险的一般条件,而将载货船名和其他细节留待以后申报的保险单。流动保险单内规定有一个总的保险金额,被保险人在每次装运货物之后,将投保金额通知保险人,保险人则从约定的总保险金额中逐笔扣除,直至总的保险金额扣完时,流动保险单的效力即告终止。

预约保险单又称开口保险单,是一种没有总保险金额限制的预约保险总合同,是保险人对被保险人将要装运的属于约定范围内的货物自动承保的总合同。在这种保险单下,被保险人在获悉每批货物已起运时,应立即将货物名称、数量、保险金额、运输工具的种类和名称以及起运地、航线等详情通知保险人。从使用目的上看,预约保险单与流动保险单极为相似,两者都是为了适应经常有大量货物装运的被保险人的需要,简化了投保手续,避免逐笔投保或漏保等。

总括保险单又称闭口保险单,是保险人在约定的保险期间内对一定保险标的的总承保单。在总括保险单内,被保险人与保险人就一定的保险货物商定一个总的保险金额、承保险别、费率水平等,被保险人支付一笔总的保险费。在约定的保险期间内,保险人对于被保险人每批出运的货物全部承保,被保险人不需要逐批向保险人发出通知。当货物发生损失时,保险人的赔款应从总的保险金额中扣除。总保险金额扣完后,保险人就不再承担保险责任。总括保险单适用于多批装运、运输距离较短、每次装运货物的种类及价值相近的货物,有利于节省时间、降低费用。

(三) 保险凭证(Insurance Certificate)

保险凭证又称小保单。保险凭证是简化的保险单,同正式保险单具有同样的效力。保险凭证仅载明被保险人名称、保险货物名称、运输工具种类和名称、险别、保险期限、保险金额等项目。有关双方当事人权利义务方面的条款不予载明。保险凭证与保险单上的特定条款有抵触时,以保险凭证上的内容为准。在保险业务中,当采用流动保险单或预约保险单的方式投保时,被保险人所得到的通常是保险凭证。

▶ 四、国际货物运输保险合同当事人的基本权利与义务

保险人和被保险人双方的基本权利与义务主要规定在保险单中。

(一) 保险人的基本权利与义务

(1) 保险人享有以下基本权利:

第一,收取保险费。

第二,发现被保险人有欺诈、隐瞒等行为时,有权解除合同或拒绝赔偿。

第三,被保险货物出险时,有权对事故和损失进行勘查。

第四,进行再保险。再保险是指保险人为了分散自己所承保的风险,而将承保的一部分保险金额转让给其他保险人,并将相应保险费也转让给该保险人的一种保险业务。

第五,支付保险赔偿后,从被保险人处取得代位求偿权。所谓代位求偿权是指在货物损失是由第三者的过失或疏忽所造成的情况下,保险人根据保险合同向被保险人支付了约定的赔偿后,享有取得由被保险人转让的对第三者的损害赔偿请求权。我国《海商法》第252条第1款规定:"保险标的发生保险责任范围内的损失是由第三人造成的,被保险人向第三人要求赔偿的权利,自保险人支付赔偿之日起,相应转移给保险人。"保险人从第三人取得的赔偿,超过其支付的保险赔偿,超过部分应当退还被保险人。例如,"Yorkshire insurance Company, Ltd. v. Nisbet Shipping Company, Ltd."一案。① 该案被保险人(即 Nisbet 航运公司,被告)为"The Blairnevis"号轮的所有人,于1944年6月24日将该轮向保险人(Yorkshire 保险公司,原告)办理了为期12个月的定期保险。保险人签发了伦敦保险人协会的船舶保险单,该保单为定值保险单,保险价值为72000英镑。1945年2月13日"The Blairnevis"号在爱尔兰海与加拿大政府船舶"Orkney"号轮发生碰撞,2月15日被保险人向保险人提交了委付通知并要求全损赔偿。由于"The Blairnevis"号轮已遭受实际全损,因此,保险人根据定值保险单于1945年4月20日向被保险人支付了72000英镑的金额赔偿。1946年9月19日,被保险人经保险人同意在加拿大提起诉讼程序,要求加拿大政府赔偿"The Blairnevis"号轮的损失。由于官司打到枢密院而被耽搁,直至1958年5月被保险人才获得了336039.52加元的赔偿。但因自1949年后英镑贬值,被保险人将所获金额于1958年在英国兑换成126971英镑,比保险人赔付的72000英镑的金额多出了近55000英镑。故此,保险人诉至英国王座庭商事法院,要求被保险人给付"The Blairnevis"号轮的全部赔款。根据商事法院的判决,保险人不能向被保险人追索超出的这一部分金额。保险人只能有权索回72000英镑而无权获得超出部分的金额。从该案判决可以得出如下结论,当保险人支付了全损赔偿后,即取得了代位求偿权,该项权利既可以用自己的名义行使,或用被保险人的名义由自己行使,也可以由被保险人代为行使。无论由哪一方行使,凡从第三人处取得的金额超出保险人支付的部分,保险人无权享有。另外,根据我国《海商法》第253条的规定,被保险人未经保险人同意放弃向第三人要求赔偿的权利,或者由于过失致使保险人不能行使追偿权利的,保险人可以相应扣减保险赔偿。

(2)保险人具有以下基本义务:

第一,保险人在接受投保单后,有义务签发保险单。

---

① [1961]1 Lloyd's Rep. 479. 转引自沈木珠:《海商法比较研究》,中国政法大学出版社1998年版,第398页。

第二,在保险责任期间内,对保险事故造成的货物损失,依保险单和法律规定向被保险人支付赔偿。

(二)被保险人的基本权利与义务

(1)被保险人享有以下基本权利:

第一,保险事故发生后,根据保险单的规定向保险人要求和收领赔偿金。

第二,将保险单随同货物一同转让他人,转让货物与转让保险单不同,保险单须经背书后单独转让给受让人。

第三,在保险责任开始之前,要求解除保险合同,或减少保险金额。

第四,进行重复保险。重复保险是将同一保险标的,按同一险别同时向一个以上的保险人投保,订立几个保险合同。保险金额总和不得超过保险货物价值。

(2)被保险人具有以下基本义务:

第一,如实告知义务。如实告知义务是最大诚信原则的首要内容,被保险人在订立保险合同时必须如实告知将其知道的或者在通常业务中应当知道的有关影响保险人据以确定保险费率或者确定是否同意承保的重要情况,如实告知保险人。

第二,支付保险费。

第三,得知保险事故发生,应即刻通知保险人,并自行采取必要的合理措施或按保险人的指示,及时采取措施以防止或减少损失。

第四,取得保险人的赔偿后,通过权利转移证书即代位证书把得到赔偿的受损货物的权利移转给保险人。

第五,提供有关单证。在向保险人索赔时,被保险人应提供各种有关单证。

## 第三节 国际海洋运输货物保险险别与条款

### ▶一、国际海洋运输货物保险的保障范围

(一)国际海洋运输货物保险保障的风险

国际海洋运输货物保险所承担的风险,主要有海上风险和外来风险两大类。

1. 海上风险

海上风险,一般是指船舶、货物在海上运输中发生的或随附海上运输所发生的风险。从风险的性质上分,保险人所承保的海上风险主要有自然灾害和意外事故两类。

(1)自然灾害。所谓自然灾害,一般是指不以人的意志为转移的自然界力量所引起的灾害,它是客观存在的,人力不可抗拒的灾难事故。在国际海洋运输货物保险中,自然灾害并不泛指一切由自然力量引起的灾害。根据我国《海洋运输货物保险条款》的规定,自然灾害仅指恶劣气候、雷电、海啸、地震、洪水等人力不可抗拒的灾害。根据1982年英国伦敦保险协会《协会货物条款》(Institute Cargo Clauses,

ICC),属于自然灾害性质的风险有雷电、地震、火山爆发以及"海水、湖水、河水进入船舶、驳船、运输工具、集装箱、大型海运箱或贮存处所等。"① 恶劣气候。一般指海上飓风、大浪引起的船体颠簸倾斜,并由此造成船体、船舶机器设备的损坏,或者因此而引起船上所载货物相互挤压、碰触所导致的货物的破碎、渗漏等损失。② 雷电。指被保险货物在海上或陆上运输过程中,由于雷电所直接造成的或由于雷电引起火灾所造成的货物灭失或损害。③ 海啸。指海底地壳发生变异,引起剧烈震荡而产生巨大波浪,致使被保险货物遭受损害或灭失。④ 浪击落海。指舱面货物受海浪冲击落海而造成的损失。⑤ 地震或火山爆发。直接或归因于陆上的地震或火山爆发所致被保险货物的损失。⑥ 洪水。因江河泛滥、山洪暴发、湖水上岸或暴雨积水致使被保险货物遭受浸泡、淹没、冲散等损失。⑦ 海水、湖水、河水进入船舶、驳船、运输工具、集装箱、大型海运箱或贮存处所。需要注意的是,这种风险,不仅包括由于海水而且也包括由于湖水和河水进入船舶等运输工具或储存处所造成的货物损失。此外,这里的"储存处所"可理解为包括陆上一切永久性的或临时性的、有顶篷或露天的贮存处所。以上的各种自然灾害中,洪水、地震、火山爆发以及海水、湖水、河水进入船舶、驳船、集装箱及其他贮存处所的风险实际上并非真正发生在海上的风险,而是发生在内陆或海陆、海河以及海轮与驳船连接之处的风险。由于这些风险是随附海上航行而发生的,而且危害性很大,为了适应被保险人的实际需要,在海运货物保险的长期实践中,逐渐把它们列入海洋运输货物保险的承保风险范围内。

(2) 意外事故。在海洋运输货物保险中,意外事故并不是仅指海上意外事故,也有可能发生在陆上。按照我国《海洋运输货物保险条款》的规定,意外事故是指运输工具遭遇搁浅、触礁、沉没、互撞、与流冰或其他物体碰撞以及失火、爆炸等。根据英国伦敦保险协会《协会货物条款》的规定,除了船舶、驳船触礁、搁浅、沉没、倾覆、火灾、爆炸等意外事故外,陆上运输工具倾覆或出轨也属意外事故。① 搁浅。指由于意外或异常的原因,船底与水底障碍物发生接触,且持续一定时间失去进退自由的状态。② 触礁。指船舶在航行中船体触及海中岩礁或其他障碍物而造成的意外事故。③ 碰撞。载货船舶同水以外的外界物体碰撞,因此造成船上货物的损失。如果发生两船相撞,则碰撞不仅会带来船舶及货物的损失,还会产生碰撞责任损失。④ 沉没。指船舶因海水侵入,全部沉入水面处于失去浮力和无法继续航行能力的状态。⑤ 倾覆。指船舶在航行中遭受自然灾害或意外事故,导致船体翻倒或倾斜,失去正常状态,非经施救不能继续航行,由此造成保险货物的损失属倾覆责任。⑥ 爆炸。货物在海上运输过程中,因爆炸而受损的情况比较多。如船舶锅炉爆炸致使货物受损,货物自身因气候温度变化的影响产生化学作用引起爆炸而受损。⑦ 火灾。指由于意外、偶然发生的燃烧而引起的货物损失。海洋运输货物保险不论是直接被火烧毁、烧焦、烧裂,或者间接被火熏黑,灼热或为救火而致损失均属火灾风险。在海洋运输货物中,如闪电、雷击起火,货物受海水浸湿温热而起火,或因船长或船员的过失起火,船舶遭遇海难后,在避难港修理,由于工作人员操作不当引起火灾如电焊引起火灾等。凡因以上原因及其他不明原因引起的火灾,保险人均负赔偿责任,但由于货物的固有瑕疵或在不适当的情况下运送而引起的货物自燃,则保险人不承担责任。⑧ 投弃。也称抛货,指船舶在海上航行遭遇危险时,为了减轻船舶的载重,以避免全部受损,而将船上部分货物或部分船上用具抛入海中。⑨ 陆上运输工具倾覆或出轨。指海运保险货物在起运地从指定的发货人仓库到港口装船以及在目的港从卸离海轮到指定的收货人仓库之间陆上载货工具的倾覆或出轨。⑩ 吊索损害。指被保险货物在起运港、卸货港或转运港进行装卸时,从吊钩上摔下而造成的货物损失。⑪ 船长及船员的不法行为。指船长、船员在船主或货主不知的情况下故意作出有损于船主或货主利益的恶意行为。例如,丢弃船舶,纵火焚烧或凿漏船体,违法走私造成船舶被扣押或没收以及故意违反航行规则而遭处罚等。此种风险是 S.G 保险单(英国的海上保险一直是以 S.G 保险单为权威保险单)中承保的一项海上风险,英国伦敦保险协会现行的 ICC(A)条款也承保该风险。

2. 外来风险

外来风险是指海上风险以外的其他原因造成的风险。海洋运输货物的风险必须是意外的,事先难以预料的,而不是必然发生的外来因素。外来风险可分一般外来风险和特殊外来风险。一般外来风险有偷窃、短少、渗漏、短量、碰损、破碎、钩损、淡水雨淋、生锈、玷污、受潮受热、串味等。特殊外来风险是指军事、政治、国家政策法令以及行政措施等外来风险。常见的有战争、罢工、交货不到、拒收等。

(二) 国际海洋运输货物保险保障的损失

国际海洋运输货物的损失按照损失的程度,可分为全部损失和部分损失,其中,部分损失从性质上可分为共同海损和单独海损。

1. 全部损失

全部损失,是指被保险货物由于承保风险造成的全部灭失或视同全部灭失的损害。全部损失分为实际全损和推定全损。

(1) 实际全损也称为绝对全损,保险标的发生保险事故后灭失或者受到严重损坏完全失去原有形体、效用,或者不能再归被保险人所拥有的,为实际全损。① 构成被保险货物实际全损的情况有:第一,被保险标的物已经全部灭失。例如货物遭遇大火被全部焚毁;船舶航行途中因遭遇强台风导致货物随船舶沉入海底灭失。第二,被保险标的物遭受严重损害,以致失去原有形体、用途和价值,如水泥被海水浸泡而变成硬块,茶叶、大豆等食品受海水湿损而无食用价值。第三,被保险标的物不能再归被保险人所拥有,即指标的物的所有权已无可挽回地被完全剥夺,并且不能再归还。例如,战时船舶被敌国捕获、货物被没收等。第四,载货船舶失踪,达到一定时期,仍无音讯。我国《海商法》第248条规定:"船舶在合理时间内未从被获知最

---

① 参见我国《海商法》第245条。

后消息的地点抵达目的地,除合同另有约定外,满两个月后仍没有获知其消息的,为船舶失踪。船舶失踪视为实际全损。"被保险人在货物遭受了实际全损后,可按其投保的保险金额获得保险人的全部损失的赔偿。

(2) 推定全损,也称商业全损,是指被保险货物在海上运输中遭遇承保风险后,认为实际全损已经不可避免,或者为避免发生实际全损所需支付的费用与继续将货物运抵目的地的费用之和超过保险价值的,为推定全损。①

推定全损具有以下特征:第一,以保险事故发生给货物造成部分损失为前提,而以实际全损尚未形成为条件。第二,货物的实际全损已经不可避免,或者为避免发生实际全损所支付的费用超过保险价值。如货物掉进海里,要施救的费用超过货物的价值;或者货物受损后,修理费用超过货物修复后的价值;或者货物受损后,整理和续运到目的地的费用超过货物到达目的地的价值。第三,保险事故发生后,被保险人失去了保险标的的所有权,而要收回,所花费用超过收回的价值。

在推定全损的情况下,被保险人获得的损失赔偿有两种情况:一种是被保险人获得全损的赔偿;另一种是被保险人获得部分损失的赔偿。如果被保险人想获得全损赔偿,必须无条件地及时把保险货物委付给保险人。所谓委付,是指被保险货物发生推定全损时,被保险人将被保险货物的一切权利转让给保险人,要求保险人按全部损失给予补偿的行为。在货物损失构成推定全损的情况下,保险人有两种选择,一是对被保险人按全损进行赔偿,并接受委付。在这种情况下,保险人将取得受损保险标的一切权利,并有权处置残余的货物而得到全部处理收益,即使处理收益大于他赔付的金额也可以。二是对被保险人按全损进行赔偿,但不接受委付。在此情况下,受损的货物的一切权益仍归被保险人。根据我国《海商法》第249、250条的规定,保险标的发生推定全损,被保险人要求保险人按照全部损失赔偿的,应当向保险人委付保险标的。保险人可以接受委付,也可以不接受委付,但是应当在合理的时间内将接受委付或者不接受委付的决定通知被保险人。委付不得附带任何条件。委付一经保险人接受,不得撤回。保险人接受委付的,被保险人对委付财产的全部权利和义务转移给保险人。委付的成立,必须符合以下条件:第一,必须及时发出委付通知。第二,委付时必须对被保险货物进行全部委付,而不能只委付被保险货物的一部分。第三,委付不得附带任何条件。如对被扣押的船舶进行委付时,被保险人不得提出日后如船舶获释,可向保险人归还赔款,由保险人归还船舶的保留条件。第四,委付必须经保险人承诺才能生效。

国际海洋运输货物保险中,全损的概念不是以一艘船上载运的全部货物的完全灭失为划分标准的,保险人对运输货物中全损的范围通常在条款中加以明确,一般的界限有:① 一张保险单所保的货物完全损失;② 一张保险单上所保的分类货物的完全损失;③ 装卸过程中一个整件货物完全损失;④ 在使用驳船装运货物时,一条

---

① 参见我国《海商法》第246条。

驳船所载货物的完全损失;⑤ 一张保险单下包括多张提单的货物,其中一张或几张提单货物的完全灭失。

2. 部分损失

部分损失,是指保险货物的损失没有达到全部损失的程度的损失。按照损失的性质来划分,部分损失又分为共同海损和单独海损。

(1) 共同海损。共同海损是指运载货物的船舶在同一海上航程中遭遇共同危险,为了船舶和货物的共同安全,使航程能够顺利地完成,船方有意识地、合理地采取措施所造成的特殊牺牲和支付的额外费用。共同海损的牺牲和费用,应由有利害关系的船方、货方及运费收入方按获救财产的价值或获益大小比例共同分摊。

构成共同海损应满足以下条件:

第一,海损必须是在同一航程中发生的。同一航程是指船舶从起运港码头装货时开始至目的港卸货完毕时止的海上运输全过程,包括原订的中途挂靠港。例如,根据某连续航次租船合同,船舶从广州黄埔港装货运至荷兰鹿特丹港,途中遭遇强台风的袭击,船长有意使船舶搁浅导致船舶损失,经临时修理后继续前往目的港。卸货后,该船在驶离港口准备前往黄埔港时与另一艘船舶相撞,造成船损。船舶所有人将两次船损合为一起,要求承租人分摊共同海损,但遭到承租人拒绝,显然,船舶所有人的要求不合理。因为,船舶卸载完毕,航次已经结束,尽管船舶前往运载的是同一货主的货物,但已属于另一个航次的货物,况且船舶卸载后为空船,根本无共同海损可言。所以,承租人(货主)仅负有义务分摊从黄埔港至鹿特丹港的共同海损,而无责任分摊从鹿特丹港至黄埔港的任何非共同海损的损失。

第二,危险必须是共同面临的。即危险必须是船舶、货物等共同面临的。例如,满载货物的船舶在航行中遇到强台风,使船舶面临沉没,一旦沉没,船、货必然受损,这时的船、货即处于共同危险之中。仅有某一利益方面临的危险,不得列入共同海损。如某船载运属于各个货主的各种货物,因冷冻机出现毛病,使冷藏货面临损害,船舶停靠某港修理而产生的各种费用,不应列为共同海损。

第三,共同危险必须是真实的。真实危险是指存在着危及船、货安全的客观事实,任何凭主观推断的危险都不是真实危险。例如,某船货舱起火,如不采取灭火措施,火灾将波及全船,此时的危险即属于真实危险。如果危险并不实际存在,仅是船长的错误判断,因此所采取的措施造成的损失,不得作为共同海损。如某轮载有松香,由于蒸汽从船上的破裂管道中冒出而使松香受热过度。船长将蒸汽误认为烟,以为船舱起火,将蒸汽灌入货舱,致使货物受损。法庭认为,该项货损不得作为共同海损,因危险并不实际存在。共同危险的实际存在,不仅指已经发生的危险,也指即将发生的潜在危险,只要在危险发生之时或之前,有意和合理作出的牺牲或支付的费用,就属于共同海损。例如某轮在离开装货港时与水下沉船残骸相缠,致使船舶螺旋桨受损,不得不前去另一港进行修理。法庭认为,尽管本案中的船舶并未处于实际危险之中,但修理其螺旋桨以防止潜在的危险十分必要,该项修理费属于共同海损。

第四,共同海损措施必须是有意采取的合理措施。有意采取措施是指行为人在采取某项措施时明知因此会造成海损,为了避免更大的海损事故发生而仍然采取该项措施。如船舶发生火灾引水入舱或凿洞自沉,就是一项有意采取的措施。例如,"Austin Friars 诉 Spillers and Bakers"案[1],某轮曾两度搁浅,受损极为严重,然而该轮终究还是脱浅了,但已丧失动力。当时船上有 1 名引航员,船舶趁退潮沿布里斯托尔海峡漂流而下,计划将船夹在两突堤码头之间,引航员决定将船撞击其中较低的一个突堤码头。他认为"此时此刻已顾不及造成的损失了"。结果船舶撞在较低的码头上,造成船损 1600 英镑,同时根据当时突堤码头与港区条款法,船东有责任赔偿码头损失 5000 英镑。这两笔款项均作为共同海损得到了补偿,因为这是为了抢救船、货有意采取的措施所造成的后果。所谓"合理"措施,是指采取的措施不得超过实际情况的需要,即行为人应尽可能以最小的损失换取船、货的共同安全。例如,船舶搁浅抛弃货物时应先抛弃廉价的重货,并且掌握好抛货的数量,一旦船舶起浮应立即停止。又如,船舶失火,灭火时必须采取最适当和最有效的灭火措施。寻找避难港时应选择最近、最方便的港口。如果采取的措施不合理所造成的损失和支付的费用,不能作为共同海损处理。

第五,海损必须是特殊的。共同海损不是由于海上危险造成的损失,而是为了解除这种危险而人为造成的一种特殊损失或支付的特殊费用。如海浪击毁舱盖,海水涌入舱内造成货物湿损,不属于共同海损。但如果由于海浪过大,船、货有面临倾覆的危险而开舱抛货,在开舱抛货时,海水涌入舱内,造成其他部分货物湿损,这部分货物的湿损即属于共同海损。又如船上起火,为扑灭火灾而造成货物湿损等,都属于特殊的损失。另外,船舶遭遇海难,船壳破裂,须驶入避难港修理,由此引起的港口费、燃料费等均属于特殊费用。但是,如果船舶驶入避难港修理的港口,恰好是船舶计划中停留的港口,则只要驶往该港口的费用不超过原定的营运费用,则不成为额外支付。船舶搁浅,为脱浅而大量消耗了燃料、物料等也属于特殊费用。

第六,措施必须是有效的。所谓有效是指采取措施的结果保证了船、货的共同安全。因为共同海损将由各受益方进行分摊,分摊的基础是以航程结束时船、货价值来确定的,如果牺牲或费用没有效果。船、货仍然全部损失,则不会有受益方,共同海损的分摊便失去了基础。

(2)单独海损。单独海损是指在海上运输中,由于承保范围内的风险直接导致的船舶或货物本身的部分损失。例如,载货船舶在海上航行中遇到风浪,海水进入船舱使部分货物受损,此项受损的货物即为货方的单独海损。单独海损是一种特定利益方的部分损失,它不涉及其他货主和船方。共同海损与单独海损的区别主要在产生原因和补偿损失的处理方法两方面。第一,两者发生原因不同。单独海损是承

---

[1] 参见沈木珠:《海商法比较研究》,中国政法大学出版社 1998 年版,第 313 页。

保风险所直接导致的船、货损失;共同海损则是为了解除或减轻共同风险而人为地造成的一种损失。第二,单独海损的损失,一般由受损方自己承担;而共同海损损失则由受益各方按照受益大小的比例分摊。

(三) 国际海洋运输货物保险保障的费用

海上风险除造成被保险货物的损失外,还会产生大量的费用支出。在海运货物保险中,保险人负责赔偿的费用主要有施救费用和救助费用。

1. 施救费用

施救费用亦称诉讼及营救费用或损害防止费用,是指被保险货物在遭遇承保责任范围内的风险事故时,被保险人(或其代理人、雇佣人员或受让人)为了避免或减少货物的损失,采取各种抢救与防护措施所支出的合理费用。我国和世界各国的保险法或保险条款一般都规定保险人对被保险人所支付的施救费用应承担赔偿责任,赔偿金额以不超过该批货物的保险金额为限。例如我国《海商法》第240条中规定,被保险人为防止或者减少根据合同可以得到赔偿的损失而支出的必要的合理费用,应当由保险人在保险标的赔偿之外另行支付。保险人对合理费用的支付,以相当于保险金额的数额为限。如此规定是为了鼓励被保险人对受损货物积极采取抢救措施,减少保险赔款的支出。

2. 救助费用

救助费用是指海上保险货物在遭遇承保范围内的风险事故时,由保险人和被保险人以外的第三者采取救助措施并获得成功,由被救方付给救助方的一种报酬。在国际海上救助中一般采用"无效果、无报酬"的原则。救助费用一般都可以作为一种费用损失列入保险承保责任范围之内。

## ▶ 二、我国海洋运输货物保险险别及其条款

(一) 保险险别

保险险别是保险人对风险与损失的承保责任范围。根据我国海洋运输货物保险条款的规定,我国海洋运输货物的保险险别分为基本险和附加险。基本险包括平安险、水渍险和一切险。附加险包括一般附加险、特别附加险和特殊附加险。

1. 基本险

基本险亦称主险,是海洋运输货物保险的基本险别,基本险可以单独投保,不附加在某一险别之下。

(1) 平安险(Free From Particular Average,简称FPA)。

平安险的承保责任范围:

① 被保险货物在运输途中由于恶劣气候、雷电、海啸、地震、洪水等自然灾害造成的整批货物的全部损失或推定全损。

② 由于运输工具遭受搁浅、触礁、沉没、互撞、与流冰或其他物体碰撞以及失火、爆炸等意外事故造成货物的全部或部分损失。

③ 在运输工具已经发生搁浅、触礁、沉没、焚毁等意外事故的情况下,货物在此前后又在海上遭受恶劣气候、雷电、海啸等自然灾害所造成的部分损失。

④ 在装卸或转运时由于一件或数件货物整件落海造成的全部或部分损失。

⑤ 被保险人对遭受承保责任内危险的货物采取抢救、防止或减少货损的措施而支付的合理费用,但以不超过该批被救货物的保险金额为限。

⑥ 运输工具遭遇海难后,在避难港由于卸货所引起的损失以及在中途港、避难港由于卸货、存仓和运送货物所产生的特别费用。

⑦ 共同海损的牺牲、分摊和救助费用。

⑧ 运输合同中订有"船舶互撞责任"条款,根据该条款规定应由货方偿还船方的损失。

平安险的原文含义是"单独海损不赔"。从上述平安险的责任范围的具体内容可以看出,"单独海损不赔"并不能确切反映目前平安险的责任范围,实际上平安险仅对由于自然灾害所造成的单独海损不赔,而对因搁浅、触礁等意外事故所造成的部分损失仍要负责赔偿。不仅如此,如果在运输途中运输工具发生过搁浅、触礁、沉没、焚毁等意外事故,则不论在事故发生之前或之后由于自然灾害所造成的单独海损也要负责。平安险是三种基本险中承保责任最小的一种。

(2) 水渍险(With Particular Average,简称 WA 或 WPA)。水渍险的原文含义是"负单独海损责任"。

水渍险的承保责任范围:

① 平安险所承保的全部责任。

② 被保险货物在运输途中,由于恶劣气候、雷电、海啸、地震、洪水等自然灾害造成的货物的部分损失。

(3) 一切险(All Risks)。一切险的承保责任范围,除包括平安险和水渍险的责任外,还包括被保险货物在运输途中由于各种外来原因所造成的全部或部分损失。具体地说,一切险是平安险、水渍险和一般附加险的总和。

一切险的承保责任是三种基本险中最广泛的一种,适宜于价值较高,可遭受损失因素较多的货物的投保。

2. 附加险

附加险是基本险的扩大和补充,是指投保人在投保基本险时,为保障基本险范围以外可能发生的某些危险所附加投保的保险。因此,附加险不能单独投保,只能在投保了基本险的一种之后才能加保。加保的附加险可以是一种或几种,由被保险人根据要求选择确定。附加险包括一般附加险、特别附加险和特殊附加险。

(1) 一般附加险。

目前中国人民保险公司承保的一般附加险主要有以下 11 种:

① 偷窃、提货不着险。指保险人承保在保险有效期内,被保险货物因被偷窃以及整件提货不着所造成的损失。在这一险别下,为了便于确定责任,对于偷窃的损

失,被保险人必须在及时提货后 10 日之内申请检验;对提货不着,被保险人必须向责任方、海关或有关当局取得证明。

② 淡水雨淋险。指承保货物在运输途中,由于淡水或雨淋以及冰雪融化所造成的损失。

③ 短量险。指保险人承保货物在保险有效期内发生的数量短缺和重量短少的损失,但不包括正常运输途中的自然损耗。

④ 混杂、玷污险。指保险人对被保险货物在运输过程中因混进杂质或与其他物质接触而被玷污造成的损失。如矿砂混进泥土,或服装、纸张被油类或带色物质污染等。

⑤ 渗漏险。承保流质、半流质的液体和油类等货物,在运输过程中由于容器损坏而引起的渗漏损失,或是用液体盛装的货物如湿肠衣等因液体外流而引起的变质、腐烂等损失。

⑥ 碰损、破碎险。承保货物在运输过程中,因震动、碰撞、受压造成的碰损、破碎损失。所谓碰损主要是对金属和金属制品的货物。破碎主要是指易碎货物造成的破碎损失。由于被保险货物在运输途中遭遇自然灾害或意外事故而造成的碰损、破碎损失已经包括在平安险和水渍险的责任范围内,碰损、破碎险则是扩展负责由于外来原因所造成的碰损、破碎损失。

⑦ 串味险。指承保被保险货物在运输途中,因受其他带有异味货物的影响而造成串味异味的损失。如果这种串味异味的损失是由于配载不当引起的,则保险人赔偿后,有权向船方追偿。

⑧ 受潮、受热险。指承保货物在运输过程中,应气温突然变化或船上通风设备失灵等使船舱内的水蒸气凝结,而使货物受潮、受热发生变质的损失。

⑨ 钩损险。承保袋装、捆装货物在装卸或搬运过程中,因使用手钩或吊钩等工具造成的包装钩坏物资外漏的损失。

⑩ 包装破裂险。承保货物在运输过程中因包装破裂造成货物短少、玷污以及由此产生的修补包装、调换包装所支出的费用等损失。由于包装破裂造成货物的损失,从其他附加险的责任中可以得到保障,因此,这一险别主要是补偿由于修补或调换包装的损失。

⑪ 锈损险。承保金属或金属制品在运输过程中因生锈而造成的损失。但对裸装的金属板、块、条、管等货物,保险人不予承保。

以上 11 种一般附加险可在基本险为平安险或水渍险时选择加保。如果已经投保了一切险,则不需要加保,因为一切险的责任范围已包括了上述 11 种一般附加险所承保的风险。

(2) 特别附加险。特别附加险和特殊附加险是指一般附加险之外的不属于一切险承保范围内的附加险别。特别附加险所承保的风险大多与国家行政管理、政策措施、航运习惯等因素有关。特殊附加险主要承保战争和罢工的风险。

我国特别附加险主要分为以下几种:

① 交货不到险。指承保运输货物从装上船起满 6 个月仍不能运到原定目的地交货所造成的损失。不论何种原因,保险人均按全部损失赔偿。交货不到险与一般附加险中的提货不着险不同,交货不到往往不是承运人运输上的原因,而是由某种政治因素引起的。例如由于禁运,被保险货物被迫在中途卸货造成的损失。由于交货不到很可能被保险货物并未实际遭受全损,因此,条款特别强调保险人在按全损赔付后,被保险人应将货物的全部权益转移给保险人。

② 进口关税险。承保被保险货物发生保险责任范围内的损失,而被保险人仍须按货物完好状态缴纳进口关税所造成的损失。

③ 舱面险。承保装载于舱面上的被保险货物被抛弃或被风浪冲击落水造成的损失。海洋运输货物有些体积大、危险性大或其他原因,根据航运习惯必须装载于舱面上,如果加保了舱面险,保险人负责甲板货被抛弃或因风浪冲击落水的损失。由于货物装载于舱面极易受损,通常保险人只接受在平安险的基础上加保舱面险,一般不接受一切险基础上加保舱面险,以避免承保责任过大。

④ 拒收险。承保被保险货物在进口港被进口国的有关当局拒绝进口或没收所产生的损失。被保险人在投保拒收险时,必须持有进口国所需的一切特许进口证明或进口许可证或进口配额。在发生保险范围内的损失时,被保险人有责任配合保险人处理被拒收的货物或者申请仲裁。

⑤ 黄曲霉素险。承保的货物中含有黄曲霉素的含量超过进口国家的限制标准时,被拒绝进口、被没收或强制改变用途引起的损失。

⑥ 出口货物到香港(包括九龙在内)或澳门存仓火险责任扩展条款。该条款专门承保出口至港澳地区且货主向我国港澳地区的银行办理押汇的货物因存仓期间发生火灾所造成的损失。因为在保险货物抵达目的港后,货主尚未向银行还款之前,需将货物存放在银行指定的仓库,为使货物存放期间一旦发生火灾所致的损失获得补偿,被保险人可加保该险别。该险别的保险期限是从货物运入银行指定的仓库时起,直到银行解除货物权益或运输责任终止时计算满 30 天为止。

(3) 特殊附加险。特殊附加险包括海洋运输货物战争险、战争险的附加费用险及罢工险。

① 海洋运输货物战争险。本险承保由于战争或类似战争行为等引起保险货物的直接损失。承保责任范围包括: A. 直接由于战争、类似战争和敌对行为、武装冲突或海盗劫掠等所造成的损失。B. 由于上述原因引起的捕获、拘留、禁制、扣押等所造成的运输货物的损失。C. 各种常规武器,包括水雷、炸弹等所造成的运输货物的损失。D. 由本险责任范围所引起的共同海损牺牲、分摊和救助费用。

② 战争险的附加费用险。本险主要承保由于战争险后果所引起的附加费用。它的具体责任范围包括:发生战争险责任范围内的风险引起航程中断或挫折,以及由于承运人行使运输契约中有关战争险条款规定所赋予的权利,把货物卸在保险单

规定以外的港口和地方,因而产生的应由被保险人负责的那部分附加的合理费用,包括卸货、上岸、存仓、转运、关税以及保险费等。被保险人所以需要投保本险别,原因是战争险只负责由于战争、类似战争行为所引起的损失,而不负责由于战争所引起的费用。

③ 罢工险。本险承保由于罢工者、被迫停工工人或者参加工潮、暴动、民众斗争的人员的行动或任何人的恶意行为所造成的直接损失和上述行动或行为所引起的共同海损牺牲、分摊和救助费用。按照国际保险习惯做法,被保险货物如已投保战争险,在加保罢工险时,一般不再加收保险费。

(二) 除外责任

除外责任是保险人不负赔偿责任的范围。海洋运输货物保险基本险的除外责任主要包括:(1) 被保险人的故意行为或过失所造成的损失。(2) 属于发货人本人所引起的损失。(3) 在保险责任开始前,被保险货物已存在品质不良或数量短差所造成的损失。(4) 被保险货物的自然损耗、本质缺陷、特性以及市价跌落、运输迟延所造成的损失或费用。另外,在一般国际海洋运输货物保险中,战争险和罢工险条款规定的责任范围和除外责任。

海洋运输货物战争险的除外责任主要包括:(1) 由于敌对行为使用原子或热核制造的武器导致被保险货物的损失和费用;(2) 由于执政者、当权者或其他武装集团的扣押、拘留引起的承保航程的丧失或挫折所致的损失。

(三) 责任期限

责任期限是指保险人承担责任的起讫时限。由于海运货物保险是对特定航程中货物的保险,因而货物的保险期限一般没有固定、具体的起讫日期。我国海洋运输货物保险条款规定的保险期间主要有如下内容。

1. "仓至仓"条款

"仓至仓"条款规定保险人对被保险货物所承担的保险责任,从货物运离保险单所载明的起运地的仓库或储存处所开始运输时生效,在正常运输过程中持续,即在从保险单载明的起运地直接由通常的方式和路线运抵保险单载明的目的地的过程中不间断,包括海上、陆上、内河和驳船运输在内,包括通常的迟延、存仓和转运,直至发生以下情况之一时终止:(1) 运达保险单所载明的目的港/地收货人的最后仓库或储存处所。(2) 到达被保险人用作分配、分派或者分散转运货物,或者非正常运输过程中的储存的其他储存处所;(3) 被保险货物在最后卸货港全部卸离海轮后,未能抵达保险单载明的目的地收货人的最后仓库或储存处所满 60 天。(4) 被保险货物在最后卸货港全部卸离海轮后,开始转运至非保险单所载明的目的地时。

2. "扩展责任"条款

(1) 出现被保险人无法控制的延迟、绕道、被迫卸货、重新装载、转载或承运人运用运输合同赋予的权限作任何航海上的变更时,在被保险人及时将获知的情况通知保险人并加付保险费后,保险人可继续承担责任。

(2)在被保险人无法控制的情况下,被保险货物在运抵保险单所载明的目的地之前,运输合同在其他港口或地点终止的①,如果被保险人及时通知保险人并在必要时按保险人的要求加付保险费,保险合同继续有效,直至下述情况之一发生时终止:货物在卸载港全部卸离海轮后届满60天;或者货物在上述卸货港出售并交付给新货主。如果被保险货物在上述60天期限内转运到原目的地或其他目的地,则保险责任的终止仍按"仓至仓"条款的规定。

另外,海洋运输货物战争险的责任期间不是"仓至仓",而是以"水上危险"为限,即以货物装上保险单所载明的起运港的海轮或驳船开始,到卸离保险单所载明的目的港的海轮或驳船时为止。如果被保险货物不卸离海轮或驳船,保险责任期限以海轮到达目的港的当日午夜起算15天为止。如果货物需在中途转船,也不得超过15天。只有在这一期限内装上续运海轮,保险责任才继续有效。罢工险对保险责任期间的规定与战争险不同,而是与海上货物运输保险一样,采用"仓至仓"的原则。

▶ 三、英国海洋运输货物保险条款

长期以来,英国的海上保险一直是以S.G保险单为权威保险单。S.G保险单即"劳合社船、货保险单格式",早在1779年即已开始使用。1906年英国《海上保险法》将其列为附件,作为该法的海上标准保险单。在1982年英国开始采用新的保险单和保险条款之前,它一直是国际保险市场上应用最广泛的一种保险单。1912年,为了补充、修正沿用已久、内容陈旧的S.G保险单,英国伦敦保险协会制定了《协会货物条款》,作为S.G保险单的主要组成部分。随着海运的不断发展,原来的S.G保险单已不能适应客观要求,在实践中不断在保险单边上加贴分散的条款以补充或修改原保险单的内容。《协会货物条款》经过多次修改,在1963年形成了一套完整的伦敦保险协会《协会货物条款》(Institute Cargo Clause,ICC)。该条款分三套,即保险协会货物保险平安险条款、水渍险条款和一切险条款。仍是作为S.G保险单的改进和补充,基本保持原貌。联合国于1979年作出了一份报告,批评S.G保险单在语言上和结构上的问题,并组成工作组正式进行海上船舶及货物保险国际性条款的拟订工作。因此,1981年英国现行伦敦保险协会《协会货物条款》修订完成,1982年1月1日起在伦敦保险市场开始使用。新条款在结构上改变了以前依附S.G保险单的方法,取消了原来平安险、水渍险和一切险的险别名称,代之以协会货物保险(A)、(B)、(C)条款的规定方法来区分险别。

(一)伦敦保险协会货物保险(A)条款

1.(A)条款的承保范围

(1)承保除外责任以外的一切风险所造成的保险标的的损失。

(2)承保根据运输合同和(或)有关法律和惯例理算和确定的,为避免任何原因

---

① 根据许多国家海运提单的规定,目的地如果发生战争、瘟疫、冰冻、罢工、港口拥挤等情况,承运人可将货物卸于他认为安全方便的任何其他港口或地点,而运输合同可视为已经履行。

所造成的损失或与之有关的损失所引起的共同海损和救助费用。但损失原因属于除外责任者不在此限。

（3）运输合同订有"船舶互撞责任"条款规定由被保险人应承担损失的比例责任。

(A)条款对承保范围的规定采用了概括陈述的方式，其所承保的风险与旧条款的一切险大致相同。而(B)条款和(C)条款对承保范围的规定采用了列名风险的方式。

2．(A)条款的除外责任

（1）一般除外责任：① 被保险人故意的不法行为所造成的损失和费用。② 保险标的的自然渗漏，重量或容量的自然损耗，或自然磨损。③ 由于保险标的包装或准备不足或不当所造成的损失或费用，"包装"包括用集装箱或大型海运箱装载的货物，但以被保险人或其受雇人在保险生效之前完成为限。④ 由于保险标的的本质缺陷或特性所造成的损失或费用。⑤ 直接由延迟引起的损失或费用，即使延迟是由于承保的风险所引起的损失或费用(共同海损和救助费用除外)。⑥ 由于船舶所有人、经理人、租船人或经营人破产或不履行债务所造成的损失或费用。⑦ 由于使用任何原子或核子裂变和(或)聚变或其他类似的反应或放射性作用或放射性物质的战争武器所引起的损失或费用。

（2）不适航和不适宜除外责任：① 船舶、运输工具、集装箱或大型海运箱不适宜安全运载保险标的，而被保险人或其受雇人在保险标的的装载时知道这种不适航或不适宜的情况。② 保险人放弃提出任何关于船舶违反适航和适宜将保险标的的运往目的地默示保证的权利，除非被保险人或其受雇人知道这种不适航或不适宜的情况。

（3）战争除外责任：① 战争、内乱、革命、叛乱、造反或由此引起的内乱，或交战国或针对交战国的任何敌对行为。② 捕获、拘留、扣留、禁制、扣押(海盗行为除外)以及这种行为的后果或这方面的企图。③ 遗弃的水雷、鱼雷、炸弹或其他遗弃的战争武器。

（4）罢工除外责任：① 罢工者、被迫停工工人或参与工潮、暴动或民变人员造成的损失或费用。② 罢工、被迫停工或工潮、暴动或民变造成的损失或费用。③ 任何恐怖主义者或任何人出于政治目的采取的行动造成的损失或费用。

（二）伦敦保险协会货物保险(B)条款

1．(B)条款的承保范围

除了规定的除外责任以外的以下责任：(1) 可合理归因于以下原因的保险标的的损失：火灾或爆炸；船舶或驳船遭受搁浅、触礁、沉没或倾覆；陆上运输工具的倾覆或出轨；船舶、驳船或其他运输工具同除水以外的任何外界物体碰撞或接触；在避难港卸货；地震、火山爆发或雷电。(2) 由于下列原因引起的保险标的的损失：共同海损的牺牲；抛货或浪击落海；海水、潮水或河水进入船舶、驳船、其他运输工具、集装箱或海运集装箱贮存处所。(3) 货物在船舶或驳船装卸时落海或跌落造成任何整件的全损。

2. (B)条款的除外责任:(1) 由任何个人或数人非法行动故意损坏或故意破坏保险标的或其任何部分。(2) 由于使用任何原子或核子裂变和(或)聚变或其他类似的反应或放射性作用或放射性物质的战争武器所引起的损失或费用。

(三) 伦敦保险协会货物保险(C)条款

1. (C)条款的承保范围

(1) 可合理归因于以下原因的保险标的的损失:火灾或爆炸;船舶或驳船遭受搁浅、触礁、沉没或倾覆;陆上运输工具倾覆或出轨;船舶、驳船或运输工具同除水以外的任何外界物体碰撞或接触;在避难港卸货;(2) 由于下列原因引起保险标的的损失:共同海损的牺牲;抛货。

2. (C)条款的除外责任

(C)条款的除外责任与(B)条款的除外责任完全相同。

# 第四节　国际陆上运输、航空运输货物保险

国际贸易中货物运输的方式除主要采用海洋运输之外,还有陆上运输、航空运输等方式。随着科技的发展,国家间贸易往来不断增加,这些运输方式得到越来越多的采用,相应方式的运输保险业务的重要性日益显著,并得到迅速发展。由于现代陆上、航空等运输货物保险业务是在海洋运输货物保险的基础上产生发展起来的,因而它们在许多方面与海洋运输货物保险有相同或相似之处。但由于陆上运输和航空运输方式与海运的不同特点,货物在运输途中可能遭遇的风险损失也不同,因此,陆上、航空运输货物在承保险别和责任范围等方面与海运仍有不同之处。

## 一、我国陆上运输货物保险条款

根据中国人民保险公司的《陆上运输货物保险条款》,陆上运输货物保险的责任范围主要限于承保以火车、汽车等陆上运输工具进行货物运输的保险。陆上运输货物保险的基本险别有陆运险和陆运一切险两种。此外,为适应冷藏运输货物的需要而专设的陆上运输冷藏货物保险,也具有基本险性质。在附加险方面,陆运货物的附加险有陆上运输货物战争险。

(一) 陆运险与陆运一切险

1. 陆运险的责任范围

(1) 承保被保险货物在运输途中遭受暴风、雷电、洪水、地震等自然灾害或由于运输工具遭受碰撞、倾覆、出轨或在驳运过程中驳运工具遭受搁浅、触礁、沉没、碰撞或由于遭受隧道坍塌崖崩或失火、爆炸意外事故所造成的全部或部分损失。

(2) 被保险人对遭受承保责任内危险的货物采取抢救、防止或减少货损的措施而支付的合理费用,但以不超过该批被救货物的保险金额为限。

2. 陆运一切险的责任范围

除包括陆运险的责任外,还负责被保险货物运输途中由于外来原因所致的全部或部分损失。

3. 陆运险与陆运一切险的除外责任

(1) 被保险人的故意行为或过失所造成的损失。

(2) 属于发货人责任所引起的损失。

(3) 在保险责任开始前,被保险货物已经存在的品质不良或数量短差所造成的损失。

(4) 被保险货物的自然损耗、本质缺陷、特性以及市价跌落、运输延迟所引起的损失和费用。

(5) 陆上运输货物战争险条款和运输货物罢工险条款规定的责任范围和除外责任。

4. 陆运险与陆运一切险的责任起讫

陆上货物运输保险的责任起讫采用"仓至仓"责任条款。保险人负责自被保险货物运离保险单所载明的起运地仓库或储存处所开始运输时生效,包括运输过程的陆上和与其有关的水上驳运在内,直至该项货物运达保险单所载目的地收货人的最后仓库或储存处所或被保险人用作分配、分派的其他储存处所为止。如未抵上述仓库或储存处所,则以被保险货物在最后卸载的车站满 60 天为止。

陆上运输货物险的索赔时效为:从被保险货物在最后目的车站全部卸离车辆后起算,最多不超过 2 年。

(二) 陆上运输冷藏货物保险

这是陆上运输货物险中的一种专门保险,分冷藏险和冷藏一切险两种。

1. 冷藏险的责任范围

除负责陆运险所列举的自然灾害和意外事故造成的全部或部分损失外,还负责赔偿由于冷藏机器或隔温设备在运输途中损坏造成的被保险货物因解冻溶化而腐败的损失。

2. 冷藏一切险

除包括冷藏险的各项责任外,还负责被保险货物在运输途中由于外来原因所致的腐败或损失。

3. 冷藏险和冷藏一切险的责任起讫

陆上运输冷藏货物保险的责任自被保险货物运离保险单所载起运地点的冷藏仓库装入运送工具开始运输时生效,包括正常陆运和与其有关的水上驳运在内,直到货物到达目的地收货人仓库为止。但最长保险责任有效期限以被保险货物到达目的地车站后 10 天为限。

4. 索赔时效

陆上运输冷藏货物保险的索赔时效从被保险货物在最后目的地全部卸离车辆

后起计算最多不超过 2 年。

(三) 陆上运输货物战争险

陆上运输货物战争险是陆上运输货物险的一种附加险，只有在投保了陆运险或陆运一切险的基础上才能投保。对于陆上运输货物战争险，国外许多保险公司大都不予承保。我国保险公司，为了适应外贸业务的需要，接受这种加保，但仅限于火车运输。

1. 陆上运输货物战争险的责任范围

火车运输途中由于战争、类似战争行为和敌对行为、武装冲突所致的损失；各种常规武器包括地雷、炸弹所致的损失。

2. 陆上运输货物战争险的除外责任

由于敌对行为使用原子或热核制造的武器所致的损失和费用；根据执政者、当权者或其他武装集团的扣押、拘留引起的承保运程的丧失和挫折而造成的损失。

3. 陆上运输货物战争险的责任起讫

陆上运输货物战争险的责任起讫以货物置于运输工具时为限。即从被保险货物装上保险单所载起运地的火车时开始生效，直至卸离保险单所载目的地火车时为止。如果被保险货物不卸离火车，则以火车到达目的地的当日午夜起算，满 48 小时为止。如在运输途中转车，不论货物在当地卸载与否，保险责任以火车到达该中途站的当日午夜计算满 10 天为止。如果货物在此期限内重新装车续运，仍恢复有效。如果运输合同在保险单所载目的地以外的地点终止时，该地就被视为本保险单所载的目的地，在货物卸离该地火车时保险责任终止。如不卸离火车，则保险责任以火车到达该地当日午夜起计算满 48 小时为止。

除陆上运输货物战争险外，陆上运输货物保险的附加险，还可加保罢工险，在投保陆上运输货物战争险的前提下，加保罢工险不另行收费。如仅要求加保罢工险，则按战争险费率收费。陆上运输货物罢工险的承保责任范围与海洋运输货物罢工险的责任范围相同。

## 二、我国航空运输货物保险

根据中国人民保险公司《航空运输货物保险条款》，航空运输货物保险的基本险别有航空运输险和航空运输一切险两种。另有一种航空运输货物战争险是航空运输货物保险的附加险。

(一) 航空运输险和航空运输一切险

1. 航空运输险的责任范围

航空运输险的承保责任范围与海洋运输货物保险条款中的"水渍险"大致相同。保险公司负责赔偿被保险货物在运输途中遭受雷电、火灾、爆炸或由于飞机遭受恶劣气候或其他危难事故而被抛弃，或由于飞机遭受碰撞、倾覆、坠落或失踪等自然灾难和意外事故所造成全部或部分损失。

## 2. 航空运输一切险的责任范围

航空运输一切险的承保责任范围除包括上述航空运输险的全部责任外,保险公司还负责赔偿被保险货物由于被偷窃、短少等外来原因所造成的全部或部分损失。

航空运输险和航空运输一切险的除外责任与海洋运输货物险的除外责任基本相同。

## 3. 航空运输险和航空运输一切险的责任起讫

采用"仓至仓"条款,但与海洋运输货物险的"仓至仓"责任条款不同的是,如货物运达保险单所载明目的地而未运抵保险单所载明的收货人仓库或贮存处所,则以被保险货物在最后卸离飞机后满30天为止。如在上述30天内被保险货物需转送至非保险单所载明的目的地时,则以该项货物开始转运时终止。

### (二) 航空运输货物战争险

航空运输货物战争险是航空运输险的一种附加险,只有在投保了航空运输险或航空运输一切险的基础上,经由投保人与保险公司协商方可加保。加保时需另加付保险费。

## 1. 航空运输货物战争险的责任范围

航空运输货物战争险的责任范围包括:航空运输途中由于战争、类似战争行为、敌对行为或武装冲突以及各种常规武器和炸弹所造成的货物的损失,但不包括因使用原子或热核制造的武器所造成的损失和费用以及根据执政者、当权者或其他武装集团的扣押、拘留引起的承保航程的丧失和挫折而提出的任何索赔。

## 2. 航空运输货物战争险的责任起讫

航空运输货物战争险的责任期限是自被保险货物装上保险单所载明的启动地的飞机时开始,直到卸离保险单所载明的目的地的飞机时为止。如果被保险货物不卸离飞机,则自载货飞机到达目的地之地当日午夜起计算满15天为止。如被保险货物在中途转运时,保险责任以飞机到达转运地的当日午夜起计算满15天为止。待装上续运的飞机,保险责任再恢复有效。

航空运输货物保险的附加险,除战争外,还可加保罢工险。与海运、陆运险相同,在投保战争险前提下,加保罢工险不另收费。如仅要求加保罢工险,则按战争险费率收费。航空运输货物罢工险的责任范围与海洋运输货物罢工险的责任范围相同。

# 第八章　国际商事支付法

在国际商事交易中,货款的支付是与国际货物买卖密切相关的重要法律问题。主要涉及支付的工具或手段和支付的方式两大方面。

# 第一节 支付的工具

支付工具是指国际商事交易中,双方当事人之间用何种手段进行货款的收付。国际商事交易中的支付工具有货币和票据。但由于采用货币支付不仅有诸多不便,而且风险大周转慢。因此,直接使用货币现金结算的比例很小,而大量采用票据作为支付工具,通过银行进行非现金支付结算,来完成国际商事交易中货款的收付。

## 一、票据的概念和种类

票据有广义和狭义两种理解。广义上的票据指商业上各种具有财产价值体现民事权利的凭证,包括汇票、本票、支票、提单、股票、债券、仓单等一切有价证券。狭义上的票据是以支付一定金钱为目的的可转让流通的有价证券,主要是汇票、本票和支票。具体讲,票据是指出票人依票据法签发的,由本人或委托他人在见票时或者在票载日期无条件支付确定金额给收款人或持票人的一种有价证券。[①]

关于票据的分类,各国票据法的规定不一致。在大陆法系国家,如德国《票据法》、法国《商法典》、瑞士《债务法》、日本《票据法》等将票据仅分为汇票和本票,支票则为另外一种证券。主要是支票制度产生较晚,历史发展道路与汇票、本票亦不同,因此,在票据法之外另行制定支票单行法。在英美法系国家,认为汇票、本票均为票据,把支票视为以银行为付款人的汇票,归入汇票的范畴。例如,1882年的英国《票据法》共分六章,其中第二章汇票、第三章银行支票、第四章划线支票、第五章本票。该法第73条规定:"支票是指以银行为付款人的即期付款的汇票。"美国《统一商法典》将票据分为汇票、支票、存款单、本票四种。该法典第3-104条规定:"票据款式:'汇票';'支票';'存款单';'本票'。""符合本条规定条件的文件包括:如果是委托付款,则是'汇票';如果是属于由银行付款并见票即付的汇票,则是'支票';如果是银行声明接收到现金,并承诺清偿,则是'存款单';如果是承诺而不是存款单,则是'本票'"。我国《票据法》第2条第2款规定:"本法所称票据,是指汇票、本票和支票。"现在国际上一般都认为票据应包括汇票、本票和支票。

(1)汇票。汇票是由出票人向受票人开出并由出票人签名的,要求受票人于见票时或规定的某一将来时间或可以确定的将来时间,对某人或某人指定的人或持票人无条件支付一定金额的支付凭证。我国《票据法》第19条规定:"汇票是出票人签发的,委托付款人在见票时或者在指定日期无条件支付确定的金额给收款人或者持票人的票据。"

---

① 参见王小能编著:《票据法教程》(第二版),北京大学出版社2001年版,第14页。

（2）本票。本票，又称期票，是出票人于见票时或某一确定的将来时间，向某人或其指定的人无条件支付一定金额的书面承诺。我国《票据法》第73条规定："本票是出票人签发的，承诺自己在见票时无条件支付确定的金额给收款人或者持票人的票据。"

（3）支票。支票是以银行为受票人的见票即付的汇票，即支票是一种特殊的汇票。汇票与一般支票的区别是：支票的受票人以银行为限，而汇票的受票人不限于银行，可以是公司、个人等；支票仅限于于见票即付，而汇票除此之外还包括其他到期方法。我国《票据法》第81条规定："支票是出票人签发的，委托办理支票存款业务的银行或者其他金融机构在见票时无条件支付确定的金额给收款人或者持票人的票据。"

## 二、票据的法律特性

（一）票据是流通证券

多数国家的立法都肯定和保护票据的流通性，具体体现在：（1）规定票据可以自由转让，即票据经交付或经背书和交付即可转让，不必征得原债务人（付款人）的同意，也不必通知原债务人。如果是民法上的债权，虽然一般亦可转让，但以通知原债务人为转让生效的条件。（2）规定受让人取得票据之后，即取得票据的全部权利，他可以以自己的名义对票据上的出票人、承兑人或前手背书人起诉。（3）规定正当持票人享有优于前手的权利。所谓正当持票人是出于善意且支付了对价的票据受让人。如果是合同权利的受让人则不受此种保护，合同的无效或被撤销会导致受让人合同权利的无效或终止，债务人对让与人（原债权人）享有的抗辩权利对受让人同样有效。这一点是票据法上债权转让与民法上债权转让的主要区别。

（二）票据是无因证券

票据具有无因性，票据如果具备票据法规定的条件，票据权利就成立，对于票据行为发生的原因在所不问。票据是支付命令或承诺，出票人之所以作出这样的命令或承诺，其实是有原因的，它是票据的基础法律关系。即出票人与受款人之间是另有法律关系存在的。但在法律上，票据的基础法律关系与票据权利是两回事，票据权利不受其基础法律关系的影响。例如，根据一项国际货物买卖合同，买方给卖方开出一张一定金额的汇票，以支付卖方货款。该买卖合同成为开具汇票的原因。如果卖方将汇票转让给某甲，而卖方交付的货物不符合合同要求或没有交货，此时，买方也不能拒付货款，而应偿付贴现人后，再与卖方交涉，或行使诉权。①

（三）票据是要式证券

所谓票据是要式证券，指票据的作成，必须依据票据法规定的方式进行，票据必须记载法律规定的事项和内容。

---

① 参见沈木珠：《国际贸易法研究》，法律出版社2002年版，第229页。

### 三、有关票据的立法

(一) 有关票据的国内立法

各国特别是西方国家都有比较完备的票据法制度。但各国票据法在形式和内容上都存在某些差异。从形式上看,英国、德国等国家采用单行立法形式,如英国1882年《汇票法》、德国1933年指定公布的《票据法》和《支票法》。另有一些国家将票据列入商法典中,成为其一部分,如法国、美国等国家。从立法内容上看,根据其存在的差异,主要可分为三个法系:

(1) 法国法系,又称拉丁法系。早在1673年法国《商事条例》中就已订有关于票据的规定,后经修订编入1807年法国《商法典》中,作为《商法典》的一章。法国法系的主要特点是将票据仅仅作为代替现金输送的工具。由于法国《商事条例》制定较早,当时票据在经济生活中主要是用作代替现金运送的工具,其作为流通工具和信用工具的作用,尚未充分体现出来。因此,法国法并没有把票据关系与其基础关系严格区分开来。按照法国法律的规定,凡是票据均需载明对价文句,表明已收到对价,否则不能产生票据法上的效力。同时还强调,汇票的出票人与付款人之间要有资金关系,付款人之所以承担对该项汇票的付款义务,是因为出票人在付款人处存有资金,而且资金关系可随票据的转让而转移。

(2) 普通法系。普通法系包括英国、美国以及一些以普通法作为本国法律基础的国家。其票据法的统一是建立在英国1882年《票据法》的基础上的。美国《统一商法典》第三编尽管有所变更,但主要是一些次要的变更,实质上的统一仍然保留了下来。[①] 普通法系的主要特点是,注重票据的流通作用和信用工具的作用,保护正当的持票人。其具体表现是,把票据关系与其基础关系严格区分开来。而且在形式上采取较灵活的态度。

(3) 德国法系,又称日耳曼法系。以德国1871年《票据法》为代表,在票据的作用方面,德国票据法与英国票据法有相近之处。德国票据法也注重票据的流通作用和信贷工具作用。德国法认为票据是一种不要因的证券,票据上的权利不受其基础关系的影响。但是,在票据形式方面,德国法与法国法接近,对票据的形式要求比英国法严格。

(二) 有关票据的国际公约

由于存在三种不同的票据法律体系,票据法的不统一,给票据在商业上的使用,特别是给国际支付结算中的流通使用带来许多不便。因此,从20世纪初期起,有些国际组织试图把各国的票据法统一起来,制定一些有关票据统一化的公约。1930年和1931年,国际联盟两次在日内瓦举行国际票据法统一大会,并通过了6项关于票据的日内瓦公约,即1930年《关于统一汇票和本票法的日内瓦公约》《关于解决汇票

---

① 参见〔英〕施米托夫:《国际贸易法文选》,赵秀文译,中国大百科全书出版社1993年版,第68页。

和本票的若干法律冲突的公约》和《汇票和本票印花税公约》；1931年《关于统一支票法的日内瓦公约》《关于解决支票的若干法律冲突的公约》和《支票印花税公约》。

关于票据的日内瓦公约通过后，德国于1933年、法国于1935年分别采用了日内瓦公约。随后大多数欧洲国家如意大利、瑞士、瑞典、比利时、奥地利、希腊、荷兰、挪威、丹麦、芬兰以及日本和某些拉丁美洲国家先后加入日内瓦公约体系，并相应修改了国内法，消除了原法国法系和德国法系关于票据的分歧。但是，日内瓦公约并没有完全统一各国票据法的分歧。因为日内瓦公约主要是按照欧洲大陆法的传统制定的，英美法系各国一直拒绝采用日内瓦公约。这些国家认为，日内瓦公约的某些规定与英美法系各国的传统和实践相矛盾，如果采用日内瓦公约，将会影响英美法系各国之间已经实现的统一。从国际范围来说，票据法领域形成了日内瓦体系和英美法体系并存的格局。

为了协调和统一日内瓦体系和英美法体系，消除分歧，联合国际贸易法委员会从1971年起着手起草《联合国国际汇票和国际本票公约》，1988年12月9日在纽约联合国第43次大会上通过了《联合国国际汇票和国际本票公约》，该公约1990年6月30日前开放签字，目前尚未生效。应当指出的是，《联合国国际汇票和国际本票公约》在如下规定上颇具特点，起到了协调两大法系的作用：（1）强调公约仅适用于票据上载有"国际汇票"或"国际本票"字样的汇票或本票，从而排除了对国内汇票和国内本票的适用。而日内瓦票据法公约既适用于国际汇票、国际本票和国际支票，又适用于国内汇票、国内本票和国内支票。（2）公约对国际票据的形式要求，既采取了英美法系的灵活性，又吸收了日内瓦公约体系的某些严格要求，并强调票据上须载有"国际汇票"或"国际本票"字样外，还要求不得开立无记名国际汇票（但背书人可采用空白背书方法，使汇票实际上成为无记名汇票），以及汇票和本票上须载有出票日期。（3）公约明确规定受保护的持票人必须同时符合三个条件：一是他是持有票据的取款人或被背书人；二是票据必须完整且未过期；三是取得票据时，他并不知道有何请求权或抗辩权。（4）公约还规定，在正当付款的情况下，付款人不负有核对背书真伪的责任，除非付款人在票据到期前付款，或付款时已得知第三者对票据有请求权、或知道票据曾发生失窃、伪造等情况。

我国至今并未加入任何一项关于票据的国际公约。我国《票据法》为规范票据行为、保障票据活动中当事人的合法权益，维护社会经济秩序，促进我国社会主义市场经济的发展发挥了重要作用。

### ▶ 四、汇票及其使用

汇票在国际商事交易中使用最为普遍。以下主要根据《关于统一汇票和本票法的日内瓦公约》（以下简称《日内瓦公约》），同时结合英美普通法系国家的立法介绍汇票及其使用。

（一）汇票的主要内容

根据《日内瓦公约》的规定，汇票应包括以下内容：

（1）汇票上必须写明"汇票"字样。但在普通法系各国都不要求必须注明汇票字样。

（2）无条件支付一定金额的命令。指付款人必须无条件地付款，不得附带任何条件。只有见票即付或见票后定期付款的汇票才允许载入利息条款，其他汇票的此种记载一律无效。

（3）付款人名称。付款人又称受票人，是接受出票人支付命令的人。汇票的出票人可指定自己为付款人，此时出票人与付款人为同一人，这种汇票又被称为对己汇票。

（4）付款日与付款地点。付款日也是汇票的到期日，是支付汇票金额的日期，也即持票人提示付款、付款人履行付款义务和计算票据时效的起算日期，是汇票的法定内容之一。付款日的重要性不仅体现在当事人收汇早晚和利息的损失，而且持票人如果到期不作付款提示，则有丧失汇票权利和追索权的危险。关于付款日的规定，有以下几种方法：见票即付，即在持票人提示汇票时付款；定日付款，即在汇票上载明付款的具体日期；出票日后定期付款，即从出票之日后起算，于一定期间内付款；见票后定期付款，即从持票人提示汇票时起算，于一定期间内付款。除见票即付外，其余三种远期汇票持票人都必须在汇票到期日前，向付款人提示承兑。

付款地点是持票人提示承兑或付款的地点，也是汇票遭拒付时作成拒付证书的地点以及发生票据纠纷时付款地法院行使管辖权的根据。《日内瓦公约》要求汇票应记载付款地点，若未载明付款地点的，付款人的所在地视为付款地。而普通法系国家票据法则规定汇票无记载付款地点的，可以付款人的营业场所、住所或经常居住地为付款地。

（5）受款人名称。受款人是汇票的基本当事人，是受领汇票金额的最初票据债权人。汇票受款人有以下三种写法：第一，限制性抬头：即在汇票上载明"只付 A 公司"或记载"不得转让"字样。这种汇票不能以背书方式转让。第二，指示性抬头：又称记名抬头。在汇票上载明"付 A 公司或其指定的人"，这种汇票凭背书转让。第三，来人抬头：此种汇票无需背书，仅凭交付即可转让票据权利。表示方法如"付给来人"。《日内瓦公约》不允许开立来人抬头汇票，英美普通法系国家则允许出票人开立此种汇票。

（6）出票日及地点。出票日决定出票后定期付款的付款日，对见票即付的汇票决定付款提示时间。《日内瓦公约》将出票日列为必要项目。英美票据法系认为缺乏此项内容不影响汇票法律效力。出票地点是票据关系法律适用的重要连接点。如我国《票据法》第 97 条规定："汇票、本票出票时的记载事项，适用出票地法律。"因此，在汇票上记载该项目很有必要。根据《日内瓦公约》，汇票上未载出票地的，出票人姓名旁边的地点视为出票地。英国票据法认为，汇票不因无出票地而无效。

（7）出票人签章。签章是确定出票人承担票据责任的依据。凡未经出票人签章的汇票则不能成立。各国票据法对于此问题都作了一致的规定，即都将出票人签章列为必要项目。

(二) 汇票的种类

(1) 按照出票人的不同,汇票可分为银行汇票和商业汇票。银行签发的汇票是银行汇票。银行以外的人签发的汇票是商业汇票。商业汇票的出票人主要限于银行以外的其他法人和组织。

(2) 按照付款时间不同,汇票可分为即期汇票和远期汇票。即期汇票是指付款人在持票人向其提示汇票或见票时立即付款的汇票。远期汇票也称为有信用期限的汇票,是指在一定期限或特定日期付款的汇票。远期汇票具体又可分为确定日期付款、出票后定期付款、见票后定期付款三种。远期汇票需先办理承兑手续,于到期日即行付款。

(3) 按承兑人的不同,汇票可分为银行承兑汇票和商业承兑汇票。银行承兑汇票是指承兑人是银行的远期汇票。商业承兑汇票是以企业或个人为付款人的远期汇票,经付款人承兑后,称为商业承兑汇票。

(4) 按照有无随附单据,汇票可分为光票汇票和跟单汇票。光票汇票指不附带任何货运单据的汇票。银行汇票多是光票。跟单汇票指附带有货运单据的汇票。商业汇票一般多为跟单汇票。

(三) 汇票的使用

汇票的使用通常有出票、背书、提示、承兑、付款等,如需转让,通常需经背书来转让。如果汇票遭到拒付时,还要涉及作成拒绝证书和行使追索权等。

1. 出票

出票包括两个行为:(1) 由出票人制作汇票并在汇票上签名。(2) 将汇票交给受款人,才算完成出票。就是说只有在出票人自愿地将对汇票的占有转移给受款人时出票行为才告完成。

出票后出现了汇票最初的三个当事人,即出票人、受票人和受款人。出票人是完成出票行为的人,在国际贸易中通常是出口人;受票人是汇票上命令其付款的人,通常是进口人或其往来银行;受款人是有权受领汇票上规定金额的人,通常是出口人本人或其指定的银行。

合法完成的出票行为产生下列效力:(1) 对出票人来说,出票使出票人成了票据的第二债务人,如果票据被拒绝承兑或拒付,则出票人必须对受款人及其他正当持票人承担支付汇票金额的义务。(2) 对受款人来说,出票使他可以享受汇票上的权利。(3) 在票据的原始当事人之间即同为基础法律关系的当事人之间(如国际货物买卖合同双方同为票据的出票人和受款人)义务暂停,如买方的支付义务,由汇票上的权利义务关系代替,在汇票到期时才履行。(4) 对受票人来说,汇票对其无约束力,除非他承兑了汇票。

2. 背书

汇票是一种流通证券,指示性抬头的汇票须经背书方式来转让。所谓背书,是指持票人在汇票背面签上自己的名字和/或受让人姓名并将汇票交给受让人的行为。前者称为背书人,后者称为被背书人。按各国法律的规定,汇票经过背书之后,意味着背书人将汇票的权利转让给被背书人。对汇票的受让人来说,所有在他以前的背书人和出票人均是他的"前手",均对他负有担保汇票必被承兑或付款的责任;所有在他让与以后的受让人都是他的"后手"。在汇票遭拒付或拒绝承兑时,有对前手或出票人进行追索的权利。

背书主要有以下几种:(1)记名背书与空白背书。记名背书是背书人在汇票背面写上被背书人的姓名,并签上自己的名字,然后将汇票交给被背书人。被背书人接受汇票后可通过背书将汇票再行转让。空白背书,又称无记名背书。即持票人必须在汇票背面签上自己的名字,而不填写被背书人的名称,交付受让人。经空白背书后汇票可以像来人抬头的汇票一样,仅凭交付即可再度转让。(2)限制性背书与非限制性背书。限制性背书是背书人指明转让给某人且注明禁止再度转让。这样被背书人在接受汇票后不得将其再行转让。各国对限制性背书的效力规定不同。根据《日内瓦公约》的规定,背书人得禁止再为背书;禁止后,该背书人对于再以背书取得汇票的人,不负保证之责。英美法更加注重保护汇票的可流通性。根据美国《统一商法典》的规定,限制性背书无效,不影响汇票的流通。(3)免受追索的背书与不免受追索的背书。免受追索的背书,背书人在背书时注明"免于追索"字样。这种汇票遭拒付时,持票人在向其前手追索时,就不能向该背书人追索。英美法允许作免予追索的背书。《日内瓦公约》第15条第1款规定:"如无相反规定时,背书人保证其承兑与付款",可见《日内瓦公约》也承认这种汇票。

背书的效力,对背书人来说,除限制性背书和免受追索背书外,合法有效的背书使他成为票据的从债务人,需对包括被背书人在内的一切后手保证该汇票必将得到承兑或付款;在票据被拒绝承兑或拒付时后手持票人可向他请求承兑或付款。对被背书人来说,背书使他取得了背书人对票据的一切权利。被背书人可以自己的名义向付款人要求承兑、付款;也可将汇票再度背书转让;当该汇票遭到拒付时,被背书人有权向其直接背书人以及曾在汇票上签名的一切前手直至出票人进行追索。

3. 提示

提示是指持票人向付款人出示汇票,要求其承兑或付款的行为。提示包括承兑提示和付款提示。远期汇票需先向付款人作承兑提示,然后于到期时作付款提示。

付款提示或承兑提示都必须在法定期限内进行。否则免除出票人和背书人承兑付款义务。两大法系国家对此问题的规定不一致。对于承兑提示,《日内瓦公约》规定,出票人或背书人在汇票上规定应请求承兑的,出票人或背书人可规定或不规定承兑提示时间。如汇票对承兑提示期间有规定,应在规定的期间内作承兑提示。如无规定,应在汇票到期日之前请求承兑。见票后定期付款之汇票,应自出票日起一年内为承兑提示。出票人得将期限缩短或延长之,背书人得缩短之。英美法系国家一般规定:除票据上另有规定外,对见票后定期付款的票据,持票人须在合理的时间内作出承兑提示;其他票据则须在付款提示作出之前为承兑提示。"合理时间"是根据票据的性质、行业惯例及具体情况而定的。对于付款提示,《日内瓦公约》第34条规定,见票即付的汇票,应于出票后一年内为付款提示。出票人可缩短或延长该期限,背书人得缩短该期限。第38条规定,定日付款或出票后定期付款或见票后定期付款之汇票,持票人应于到期日或以后两营业日内,为付款之提示。英美法系国家一般规定:见票即付的汇票须在合理的时间内作付款提示;其他票据于到期日作付款提示。

4. 承兑

承兑是汇票的付款人表示接受出票人的付款指令,同意承担付款义务,而将此意思表示以书面记载于汇票上的行为。承兑的法律意义在于:汇票经承兑即表明承兑人承担到期无条件付款的义务;当承兑人拒绝承兑时,持票人只能向出票人和背书人进行追索;汇票承兑后,如承兑人到期拒绝付款,则持票人可对其起诉。

5. 付款

付款是持票人于汇票到期日向付款人提示汇票,要求支付汇票金额的行为。付款人付款后在汇票上签名注明"收讫"字样,并把汇票交回付款人,于是由该汇票所产生的债权债务关系即告消灭。

6. 汇票的拒付与追索

拒付包括拒绝承兑和拒绝付款两种情形。当付款人对远期汇票拒绝予以承兑时,持票人可立即行使追索权,而无需等待远期汇票到期再向付款人作付款提示并遭到拒付时,才行使追索权。拒付不仅包括付款人明白表示的拒绝承兑或拒绝付款,也包括付款人避而不见以及死亡或宣告破产等情形。

汇票遭拒付,持票人向出票人或背书人或承兑人要求偿还汇票金额的行为称为追索。持票人为了行使其追索权,在汇票遭拒付时,除汇票载明不需作拒绝证书外,都必须在法定时间内作成拒绝证书,否则不得进行追索。出票人、背书人、承兑人或票据保证人对持票人负连带责任。拒绝证书是由付款地的公证人或法院,银行公会等作出的证明付款人拒绝付款或拒绝承兑的书面文件。《日内瓦公约》规定,拒绝承兑证书或见票即付汇票拒绝付款证书,应于规定提示承兑或付款期间内作成,其他拒绝付款证书应于汇票到期日后两个营业日之内作成。此外,持票人还必须在拒绝证书作成之日后4个营业日内将拒付事实通知背书人和出票人。英国法规定,除非有不可控制的原因,拒绝证书必须于不迟于拒付后的下一个营业日作成。美国法规定,拒绝证书须在拒付后的第3个营业日以前作成,但是,如果在作成拒绝证书期限内,票据由制作拒绝证书的官员为作成拒绝证书而登记的,则该拒绝证书可在登记日后任何时间内作出。

汇票的持票人对背书人及出票人的追索时效为 1 年,从拒绝证书作成之日起算;背书人之间及背书人对出票人之间的诉讼时效为 6 个月,自背书人作出清偿之日或背书人被控之日起算;汇票上之一切诉讼权利,对承兑人是 3 年,从汇票到期日起算。英国法规定追索时效是 6 年;美国票据法无规定,实践中按一般的民事诉讼时效处理。

## 第二节 支付的方式

在国际贸易中最基本的支付方式有汇付、托收和信用证。其中汇付与托收的支付方式其信用基础是商业信用,而信用证支付方式是以银行信用为基础的。汇付方式支付货款是顺汇法,而以托收和信用证方式收取货款则是逆汇法。随着国际贸易竞争的日益激烈,国际贸易支付也出现了一些新型的结算方式,如国际保理和福费廷业务等。

### 一、汇付

汇付,也可以称为买方直接付款方式,是指买方通过银行主动将款项支付给卖方,即买方(汇款人)委托当地银行(汇出行)向卖方(收款人)付款,汇出行再委托卖方所在地银行(汇入行)向卖方付款。买方汇付货款时有三种不同的方式:

(1) 信汇(Mail Transfer,M/T)。由买方将货款交给本地银行,由银行开出付款委托书,通过邮寄方式交卖方所在地银行,委托其向卖方付款。

(2) 电汇(Telegraphic Transfer,T/T)。即买方要求当地银行用电报发出电付委托书给卖方所在地银行,委托其向卖方付款。电汇的特点是较为快捷,但买方须负担较高的电汇费用。

(3) 票汇(Demand Draft,D/D)。由买方向当地银行购买银行汇票,自行交与卖方,由卖方或其指定的人持汇票向卖方所在地有关银行收取货款。

买方直接付款的方式不是国际贸易的主要支付方式。在国际贸易支付中,主要的支付方式是银行托收和银行信用证。

### 二、银行托收

(一) 托收的含义

托收是指由卖方开立以买方为付款人汇票,委托银行代为向买方收取货款的一种支付方式。银行办理托收业务时,银行只是依委托人的指示办理,银行对货款能否支付不承担义务和责任。从信用性质上说,托收属于商业信用,而不是银行信用,卖方能否收回货款,全凭付款人(买方)的商业信用。因此,采用托收方式时,卖方在收取货款方面有一定的风险。

(二) 调整托收关系的《托收统一规则》

托收是国际商事交往中用于支付结算的一种较为普遍采用的方式。国际上不存在关于托收的统一立法,各国依照其国内法或者银行习惯做法各行其是。为了统一银行办理托收业务的规则,国际商会在总结各国银行托收业务做法的基础上,于1958年拟订了《商业单据托收统一规则》(Uniform Rules for Collection of Commercial Paper),并建议各国银行采用。经修改,国际商会于1967年在第254号出版物正式公布了这一统一规则,1968年开始实施。1978年国际商会对《商业单据托收统一规则》修改和补充,并改名为《托收统一规则》(Uniform Rules for Collection, URC),以第322号出版物正式公布,1979年1月1日起实施。1995年,国际商会再次修改《托收统一规则》并以第522号出版物公布,于1996年1月1日起实施。该规则属于国际惯例,在国际支付结算中得到了广泛的承认和适用。本书关于托收的相关内容,主要根据1995年的《托收统一规则》(简称为URC 522)。

(三)托收的当事人

根据URC 522第3条的规定,托收当事人包括:

(1)委托人。又称出票人,指开出汇票并委托银行代其向国外的买方收取货款的人。在国际贸易中通常是卖方。

(2)托收行。也称为寄单行,指接受委托人的委托办理托收业务,同时委托国外分行或代理行向买方收款的银行。一般为买方所在地银行。

(3)代收行。除托收行(寄单行)以外的任何参与处理托收业务的任何银行。一般指接受托收银行的委托,向买方收取货款的银行。代收行可以委托与付款人有往来账户关系的银行作为向付款人提示单据的提示行,也可以自兼提示行。因此,提示行并非托收业务中不可缺少的当事人。

(4)付款人。指根据托收指示被提示单据的人。即在委托人开出的汇票上载明支付票款的人。在国际贸易中通常就是买方。

(四)托收的种类:

托收根据所使用的汇票的不同,分为光票托收和跟单托收。

1. 光票托收

光票托收,是卖方仅开立汇票而不附带任何货运单据,委托银行收取款项的一种托收结算方式。

国际贸易中的光票托收,其货运单据由卖方直接寄交买方。有的汇票托收,也附有单据,但并不是整套货运单据,而只是发票、垫款清单等,也属于光票托收。光票托收一般用于收取货款尾数、代垫费用、佣金、样品费或其他贸易从属费用。

2. 跟单托收

跟单托收是指委托人(卖方)委托收款时,向银行提交的是附有货运单据(根据合同条款规定,一般包括提单、保险单、商品检验证明书、发票等)的汇票;或者是提交不带汇票的货运单据。在国际贸易支付中使用托收方式时通常是跟单托收。

跟单托收根据交单所要求的条件不同,分为承兑交单与付款交单。

(1)承兑交单是被委托的代收行于付款人承兑汇票后,将货运单据交给付款人,付款人在汇票到期时,履行付款义务的一种托收方式。承兑交单只适用于远期汇票的托收。

（2）付款交单是被委托的代收行必须在买方付清票款之后,才能将货运单据交给买方的一种托收方式。

付款交单又可分为即期付款交单与远期付款交单。即期付款交单,由卖方开具即期汇票,通过银行向买方提示,买方见票后即付货款,买方付清货款后,领取货运单据。远期付款交单,由卖方开具远期汇票,通过银行向买方提示,由买方承兑,当汇票到期时,由买方付清货款后,领取货运单据。

（五）托收基本程序

托收是买卖双方在国际货物买卖合同中规定采用银行托收方式支付结算前提下进行的。一般程序是：

（1）委托人按合同规定装完货物。

（2）填写托收委托书,开出跟单汇票或即期汇票,连同货运单据交托收银行代收货款。

（3）托收行将托收委托书、汇票及货运单据寄交代收行。

（4）代收银行收到汇票及货运单据后,向付款人作提示汇票(付款提示和承兑提示)。

（5）即期汇票,付款人付清货款,代收行交给货运单据；付款交单的远期汇票,付款人承兑汇票,代收行保留汇票及货运单据,待汇票到期时,付款人付清票款,代收行交给货运单据。如代收行接受了付款人的信托收据借给货运单据,代收行即承担远期汇票到期必须付款的责任。承兑交单,付款人承兑汇票,代收行保留汇票,交付货物单据,并在汇票到期时履行付款义务。

（6）代收行将货运单据交给付款人。

（7）代收行通知托收行,货款已收妥入账。

（8）托收银行将货款交给委托人。

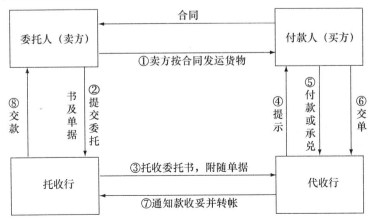

（六）托收当事人之间的关系

1. 委托人与托收行

委托人与托收行之间是委托代理关系。委托人在办理托收时，须填写托收委托书，具体提出托收的指示。根据 URC 522 第 4 条的规定，该托收指示应当包括下述各项内容：委托人、托收行、代收行和付款人的详细地址电话、电传等；托收金额及货币；所寄单据的份数；取得付款或承兑交单的条件；应收取的费用和利息；付款方法及通知付款的方式等。托收委托书，明确了双方的责任范围，构成双方之间的委托代理合同。

在该合同之下，委托人的义务：(1) 指示明确，包括选定代收行或者由托收行自行选择代收行；确定交单方式，即付款交单抑或承兑交单；确定银行费用的分担；收妥货款后如何处理；买方拒付时是否作拒绝证书；拒付时货物如何处理，等等。(2) 及时指示，当银行将发生的意外情况通知委托人时，委托人必须及时指示，否则因此发生的损失均由委托人自己负责。(3) 负担费用，委托人应向托收行支付手续费以及托收行为执行委托支出的电讯费、邮费、公证费等开支，即使委托人未收到货款，亦应支付。托收行作为委托人的代理人，必须谨慎地履行职责。基于代理的基本原则，依据 URC 522 的规定，托收行应负的义务如下：(1) 托收行负有及时提示的义务，如果是见单即付的即期汇票，必须毫无延误地立即办理付款提示；对远期汇票必须在不晚于到期日办理承兑提示和付款提示。托收包含有远期付款的汇票，托收指示书应列明商业单据是凭承兑还是凭付款交给付款人。如果未说明，商业单据只能是付款交单。(2) 保证单据（包括汇票和装运单据）与托收指示书的表面一致。银行必须确定所收到的单据应与托收指示中所列表面相符，如果发现任何单据有短缺或非托收指示所列，银行必须以电讯方式，如电讯不可能时，以其他快捷方式通知委托人。由于任何文电、信件或单据在寄送途中的延误或丢失所引起的后果，或由于电报、电传或电子通信系统在传送中的延误、残缺或错误，或由于专门术语在翻译或解释上的错误，银行不承担义务或责任。(3) 收到款项后在扣除必要的手续费和其他费用后，应立即毫无迟延地交付给委托人。(4) 将托收结果，包括付款、承兑、拒绝承兑或拒绝付款等结果毫无迟延地通知委托人。

在托收行办理托收业务时，必须遵循上述善意和合理谨慎的义务，凡是应当做的而未做，银行就有过失。譬如代收行电报通知付款人拒绝付款，托收行却未立即通知委托人，结果因未及时指示代收行如何处理货物致使委托人受损失，托收行就有过失责任。

2. 托收行与代收行

托收行与代收行之间的关系亦是代理关系，代收行是托收行的代理人。作为托收行的代理人，代收行的基本责任与托收行相同。此外，代收行还应负几项特殊的责任。

(1) 保管好单据。托收是通过银行向买方收取货款并交付单据，买方要取得货物,就必须付款。在即期付款交单业务中,如果代收行在买方未付款时就将装运单据放给买方,致使卖方(通过托收行)遭受货款两空的损失,代收行就不得引用 URC 522 的免责规定。因为在此业务中,买方付款是代收行交单的条件,不付款就放单,银行违反 URC 522 所规定的银行处理托收业务的最基本要求即银行应以善意的和合理的谨慎办理托收业务。

此外,如果买方拒付货款或拒绝承兑,代收行应立即通知托收行,并且保管好单据听候处理。在发出通知 90 天后仍未收到托收行指示的情况下,代收行可以将单据退回托收行。

(2) 在得到指示的条件下谨慎处理货物。原则上代收行不处理货物亦无权处理货物。但当作为付款人的买方拒绝付款时,代收行可根据托收行的指示谨慎地办理提货、存仓、保险等手续。

(3) 托收情况的及时通知。代收行是直接与付款人接触的代表,因此它应当将付款人拒承兑、拒绝付款、其他各种异常情况以及发生的原因立即以快捷的方式通知托收行,通过托收行转达委托人,以便委托人及时采取措施。

3. 委托人与代收行

委托人与代收行之间不存在直接的合同关系。按照代理法的一般原则,托收行是委托人的代理人,代收行是托收行的代理人。委托人与代收行之间不存在直接的合同关系。因此,如果代收行违反托收行指示书行事,致使委托人的利益受损,委托人不能直接对代收行起诉。各国法律基本上都肯定这一原则。例如,在英国 1930 年的一个案例(Calio Printera' Association Ltd 诉 Barclays Bank Ltd)中,卖方将货物运至黎巴嫩的贝鲁特,将装运单据和即期汇票交给英格兰一家银行(托收行),并在托收指示书中要求:如果买方没有付款赎单,银行应设法将货物储存并投保。托收行委托一家叙利亚银行为代收行。结果买方拖延付款,在他付款之前货物尚未保险之时发生火灾将货物烧毁。卖方以违反合同为由向代收行起诉。英国法院以两者之间没有合同关系为由判决卖方败诉。① 托收行应对委托人承担责任。理论上代理人的代理行为视为本人的行为,代收行违背托收指示书就违背了它对托收行所负的义务,这意味着托收行因此也违背了它对委托人的义务,所以委托人有权就代收行的代理失误对托收行起诉。

4. 代收行与付款人

代收行与付款人之间不存在直接的合同关系。代收行只是以托收行的代理人的身份向付款人提示汇票并收取货款。如果付款人拒绝付款或拒绝承兑,代收行无权以自己的名义对付款人起诉,而只能把拒付的情况通知托收行,再由托收行通知委托人,由委托人自行向付款人行使追偿权。

5. 委托人与付款人

委托人与付款人之间的关系是债权债务关系。付款人之所以向代收行付款,是

---

① 参见王传丽主编:《国际贸易法》(修订版),中国政法大学出版社 1995 年版,第 198—199 页。

因为付款人与委托人(即买方与卖方)所签订的买卖合同中订有托收条款,付款人是履行该条款规定的支付义务而已。

### 三、银行信用证

(一) 信用证的含义

根据《跟单信用证统一惯例》(国际商会第 600 号出版物,简称 UCP 600)①第 2 条的规定,信用证意指一项约定,无论其如何命名或描述,该约定不可撤销并因此构成开证行对于相符提示予以兑付的确定承诺。

信用证(Letter of Credit,L/C)也可以定义为:银行根据买方的申请开给卖方的一种保证有条件承担付款责任的书面凭证。在信用证下,银行授权卖方在符合信用证规定的前提下,以该银行或其指定银行为付款人,开出不得超过规定金额的汇票,并随附信用证规定的装运单据,按时在指定地点收取货款。信用证所列的各项内容必须与开证申请人的开证申请书内容一致。然而,信用证一旦开立,就使银行承担了对受益人付款的第一性和独立的责任。信用证是以银行信用代替商业信用对卖方承担付款责任,是一种风险较小的国际支付结算方式。在信用证项下开证行付款的责任是有条件的。受益人必须完全遵守信用证所规定的条件,提交符合信用证规定的单据,银行(开证行)才对其承担付款责任。

(二) 关于信用证的法律及国际惯例

信用证是商业习惯的产物,各国很少有专门调整信用证的法律。目前只有美国在《统一商法典》第五编中对信用证作了若干规定,但并不完备。遇有争议时,法院只能根据合同法及相关法律以及银行业的习惯做法进行处理。所以,在就信用证支付发生纠纷后,各国主要是靠各自银行的信用证格式条款和国际贸易惯例来调整的。为了减少因各国解释不一致而引起的争议,国际商会于 1930 年制定了《跟单信用证统一惯例》(Uniform Customs and Practice for Documentary Credits, UCP),并于 1933 年公布。该惯例于 1951 年、1962 年、1974 年、1983 年、1993 年和 2006 年作了六次修订。可以说 UCP 是到目前为止最为成功的一套国际惯例文件,已为世界上绝大多数国家和地区的银行所采用,在国际上具有广泛的影响,是重要的国际贸易惯例之一。目前使用的是 2006 年修订通过,并于 2007 年 7 月 1 日生效的修订本,通称为国际商会第 600 号出版物,简称为 UCP 600。由于 UCP 的重要和核心地位,它的修订还带动了 eUCP、ISBP、SWIFT 等的相应修订和升级。eUCP(Uniform Customs and Practice for Documentary Credits for Electronic Presentation,跟单信用证电子交单统一惯例)。根据国际商会国家委员会的建议,由于 eUCP 600 使用有限,升级后的 1.1 版 eUCP 600 仍作为 UCP 600 的补充。需注意的是 UCP 很多条款并不对电子交单产生影响,所以要与 eUCP 一起使用。ISBP(International Standard Banking Practice,国际

---

① 2006 年 10 月 25 日,在巴黎举行的国际商会(ICC)银行技术与惯例委员会 2006 年秋季例会上获得通过。2007 年 7 月 1 日起取代 UCP 500 正式实施。UCP 600 是对 1993 年的 UCP 500(即国际商会第 500 号出版物)的修订。

审单标准银行实务），为配合 UCP 600 实施，国际商会同时对 ISBP 进行了有针对性的修改，其修订本（国际商会第 681 号出版物）也于 2007 年 7 月 1 日开始实施。SWIFT（Society Worldwide Interbank Financial Telecommunication，环球同业银行金融电讯协会）是为国际结算提供电讯服务的。另外，国际商会还制定了《跟单信用证项下银行间偿付统一规则》，即国际商会 525 号出版物，1996 年 7 月 1 日起执行。根据该规则规定："银行间偿付受到本规则的约束，偿付行应按开证行指示及/或开证行许可之下行事。本规则并非不顾或改变国际商会关于跟单信用证统一惯例的规定。"

我国没有关于信用证的专门立法，但最高人民法院于 2005 年制定的《关于审理信用证纠纷案件若干问题的规定》，为我国人民法院审理信用证纠纷案件提供了依据。①

（三）信用证交易的基本原则

1. 信用证独立性原则

信用证源于买卖合同，它与作为其基础的买卖合同必然存在内在联系。但是，信用证一旦开出，就成为一项独立的交易，不受买卖合同的约束或影响。这就是信用证独立性原则，是信用证交易的一项基本原则。根据 UCP 600 第 4 条的规定，信用证按其性质是独立于可能作为其基础的买卖合同或其他合同之外的交易，即使信用证中含有关于该合同的任何援引，银行也与该合同完全无关，并且不受其约束。因此，银行关于承付、议付或履行信用证项下其他义务的承诺，不受申请人基于与开证行或与受益人之间的关系而产生的任何请求或抗辩的影响。受益人在任何情况下，不得利用银行之间或开证申请人与开证行之间所存在的契约关系。开证行应劝阻申请人试图将基础合同、形式发票等文件作为信用证组成部分的做法。UCP 600 第 5 条规定，在信用证业务中，银行处理的是单据，而不是可能与单据有关的货物、服务及/或其他行为。

根据信用证独立性原则，信用证交易为单据交易，如果信用证的受益人交付的单据与信用证条款的规定完全一致，银行必须付款。即使此后银行向开证申请人提示要求付款赎单时，申请人拒绝付款或因破产而丧失付款能力，银行也不得向受益人追索或以开证申请人的原因作为拒绝承担第一付款人责任的理由。银行收到受益人提交的单据时，只负责以合理的谨慎对单据进行审核，并不对单据的真实性承担义务和责任，只要单据与信用证相符，银行就必须付款，在开证申请人提货后发现货物与合同不符，或与所交付的单据不符，开证申请人只能根据买卖合同与受益人或有关责任人（如承运人或保险人）交涉，与银行无关。例如，在一个涉及新闻纸质量的案件②中，卖方向银行提交了符合信用证条款的单据要求付款，但银行却根据买

---

① 2005 年 10 月 24 日由最高人民法院审判委员会第 1368 次会议通过，由最高人民法院于 2005 年 11 月 14 日发布，自 2006 年 1 月 1 日起施行。

② Maurlce O'meara Co. v. National Park Bank (1925)。转引自沈达明、冯大同编著：《国际贸易法新论》，法律出版社 1989 年版，第 283 页。

方的请求,以卖方所交的货物——新闻纸的拉力与信用证规定的规格不相符合为理由拒绝付款。卖方在纽约法院对银行提起诉讼,认为信用证并没有要求银行检验货物的质量。法院判决卖方胜诉,并在判决中指出,银行根本无权要求对纸张进行拉力试验,亦无权对纸张进行检验,除非信用证本身对此作了具体规定。

2. 相符交单原则

根据 UCP 500 的规定,银行的审单标准遵循严格相符原则,严格相符原则是指银行在付款时必须审查受益人所提交的单据是否与信用证规定的条件完全相符,只有单据表面上与信用证完全相符的条件下,银行才承担必须付款的责任。如果单据在表面上与信用证不符,即存在不符点,银行有权拒绝受领单据,拒绝付款。信用证的严格相符原则要求所有单据应与信用证规定一致,并且单据与单据之间也不得相互矛盾,即所谓"单证相符(含单据符合 UCP 500 相关规定),单单相符"。由于各国银行对 UCP 500 的审单标准的理解不一,究竟是"严格相符",还是"实质相符",不同银行掌握的审单标准存在差异,致使 UCP 500 实施后信用证纠纷案件不断增加。UCP 600 第 14 条第 1 款规定:"按指定行事的指定银行、保兑行(如果有的话)及开证行须审核交单,并仅基于单据本身确定其是否在表面上构成相符交单。"UCP 600 第 2 条的定义中规定,相符交单是指与信用证条款、本惯例的相关适用条款以及国际标准银行实务①一致的交单。UCP 600 及 ISBP 的新规定为银行审单提供了明确的参考标准,有助于减少信用证业务中对单据不符点的争议。同时,UCP 600 第 14 条第 2 款规定:"单据中的数据,在与信用证、单据本身以及国际标准银行实务参照解读时,无须与该单据本身中的数据,其他要求的单据或信用证中的数据等同一致、但不得矛盾。"这一规定体现了银行审单标准的宽松化倾向。

(四) 信用证的主要内容

信用证没有统一格式,各银行都使用自己制定的信用证,但信用证的基本内容大体相同,主要有以下条款:

(1) 信用证当事人的名称和地址。信用证的当事人主要包括开证申请人(买方)、开证行、通知行、受益人(卖方),指定的议付行或付款行,有的信用证还包括保兑行等。

(2) 信用证的种类和号码。如是否是保兑信用证等,并注明开证行的开证编号。

(3) 信用证的金额。主要是规定该信用证的最高金额。根据 UCP 600 的规定,关于信用证的金额、数量与单价的伸缩度,"约"或"大约"用于信用证金额或信用证规定的数量或单价时,应解释为允许有关金额或数量或单价有不超过 10% 的增减幅度。

---

① "国际标准银行实务",UCP 600 并未明确其仅指 ISBP,但 ISBP 自 2003 年 1 月 1 日生效以来成为判定单证是否相符时 UCP 500 的必要配套规则。与 UCP 600 配套的版本是国际商会于 2007 年 4 月 26 日在新加坡召开的会议上通过的 ISBP 681(即国际商会第 681 号出版物)。

（4）单据条款。主要规定单据的种类和份数，这是在信用证中一个非常重要的条款。信用证所要求的单据主要是运输单据，主要是指运输单据（如提单）、保险单据和商业发票。但有时也可以要求卖方提交其他单据，如原产地证书及商品检验证书等。

（5）装运条款。主要规定运输方式、装运地点、装运的时间以及是否允许分批装运和转运等内容。

（6）信用证的兑用方式、交单截止日和交单地点。根据 UCP 600，信用证必须规定在其处兑用的银行，或者是否可以在任一银行兑用。规定在指定银行兑用的信用证同时也可以在开证行兑用。信用证必须规定其是以即付款、延期付款、承兑还是议付的方式兑用。信用证必须定一个交单的截止日。规定的承付或议付的截止日将被视为交单的截止日。除特定情形外，受益人或者其代表的交单应在截止日当日或之前完成。受益人不在截止日或截止日前提交单据，开证行可以以过期为由拒绝付款。正本运输单据，须由受益人或其代表在不迟于发运日之后的二十一个公历日内交单，但是在任何情况下都不得迟于信用证的截止日。信用证规定的交单日或出单后的交单期限可因修改或届满之日适逢节假日而延长或顺延，但信用证规定的装运期限并不因此而延长。

关于交单地点，根据 UCP 600 的规定，可在兑用信用证的银行所在地即为交单地点。可在任一银行兑用的信用证其交单地点为任一银行所在地。除规定的交单地点外，开证行所在地也是交单地点。

（7）开证行保证条款。主要内容是开证行向受益人、议付行和其他汇票持有人保证，银行在收到符合信用证规定的单据和（或）汇票后，保证承担付款责任的条款。

（8）适用《跟单信用证统一惯例》的文句。

（五）信用证交易的基本程序

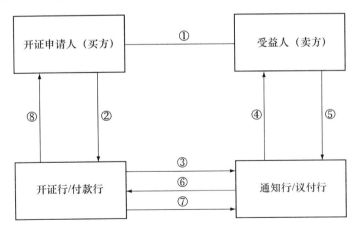

① 买方与卖方之间的买卖合同中规定,使用信用证方式支付。
② 买方向当地银行提出申请,请求银行(开证行)开出信用证。
③ 开证行根据申请书内容,向卖方(受益人)开出信用证,并寄交卖方所在地分行或代理行(通知行)。
④ 通知行核对印鉴无误后,将信用证交与卖方(受益人)。
⑤ 卖方审核信用证与合同相符后,按信用证规定,装运货物,取得各项单据,开立汇票,在信用证有效期内,送请当地银行(议付行)议付;议付行按信用证条款审核单据无误后,按汇票金额扣除利益,把货款垫付给卖方(受益人)。
⑥ 议付行将货款(扣除利息)垫付给卖方,从卖方取得单据和汇票后,将汇票和货运单据寄交开证行(或其指定的付款行)索偿。
⑦ 开证行(或其指定的付款行)核对单据无误后,付款给议付行。
⑧ 开证行通知买方付款赎单。买方付款给开证行,取得单据。

(六) 信用证的种类

1. 可撤销信用证和不可撤销信用证

可撤销信用证(revocable L/C)是指开证行对所开出的信用证,可不经过受益人和有关当事人的同意,也不必事先通知受益人,在议付行议付前,随时有权修改信用证的内容或撤销的信用证。由于这种信用证对受益人收取货款没有保障,所以,在国际商事交往中,卖方一般不接受这种信用证。UCP 500 第 6 条对可撤销信用证与不可撤销信用证作了规定,根据其规定,"信用证可以是可撤销的或不可撤销的。因此信用证上应明确注明是可撤销或不可撤销信的。如无此项注明,应视为不可撤销的。"实践中,这种规定给非善意的申请人和开证行提供了可乘之机,他们常常开具软条款信用证,一旦受益人接受了这些条款,就可能遭受重大损失。可撤销条款的存在,使信用证项下受益人稍有不慎就会遭受重大损失。因此,这种信用证在 UCP 600 的规定中已经不再使用。

不可撤销信用证(irrevocable L/C)是指信用证一经开出,在其有效期内,未经信用证各方当事人同意,开证行不能进行任何修改或予以撤销的信用证。只要受益人提供的单据符合信用证的规定,开证行或其指定的银行就必须履行付款义务。根据 UCP 600 的规定,信用证是一项不可撤销的约定,无论其名称或描述如何,该项约定因此构成开证行对于相符提示交单予以兑付的确定承诺。不可撤销信用证开立后,构成开证行的确定承诺。受益人在不可撤销信用证下享有较为可靠的保证。

2. 保兑信用证和不保兑信用证

保兑信用证(confirmed L/C)是指经由开证行以外的另一家银行根据开证行的授权或请求对受益人作出兑付或议付承诺的信用证。没有经过保兑的信用证为不保兑信用证(unconfirmed L/C)。该另一家银行被称为保兑行,它对受益人独立负责,不受开证行对受益人所负责任的影响。

3. 付款信用证和承兑信用证

根据受益人交单的条件可将信用证分为付款信用证与承兑信用证。

付款信用证(payment L/C)是受益人在提交单据以及出具或不出具汇票后即可获得货款的信用证。开证行根据付款信用证承担自己的付款责任或保证指定的付款行付款的义务。付款信用证依据付款的时间分为即期付款信用证(sight credit)和延期付款信用证(deferred payment)。即期付款信用证是指受益人根据信用证的规定,持即期汇票(如果需要)和单据交给开证行或指定银行后,能立即得到付款的信用证。延期付款信用证,即受益人交单一定时间后,开证行才付款的信用证。延期付款信用证没有汇票运作。

承兑信用证(acceptance L/C)是开证行根据相符单据,对受益人开立的远期汇票予以承兑,承诺到期付款的信用证。受益人取得汇票承兑后,可在当地贴现市场贴现或向承兑行贴现,也可留待到期索款。

4. 直接信用证和议付信用证

直接信用证(direct L/C)是指付款信用证和承兑信用证。

议付信用证(negotiation L/C)是指受益人开立汇票(即期或远期汇票),并附随单据,将跟单汇票卖给信用证规定的议付行或(在信用证允许时)卖给任何银行,从而取得货款。银行在贴现汇票时一般会对汇票金额扣除利息。议付信用证分为自由议付信用证和限制议付信用证。自由议付信用证是指任何银行都可以议付的信用证;限制议付信用证是指由特定的指定银行议付的信用证。议付行在单证相符条件下作出议付后,有权从开证行获得偿付,并且在未获得偿付时,除开证行或保兑行外可向受益人追索。议付信用证需要开立汇票而运作,汇票付款人一般是开证行或开证申请人。议付行也可以不议付,此时由开证行承担付款义务。

5. 可转让信用证

根据 UCP 600 第 38 条的规定,可转让信用证(transferable L/C)系指特别注明"可转让"字样的信用证。可转让信用证可应受益人(第一受益人)的要求转为全部或部分由另一受益人(第二受益人)兑用。银行无办理可转让信用证的义务,除非其明确同意。已转让信用证不得应第二受益人的要求转让给任何其后受益人。即信用证应原证转让,只能转让一次,但允许再转让给第一受益人。如果信用证转让给数名第二受益人,在信用证修改时,对同意修改者该修改有效,对不同意修改者该修改无效。可转让信用证的使用,可将买方、中间商、卖方联系起来,在大公司统一成交时,便利各地分公司当地装运和议付;或在买方委托代理商购货时,便利分散的供货商使用;或在政府禁止直接贸易时,便利中间商介入。

6. 备用信用证

备用信用证(standby L/C)又称为商业票据信用证、担保信用证和履约信用证,属于一种特殊形式的光票信用证。指开证行应开证申请人的请求,对受益人开立的承诺承担某项义务的凭证。当开证行保证在开证申请人未能履行其应履行义务时,受益人只要凭备用信用证的规定向开证行开具汇票,并提交开证申请人未履行义务的声明和证明文件,即可取得开证行的偿付。但是如果开证申请人遵守信用证的规定,则该信用证无需使用,所以称为"备用"信用证。

备用信用证是一种银行保证性质的支付承诺。备用信用证最早流行于美国、日本。由于这两个国家的法律不允许银行开立保函,因此,这些国家的银行就用开立备用信用证来代替。备用信用证一般在履约保证、投标、还款等业务中使用,近年来,美国等国家已开始将备用信用证应用于买卖合同项下货款的支付。

备用信用证是在有些国家禁止银行开立保函的情况下,为适应对外经济往来的实际业务需要而产生的。它既可以用于成套设备、大型机械、运输工具分期付款、延期付款的进出口交易和一般的国际货物买卖的履约保证,又可用于国际投标保证、加工装配、补偿贸易、技术贸易的履约保证,也适用于带有融资性质的还款保证。总之,只要在一笔国际经济往来业务中,双方当事人的一方对另一方承担义务,另一方认为对方履行义务的承诺不一定能实现,就可提出要求对方通过银行开立以本人为受益人的备用信用证。所以,备用信用证也是开证行根据开证申请人的要求授予受益人的一种银行信用。备用信用证是具有信用证形式和内容的银行保函。

(七) 信用证当事人权利义务关系

1. 信用证的当事人

在信用证支付方式中,信用证的当事人并非是固定不变的,常因交易的具体情况不同而有所增减。但一般来讲,信用证交易可能涉及的主要当事人有:

(1) 开证申请人(applicant)。指向银行申请要求开立信用证的人,即国际货物买卖合同中的买方。

(2) 开证行(issuing bank)。指应申请人要求或者代表自己开出信用证的银行。通常是开证申请人所在地银行。开证行一般是接受开证申请人委托,向受益人(卖方)开立信用证。开证行接受委托后,根据申请书条款及时正确开立信用证;对受益人承担凭单付款的责任;一经验单付款后不得向受益人追索;当开证申请人无力付款时,有权出售单据或货物以补偿垫款,不足部分仍可向开证申请人追索。

(3) 通知行(advising bank)。指应开证行的要求通知信用证的银行,即接受开证行委托,将信用证转交给受益人(卖方)的银行。通常是受益人所在地、与开证行有业务往来的银行。

(4) 受益人(beneficiary)。指接受信用证并享受其利益的一方。一般是国际货物买卖合同中的卖方。受益人在收到信用证后,如果发现其与合同不符,有权要求对方修改或者拒绝接受;接受信用证后,有按信用证装货交单的义务以及凭单索款的权利;交单后,如果开证行倒闭或拒付,有直接向买方要求付款的权利。

(5) 议付行(negotiation bank)。被授权买入或贴现受益人交来的按照信用证所开立的跟单汇票的银行。议付行可以是通知行,也可以是指定的其他银行。如任何一家银行都可以议付,则成为自由议付。跟单汇票一经议付,议付行就成为汇票的合法持有人,享有票据法对合法持有人的保护。如开证行拒付,可向出票人(卖方)追索。议付后,议付行将汇票、单据交付款行收回垫款。

(6) 付款行(paying bank)。指信用证上指定的向受益人付款的银行。付款行可以是开证行,也可以是开证行指定的另一家银行。

(7) 承兑行(accepting bank)。根据承兑信用证在卖方出具的汇票上承兑的银行,可以是开证行或其他银行。

(8) 保兑行(confirming bank)。指根据开证行的授权或要求对信用证加具保兑的银行。保兑是指保兑行在开证行承诺之外作出的承付或议付相符交单的确定承诺。保兑行常为出口地信誉较好的银行,通常由通知行充当,保兑行在信用证上加具保兑后就对信用证独立负责,承担付款责任。

(9) 偿付行或结算行(reimbursement or settlement bank)。是信用证指定的代理开证行向付款行或议付行偿付款项的银行。因为议付行或付款行付款后要同开证行清算,请求偿付,但如果与开证行无账户往来,就需要通过双方都设有存款账户的另一家银行来完成该笔结算。或者由于开证行的资金调度可能集中在第三国银行,开证行也会要求该银行代为偿付信用证规定的款项。

2. 信用证当事人之间的关系

(1) 开证申请人与开证行的关系。

开证申请人与开证行之间是以开证申请书及其他文件所确定的一种合同关系。在这种合同关系中,开证申请人的主要义务是:第一,交纳开证押金或其他保证,缴纳开证申请费;第二,付款赎单,包括偿付银行所付的款项及利息。开证行承担的主要义务是:第一,根据开证申请书开出信用证;第二,承担付款、承兑、议付或保证付款、承兑、议付的责任;第三,开证行须审核交单,并仅基于单据本身确定其是否在表面上构成相符交单。根据 UCP 600 的规定,开证行有从交单次日至多 5 个银行工作日以确定交单是否相符。根据 UCP 600 第 34 条规定,银行对任何单据的形式、充分性、准确性、内容真实性、虚假性或法律效力,或对单据中规定或添加的一般或特殊条件,概不负责;银行对任何单据所代表的货物、服务或其他履约行为的描述、数量、重量、品质、状况、包装、交付、价值或其存在与否,或对发货人、承运人、货运代理人、收货人、货物的保险人或其他任何人的诚信与否、作为或不作为、清偿能力、履约或资信状况,也概不负责。

(2) 开证行与受益人的关系。

开证行与受益人之间的关系,如果是不可撤销信用证,当该信用证到达受益人时,在开证行与受益人之间形成了一个对双方都有约束力的合同,目前为国际社会所普遍接受的观点。但在英美法的法学理论中仍然存在一个障碍,即对价的问题。按照英美法的规定,一个没有对价的合同是没有约束力的,也不得强制执行,而对价必须来自订约的一方。但是不可撤销信用证只是开证行对受益人的一项不可撤销的承诺,是开证行的单方行为,而不是对双方都有约束力的契约。对此在英国,法官们的判决并未形成统一的认识。为了解决这个问题,英国法院在其判例中,试图从两个方面进行解释。第一,受益人接受了不可撤销信用证,就承担了按照买卖合同交货的义务,放弃了直接向开证申请人收取货款的权利,构成了一项有效对价。第二,按照国际商业惯例,当银行开出不可撤销信用证时,开证行就应当承担绝对的付款义务,同时也构成了开证行与受益人之间的一项交易。美国法对这个问题作了较为明确的规定。美国《统一商法典》第5-105条规定:"开立信用证,或增加信用证金额或修改信用证条款,可以没有对价"。根据各国法律和国际商事惯例,不可撤销信用证是开证行与受益人之间的一项独立的合同。因此,开证行应按照不可撤销信用证的条款对受益人履行付款义务。开证行按照信用证的规定向受益人付款后,即使开证申请人(买方)破产或由于其他原因拒绝付款,开证行也不能对受益人(卖方)行使追索权,收回所付的款项。

在UCP 600之前的UCP 500中,由于存在可撤销信用证,各国学者对可撤销信用证下,开证行与受益人之间的关系提出的观点是,由于可撤销的信用证在议付行议付之前,可以随时由开证行撤销,而且无须事先通知受益人,因此,对受益人来说,可撤销信用证的作用还不如一项要约,受益人并不能从开证行获得任何有约束力的允诺。因此,有人认为,在可撤销信用证的情况下,开证行与受益人之间并不存在对双方有约束力的合同关系。

(3) 通知行与开证行、受益人、开证申请人之间的关系。

通知行与开证行之间是委托代理关系,因此,主要应受他们之间委托代理合同的约束。开证行一般都不将信用证直接交给受益人,而是通过受益人所在地的往来银行把信用证转交给受益人,通知行接受开证行的委托并从开证行处取得佣金。《跟单信用证统一惯例》对开证行与通知行之间的关系没有作出规定,他们之间的关系主要是受有关国家代理法的规定调整的。

通知行与受益人之间不存在合同关系。

通知行与开证申请人之间无直接的合同关系,通知行是开证行的代理人。

通知行在通知信用证时,往往在通知书中特别声明他不是信用证的当事人,并不因其将信用证通知受益人而在他们之间产生任何合同关系。但是,UCP 500及英国的判例法也为通知行设定了一定的责任。如UCP 500第7条规定,信用证可经由另一银行(即通知行)通知受益人,而通知行无须受信用证允诺的约束。鉴于国际贸易中伪造信用证的情况时有发生,所以如果通知行决定通知信用证,则应合理谨慎地审核所通知信用证的表面真实性。所谓表面真实性是指信用证上的签名或押码的真实性。如果通知行不能确定该信用证表面的真实性,它必须不迟延地通知从其收到该信用证的银行。根据英国的判例法,如果通知行在将信用证通知受益人时,曲解了信用证的条款,使受益人提交的单据不符合信用证的要求而遭到拒付时,则通知行应对其有过失的行为承担责任。英国的判例法对通知行的责任要求更重,英国判例法为通知行设定了谨慎行事的义务。

根据 UCP 600 第 9 条第 1 款的规定,信用证及其任何修改可以经由通知行通知给受益人。非保兑行的通知行通知信用证及修改时不承担承付或议付的责任。该条第 2 款规定,通知行通知信用证或修改的行为表示其已确信信用证或修改的表面真实性,而且其通知准确地反映了其收到的信用证或修改的条款。该条第 6 款规定,如一银行被要求通知信用证或修改但其不能确信信用证、修改或通知的表面真实性,则应毫不延误地通知看似从其处收到指示的银行。如果通知行或第二通知行决定仍然通知信用证或修改,则应告知受益人或第二通知行其不能确信信用证、修改或通知的表面真实性。

(4) 开证行与付款行、承兑行、议付行的关系。

在采用信用证支付的情况下,如果开证行指定其他银行付款、承兑或议付,其他银行接受,则在开证行与被委托的银行之间形成了一种合同关系。根据这种合同关系,开证行应接收付款行、承兑行或议付行交来的符合信用证的单据,并偿付上述银行。上述银行对开证行负有保证单证相符的义务。如果上述银行用以付款、承兑或议付的单据与信用证规定不符,开证行有拒绝的权利。

(5) 受益人与付款行、承兑行、议付行的关系。

受益人无权要求开证行授权的银行付款、承兑或议付。但是,当开证行以外的银行根据开证行的授权承兑或者议付了受益人出具的汇票,他们之间的关系则产生了票据法律关系,将受有关国家票据法的调整。他们之间的关系将是承兑人与受款人、转让人与受让人之间的关系。

(八) 信用证欺诈例外

信用证独立性原则和信用证交易的单证严格相符原则是长久以来以《跟单信用证统一惯例》为代表的国际惯例所确立的基本原则。信用证独立性原则是信用证赖以存在的基础。信用证是独立于基础买卖合同之外的交易,与银行与合同无关,也不受其约束。只要受益人提交的单据表面上与信用证要求相符,银行必须无条件付款,而不问实际交付的货物是否与合同规定相符,单据是否真实。由于在信用证业务中,各方处理的是单据,而不是与单据有关的货物、服务或其他行为,而且银行没有责任审查单据的真伪及有效性,对单据项下货物的状况或是否存在也无调查了解的责任。这不可避免地为受益人从事欺诈行为创造了条件,即受益人利用信用证机制中单证相符即予以付款的规定,提供表面记载与信用证要求相符,但实际上并不代表真正货物的单据(未交付货物或交付废物或伪造单据),从而骗取银行支付货款,势必对开证申请人造成损害。而 UCP 没有规定在此种情况下如何解决。显然,受益人的欺诈违背诚实信用原则和一般商业道德,损害社会合理的经济秩序。1941 年美国首先在 Sztejn v. Henry Schroder Banking Corp. 案①中确立了信用证欺诈例外的原则,之后逐步成为各国普遍接受在做法。在该案中,买卖合同约定的买卖标的

---

① 转引自曹建明、陈治东主编:《国际经济法专论》第 2 卷,法律出版社 2000 年版,第 147 页。

物是猪鬃,但卖方装运了牛毛(废物),买方指控卖方(受益人)欺诈,故买方请求法院颁发禁止令禁止开证行向受益人付款。法院在判决书中指出:如果一家银行面对兑付以其为付款人的汇票而有义务或甚至被允许应买方的要求对单据的背景进行调查,从而卷入买方与卖方间有关货物质量的争论,那将是对商业的最不幸的干预。如果买方和卖方希望银行这么做,他们应当在信用证本身作如此规定。在没有这种规定情况下,法院将不会要求或甚至允许银行迟延兑付格式正常的汇票。但例外是,当卖方的欺诈在汇票和单据被提示付款之前已提请银行注意,银行在信用证下责任独立的原则不应被扩展来保护通过明显的欺诈求得支付的不讲道德的卖方。该案判决之后,美国又在若干案件中以卖方有欺诈行为为由,下令禁止银行按信用证付款,实行了"信用证欺诈例外原则"。信用证欺诈例外原则也被英国法院所接受,在著名的 United City v. Royal Bank(1982)2 Lloyd's Rep. 1 一案中,货物于1976年12月16日装船,但提单日期为1976年12月15日,提前了一天。英国高等法院接受了卖方/受益人的观点,即卖方在结汇时不知道提单被倒签,因为整个装运事宜委托给一位代理人处理。但英国上议院(House of Lord)的 Diplock 勋爵则认为,买卖合同有任何纠纷(如延迟交货)不应影响卖方在信用证之下获得支付,而唯一的例外是卖方知道虚假或伪造的情况下去进行欺诈,为了在信用证项下获得支付。英国法院在数个案件中涉及欺诈例外的情况。从这些案件中可归纳出英国法院适用"欺诈例外"原则的条件是:明知单据虚假或伪造,卖方/受益人想以此来欺诈将来这份单据的持有人。①

从上述案例可知,信用证欺诈例外是指,即使受益人交付单据表面上严格与信用证相符,一旦银行或者开证申请人具有确切的证据证明受益人在交易中欺诈或提供了伪造的单据,银行有权不对欺诈性单据付款;开证申请人有权请求法院颁发禁止令或采取其他措施对受益人付款;或者在付款后仍有追索权。

关于信用证欺诈例外的法律规定,主要是美国《统一商法典》第五篇第 5-109 条的规定。该条首先阐明:必须在单据中发现欺诈,或者欺诈系由受益人对开证人或申请人所为。其次阐明欺诈必须是"实质性的",即单据中的欺诈因素对单据购买人而言是实质性的,或者欺诈行为对基础交易的参加人有重大影响,以至于使受益人没有明显的期望兑付的权利,并且在事实上也没有支持此种兑付的基础。再次,即使开证人有权拒付并可把证明伪造或实质欺诈作为拒付的理由,这并不意味着开证人对开证申请人负有拒付的责任,开证人可以不顾申请人的欺诈抗辩作出兑付。申请人的常规求援手段是申请法院的禁止令,只有申请人能够证明开证人的非善意兑付时,他才对开证人享有索赔权。最后,采取禁止令的补救方法应有严格的标准,举证责任在申请人一方。申请人仅仅声称采取禁止令的补救方法已经得到相应的担保,而不提供充分的欺诈的证据,法院不得颁发禁止令。并且在符合第 109 条第 2

---

① 参见杨良宜:《信用证》,中国政法大学出版社 1998 年版,第 181 页。

款所列举的条件下,可针对受益人或其他人采取其他类似的补救方法。

关于信用证欺诈例外原则的理论基础,在英美判例法国家中,欺诈例外的理论基础是"欺诈使得一切无效"这句古老的罗马法格言。英国1977年对信用证欺诈应该给予禁令的救济的案例,就是依据其作出的。"欺诈使得一切无效"是民商法最基本的法律原则,信用证欺诈也不例外。德国等大陆法系国家关于信用证欺诈例外的理论基础是根据德国《民法典》第242条诚实信用原则以及受益人对合同权利的滥用确立的。"诚实信用原则"作为民法上的"帝王原则",是现代民法理论及立法和实践中普遍遵守的原则。受益人提交伪造的或带欺诈性陈述的单据,正是违背了诚实信用原则,如果在这种情况下仍坚持认为银行应对受益人付款,买方只能依据买卖合同向卖方索赔,显然是不公平的。同时,如同其他债权一般,由于受益人错误地使用了其要求支付的债权权力,所以伤害了信用证的独立性,造成了对信用证独立性原则的排除。另外,各国冲突法普遍规定有公共秩序保留原则,即如果当事人选择适用的外国法或国际惯例违反本国的社会公共利益、法律的基本原则或公序良俗时,法律可以排除其适用。

关于信用证欺诈例外问题,在1989年6月12日由最高人民法院公布的《全国沿海地区涉外、涉港澳经济审判工作座谈会纪要》中指出:关于冻结信用证项下货款的问题,根据在国际上长期广泛适用的《跟单信用证统一惯例》的规定,银行信用证是银行以自身信誉向卖方提供付款保证的一种凭证,是国际货物买卖中常用的付款方式,也是我国对外贸易中常用的付款方式。信用证是独立于买卖合同的单据交易,只要卖方所提交的单据表面上符合信用证的要求,开证银行就负有在规定的期限内付款的义务。如果单证不符,开证银行有权拒付,无需由法院采取诉讼保全措施。信用证交易和买卖合同属于两个不同的法律关系,在一般情况下不要因为涉外买卖合同发生纠纷,轻易冻结中国银行所开信用证项下货款,否则,会影响中国银行的信誉。根据国际国内的实践经验,如有充分证据证明卖方是利用签订合同进行欺诈,且中国银行在合理的时间内尚未对外付款,在这种情况下,人民法院可以根据买方的请求,冻结信用证项下货款。在远期信用证情况下,如中国银行已承兑了汇票,中国银行在信用证上的责任已变为票据上的无条件付款责任,人民法院就不应加以冻结。所以,采用这项保全措施一定要慎重,要事先与中国银行取得联系,必要时应向上级人民法院请示。对于中国涉外仲裁机构提交的冻结信用证项下货款的申请,人民法院也应照此办理。首先,它指出信用证是独立于买卖合同的单据交易,只要卖方提交的单据表面上符合信用证的要求,开证行就负有在规定期限内付款的义务;其次,它强调不得轻易冻结中国银行所开信用证项下的货款,以免影响其信誉,但有充分证据证明卖方具有欺诈行为,且中国银行在合理的时间内尚未对外付款,在这种情况下,人民法院可以根据买方的请求,冻结信用证项下货款。但中国银行已承兑了汇票的远期信用证除外,因为,这时的问题是票据兑付而非信用证欺诈。

2005年最高人民法院公布了《关于审理信用证纠纷案件若干问题的规定》,该

《规定》对有关信用证欺诈的相关问题作了规定。根据《规定》第8条的规定,认定信用证欺诈的情形包括:(1)受益人伪造单据或者提交记载内容虚假的单据;(2)受益人恶意不交付货物或者交付的货物无价值;(3)受益人和开证申请人或者其他第三方串通提交假单据,而没有真实的基础交易;(4)其他进行信用证欺诈的情形。根据《规定》,开证申请人、开证行或者其他利害关系人发现有上述《规定》第8条规定的信用证欺诈的情形,并认为将会给其造成难以弥补的损害时,可以向有管辖权的人民法院申请中止支付信用证项下的款项。人民法院认定存在信用证欺诈的,应当裁定中止支付或者判决终止支付信用证项下款项,但有下列情形之一的除外:(1)开证行的指定人、授权人已按照开证行的指令善意地进行了付款;(2)开证行或者其指定人、授权人已对信用证项下票据善意地作出了承兑;(3)保兑行善意地履行了付款义务;(4)议付行善意地进行了议付。人民法院接受中止支付信用证项下款项申请后,必须在48小时内作出裁定;裁定中止支付的,应当立即开始执行。

(九)《跟单信用证统一惯例》(UCP 600)的主要修改

UCP 600 与 UCP 500 相比较,对 UCP 500 的 49 个条款进行了大幅度的调整和增删,变为 39 个条款,内容基本不变或变化轻微的有 13 条,内容变化较大或新增的有 26 条。一些条款内容有重大变动并对当事人产生重大的影响。

1. 明确并缩短了银行审单时间

UCP 600 第 14 条第 2 款规定:"按指定行事的指定银行、保兑行(如有)及开证行各有从交单次日起的至多 5 个银行工作日以确定交单是否相符。"UCP 500 第 13 条第 2 款规定:"开证行、保兑行(如有)或代其行事的指定银行,各自应有一个合理时间,不超过收到单据之翌日起 7 个银行工作日,审核单据和决定是接受或拒收单据并通知交单方。"这种"合理时间"和"不超收到单据之翌日起 7 个银行工作日"同时存在的规定,使银行审单时限处于双重判断标准的不确定状态。UCP 600 删除了"合理时间"的模糊规定,以减少争议的产生,而且缩短了银行审单时间,有利于受益人提前收汇,并促使银行更有效率地处理信用证业务。

2. 放宽了银行审单标准

UCP 500 第 13 条第 1 款规定:"银行必须合理谨慎地审核信用证规定的所有单据,以确定其是否表面与信用证条款相符。本惯例所体现的国际标准银行实务是确定信用证所规定单据表面与信用证条款相符的依据。单据之间表面互不一致,即视为表面与信用证条款不符。"即 UCP 500 的审单标准是要求"单证相符(含单据符合 UCP 500 相关规定)、单单相符"。由于各国银行对 UCP 500 的理解不一,究竟是"严格相符",还是"实质相符",不同银行掌握的审单标准存在着差异,致使 UCP 500 实施后信用证纠纷案不断增加。UCP 600 第 14 条第 1 款不再使用"合理谨慎"这一含义模糊的用词,而是要求"指定银行、保兑行(如有)及开证行须审核交单,并仅基于单据本身确定其是否表面上构成相符交单"。根据 UCP 600 第 2 条定义,"相符交单是指与信用证条款、本惯例的相关适用条款以及国际标准银行实务一致的交单。"UCP 600 及 ISBP 的新规定为银行审单提供了明确的参考标准,有助于减少信用证业务中对单据不符点的争议。同时,UCP 600 第 14 条第 4 款规定:"单据中的数据,在与信用证、单据本身以及国际标准银行实务参照解读时,无需与该单据本身中的数据、其他要求的单据或信用证中的数据等同一致,但不得矛盾。"这一规定体现了银行审单标准的宽松化倾向,"单内一致""单单一致""单证一致"并不要求"完全一致",而只要求"不矛盾"即可,进一步减少了受益人被不当拒收单据的风险。

3. 增加了银行对不符单据的处理方式

UCP 500 第 14 条第 4 款规定,开证行对于不符单据有两种处理方式:一是持单听候处理,二是将单据退还交单人。在实务中,开证行提出不符点后并不必然退单,因为开证申请人并不一定拒付,因此开证行便在拒付通知中加列"就不符点征求申请人意见,一旦其放弃不符点,开证行将向其交单"的声明。这种做法普遍存在但并没有得到国际商会的赞同,因为他们认为单据在未付款前所有权归交单者所有,这样的条款只有加在信用证(而非拒付通知)上才是有效的。

UCP 600 第 16 条第 3 款将银行处理不符单据的选择增加了两种:一是开证行留存单据直到其从申请人处接到放弃不符点的通知并同意接受该放弃,或者其同意接受对不符点的放弃之前从交单人处收到进一步指示;二是银行将按之前从交单人处获得的指示处理。UCP 600 把这种条款纳入了合理范围,符合实际业务发展的需要,有利于银行、申请人和受益人按照具体情况灵活操作,减少对不符单据的争议和纠纷。

4. 明确了遗失单据的风险负担

UCP 500 第 16 条规定:"银行对由于任何文电、信函或单据在传递过程中发生延误及/或遗失所造成的后果,或对于任何电讯在传递过程中发生的延误、残缺或其他差错,概不负责。"在实务中,很多人曲解了这一条款,将银行免责理解为银行免除付款责任。其实,UCP 500 第 9 条指出:对不可撤销信用证而言,在信用证规定的单据全部提交给指定银行、开证行或保兑行,并且这些单据又符合信用证条款的规定时,便构成了开证行或保兑行付款的确定承诺,而这并不是以"必须收到单据"为前提。显然,这里的银行免责免的是单据遗失造成的后果。例如,由于单据遗失,需要重新邮寄单据,延误了进口商及时提货,错过了市场商机而给进口商造成的损失,或者由于补寄单据给出口商增加的额外费用等。这些损失或费用不得由寄单行或开证行承担。为了避免纠纷,UCP 600 第 35 条仍规定,银行对单据邮寄遗失所造成的后果免责,并明确规定:"如果指定银行确定交单相符并将单据发往开证行或保兑行,无论指定银行是否已经承付或议付,开证行或保兑行必须承付或议付,或偿付指定银行,即使单据在指定银行送往开证行或保兑行的途中,或保兑行送往开证行的途中丢失。"这一规定进一步强化了开证行或保兑行的付款责任,对消除误解,减少纠纷,确保受益人在信用证项下的正当收款权利,将起到重要作用。

5. 确立了"单据必须满足其功能"的审单新标准

UCP 500 第 21 条规定:"当要求提供运输单据、保险单据和商业发票以外的单据时,信用证应规定该单据的出单人及其措辞或内容。如果信用证无此规定,只要所提交的单据内容与提交的任何其他规定单据并无不一致,银行将予接受。"在贸易实践中,限于篇幅和简洁的需要,信用证不会对每种单据内容面面俱到,对运输单据、保险单据和商业发票以外的单据,信用证一般只给出单据的名称。UCP 500 这一宽松的规定造成了受益人对该条款的滥用,如装箱单不表明装箱细节,产地证不表明生产国别,检验证没有检验结果,凡此种种均缺乏单据所应具有的效力,却因"内容与其他单据并无不一致"而不得不接受,使得收到的单据与信用证要求的初衷相违背。针对这一明显不足,UCP 600 第 14 条第 6 款规定:"如果信用证要求提交运输单据、保险单据或商业发票以外的单据,却未规定出单人或其内容,则只要提交的单据内容看似满足所要求单据的功能……银行将接受该单据。"这一规定弥补了 UCP 500 对此类单据要求的缺陷,确立了"单据必须满足其功能"的审单新标准,可以避免因单据要素不全给申请人清关提货造成的不便。

6. 增加了远期信用证项下的融资授权

在 UCP 500 中,只有议付信用证项下的指定银行有来自开证行的提前给付对价的授权,承兑信用证和延期付款信用证项下的指定银行并无这种融资授权。对于承兑信用证来说,指定银行如果自行对受益人提交的汇票和单据进行贴现融资,只要是"善意而为",可以根据票据法的规定,取得与善意持票人同等地位,即使在汇票到期日前有证据表明受益人欺诈,该行也有权得到开证行的偿付。而延期付款信用证由于不需要受益人提交汇票而失去票据法的保护,指定银行如果擅自对受益人提供融资,会面临较大的风险,一旦发生欺诈,融资银行在到期日将无法获得开证行的偿付。因此为防止欺诈,延期付款信用证项下的指定银行往往不对受益人提供融资。

为了保护指定银行在信用证下对受益人的融资行为,UCP 600 第 12 条第 2 款规定:"开证行指定一家银行承兑汇票或作出延期付款承诺,即为授权该指定银行预付或购买其已承兑的汇票或已作出的延期付款承诺。"根据这一规定,承兑信用证和延期付款信用证项下的指定银行在受益人提交相符单据时向受益人贴现或预付融资的行为被明确为开证行的授权行为,该指定银行将取得与议付信用证项下议付行同样的地位,当开证行以受益人欺诈为由拒绝对受益人付款时,仍有权要求开证行偿付。该规定使受益人可获得银行提前融资的信用证种类增加,这三种信用证项下指定银行对受益人融资的行为均能得到国际惯例的保护。

# 第九章　国际产品责任法

# 第一节 产品责任法概述

## 一、产品责任

产品责任是指由于产品有缺陷,造成了产品的消费者、使用者及其他第三者的人身伤害或财产损失,依法应由生产者或销售者分别或共同负责赔偿的一种法律责任。根据我国《侵权责任法》的规定,产品责任是指产品有缺陷造成他人损害,产品的生产者、销售者所应承担的民事责任。对于产品责任的性质而言,学术界有不同的观点,即合同责任说、侵权责任说和双重责任说。合同责任说认为产品责任是一种合同责任,它存在于具有直接合同关系的当事人之间,不具有合同关系的当事人之间不存在产品责任。英美法最早的"无合同则无责任"规则即是合同责任说的典型代表。侵权责任说认为,侵权责任在主体上不受特定范围的约束,在内容上可以对他人的人身、财产损害甚至精神损害进行赔偿,更能够充分保护受害人的利益。双重责任说认为,产品责任发生在合同当事人之间时,既有合同责任,也有侵权责任,属合同责任与侵权责任的竞合。从产品责任发展演进的历史可以看出,产品责任是逐渐从传统合同法理论中脱离出来,由合同责任转向侵权责任的。

当代各国司法判例与学说已普遍确认产品责任为侵权责任,并且是一种特殊的侵权责任。随着现代科技和生产力的迅猛发展,公众的消费能力大为提高,生活呈科技化、危险化趋势,形成大量生产大量消费的社会,劳动灾害、汽车事故以及缺陷商品肇事成为现代社会的主要意外灾害。[①] 这些新类型侵权行为具有一些有别于传统侵权行为的新特征:第一,侵害行为的间接性。传统侵权行为系直接的,一般都以加害人的积极加害行为或消极不作为为直接原因而发生;而产品责任则是通过生产或销售的缺陷产品间接地造成受害人的损害。第二,侵害行为的延时性。科技的广泛运用,使产品结构复杂化和生产过程高度技术化,致使产品在进入流通领域后,通常使用了一段时间后才暴露出缺陷,而且对缺陷的认定和举证往往也是困难重重。第三,侵权行为的广泛性。现代工业社会产品大多是以专业化和批量化大规模生产,并行销各地,一旦某类产品存在缺陷,受损害的消费者往往人数众多,而且其结果往往是不可逆转或难以治愈的永久性伤害。第四,侵权主体的不确定性。产品从设计、制造到进入流通领域,其间经过许多环节,再加上社会分工的细化和销售方式的多样化,很难确定一件缺陷产品到底是在哪个环节出现了纰漏,这对受害者确定责任人造成了一定的困难。由此可见,将产品责任定性为特殊侵权责任更能反映产品责任的本质,更加有利于对消费者合法权益的保护。[②] 我国《侵权责任法》将产品

---

① 参见王泽鉴:《民法学说与判例研究》(第3册),中国政法大学出版社1998年版,第188页。
② 参见王利明、周友军、高圣平:《中国侵权责任法教程》,人民法院出版社2010年版,第511—512页。

责任作为特殊侵权责任种类之一。

## 二、产品责任法及其内容

### (一) 产品责任法的概念和特征

产品责任法是调整有关产品的生产者、销售者和消费者、使用者之间侵权行为的法律规范的总和。产品责任法的目的在于保护消费者的利益,确定生产者和销售者对其生产或出售的产品所应承担的责任。也就是说,如果由于产品有缺陷而致消费者或使用者的人身遭受伤害或使他的财产受到损失,则制造或销售该产品的生产者、销售者都要对消费者或使用者承担赔偿责任。产品责任法是20世纪初特别是第二次世界大战之后才产生和发展起来的一个法律部门,属于社会经济立法范畴。产品责任法的主要目的是以法律形式加予产品的生产者、销售者以一定责任,使其对有缺陷的产品导致他人的损害进行赔偿。

产品责任法具有以下主要特征:(1) 它调整因产品责任引起的人身伤害或财产损失,不包括单纯的产品本身的损害。(2) 它主要调整没有任何合同关系的产品责任侵权行为;产品责任法的各项规定和原则大多具有强制性,双方当事人在订立的合同中不得任意加以排除或更改。

### (二) 产品责任法的内容

根据各国产品责任立法及产品责任国际公约的规定,产品责任法主要涉及以下方面的内容。

1. 产品及其范围

产品在产品责任法中是关键性的词语。国外相关国家、地区及公约对其规定不尽相同。美国产品责任法中所指的产品含义十分广泛,几乎任何经过工业处理的东西,所有有形物,不论可以移动的还是不可移动的,工业的还是农业的,凡涉及任何可销售、可移动或可使用的制成品,只要由于使用它或通过它引起了伤害,都可视为发生责任的产品。欧洲理事会制定的《关于人身伤亡的产品责任公约》(简称《斯特拉斯堡公约》)规定,产品只限于所有动产,包括天然动产、工业动产,无论是未加工的还是加工过的,天然的或者工业的,即使是组装在另外的动产内或组装在不动产内,也应包括在内。欧共体《产品责任指令》则规定产品是指可以移动的物品,但初级产品和戏博用品除外,不动产不属于该《产品责任指令》所称的产品。

2. 产品缺陷

产品缺陷是产品责任发生的前提和基础。欧共体《产品责任指令》规定,产品缺陷是指产品未能提供一般消费者有权期待得到的安全。美国则采用不合理危险作为一般标准来判定产品的缺陷。缺陷必须在产品离开生产者或销售者控制以前,即投入流通以前已经存在。根据各国法律及判例,各国依产品的生产及制造过程,将缺陷大致分为:(1) 设计缺陷。设计缺陷是指生产者在预先制定产品方案时,对产品结构、配方等问题缺乏全面考虑,致使产品存在对人身财产的不合理危险。

（2）制造缺陷。制造缺陷是指产品的设计本身并无缺陷，但在产品的生产制造过程或产品的质量管理过程中，因为原材料、零配件存在缺陷，或者因装配出现错误，导致部分或单品具有不合理危险。（3）说明和警示缺陷。所谓说明和警示缺陷，是指生产者疏于以适当方式向消费者说明产品在使用方法及危险防止方面应予注意的事项，因而导致产品发生危险。当产品之可预见的损害风险，能够通过销售者或者其他分销者，或者他们在商业批发销售链中的前手提供合理的使用说明或者警示而加以减少或者避免，而没有提供这样的使用说明或者警示使得产品不具有合理的安全性能，产品则存在说明或者警示的缺陷。

3. 产品责任归责原则

产品责任归则原则是指产品责任是基于什么原则产生的，它是产品责任法的核心问题，决定了产品责任的构成要件、举证责任的分配、免责（抗辩）事由的界定以及赔偿责任的范围等问题，直接影响受害人权益的保护以及社会公平正义的实现，在产品责任法中具有十分重要的意义。

从产品责任发展演进的历史可以看出，产品责任是逐渐从传统合同法理论中脱离出来，由合同责任转向侵权责任的。而产品责任归责原则在一定的历史时期，各国产品责任法实行过错责任原则，又称过失责任或疏忽责任原则，是以产品的生产者、销售者的主观过错而形成的产品缺陷作为其承担法律责任基础的原则。发展至今，产品责任法适用严格责任已成为世界范围内的一大趋势，主要国家和地区在产品责任上实行严格责任原则，即不论生产者、销售者有无过错或疏忽，只要其缺陷产品给产品的消费者、使用者造成损害，就必须承担法律责任，它是以产品的生产者、销售者行为的客观结果为基础追究侵权责任的原则。

4. 产品责任诉讼中的当事人

（1）原告。一般为缺陷产品的受害人。受害方作为有权起诉的人不仅包括产品的买方，而且包括由于这种缺陷产品而遭到损失的一切人，如买方的亲属、朋友、同事、甚至于包括过路行人。

（2）被告。即加害人，指产品制造、销售过程中，因制造、销售缺陷产品而不合理地危害使用者或消费者的任何人，如参与缺陷产品设计、制造、加工、销售、修理、运输、仓储的人。

5. 产品责任诉讼中的举证

产品责任诉讼中的举证是指产品责任诉讼中的当事人对自己所提出的主张负有提出证据加以证明的责任。根据各国产品责任法，一般而言，缺陷产品的受害人必须证明：（1）产品存在缺陷；（2）受害人受到的人身伤害和财产损失；（3）产品缺陷与受害人受到的人身伤害和财产损失之间存在因果关系。根据所采用的产品责任归责原则不同，产品责任诉讼中的具体举证责任要求也有所不同。如根据疏忽责任或过错责任原则要求被告对自己受到缺陷产品损害赔偿，则受害人一般还要举证被告存在疏忽或过错。

#### 6. 产品责任排除

根据各国产品责任法,生产者能够证明下列情形之一的,不承担赔偿责任:(1)生产者未将产品投入流通。(2)产品投入流通时,引起损害的缺陷尚不存在。(3)制造的产品不是为了销售或为了经济目的而进行其他形式的分销。(4)将产品投入流通时,根据当时的科学技术水平尚不能发现该产品的缺陷。(5)产品之所以存在缺陷是由于为了符合政府的强制规定。

#### 7. 产品责任损害赔偿

产品责任法的目的之一是为了确立和保障对消费者、使用者的人身伤亡和财产损失的赔偿。缺陷产品所致损害有财产损害和非财产损害之分,对于这些损害的赔偿问题,各国法律一般都作了相应规定。① 产品侵权责任法仅对因产品缺陷导致的人身损害和商品自身之外的其他财产损害提供救济,作为纯粹经济损失的商品自身伤害不能在侵权之诉中获得救济,则只能按照其他有关法律的一般规定赔偿。在美国,产品责任中的产品损害范围是非常广泛的。凡因缺陷产品造成的任何损害,包括精神痛苦,肢体痛苦和纯经济损失等,都可要求损害赔偿。另外,在美国及加拿大等国家对被告恶意行为、放任行为致害的,法院往往还可以判决惩罚性赔偿金。在加拿大,产品责任领域的损失赔偿一般包括经济损失赔偿、一般赔偿和惩罚性赔偿。与此反差较大的是,德国法只给予客观赔偿,对受害人精神上所受痛苦的主观赔偿一般不考虑。至于惩罚性赔偿金,德国法持否定态度。

## 第二节　美国的产品责任法

美国产品责任法发展始于20世纪的一些著名判例。美国《侵权法重述(第二版)》②和《侵权法重述(第三版):产品责任》③在产品责任领域具有重要地位。美国

---

① 法国《民法典》第1386-1条规定:"产品的生产者应对因其产品的缺陷造成的损害承担责任,不论其与受害人是否有合同联系。"第1386-2条规定:"本编之规定适用于因伤害人身与损害财产所引起的损害的赔偿,有缺陷的产品本身除外。"挪威《产品责任法》第8条规定:本法适用于对人或对物的损害。不适用于:(1)对产品本身造成的损害;(2)部分产品对其所构成或所依附的产品在该产品被投入流通达到使用者之前所造成的损害;(3)对在损害产生的主要为经济目的而使用的物所造成的损害。英国1987年《消费者保护法》第5条规定:"(1)依本条下述规定,本章所称'损害'是指死亡、人身伤害或任何财产(包括土地)的损失。(2)……任何人对产品的任何缺陷造成该产品本身的损失或任何损害不负责任,……"欧共体《产品责任指令》第1条规定:"商品制造者就商品缺陷所生损害应负赔偿责任。"第9条规定:"第1条所称损害包括:(1)因死亡及身体被侵害而生的损害;(2)具有缺陷商品以外之物的毁损灭失。"美国《侵权法重述(第三版):产品责任》第21条规定:"为本重述之目的,人身或财产损害包括损害所导致的经济损失,如果受损对象为:(a)原告的身体;(b)其他人,当对他人的损害妨碍了原告受侵权法保护的利益时;或(c)除了缺陷产品本身之外的原告的财产。"
② 1965年美国法律学会主持制定、通过并颁布。美国法律重述被认为是美国一种特殊的习惯法形式。
③ 1997年美国法律学会主持制定、通过并颁布。

《统一商法典》(The Uniform Commercial Code, UCC)①等规定也有一定影响,但并没有完整的产品责任法典。美国产品责任法的渊源包括普通法和制定法,其产品责任法主要是州法。美国商务部曾于1979年提出了一部《统一产品责任示范法(草案)》,并在此基础上于同年公布了《统一产品责任示范法》(Model Uniform Product Liability Act),作为样本法,供各州采用,但未曾得到各州的广泛采纳。

美国侵权责任法中产品责任制度的发展经历了四个阶段:第一阶段是从19世纪中叶至20世纪初,在这一阶段,当所涉产品存在缺陷并造成损害时,消费者只能起诉销售者,因为法院认为消费者与生产者之间并没有直接的关系。② 第二阶段始于1916年纽约州的麦克森诉别克汽车制造公司案③,法院通过判决赋予了消费者直接起诉生产者的权利。第三阶段始于1944年特雷诺(Traynor)大法官在爱思可乐诉可口可乐瓶装公司案④发表的应当追究生产者的严格责任的观点,直到1963年格林曼诉尤巴电动产品有限公司案⑤中确立了严格产品责任制度。美国法律学会于1965年发表了《侵权法重述(第二版)》,其中第402A节的规则对美国产品责任法由严格的担保责任向侵权行为的严格责任方向发展起了很大作用。第四阶段是对于产品责任的严格责任属性的进一步发展,将产品责任细化为制造缺陷、设计缺陷和违反警示义务。⑥

---

① 1952年美国法律学会和美国统一州法全国委员会合作制定,被美国各州议会分别采纳。

② 这一阶段主要受英国判例法确立的"无契约无责任"原则的影响。典型案例是1842年英国最高法院受理的温特博姆诉赖特案,该案是英国关于产品责任的最早判例,是英国产品责任法同时也是国际产品责任法历史上一个极为重要的判例。该案案情为:原告温特博姆是当时英国一驿站长雇佣的马车夫,该驿站长事前与被告赖特订有一份由赖特提供合格安全的马车并用于运送邮件的契约。赖特在约定的时间内将马车交给了驿站长。可当马车夫温特博姆驾驶该车运送邮件时,马车的一只轮子突然陷陷,车子破裂致其受伤。为此,温特博姆向赖特提起了索赔之诉,被告赖特以原告不是提供车的契约的当事人为由而提出抗辩。最后,法院认可了这理由,判决被告胜诉。法院认为,被告保证马车处于良好状态的责任是向另一签约方——驿站长承担的契约责任,被告无需对马车夫温特博姆负有责任。由此便逐渐形成了这样一种理论:在没有契约关系的情况下,对于缺陷产品的受害人,产品的提供者不仅不承担契约方面的责任,而且也不承担侵权方面的责任。从此以后,"无契约无责任"原则在产品责任领域流行近一个世纪。

③ Macpherson v、Buick Motor Co.,11N. E. 1050(N. Y. 1916). 1916年3月14日美国纽约上诉法院审理的该案,标志着契约关系理论在美国被彻底抛弃以及产品责任领域里疏忽责任理论的形成。该案案情为:原告麦克弗森从零售商处购买了一辆由被告别克汽车公司制造的汽车,当他驾车行驶时,因车轮破裂,汽车突然翻覆,原告被抛在外而受伤,于是原告提起诉讼,要求被告赔偿损失。纽约最高法院的卡多佐(Cardozo)法官突破了过去案件中契约关系原则的障碍,将传统侵权法中疏忽责任理论引入到产品责任领域,创设了著名的"商品制造人疏忽责任原则"。

④ Escola v. Coca Cola Bottling Co.,150P. 2d436(Cal. 1944).

⑤ 案情为:原告威廉·格林曼之妻在零售商处购买了被告制造的一种多功能电动工具作为1955年圣诞节的礼物送给原告。1957年原告买来能使用该工具作为车床用的必要附件,当他按说明书要求使用该工具锯木时,一块木片突然从电器中飞溅出来并击中他的头部使其受伤,原告十是提起赔偿之诉,初审法院判决原告胜诉。被告以原告超过了美国《统一商法典》规定的诉讼时效为由提起上诉,加州上诉法院驳回了上诉,维持了原判。

⑥ 转引自于笑蕾:《美国侵权责任法与案例研究》,中国政法大学出版社2017年版,第211页。

## 一、美国产品责任法的诉讼依据

美国产品责任法是以下列几种法学理论为依据的：疏忽说、违反担保说、严格责任说。凡原告由于使用有缺陷的产品遭受损害向法院起诉要求赔偿损失时，他可以基于上述三种理由之一，作为要求该产品的生产者或销售者承担责任的依据。但是依据不同的理由起诉，要求的条件、可能的被告、举证责任、赔偿的范围、允许的抗辩等方面也有所不同。因此，选择何种理由起诉，是原告首先要定夺的一个问题。

1. 疏忽

所谓疏忽是指产品的提供者，包括生产者和销售者在生产或销售产品过程中存在疏忽之处，使产品存在缺陷或不合理的危险，并且导致了消费者的人身或财产损害，产品的生产者和销售者因此应当承担责任。但是，当原告以疏忽为理由向法院起诉要求被告赔偿其损失时，原告必须提出证据证明：被告没有做到"合理的注意"，即被告有疏忽之处；由于被告的疏忽直接造成了原告的损失，仅凭原告使用产品造成了损失这一事实的本身一般并不能推定被告有疏忽。另外，如果由于原告自己的疏忽造成了损失，原告也不能要求被告赔偿损失。疏忽在英美法上是一种侵权行为。在以疏忽为理由提起诉讼时，原告与被告之间不需要有直接的合同关系，因为这不是根据合同提起的诉讼。所以，作为原告的一方就不仅限于买方，而且扩及到其他有关的人，如买方的家属、亲友、来访者以至过路的行人或旁观者，只要他们是由于该产品的缺陷而受到损害，都可以对该产品的生产者和销售者提起疏忽之诉。原告在以疏忽为理由对被告起诉时，可以从各个不同的方面证明被告有疏忽。例如，原告可以证明产品的设计有缺点，从而说明生产者在设计产品时没有尽到"合理注意"的义务；原告也可以证明被告对产品的危险性没有作出充分的说明，以提醒消费者或使用者的注意，从而构成疏忽；此外，原告还可以证明被告在生产或经销该产品时，违反了联邦或州的有关这种产品的质量、检验、广告或推销方面的规章、法令，而违反这种规章法令的本身就是一种疏忽行为。但实际上，在现代化大生产的条件下，要证明某种产品有缺陷往往是很困难的，有时甚至是不可能的。这是原告在以疏忽为理由控告生产者和销售者时所遇到的一个难题。

2. 违反明示担保

所谓违反担保是指产品存在某种缺陷或瑕疵，卖方违反了对货物的明示或默示担保，例如违反了产品应具有商销性的默示担保，或违反了产品必须适合一般用途或特定用途的默示担保等。如果原告由于产品的缺陷遭受损害，原告可以以违反担保为理由对被告起诉，要求其赔偿损失。违反担保之诉是根据买卖合同提起的诉讼。按照美国普通法的原则，凡依合同提起的诉讼，原告与被告之间必须要有直接的合同关系。具体到买卖合同来说，只有买卖双方才存在直接的合同关系，所以，如果卖方违反担保义务，原则上只有买方才能对卖方起诉，买方以外的任何人都无权对卖方起诉；另一方面，买方只能对其卖方起诉，而不能对卖方以外的其他人（如货物供应商或制造商)起诉。这一原则对于买卖合同所引起的一般性的货物品质、规格、数量等问题的诉讼无疑是适宜的,但对于涉及产品责任的诉讼就显得不合适了。因为产品责任法的目的是保护消费者。一种有缺陷的产品,例如,某种含有有害成分的食品,不仅会使直接购买这种食品的买方身受其害,买方的家属、亲友乃至客人都可能因食用这种食品而受害。另一方面,出售这种产品的卖方往往是一般的零售商,如果只要求零售商对有缺陷的产品负责而不追究生产者的责任,那显然是不合理的。而且,零售商的财力有限,往往无力承担赔偿受害者的损失的责任。所以,如果在产品责任的诉讼中仍然固守双方当事人必须要有直接的合同关系的原则,就不可能达到保护消费者的目的。有鉴于此,美国法院在审判实践中,对以违反担保为理由提起的产品责任的诉讼,逐步从纵横两个方面放宽和取消了对双方当事人要有直接合同关系的要求。从纵的方面来说,原告不仅可以对卖方起诉,而且可以对生产或销售这种有缺陷的产品的各有关责任方起诉,其中包括零售商、批发商、进口商、出口商,一直到制造厂商。从横的方面来说,有权提起产品责任诉讼的人不仅包括买方,而且包括一切因使用有缺陷的产品而蒙受损失的人,如买方的家属、亲友、客人,甚至包括被伤害的过路行人。但必须注意的是,在这个问题上,美国各州的判例和法律并不完全一致,有些州放得比较宽,有些州还有一些保留或限制。因此,在遇到具体案件时,还必须注意有关州的法律和判例。在以违反担保为理由提起诉讼时,对原告的有利之处在于,他无需证明被告有疏忽,而只需证明产品确有缺陷,而且由于这种缺陷使他遭受损失,他就可以要求被告赔偿其损失。根据美国的判例,广告也有可能构成卖方的明示担保。因此,如果被告在电台、电视、报纸上对其产品作了广告,但广告的内容与实际不符,结果使原告因产品的缺陷遭受损失,原告也可以以违反担保为理由要求被告赔偿损失。

明示担保在买卖合同中是指卖方对产品所作的说明或承诺,这种说明或承诺构成合同的一部分,当产品不符合这种说明或承诺时,卖方就违反了其明示担保,从而要承担违约责任。明示担保的形式是各种多样的。口头或书面的均可。例如卖方说其隐形眼镜"不会伤害眼睛""这种油漆绝对不含有害物质"等,都构成明示担保。明示担保还可以以行为作出。比如买方说他想买具备某种特别性能的产品,卖方拿了一件产品给他,这就意味着这件产品具备买方所要求的性能。明示的担保可以在销售时作出也可以在销售之后作出。在销售之后作出的担保视为对合同的修改,不要求对价。口头声明、产品说明书、检验证书、产品标签或名称甚至广告,都可能构成明示担保。但应注意,那些关于产品的意见或看法,浪漫的夸张或模糊的描述,按照常理一般人是不会认真对待的,因此不能构成明示的担保。比如厂家说其化妆品"可以让人年轻10岁"或者是"市场上最好的"等都不能认为是明示担保。

违反担保之诉依据的是合同法,因此起诉的前提是原告与被告之间有合同关系存在。只有合同当事人才有权主张合同权利,这在英美法上被称为合同相对性原则。历史上这种原则曾经相当严格,但自20世纪以来美国法院的态度已有放松。

原告依违反明示担保提起产品责任之诉,在证明合同关系之外,还需证明:(1)被告曾经以某种方式作出过某种担保;(2)产品违反了这种担保。证明了这些,被告就应承担责任。但根据判例,违反担保的产品责任之诉,只适用于消费购买,即为了个人或家庭的消费而购买,对于商业购买即以转售、出租等营利的目的购买不适用。以违反明示担保起诉时被告的举证负担较轻,胜诉的可能性较大,原告不需要证明被告有恶意或者有过错。即使被告诚实地相信其所作的担保是真实的,也不能成为抗辩理由,依违反明示担保起诉对原告的不利之处在于,通常只有产品的直接买方才可以起诉,也只有产品的直接卖方才可以成为被告;而且即使胜诉,也通常只能获得损失的赔偿,不能获得惩罚性赔偿金。

3. 违反默示担保

担保可以分为明示担保和默示担保,默示担保是指卖方虽没有明确作出,但根据法律或商业惯例,其亦应承担的一些担保。美国《统一商法典》把所有权担保、无权利负担的担保、不侵犯知识产权的担保均视为卖方的默示担保。与产品责任有关的默示担保包括产品适合一般用途的担保和适合特定用途的担保。所谓"产品适合一般用途的担保"即"适销性"担保。在不同类型的担保中,明示担保优先于默示担保,适合特定用途的担保优先于适合一般用途的担保。基于产品责任的违反担保与纯粹合同性质的违反担保有所不同。如果违反担保的结果仅仅是产品不能正常使用,则与产品责任无关,双方处理纠纷的依据是合同法;如果违反担保的结果是造成了消费者的人身或财产损害,则就属于产品责任问题。比如,买方购买了一个暖瓶但发现其不保温,这是纯粹的合同问题,卖方违反了产品适合一般用途的担保。假如买方购买的暖瓶发生爆炸,使买方或其家人受伤,电视被毁,这就不仅仅是合同问题了,而成了产品责任。

原告依据默示担保起诉,同样要受合同相对性原则的约束。但与明示担保相比,原告依一般用途担保起诉所负举证责任更重,他需证明产品存在缺陷,不能满足它正常的用途,使原告受到伤害。如果原告依被告违反产品不适合特定用途的担保起诉,则与违反明示担保一样,不需证明产品存在缺陷,只要证明产品不能满足特定用途就可以了。什么是产品的一般用途或通常用途?美国法院采用合理期待标准来判断。例如1964年马萨诸塞州的鱼刺案。原告到被告茶社就餐,点了一份鱼汤,被汤中的鱼刺卡住了喉咙,不得不前往医院就诊。她事后状告茶社违反适销性担保。初审法院的陪审团判原告胜诉,茶社不服,向州最高法院上诉。州最高法院法官根据《统一商法典》确认卖方有使产品适合通常用途的默示担保义务。但本案中茶社是否因为鱼汤中有鱼刺即构成违反上述义务呢?法官认为:"生活在新英格兰地区的人的一件乐事就是享用现成的鱼汤,我们应该有应付鱼刺的心理准备,对我们而言,鱼汤中偶然出现鱼刺是能够预见的,根据传统和习惯,鱼汤的适用性和适销性并不因此受到影响。"法院最后判决茶社并未违反担保,不用承担责任。同样是根据合理期待标准,同样是马萨诸塞州,1989年的一个案件中法院却得出了不同的结论。一名高中学生在学校食堂就餐,他在吃与土豆泥一起被装在他盘子里的火鸡时,被火鸡骨头刺伤了食道而住院4天。他起诉学校的经营者违反了适销性的默示担保。法院认为被告违反了美国《统一商法典》中的适销性标准,原告有权期望火鸡中是不含骨头的,因此判决被告承担责任。

4. 严格责任

严格责任最早出现于"爱思可乐诉可口可乐瓶装公司案"中特雷诺法官发表的并存意见中认为应当追究生产者的严格责任的观点。他认为不应当牵强附会地在一个无法证实疏忽的案件中以疏忽为基础追究生产者的责任,并论证了确立生产者的严格责任原则的必要性。然而严格责任真正成为一项普通法原则却是在1963年的格林曼诉尤巴电动产品有限公司案。此时,特雷诺法官在其判决书中确立了著名的"格林曼规则":当一个生产者将其产品投入市场时,就知悉该产品将不会被检查是否有缺陷而使用。只要能证明产品有致人伤害的缺陷,那么该生产者在侵权方面负有严格责任。1965年,美国法律学会正式通过了《侵权法重述(第二版)》,根据该《重述》第402A条①规定,严格责任原则在该《重述》中得到了明确。其后三十多年中,严格责任原则被大多数的州采纳,成为美国产品责任法领域主要的归责原则。严格责任理论是产品责任以及侵权法的重大发展。依据严格责任理论,只要产品存在缺陷,对使用者或消费者具有不合理的危险,并因此导致他们人身或财产上的损害,产品的生产者或销售者均应承担责任,不论他们是否存在过错,所以,严格责任又叫无过错责任。严格责任理论同样不要求原被告之间存在合同关系,而且不需要证明被告有疏忽和过错,原告只要证明如下几点,被告就应承担赔偿责任:(1)产品确实存在缺陷或不合理危险;(2)由于上述缺陷导致了原告的损害;(3)该缺陷是生产者或销售者把产品投入市场时就已经存在。与其他产品责任诉讼依据相比,严格责任理论对消费者的保护最为充分,因为即使被告证明自己已尽到了充分注意仍然不能免除责任。到20世纪70年代,美国已有2/3的州接受了加州最高法院确立的严格责任。严格责任制度是为了最大限度地保护消费者利益,在严格责任制下,原告得到补偿的可能性越来越大,同时,他所负的举证责任也越来越小。严格责任制度摆脱了合同法和一般侵权法的束缚,形成了独立的法律制度。

严格责任原则并未取得一统天下的胜利。由于美国是一个联邦制国家,各州都有权制定自己的法律。严格责任在有些州尚未被采纳,因此,疏忽责任、担保责任和严格责任既是美国产品责任法的历史,也是美国产品责任法的现状。此外,目前不但有些州尚未进展到严格产品责任阶段,而且绝大多数州在采用严格责任原则的

---

① 第402A条的内容为:任何出售对使用者、消费者或其财产有不合理危险的缺陷的产品的人,在符合下列条件时,应对最后的使用者、消费者因此遭受的人身和财产损害承担赔偿责任:(1)卖方专门经销此种产品;(2)该产品到消费者、使用者手中时仍保持出售时的状态并无实质性改变。即使出卖人在准备或出售其产品时已尽一切可能的注意,并且使用人、消费者并未从出卖者那里购买产品或与出卖人无任何合同关系时,上述规则仍然适用。

同时,也采用疏忽责任和担保责任原则解决缺陷产品损害赔偿问题。可以说,三种责任原则在美国是并存的。①

此外,在20世纪80年代,美国法院还确立了市场份额责任。② 所谓市场份额责任可以说是严格责任的扩展,即当原告不能明确举证他的损害是由谁的缺陷产品所致时,就以各个被告人的市场份额作为判决的根据。具体而言,法院在判决每一被告所应承担的责任时,以一定时期内各个被告作为个别生产者投入市场的某种产品的数量与同种产品的市场总量的比例为根据,而无需指明具体的责任承担者。美国法院在司法实务中对严格产品责任诉讼所作的判决表明,产品责任越来越趋于严格,美国产品责任逐步向绝对责任发展。因为严格产品责任制度的确立,使产品责任诉讼的数量有了很大的增长,原告胜诉率亦逐渐增大,赔偿额也发生了爆炸性的扩张。20世纪90年代初,在制造商与保险商利益集团适时的积极推动下,美国各州均掀起了一场"产品责任改革"运动。1997年5月2日,美国法律学会通过了《侵权法重述(第三版):产品责任》,其中对严格责任进行了适当的限制。尽管美国产品责任法正在进行新的调整,但不可否认,严格产品责任至今仍然在美国各州继续推行,事实已经证明了几十年发展下来的严格产品责任的基本理念的合理性。从发展趋势上看,美国产品责任法并不会再继续退回到疏忽责任,人们将更多的注意力集中到填补严格责任制度下的一系列不足,而非简单地倒退。

## 二、产品及产品缺陷

### (一) 产品的含义

根据美国1979年《统一产品责任示范法》第102条的有关规定,产品是"具有真正价值的,为进入市场而生产、能够作为组装整件或作为部件零件交付的物品。但人体组织、器官、血液组成成分除外"。《侵权法重述(第三版):产品责任》第19条对"产品"的定义作了这样的规定:为本重述之目的,(a)产品是指通过商业销售供给人们使用或者消费的有形动产。其他的类别,如不动产和电,当其销售和使用的方式与前述有形动产的销售和使用的方式足够类似,因而应适用本规则时,也属于产品。(b)服务,即使是以商业方式提供的服务,也不是产品。(c)人体血液和人体组织,即使是以商业方式提供的,也不适用本重述的规则。

---

① 事实上,即使是1965年以后,合同担保责任、疏忽责任也绝没有消失。曾有人援引美国某权威组织对1965—1976年间产品责任案件进行的调查统计的结果:"只是以严格责任主张赔偿的案件占22%;只是以疏忽责任主张赔偿的案件占15%,只是以违反担保责任主张赔偿的占3%;同时根据三种责任理论索赔的占3%;同时根据严格责任和疏忽责任索赔的案件占14%;同时根据过错责任和违反担保责任索赔案件占8%;同时根据严格责任和违反担保责任索赔的案件占7%。在当事人和解的案件中,60%以严格责任为主要根据,31%以疏忽责任为根据,担保责任占8%。"参见张骐:《中美产品责任的归责原则比较》,载《中外法学》1998年第4期。

② 1980年加州法院审理了"辛德尔诉阿伯特药厂案",将严格责任又向前推进了一步,确立了"市场份额责任"。

### (二) 产品缺陷

缺陷是产品责任中的核心概念。如果产品没有缺陷,那么就不会产生相应的产品责任。美国产品责任法中缺陷产品的定义,在实践中引用的比较多的是《侵权法重述(第二版)》即《重述二》。《重述二》第402A条的规定代表了美国对产品缺陷定义的普遍观点,该条第1款规定:"凡销售的缺陷产品对使用者或消费者或其财产具有不合理的危险,那么销售者应对最终使用者或消费者或其财产因此而遭受的实际损害承担责任。"可见,《重述二》把产品的缺陷定义为"不合理的危险"。《统一产品责任示范法》第104条对于产品缺陷的定义,表述为"不合理的不安全"。

《侵权法重述(第三版):产品责任》(《重述三》)对于产品缺陷进行了详细的规定。其第1条规定了生产或销售缺陷产品的生产者或销售者对于该产品给消费者的人身或财产造成的损害承担赔偿责任。第2条规定了产品缺陷的分类:产品在销售或者分销时,包含制造缺陷、生产设计存在缺陷,或者因为缺乏使用说明或警示而存在缺陷,该产品构成缺陷产品。即包括以下三种情况①:(1)如果产品背离其设计意图,即便在制造和销售该产品的过程中已尽到所有可能的谨慎,该产品存在制造缺陷;(2)当产品可预见的损害风险,能够通过销售者或其他分销者,或者他们在商业批发销售链中的前手更为合理的产品设计加以减少或者避免,而没有进行这样的合理设计使得产品不具有合理的安全性能,该产品则存在设计缺陷;(3)当产品之可预见的损害风险,能够通过销售者或其他分销者,或者他们在商业批发销售链中的前手提供合理的使用说明或者警示而加以减少或者避免,而没有提供这样的使用说明或者警示使得产品不具有合理的安全性能,该产品则存在缺乏使用说明或警示的缺陷。《重述三》最重要的进步就在于其第2条将产品缺陷明确地分为三类:制造缺陷、设计缺陷和警示缺陷,并针对缺陷的种类规定了不同的责任标准。对此,《重述三》的撰写者的解释是《重述二》第402A条的原意就仅仅是针对产品的制造缺陷设定严格责任的,它的制定者也没有料到这样的责任标准后来被用于设计缺陷和警示缺陷的案件。严格责任在后两者情况下的应用其实是严格责任原则趋于绝对化的一种表现。现在,新的法律重述清楚地划分了这三种缺陷,对于制造缺陷仍然采严格责任标准,无论生产者在生产过程中采用了怎样的质量监控手段,对于自己的生产线上出产的不合格产品致人损害依然要承担严格责任;对于后两者,则由原告负担"合理替代"的设计或警示的举证义务,确立了一种"合理性"的标准。

制造缺陷是指导致产品无法完成预期功能的瑕疵。根据产品责任的有关规定,当存在制造缺陷并造成消费者损害时,生产者或销售者应当向消费者承担严格责任。虽然每个州关于产品责任的相关立法都不尽相同,但是绝大多数州的原告都需要完成初步的举证责任,即证明产品存在制造缺陷。如果原告能够出示证明制造缺

---

① 参见《侵权法重述第三版:产品责任》,肖永平、龚乐凡、汪雪飞译,法律出版社2006年版,第15—16页。

陷的直接证据,那举证的问题自然迎刃而解,但是在实践中,由于信息不对称、所涉产品问题的技术性太强、原告能力有限等原因,原告往往很难收集到直接证据来证明产品存在制造缺陷。为此,《重述三》第3条规定了用于推定产品存在缺陷的间接证据。根据该规定即使无法证明具体的缺陷,只要原告能够同时满足以下两点,即可推定原告所受伤害是由产品缺陷造成的;第一,原告所受损害通常是由产品缺陷导致的;第二,损失不是由于产品缺陷之外的其他原因导致的。设计缺陷,当产品设计存在可预见的危险性,而这种危险性可以通过另一种合理的设计减轻或弥补,则生产者或者销售者未改变产品的设计,该产品即存在设计缺陷。《重述三》第2条第6款解释特别列出了用于确认另一种设计是否合理的考虑因素,例如,发生危险的概率、消费者的预期、另一种设计的优势与劣势、相应成本的增加等等。在司法实践中,法院通过不同的途径对设计缺陷加以认定。如法院认为只要满足以下任一条件,即可认定所涉产品存在设计缺陷。其一,当消费者正常使用产品时,该产品未达到消费者预期的安全标准;或者其二,在考虑相关因素后,这种争议的设计带来的利益并不多于它所带来的潜在危险。警示缺陷亦指违反警示义务,根据《重述三》第2条的规定,如果产品未配置充分的使用说明或警示标语,从而使得产品存在可以预见的危险性,且该危险性能够通过向消费者提供使用说明或警示标语减轻或弥补,那么该产品因说明或提示不足而存在缺陷,生产者因此违反了相应的警示义务。所谓警示的充分性是指该说明或警示标语必须让使用者明白可能出现的危险,并清楚如何避免危险的发生。相关说明或警示标语内容必须清晰明了,有足够的力量和强度向理性人表达风险的性质和范围,否则法院将认定生产者没有合理地履行警示义务。应当注意的是,在分析生产者是否尽到警示义务时,还需要结合警示的有效性。多个法院在审理有关生产者违反警示义务的案例时都指出,如果警示内容过于详细,需要消费者花费一些时间来阅读,那么消费者可能会忽略全部的警示,从而导致警示丧失效力。因此,履行警示义务并非要求生产者事无巨细地罗列一切可能出现的危险和相应的对策,而是需要生产者在保证说明和警示标语有效发挥作用的前提下尽可能地提醒消费者注意潜在的危险后果。特殊情况下,生产者即使未尽到合理的警示义务,也不必承担严格责任。当案件所涉及的风险是众所周知的,或者对消费者而言是显而易见的,那么即使未对该风险进行提醒,生产者也不因此承担严格责任。

▶ 三、被告可以提出的抗辩

所谓被告可以提出的抗辩是指法律允许被告在产品责任诉讼中提出的减轻或免除自己责任的理由。美国法允许被告提出的抗辩很多,即使在严格责任理论下,仍有许多理由可以使被告减轻或免除责任。

1. 担保的排除与限制

被告可以通过担保的排除或限制来减少或免除自己的产品责任,这一抗辩适用于原告依违反担保,包括明示担保及默示担保提出的诉讼。美国《统一商法典》允许卖方对自己的担保责任加以否定或限制,但其目的应当是为了提醒购买方或使用人,以免他们到时感到意外。担保的排除或限制必须采用明确肯定的语言,以醒目的方式标出,足以引起对方的充分注意。在这种情况下,口头的保证往往不具有拘束力。美国《统一商法典》没有就担保的排除与限制的不公平问题作出规定,但美国法院会考虑这一问题。

如果法院认为排除或限制责任的条款不公平,则会拒绝承认其效力。所以,担保的排除或限制,只有在明确、肯定醒目,充分引起消费者注意,且不违背公平的情况下,才可以成为有效的抗辩理由。而且,对产品的适销性和可用性是不允许以合同来排除的,这是 1975 年美国联邦贸易委员会颁布实施的规定。

2. 自愿承担风险

自愿承担风险是指原告知道产品存在风险后仍愿意使用该产品而将自己置于风险之下并受到损害,被告可以不承担责任。比如被告在发现产品的缺陷后宣布将其召回,而某一消费者却拒绝理会被告的召回通告,则可以认为其自愿承担了该种风险。在有些州,自愿承担风险已不能作为被告完全免责的抗辩,但至少可以减轻被告的责任。

3. 原告的过失

原告的过失是指原告在使用产品过程中存在过失,使自己受到损害。在过去,原告的过失可以作为被告免责的绝对理由,即使被告也存在过失。这一原则称为共同过失原则。现在,由这一原则发展出了相对过失的原则,或称比例过失原则。它是指在原被告双方对损害的造成均有过失的情况下,根据各自的过错比例承担责任。但根据有些州的规定,如果原告的过失超过 50%,他将完全自己承担责任。

4. 常识性危险

对于产品固有性质所带来的危险,因其为人所共知而成为常识,不能认为是产品的缺陷,不予警告也不能认为是被告的过失。例如消费者用刀切菜时不小心伤了手指,不能起诉菜刀的生产者与销售者。但对于消费者权利意识极强的美国,什么是常识性危险也并不总是没有争议。吸烟有害健康这是常识,但仍有很多人选择吸烟,这又是自担风险。但美国有不少人以吸烟受害为理由起诉烟草生产商,有的还获得了胜诉。

5. 产品的使用不当

产品的使用不当也可以称为不正常使用产品或者误用、滥用产品。产品的使用不当即如果消费者未按照产品本来设置的功能去使用它,那么对于因误用而导致的损害,生产者不承担赔偿责任。换言之,在原告超出产品可以合理预期的用途不正常使用产品或者误用、滥用产品受到损害时,法院允许被告以此作为抗辩的理由。例如,若消费者踩着草耙去够架子顶层的东西,草耙因不堪重负而断裂并导致消费者摔伤,那么消费者不能据此要求草耙的生产商承担产品责任,因为草耙的功能是用来清除杂草,而不是当成梯子使用。需要注意的是,"产品的使用不当"抗辩事由存在一项例外,如果消费者对于产品的误用属于生产者应当合理预见的范畴,那么不能据此免除生产者的产品责任。这里的合理预期标准,是指被告如果能够合理预期产品有可能会被以某种方式使用,那么他就应当采取适当措施防止此种使用带来的损害,否则他就不能免除责任。擅自改动产品往往也被认定为对产品的不当使用,而不能要求被告赔偿。许多生产者在产品上警示使用者不得擅自拆装、改动产品,并声称产品经擅自拆装、改动,其将不承担保证产品安全和可正常使用的责任,即使没有这种警告,原告擅自改动产品也可以成为被告提出的抗辩理由。例如,在 Hood v. Ryobi America Corp. 案中,由于原告违反电锯说明书的要求,私自将电锯挡板拆除,因此导致刀片飞出切掉了他的手指并擦伤了腿。在该案中,除了就被告是否违反了警示义务的争议进行裁决之外,法院还认为,由于擅自拆除电锯挡板的行为构成对电锯的使用不当,所以原告不能要求被告承担产品责任。[①]

6. 带有不可避免的不安全因素的产品

有些产品为社会所必需,但同时又带有某些不可克服的消极作用或不安全因素,被告可以以此作为原告求偿请求的抗辩。在美国,这类的典型案件是药品。

7. 其他抗辩

被告还可以提出其他抗辩,比如原告不是合适的诉讼主体、已经超过诉讼时效、已经进行了和解、缺陷与损害没有因果关系等等。

## ▶ 四、产品责任诉讼损害赔偿的范围

美国产品责任法领域的损害赔偿表现为原告可以提出广泛的赔偿请求,具体来说,原告的索赔范围包括以下方面:

(1) 人身损害赔偿。一般包括:第一,因肢体伤残所遭受的痛苦;第二,精神上遭受的痛苦;第三,生活收入的损失以及失去谋生能力的补偿;第四,过去和将来必要合理的医疗开支。在损害赔偿的概念上,美国与其他国家相比,差异很大。美国对人身伤残的补偿要比实际支出的医疗费用及其他实际开支大得多。在许多情况下,为补偿受害人的精神痛苦和不幸遭遇而判决的赔偿额往往占赔偿总额的大部分。

(2) 财产损失及商业上的损害赔偿。财产损失的赔偿通常包括替换受损坏的财产或修复受损财产所支出的合理费用。商业上的损害赔偿通常是指有缺陷的产品的价值与完好、合格的产品的价值之间的差价。

(3) 惩罚性的损害赔偿。如果被告的行为置公共政策于不顾,受害人可以要求法院给予某种经济上的惩罚,这种赔偿形式称为惩罚性赔偿。1979 年美国《统一产品责任示范法》规定,如果原告通过明确的、令人信服的证据证明,其所受的伤害是

---

① 参见于笑蕾:《美国侵权责任法与案例研究》,中国政法大学出版社 2017 年版,第 230、232 页。

由于产品的销售者的粗心大意,根本不顾产品使用者、消费者或其他可能受产品的伤害的人的安全所致,法院就可以判决给予惩罚性赔偿。惩罚性损害赔偿金额一般很高,其目的是对有过错的一方的恶意的、不负责任的行为施加惩罚并防止他人类似行为。在具体的案件中,法院是否判处惩罚性损害赔偿,赔偿金额多少,主要由陪审员根据案情事实来决定。例如1978年美国轰动一时的"福特平托汽车案"①。在这一案件中,作为惩罚性的赔偿——1.25 亿美元巨款,险些由福特汽车公司付给一个受害者格林萧先生。1972 年,13 岁的理查德·格林萧乘坐其邻居驾驶的一辆福特"平托"牌汽车回家。当行驶在高速公路上时,汽车突然戛然而止,被后随汽车猛撞而致油箱起火爆炸。驾车妇女当场死去,小格林萧的烧伤面积达 90%。他失去了鼻子、左耳和大部分左手。从 1972 年这次事故后,他先后动了 60 多次手术。

原告律师接受委托对福特汽车公司起诉。律师指出,事故是由汽车的设计错误而致,因为油箱被设计放在后座下部,距离时速器只有 8 厘米多一点。因此,只要有中等强度的碰撞便能引起爆炸。之后,原告又提出如下事实:在第一批平托牌汽车投入市场前,福特公司的两名工程师曾明确提出过要在油箱内安装防震的保护装置,每辆车需 11 美元。但福特公司经过计算,决定至少在两年内不安装保护装置。他们认为,如果要生产 1100 万辆小汽车和 150 万辆卡车,需增加 1.375 亿美元。相反,假设充其量有 180 个平托牌汽车车主死亡,另外有 180 人严重受伤,2100 辆汽车被烧毁。根据福特公司赔偿标准,每个死亡者给 20 万美元,每个烧伤者给 6.7 万美元,每个汽车损失者给 700 美云,通过计算,如不安装保护装置,承担惩罚性损害赔偿,只需支出 4953 万美元。福特公司自然选择了省钱的途径。

法院陪审员由此论述了陪审团如何将惩罚性赔偿确定为 1.25 亿美元的理由。由于不安装必要的保护装置,福特公司节省了近 1 亿美元。原告律师提出 1 亿美元数额的赔偿并不意味着一种惩罚。所以陪审团要求在节省的总额中加上 2500 万美元,而这一数额才真正具有惩罚性赔偿的性质。但法庭在判决中没有接受陪审团的意见。法官将惩罚性赔偿减为 350 万美元。

## 第三节 欧盟的产品责任法

欧盟各国产品责任法的发展晚于美国,20 世纪 80 年代以前欧盟各成员国大多没有专门的产品责任法,处理这类案件依据的是违反合同及侵权的法律。自 20 世纪 70 年代初开始,在欧共体的推动下,各国日益重视产品责任的研究和立法。1976 年欧洲理事会通过了世界上第一个有关产品责任的实体法规范《关于人身伤亡的产品责任公约》,即《斯特拉斯堡公约》。1985 年当时的欧共体理事会为统一和明确各成员国的产品责任法,发布了《关于对有缺陷的产品的责任的指令》(简称欧共体

---

① 参见曹建明、陈治东主编:《国际经济法专论》(第 2 卷),法律出版社 2000 年版,第 527 页。

《产品责任指令》),共 22 条,要求各成员国通过国内立法程序将其转换为国内法加以实施。于是,1987 年英国发布《消费者保护法》,该法第一章"产品责任"实际上就是英国的产品责任法,希腊、意大利在 1988 年,卢森堡、丹麦、葡萄牙、德国在 1989 年,荷兰在 1990 年,比利时、爱尔兰在 1991 年分别制定了本国的产品责任法,标志着欧洲产品责任法的成文化、专门化趋势。1992 年欧盟理事会上通过了《欧洲产品安全指令》。

## ▶ 一、1976 年《关于人身伤亡的产品责任公约》

1976 年《关于人身伤亡的产品责任公约》(简称《斯特拉斯堡公约》)是欧共体最早就产品责任问题发布的一个立法文件。1970 年欧洲理事会法律委员会成立了一个专家委员会,委托其提出协调成员国产品责任实体法方面的措施。1972 年至 1975 年,专家委员会共举行了七次会议,并在此期间提出了《关于人身伤亡的产品责任公约》的草案文本。欧洲理事会全体委员会于 1976 年通过了这项公约草案,于 1977 年 1 月 27 日起开始由欧洲理事会的成员国签字。迄今为止,在公约上签字的已有奥地利、比利时、法国和卢森堡等国。根据《公约》第 13 条第 2 款的规定,自第三份批准书、接受书或认可书交存之日起 6 个月后该《公约》生效。目前《公约》已经生效。该《公约》共有 19 条,并有一个附件。该《公约》的主要内容是:

(1) 产品责任归责原则。《公约》对产品责任适用严格责任原则,并要求每个缔约国应在不迟于《公约》对其生效之日起,使其国内法符合《公约》的各项规则。这样做的目的,并不是要以《公约》取代有关国家产品责任的国内立法,而是有效地补充这些国家的国内立法;并根据大多数成员国保护消费者的愿望,根据欧洲的水平,采用有关生产者责任的特殊规则,给受到产品损害的人提供更多的补救手段。

(2) 生产者的范围。《公约》将下列四种人列为生产者的范围:

第一,制造商,即"成品或零配件的制造商以及天然产品的生产者"(第 2 条第 2 款)。这是生产者范围中的最基本的主体。此外,装配商和零部件的制造商一样,也属于生产者范围。《公约》规定,由于一项产品组装在另一项产品的瑕疵而造成损害时,则被组装的产品的生产者和组装该项产品的生产者均应承担责任(第 3 条第 4 款)。

第二,产品进口商,即"任何以将产品投入商品流通为目的按商业惯常做法进口产品者"(第 3 条第 2 款)。所谓"投入流通"是指,如果生产者已将产品交付给另一个人,则该产品即为"投入流通"。《公约》之所以将产品进口商也列入生产者的范围,是基于这种考虑:由于生产者是外国人,在受害人国家又没有营业地,为了避免受害人因管辖权的障碍无法对外国产品制造商起诉、要求赔偿而蒙受损失,因此,进口商也应作为生产者对待。

第三,任何使自己的名字、商标或其他识别特征出现在产品上而将其作为自己产品出示者(第 3 条第 2 款)。虽然,名字出现在产品上的人不一定是真正的生产者,但是,只要他的名字、商标在该产品上出现,将该产品作为自己产品介绍给消费者,他就应被视为生产者,并承担同样的责任。

第四,产品没有标明任何生产者的身份时,则每个供应者应视为《公约》所指的生产者,并承担同样的责任,除非根据索赔人的要求,供应者在合理的时间内披露生产者或向其提供产品者的身份(第3条第3款)。

(3)生产者的赔偿责任及抗辩事由。《公约》规定,生产者应承担其产品的缺陷造成的死亡或人身伤害的赔偿责任(第3条第3款)。《公约》还规定了连带责任,即如果数人对同一损害负有责任,则每个人应承担全部责任。对受害人来说,有义务证明损害、产品缺陷以及损害和缺陷之间的因果关系。

生产者通过证明下列事实,则不承担责任:一是他未将缺陷产品投入流通;二是产品投入流通时,造成损害的缺陷并不存在或是投入流通后第三人造成了产品缺陷;三是该产品制造既非为销售、出租或生产者为了经济目的进行其他形式的分销,而又非在其商业过程中制造或分销(第5条第1款)。值得注意的是,《公约》将产品是否投入流通作为承担责任的标准之一,这样规定是公正的。例如,产品是由于小偷盗窃后流入市场或被使用的,生产者对此可不承担责任。但是《公约》规定:"本公约规定的生产者的责任,不得以任何免责或解除义务条款排除或加以限制。"这表明,关于个人伤害方面的问题,生产者无权以合同条款方式限制或免除自己的责任。

(4)受害人或有权索赔的人的本身过失。《公约》规定,如受害人或有权索赔的人因其自己过失造成损害,在考虑了所有情况后,可减少或拒绝赔偿(第4条第1款)。

(5)损害赔偿的范围。《公约》对产品责任的损害赔偿范围仅限于人身伤害及死亡,不包括对财产所造成的损失。《公约》之所以如此规定,是考虑到:第一,将严格责任限于人身伤亡的责任比较容易获得成员国的批准;第二,关于对财产本身损害的法律责任可以通过以后的文件加以规定。

值得注意的是,《公约》在损害赔偿问题上没有解释什么是损害,而把损害的定义,特别是包括精神上痛苦和损失等,留给各成员国国内法去解决;《公约》没有指明谁有权要求损害赔偿,这个问题也留给各成员国国内法去解决。

(6)关于赔偿限额问题,《公约》对提出的赔偿没有数额限制,受害人能够获得多少赔偿取决于有关国家国内法的规定。但《公约》在附录中规定,各缔约国可在签字或交存其批准书、接受书、许可书或加入书时,宣布保留其由国内法规定赔偿限额的权利,但对每一死者或受到人身伤害的人的赔偿限额不得少于相当于国际货币基金组织规定的7万特别提款权的国内货币,对具有相同缺陷的同类产品造成的一切损害,偿付不得少于或相当于批准《公约》时国际货币基金组织规定的1000万特别提款权的国内货币。

(7)关于诉讼时效。《公约》规定了两个诉讼时效:

第一,要求损害赔偿的诉讼时效应为自请求人知道或应合理地知道损害、缺陷及生产者身份之日起 3 年之内。鉴于许多欧洲国家规定产品责任之诉必须在短时间内提起,《公约》根据各国司法实践,规定了 3 年的诉讼时效。《公约》在这里规定了三个条件:知道损害、缺陷和生产者身份,以保护在所有可能发生的不测事件中的受害人。

第二,如果诉讼没有在自生产者将造成损害的产品投入流通之日起 10 年内提起,则丧失《公约》规定的要求生产者赔偿的权利。

### ▶二、1985 年欧共体《产品责任指令》

(一) 产品责任归责原则:无过失责任

传统的侵权责任原则是过失责任原则,即有过失才承担责任,这也是传统民法的三大原则之一。随着现代大工业的出现,侵权行为日益复杂,过失责任原则已经无法适应现实的需要,有些国家法院以判例形式创设了无过失责任即严格责任。欧共体《产品责任指令》明确规定了无过失责任原则,使产品责任原则明确化、法律化,更有利于保护消费者的利益。根据《指令》,消费者在提起产品责任诉讼时,只要证明产品存在缺陷和自己受到损害以及二者的因果关系,就可以要求被告承担责任,无需证明被告存在过失。

(二) 关于生产者的定义

欧共体《产品责任指令》规定承担产品责任的是产品生产者。此处"生产者"是广义的,并不仅仅是产品成品的制造者,包括任何将其名称、商标或其他识别标志置于产品之上的人或者进口产品销售者、出租者、租赁者、经销者。如果不能确定谁是生产者,则原告可以将产品的提供者作为被告。

(三) 关于产品的定义

按照欧共体《产品责任指令》,产品是指可以移动的物品,但初级农产品和戏搏用品除外。不动产不属于《指令》所称的产品。

(四) 关于产品的缺陷的定义

欧共体《产品责任指令》所称产品缺陷,是指产品不能提供一般消费者有权期望得到的安全。这是一个客观的定义。

(五) 损害赔偿的范围

欧共体《产品责任指令》所规定的产品责任损害赔偿主要包括人身侵害赔偿和死亡赔偿,对于产品本身的损失不予考虑,《指令》对精神损害赔偿问题未作直接规定,允许各国按照其国内法原则处理。这是指令与美国产品法的一个重要区别。实践中欧盟各国的产品责任赔偿远低于美国。

(六) 被告可以提出的抗辩

无过失责任并非绝对责任,在正常情况下,即使缺陷是经过充分注意仍不能避免的,被告一样承担责任。无过失责任允许被告在某些情况下不承担责任,这些免责情形就是允许被告提出的抗辩。

第一类是无罪责抗辩。被告如能证明自己未将产品投放市场、产品投入市场时缺陷尚不存在、损害是由消费者不适当使用产品所引起、生产者未将产品用于经济或商业目的、缺陷是由于遵守强制规章所引起等，都可以不承担责任。欧共体《产品责任指令》还允许"发展风险抗辩"，或"现有水平"抗辩，即某种缺陷在产品发展过程中是合理的和可以理解的，是现有技术水平不能避免的，被告也可以不承担责任。《指令》允许各国自行决定是否接受这种抗辩。此外，部件制造者如能证明缺陷是由于产品设计所致，也可以不承担责任。

第二类是时效抗辩。欧共体《产品责任指令》规定的产品责任诉讼时效为3年，从原告知道或应当知道受到损害、产品有缺陷及谁是生产者之日起计算。《指令》还规定原告的权利自产品投入市场之日起满10年消灭，除非在此期间内起诉。

第三类是赔偿最高限额抗辩，对于同一产品、同一缺陷所引起的人身伤害或死亡的赔偿总额，欧共体《产品责任指令》允许各成员国自己立法加以规定，但不能低于7000万欧洲货币单位。

在产品责任抗辩方面，欧共体《产品责任指令》与美国法的一个不同之处是，美国法把产品责任与担保和保证相联系，允许被告在合同中排除或限制自己的担保责任，而欧共体《产品责任指令》则不允许被告这么做。这种不同源于对产品责任的不同理解。美国法认为产品责任既属于合同责任，又属于侵权责任，而对于合同责任部分，是可以限制和排除的。欧共体《产品责任指令》则将产品责任与合同责任明显区别开来，能依合同法处理的，则不适用《指令》。由于缺陷的存在使产品本身受到损失，属于合同责任，因此《指令》未予规定。

欧共体《产品责任指令》并非公约，并不具有普遍的约束力，要使其在各成员国生效，需要各国采取立法行动将其转换为国内法。

### 三、1992年欧盟的《欧洲产品安全指令》

虽然1985年欧共体《产品责任指令》确立了严格产品责任制度，但在实施中对保护消费者的安全问题依然存在严重不足。首先，在严格产品责任制度下，生产者或销售者只要确保投入流通时其产品不存在致消费者损害的缺陷，生产者就可以高枕无忧。至于投入流通后，由于消费者在不知情的情况下使用而导致产品出现缺陷，或该产品与其他产品在混合使用中出现缺陷所造成的损害，生产者就可以概不负责。其次，欧共体《产品责任指令》规定的严格责任，限于当时的科学水平，因遵守有关国家强制性法令而使其产品在投入流通时存在缺陷，生产者对此类缺陷造成的损害也可免责。鉴于《指令》的严格责任制度存在着上述对消费者不利的缺陷，欧共体一些成员国在消费者强大压力下制定了本国的产品安全法。1992年欧盟成立后，为了统一和协调欧盟各成员国产品安全法，于1992年6月29日欧盟理事会上通过了《欧洲产品安全指令》，于1994年6月29日正式实施。其主要内容如下：

## （一）生产者安全责任的一般要求

根据《欧洲产品安全指令》第1条和第2条的规定,生产者应确保其投入欧洲市场上的产品在正常的或合理可预见的使用条件下是安全的。在涉及对个体的安全和健康的保护水平时,生产者得考虑其产品的特点,受其他产品的影响情况,产品的供应情况,使用产品时处于严重危险状态中的消费者特别是未成年人的类别。

## （二）生产者的范围

根据《欧洲产品安全指令》第2条第4款的规定,应承担产品安全责任的生产者是指:产品的制造者;以生产者身份将其名称、商标或其他标识列于产品上的准制造者;产品的修理者;在供应环节中可能影响市场中产品安全性能的其他职业者。

## （三）生产者的产品安全措施

根据《欧洲产品安全指令》的规定,生产者不仅有义务生产无缺陷产品,而且有义务在产品投入市场后采取产品安全措施。该安全措施由售后监督措施和必要的行动措施所构成。售后监督措施是指旨在发现投入市场中的产品可能导致消费者危险的适当措施。必要的行动措施包括向消费者提供产品安全使用的信息或危险的警告,并于必要的时候将有问题的产品从市场中收回以避免这些危险发生。《欧洲产品安全指令》明确规定,单纯的警告并不能免除生产者按《指令》所承担的其他义务。

根据《欧洲产品安全指令》的规定,包括进出口商在内的生产者有义务确保其投入欧盟市场的产品为安全产品。所谓安全产品是指,该产品在其使用寿命的期限内,在正常的或合理可预见的使用条件下,是无致人损害的任何危险的产品。由此可见,自己的产品在投入流通时不存在致人损害的缺陷的生产者,在一般的严格责任原则制度下本可以不承担责任,但在《欧洲产品安全指令》规定的产品安全责任制度下,"投入流通"时,便是生产者必须关心其产品在消费者使用中是否安全的义务的开始。

# 第四节　中国的产品责任法

## ▶ 一、中国产品责任法的渊源

产品责任这一概念直到20世纪80年代才开始出现在中国的立法中。中国没有专门的一部"产品责任法",有关产品责任的规定主要散见于《民法通则》①《产品

---

① 我国《民法通则》第122条规定:"因产品质量不合格造成他人财产、人身损害的,产品制造者、销售者应当依法承担民事责任。运输者、仓储者对此负有责任的,产品制造者、销售者有权要求赔偿损失。"这是我国关于产品责任的首次立法规定。

质量法》①《消费者权益保护法》②的一些条文中。这些条文对提高法律的操作性,保护消费者利益起到了很大的作用。尤其是《产品质量法》较集中地规定了产品责任的主要问题,对生产者、销售者的归责原则及责任构成、产品及缺陷的概念、损害及赔偿的方式和范围等都作出了明确规定,成为我国处理产品责任案件的主要法律依据。《侵权责任法》③第五章用七个条文专章规定了产品责任,其中涉及产品责任的构成、产品责任主体之间的关系、产品责任的形式、售后警示召回义务以及惩罚性赔偿。这些规定中,有些沿袭了我国《产品质量法》的规定,如第 41 条(生产者的产品责任)、第 42 条(销售者的产品责任)、第 43 条(被侵权人的赔偿请求权的行使)、第 44 条(运输者、仓储者等的责任)等;有些是《侵权责任法》新增的规定,如第 45 条(排排除妨碍、消除危险的适用)、第 46 条(售后警示、召回等义务)、第 47 条(惩罚性赔偿)等。这些新规定都是结合我国产品质量执法与司法实践经验,并参照国外先进经验制定的。此外,《食品安全法》《药品管理法》《计量法》《标准化法》等法律中也有关于产品责任的规定。

## 二、产品的定义

我国《产品质量法》第 2 条第 2 款规定:本法所称产品是指经过加工、制作,用于销售的产品。该条第 3 款规定:建设工程不适用本法规定;但是,建设工程使用的建筑材料、建筑构配件和设备,属于前款规定的产品范围的,适用本法规定。由这一定义可以看出,我国《产品质量法》所适用的产品范围有三个限制条件。第一,必须是动产,不动产不是该法所称的产品,但不动产所使用的建筑材料,建筑构配件和设备,比如水泥、油漆、钢筋等构配件等因其本身为动产,故可以适用产品质量法。第二,必须是经过加工、制作的产品。经过加工制作的产品包括工业产品、手工业产品、农产品。未经加工制作的初级产品或自然物,例如,石油原油、天然气、矿石以及农、林、牧、渔业的初级农产品,不属于本法所称的产品。这些初级产品经过加工、制作,例如原油提炼为汽油或柴油,煤炭制成焦炭,捕获猎物被制成肉制品,红薯加工成粉丝,则都可以适用产品质量法。第三,必须是用于销售、投入流通的产品。产品虽是动产,且经过加工制作,但未将其作为商品投入市场,比如,将红薯加工成粉丝赠送给亲朋好友,也不适用产品质量法。但是,如果为了营销的目的向他人赠送产品供尝试,或以产品做福利发给员工或将产品出租、抵押、出质、典当等,适用产品质量法。另外,根据我国《产品质量法》第 73 条,军工产品也被排除在本法之外。

---

① 1993 年 2 月 22 日第七届全国人大常委会第三十次会议通过,2000 年 7 月 8 日、2009 年 8 月 27 日、2018 年 12 月 29 日全国人大常委会进行了三次修正。
② 1993 年 10 月 31 日第八届全国人大常委会第四次会议通过,2009 年 8 月 27 日、2013 年 10 月 25 日全国人大常委会进行了两次修正。
③ 2009 年 12 月 26 日第十一届全国人大常委会第十二次会议通过,自 2010 年 7 月 1 日起施行。

### 三、缺陷的定义

根据我国《侵权责任法》第41条的规定,因产品存在缺陷造成他人损害的,生产者应当承担侵权责任。但该法中没有明确规定产品缺陷的概念。我国《产品质量法》对产品"缺陷"的规定为该法第46条规定:"本法所称缺陷,是指产品存在危及人身、他人财产安全的不合理的危险;产品有保障人体健康和人身财产安全的国家标准、行业标准的,是指不符合该标准。"这一规定如同欧盟的"指令"一样,亦采用客观标准。具体而言为产品缺陷设立了两个标准,一个是"不合理危险"即合理标准,一个是"不符合法定的强制性标准"即法定标准。首先适用的是法定标准,凡是不符合国家标准或行业标准的,即认为存在缺陷,如果没有上述标准,则采用合理标准,即产品不能含有不合理的危及人身、财产安全的危险,否则即为缺陷。危险必须是不合理的,合理的危险不是缺陷。

我国《产品质量法》没有明确对产品缺陷进行分类,但从其内容看缺陷可以分为设计缺陷、制造缺陷以及经营缺陷。经营缺陷是指产品销售、运输、仓储过程中及说明、警告等方面存在不合理危险。

我国《产品质量法》等法律所确定的是产品质量责任,而非产品责任。产品质量责任是以产品存在质量问题为前提的。产品质量问题分为一般质量问题和严重质量问题,反映在法律上就产生了两个基本概念即产品瑕疵和产品缺陷。产品瑕疵与产品缺陷有着不同的含义,显著的区别是产品缺陷是产品存在着危及人身、财产安全的不合理的危险。产品存在除危险之外的其他质量问题,是产品存在瑕疵。从产品瑕疵和产品缺陷的含义中,我们可以看出,两者的共同之处一是产品瑕疵和产品缺陷都是不符合产品质量的相关要求;二是产品存在瑕疵或缺陷,经营者都应当承担相应的法律责任,两者的区别在于:第一,在危险程度方面,瑕疵主要指产品在物质性上存在与约定或法定的质量标准不符的质量问题,是相对较轻的产品质量问题;而缺陷则是在安全性上存在的质量问题,是较重的产品质量问题。第二,在是否可以接受方面,用户、消费者已经知道产品存在瑕疵或者经营者已明示产品有瑕疵,消费者可以自行决定是否接受;但产品如果存在缺陷,即有危害人身、财产安全的危险时,消费者原则上不应接受该产品。第三,在赔偿义务主体方面,对于瑕疵产品,可以依据合同之债直接向销售者要求赔偿;对于缺陷产品,可以依据侵权之债向销售者或者生产者要求赔偿。第四,在赔偿方式方面,产品瑕疵适用合同法,由销售者依照法律规定或者合同约定,对瑕疵产品本身负责修理、更换、退货以及赔偿损失;产品缺陷适用侵权法,由生产者或销售者对人身和缺陷产品以外的财产损害予以赔偿。第五,在诉讼时效方面,因产品存有瑕疵的损害赔偿的诉讼时效为1年,而因产品存在缺陷的损害赔偿的诉讼时效为2年。

### 四、责任主体和归责原则

**（一）责任主体**

产品责任的责任主体，是指产品责任的承担者，主要是生产者、销售者以及运输者及仓储者等第三人。

1. 产品责任主体是生产者和销售者

根据我国《产品质量法》第41条规定，因产品存在缺陷造成人身、缺陷产品以外的其他财产损害的，生产者应当承担损害赔偿责任。该法第42条规定，由于销售者的过错使产品存在缺陷，造成人身、他人财产损害的，销售者应当承担赔偿责任。销售者不能指明缺陷产品的生产者也不能指明缺陷产品的供货者的，销售者应当承担赔偿责任。我国《侵权责任法》关于产品责任的责任主体的规定与《民法通则》《产品质量法》的规定基本一致，主要有如下几类：第一，生产者与销售者均为责任主体，受害人可以向产品的生产者、销售者要求赔偿；第二，产品存在缺陷使他人人身或者财产受到损害，但并不是因为销售者的过错而引起的，在这种情况下，销售者承担赔偿责任后，可以向产品的生产者、供货者追偿；第三，属于产品销售者的责任，产品生产者赔偿的，产品的生产者有权向产品的销售者追偿；第四，如果销售者不能指明缺陷产品的生产者，也不能指明缺陷产品的供货者，销售者应当承担赔偿责任。总之，缺陷产品的生产者、销售者均为承担产品责任的主体，受害人可选择其中之一或者二者作为被告请求赔偿。至于销售者、生产者之间的内部责任划分及追偿，不影响受害人选择被告。我国《产品质量法》强调缺陷产品的生产者与销售者共同作为产品责任的责任主体，是有积极的现实意义的。在我国的商业实践中，消费者购买某一商品时较少注意生产厂家，有一些商品并无生产厂家的厂名和厂址。

2. 运输者、仓储者以及材料提供者和零部件提供者的责任

我国《侵权责任法》第44条规定：因运输者、仓储者等第三人的过错使产品存在缺陷、造成他人损害的，产品的生产者、销售者赔偿后，有权向第三人追偿。由此可见，对于运输者、仓储者及中间供货人的最终责任也采纳过错责任原则。运输者、仓储者以及介于生产者与销售者之间的中间供货人不是直接责任的承担者，但如果产品的缺陷是因其过错所致，生产者或销售者在承担了无过错的直接责任之后，则可向有过错的运输者、仓储者或中间供货人追偿。运输者、仓储者及中间供货人对这种最终责任之承担所适用的归责原则是过错责任。在具体诉讼中，可以另案处理，也可以将他们判为第三人一并处理。

**（二）归责原则**

对于承担产品责任的归责原则，我国《产品质量法》将其分为两类，一是对生产者采用严格责任原则；二是对销售者采用过错责任原则。我国《侵权责任法》第41条规定：因产品存在缺陷造成他人损害的，生产者应当承担侵权责任。该条基本沿袭了《产品质量法》第41条第1款的规定。我国《侵权责任法》第42条规定：因销售

者的过错使产品存在缺陷,造成他人损害的,销售者应当承担侵权责任。销售者不能指明缺陷产品的生产者也不能指明缺陷产品的供货者的,销售者应当承担侵权责任。该条也基本沿袭了《产品质量法》第42条的规定。我国《侵权责任法》通过后就生产者承担产品责任的归责观点颇为一致,均认为是严格责任原则。只要产品存在缺陷,且导致了他人人身或财产的损失,即构成产品责任。原告需要证明:产品存在缺陷,原告受到人身或财产损失,二者之间有因果关系。

对于销售者承担侵权责任的归责原则,根据全国人大法工委所作的《〈中华人民共和国侵权责任法〉条文释义与立法背景》中的观点,销售者承担产品责任实行过错责任原则。根据我国《侵权责任法》和《产品质量法》第42条的规定,由于销售者的过错使产品存在缺陷,造成他人损害的;或者不能指明缺陷产品的生产者也不能指明缺陷产品的供货者的,销售者应当承担赔偿责任;销售者对销售缺陷产品没有过错的,对损害不承担责任。因此,缺陷产品销售者承担责任的归责原则是过错责任原则。在其不能指明缺陷产品的生产者也不能指明缺陷产品的供货者的,销售者应当承担赔偿责任。

另外,我国《产品质量法》第43条规定:"因产品存在缺陷造成人身、他人财产损害的,受害人可以向产品的生产者要求赔偿,也可以向产品的销售者要求赔偿。属于产品的生产者的责任,产品的销售者赔偿的,产品的销售者有权向产品的生产者追偿。属于产品的销售者的责任,产品的生产者赔偿的,产品的生产者有权向产品的销售者追偿。"根据该规定,缺陷产品的生产者和销售者对缺陷产品造成的损害承担连带的赔偿责任。这一规定还说明,可以行使损害赔偿请求权的受害人可以是任何因缺陷产品遭受损害的人,包括产品的购买者、使用者及其他任何因缺陷产品而遭受损害的人,并不要求受害人必须与责任主体有合同关系。

### ▶ 五、被告可以提出的抗辩

在对消费者权益进行最大限度保护的同时,也应当赋予生产者相应的抗辩事由来保护其自身利益。我国《产品质量法》对产品范围予以了宽泛的界定,对生产者采用了严格责任的归责原则,为保障企业的合法利益和经济发展,有必要进一步明确其抗辩理由或免责事由。我国《侵权责任法》对此未作规定,但仍应使用《产品质量法》上的抗辩事由。我国《产品质量法》第41条规定的免责事由有:未将产品投入流通;产品投入流通时引起损害的缺陷尚不存在;产品投入流通时的科学技术水平尚不能发现该缺陷的存在。此外,被告还可以提出其他抗辩,比如,致害产品是未经加工、制作的初级产品,原告自行拆装、改动产品或误用、滥用产品,原告的请求超过诉讼时效等,都是正当的抗辩理由。

### ▶ 六、损害赔偿的范围

产品缺陷造成了受害人的实际损害,构成产品缺陷损害赔偿责任。损害包括人身伤害和财产损失。我国《侵权责任法》对人身损害和财产损害的规定自有其适用空间。人身伤害包括：(1) 一般伤害。指通过医疗等方式，受害人的身体可以恢复健康未造成残疾的轻伤害。(2) 致人残疾。指使人的肌体和功能丧失或不正常、全部或部分丧失以正常方式从事某种活动的能力。(3) 致人死亡。(4) 精神损伤。财产损失指缺陷产品本身以外的一切财产损失，包括缺陷产品造成的财产的毁损和直接减少，以及由此产生的可得利益的损失。

产品责任的基本形式是损害赔偿，根据我国《产品质量法》第 44 条的规定，因产品存在缺陷造成受害人人身伤害的，侵害人应当赔偿医疗费、治疗期间的护理费、因误工减少的收入等费用；造成残疾的，还应当支付残疾者生活自助具费、生活补助费、残疾赔偿金以及由其扶养的人所必需的生活费等费用；造成受害人死亡的，并应当支付丧葬费、死亡赔偿金以及由死者生前扶养的人所必需的生活费等费用。因产品存在缺陷造成受害人财产损失的，侵害人应当恢复原状或者折价赔偿。受害人因此遭受其他重大损失的，侵害人应当赔偿损失。也就是说，原告可以获得的赔偿包括：医疗费、治疗期间的护理费；因误工减少的收入；残疾生活自助具费；生活补助费；残疾赔偿金；由受害人抚养的人所必需的生活费；丧葬费；死亡赔偿金等。此外，因产品存在缺陷造成受害人财产损失的，可以要求恢复原状或折价赔偿。受害人因此遭受其他重大损失的，应赔偿损失。

产品自身损害包括产品毁损、灭失，还包括产品本身价值的减少、不堪使用以及修缮费用等。我国《产品质量法》第 41 条第 1 款规定：因产品存在缺陷造成人身、缺陷产品以外的其他财产损害的，生产者应当承担赔偿责任。由此可见，我国对产品自身损害应按合同责任处理。我国《侵权责任法》第 41 条规定：因产品存在缺陷造成他人损害的，生产者应当承担侵权责任。该规定并未将他人损害限定为"缺陷产品以外的其他财产损害"，如何理解这一规定，是否意味着我国法律已将产品自身损害纳入产品责任的赔偿范围，还有待进一步研究。①

精神损害赔偿是指受害人就其精神损害所获得的金钱赔偿。我国《侵权责任法》第 22 条规定：侵害他人人身权益，造成他人严重精神损害的，被侵权人可以请求精神损害赔偿。该规定确立了精神损害赔偿。

惩罚性赔偿是指被告以恶意、故意、欺诈或放任之方式实施加害行为而致原告受损时，原告可以获得的除实际损害赔偿之外的损害赔偿。② 我国《消费者权益保护法》第 55 条有关于惩罚性赔偿的规定：经营者提供商品或者服务有欺诈行为的，应当按照消费者的要求增加赔偿其受到的损失，增加赔偿的金额为消费者购买商品的价款或者接受服务的费用的 3 倍。根据我国《消费者权益保护法》，关于惩罚性赔偿的适用主体是经营者和消费者；消费者和经营者之间的关系发生在消费领域；经

---

① 参见王利明、周友军、高圣平：《中国侵权责任法教程》，人民法院出版社 2010 年版，第 542 页。
② 参见张新宝、李倩：《惩罚性赔偿的立法选择》，载《清华法学》2009 年第 4 期，第 6 页。

营者在提供商品或者服务的时候,有欺诈行为。

我国《食品安全法》也有关于惩罚性赔偿的规定。该法第148条第1款规定:消费者因不符合食品安全标准的食品受到损害的,可以向经营者要求赔偿损失,也可以向生产者要求赔偿损失。接到消费者赔偿要求的生产经营者,应当实行首负责任制,先行赔付,不得推诿;属于生产者责任的,经营者赔偿后有权向生产者追偿;属于经营者责任的,生产者赔偿后有权向经营者追偿。该条第2款规定:生产不符合食品安全标准的食品或者经营明知是不符合食品安全标准的食品,消费者除要求赔偿损失外,还可以向生产者或者经营者要求支付价款10倍或者损失3倍的赔偿金;增加赔偿的金额不足1000元的,为1000元。但是,食品的标签、说明书存在不影响食品安全且不会对消费者造成误导的瑕疵的除外。第1款规定了一般性赔偿(即赔偿损失)的责任主体,强调消费者对赔偿义务主体有选择权,既可向经营者主张,也可向生产者主张;第2款则规定了赔偿的范围包括一般性赔偿(即赔偿损失)与惩罚性赔偿,惩罚性赔偿为支付价款10倍或损失3倍的赔偿金。主张惩罚性赔偿的构成要件为以下四个:(1)主张权利的主体是消费者;(2)适用惩罚性赔偿的基础事实是权利主体受到损害;(3)惩罚的对象行为是经营与生产不符合食品安全标准食品的行为;(4)不符合食品安全标准的食品应为存在实质危害,不是指食品的标签、说明书存在不影响食品安全且不会对消费者造成误导的瑕疵。

我国《侵权责任法》第47条对于产品责任明确规定了惩罚性赔偿:明知产品存在缺陷仍然生产、销售,造成他人死亡或者健康严重损害的,被侵权人有权请求相应的惩罚性赔偿。根据全国人大法制工作委员会的解释,产品责任中适用惩罚性赔偿的构成要件包括如下几点:一是侵权人具有主观故意,即明知是缺陷产品仍然生产或者销售。二是要有损害事实,这种损害事实不是一般的损害事实,而应当是造成严重后果发生的损害事实,即造成他人死亡或者健康受到严重损害。三是要有因果关系,即被侵权人的死亡或者健康受到严重损害是因为侵权人生产或者销售缺陷产品造成的。

### ▶ 七、产品责任的具体形式

产品责任的基本形式是赔偿损失,但针对具体情形,我国《侵权责任法》也规定了一些其他形式。(1)排除妨碍、消除危险。现代侵权责任法的功能逐渐开始重视对受害人的救济,侵权责任的形式也呈现出多样化的发展趋势,体现于产品责任领域,即除了在损害发生之后确定损害赔偿的归责原则和具体规则之外,在损害未发生但有发生损害的危险时,应赋予被侵权人请求排除妨碍、消除危险的权利,以防患于未然。对于生产者和销售者而言,也就负有积极的排除妨碍、消除危险的义务,以预防损害的发生,并充分实现侵权责任法对受害人的全面救济功能。(2)售后警示、召回义务。我国《产品责任法》第46条(缺陷产品的警示与召回)规定:产品投入流通后发现存在缺陷的,生产者、销售者应当及时采取警示、召回等补救措施。未及时采取补救措施或者补救措施不力造成损害的,应当承担侵权责任。产品售后警示义务是指对产品投入流通后发现的不合理的危险,生产者、销售者具有予以警告和指示的义务。我国《侵权责任法》全面确立了缺陷产品召回制度。此前,我国只在一些部门规章中对部分产品作出了召回的规定,如《缺陷汽车产品召回管理规定》①《儿童玩具召回管理规定》②《食品召回管理办法》③《药品召回管理办法》④。

**案 例**

### 伤人的果冻⑤

2001年4月13日,青岛市的王某与邢某夫妇带其1岁两个月大的儿子王超到医院体检,医生告诉他们孩子有点缺钙。为给孩子补钙,邢某在利群超市购买了一袋乐口牌双歧因子AD钙果冻,在喂食过程中不幸发生意外,孩子被果冻卡住喉咙,经抢救无效死亡。该果冻包装上标明的生产厂家为深圳市某公司,除此之外没有任何关于食用方法的说明。4月26日,经与超市和深圳某公司多次交涉未果后,王某向青岛市某区法院提起诉讼,请求深圳某公司赔偿医疗费、精神损失等共计35万多元。

原告认为,被告生产的果冻没有任何关于食用方法的说明,也没有任何提示家长喂食婴儿的警告,实为有缺陷产品,对原告儿子的死负有不可推卸的责任。被告则认为,作为家长,理应知道不能将太大的食物喂给婴儿,是原告自身的过错导致了婴儿的死亡,被告不应承担责任。

法庭审理后认为,被告深圳某公司生产的乐口牌双歧因子AD钙果冻,没有警示标志或中文警示说明,违反了我国《产品质量法》的明确规定,也就不能证明原告没有尽到监护和注意义务,其产品应为有缺陷产品,对造成的损害应负有责任。法庭最后判决被告赔偿原告人民币45775元。

---

① 由国家质量监督检验检疫总局、国家发展和改革委员会、海关总署和商务部审议通过,2004年10月1日起施行,之后由国务院通过并公布的《缺陷汽车产品召回管理条例》(2012年10月22日公布,自2013年1月1日起施行)所取代。
② 2007年7月24日国家质量监督检验检疫总局局务会议审议通过,2007年8月27日起施行。
③ 经国家食品药品监督管理总局局务会议审议通过,自2015年9月1日起施行。
④ 2007年12月6日经国家食品药品监督管理局局务会议审议通过,2007年12月10日起施行。
⑤ 参见《伤人的果冻》,载 http://www.cctv.com/life/lawtoday/20011125/bqnr/bqnr.html,访问时间:2018年11月9日。

> **案例**

## 易碎的玻璃①

1996年9月13日，林某乘本单位的三菱吉普车前往某地出差，行驶途中汽车挡风玻璃突然爆破，林某受重伤，经抢救无效死亡，其妻子与儿子向北京市朝阳区人民法院提起诉讼，请求被告日本三菱汽车公司承担赔偿责任。玻璃的生产厂家，日本某株式会社对玻璃进行鉴定后得出的结论是爆破由外力所致，并非玻璃自身质量问题。北京市朝阳区人民法院以受害人的死亡与三菱公司没有必然因果关系，缺乏事实和法律依据为理由，驳回原告的诉讼请求。原告不服，向北京市第二中级人民法院提起上诉。上诉法院认为，被告三菱公司应承担无过错责任，由于三菱公司举不出证据证明自己存在免责理由，所以应对受害人林某的死亡承担责任。法院判决被告三菱公司赔偿原告交通费、住宿费、误工费、鉴定费、丧葬费、死者生前抚养人所必需的生活费、受教育费及死亡赔偿金。

---

① 参见《陈梅金、林德鑫诉日本三菱汽车工业株式会社损害赔偿纠纷案》，载《最高人民法院公报》2001年第2期；http://gongbao.court.gov.cn/Details/6171f543f36c40f5c7b38924a420ee.html?sw =，访问时间：2018年11月9日。

# 第十章 国际商事仲裁法律制度

## 第一节　国际商事仲裁概述

### 一、国际商事仲裁概念

仲裁(亦称公断)是解决争议的一种方式,即由双方当事人将他们之间发生的争议交付第三者居中评断是非并作出裁决,该裁决对双方当事人均有约束力。国际商事仲裁,是指在国际经济贸易活动中,当事人通过协议自愿将他们之间的有关争议提交某一临时仲裁庭或某一常设仲裁机构进行审理,并作出具有约束力的仲裁裁决的制度。简言之,国际商事仲裁就是解决国际商事争议的一种仲裁制度。早在13、14世纪商品交换比较频繁的意大利各城邦,国际商事仲裁就已经出现,但作为国际社会普遍承认的解决国际商事争议的一种常用方法,却是19世纪末20世纪初的事。随着国际经济贸易的飞速发展,世界各国普遍把仲裁作为解决国际商事争议的一种有效方式。

在理论和实践中,对何谓"国际"和何谓"商事",国际上并没有普遍接受的概念,各国的规定也有所不同。不过,对"国际"和"商事"的含义尽可能作出广义的解释是现代国际社会的一个趋势。就"国际"一词而言,1985年联合国通过的《国际商事仲裁示范法》的解释为:仲裁如有下列情况即为国际性的:(1)仲裁协议的当事各方在缔结协议时,他们的营业地位于不同的国家;(2)下列地点之一位于当事各方营业地点所在国之外:(a)仲裁协议中确定的或根据仲裁协议确定的仲裁地;(b)履行商事关系的大部分义务的任何地点或与争议标的关系最密切的地点;(c)当事各方已明确约定仲裁协议的标的与一个以上的国家有联系。可见,确定仲裁的国际性,不仅要考虑当事人的国籍是否不同,营业地、住所是否位于不同的国家,而且还要考虑使争议具有国际性质的其他因素。就"商事"一词而言,《国际商事仲裁示范法》解释为:应作广义的解释,它包括不论是契约性或非契约性的一切商事性质的关系所引起的种种争议。商事性质的关系包括但不限于下列交易:供应或交换货物或服务的任何贸易交易;销售协议;商事代表或代理;租赁;建筑工程;咨询;工程许可;投资;融资;银行;保险;开发协议或特许;合资经营和其他形式的工业或商业合作;空中、海上、铁路或公路的货运或客运。

在我国,对何谓"国际商事仲裁",尚无明确的规定和解释。我国《仲裁法》第65条仅仅规定:涉外仲裁是指涉外经济贸易、运输和海事中发生的纠纷的仲裁。我国关于涉外性的判断标准传统的做法是采用"三要素"标准,即从法律关系主体、客体和法律事实三要素进行考量。2012年最高人民法院颁布的《关于适用〈中华人民共和国涉外民事关系法律适用法〉若干问题的解释(一)》第1条规定:"民事关系具有下列情形之一的,人民法院可以认定为涉外民事关系:(一)当事人一方或双方是外国公民、外国法人或者其他组织、无国籍人;(二)当事人一方或双方的经常居所地在中华人民共和国领域外;(三)标的物在中华人民共和国领域外;(四)产生、变更或者消灭民事关系的法律事实发生在中华人民共和国领域外;(五)可以认定为涉外民事关系的其他情形。"在司法实践中,我国关于涉外因素的判断也有一些新的发展。例如在宁波新汇国际贸易有限公司申请撤销仲裁裁决案中,法院裁定:涉案合同约定交货方式为上海保税区现货交付,按照海关管理制度,保税区内未清关货物属于未入境货物,故此本案具有涉外因素,本案应为涉外仲裁案件。① 又如在西门子国际贸易(上海)有限公司与上海黄金置地有限公司申请承认与执行外国仲裁裁决案中,法院裁定:申请人与被申请人均为中国注册的公司法人,合同约定的交货地、作为合同标的物的设备目前所在地均在我国境内,该合同表面上并不具有典型的涉外因素。然而,综观本案合同所涉的主体、履行特征等方面的实际情况,该合同存在与普通合同有明显差异的独特性,可以认定为涉外民事法律关系,主要理由有:第一,本案合同的主体均具有一定涉外因素。西门子国际贸易(上海)有限公司与上海黄金置地有限公司虽然都是中国法人,但注册地均在上海自贸试验区区域内,且其性质均为外商独资企业,由于此类公司的注册资本来源、最终利益归属、公司的经营决策一般均与其境外投资者关联密切,故此类主体与普通内资公司相比具有较为明显的涉外因素。第二,本案合同的履行特征具有涉外因素。合同项下的标的物设备虽最终在境内工地完成交货义务,但从合同的签订和履行过程看,该设备系先从我国境外运至自贸试验区内进行报税监管,再根据合同履行需要适时办理清关完税手续,从区内流转到区外,至此货物进口手续方才完成,故合同标的物的流转过程也具有一定的国际货物买卖特征。故系争合同关系具有涉外因素。② 还应注意的是,在我国的仲裁实践中,中国仲裁机构对涉及香港、澳门和台湾的仲裁案件,由于历史原因,一直比照涉外案件处理。对于此类仲裁裁决,其承认与执行依据特定的安排和规定。③

至于"商事"的含义,我国最高人民法院1987年《关于执行我国加入的〈承认及执行外国仲裁裁决公约〉的通知》第3条作了一个解释:所谓"契约性和非契约性商事法律关系",具体是指由于合同、侵权或者根据有关法律规定而产生的经济上的权利义务关系,例如货物买卖、财产租赁、工程承包、加工承揽、技术转让、合资经营、合作经营、勘探开发自然资源、保险、信贷、劳务、代理、咨询服务和海上、民用航空、铁路、公路的客货运输以及产品责任、环境污染、海上事故和所有权争议等,但不包括外国投资者与东道国政府之间的争端。这同联合国《国际商事仲裁示范法》对"商事"一词的解释相似。

---

① 参见北京市第四中级人民法院民事裁定书:(2015)四中民(商)特字第00152号。
② 参加上海市第一中级人民法院民事裁定书:(2013)沪一中民认(外仲)字第2号。
③ 涉及香港、澳门和台湾地区仲裁裁决的承认与执行的依据包括:2000年《关于内地与香港特别行政区相互执行仲裁裁决的安排》、2007年《关于内地与澳门特别行政区相互认可和执行仲裁裁决的安排》、2015年《关于认可和执行台湾地区仲裁裁决的规定》。

## 二、国际商事仲裁的特征

仲裁作为解决国际商事争议的一种重要方法,与国际民事调解和国际民事诉讼相比较,具有以下特征:

(一) 当事人享有充分的自主权

在国际商事仲裁中,争议双方当事人享有充分的自主权,这种自主权表现为:

第一,双方当事人可以在有关国家法律所允许的范围内,自主地决定将他们之间的有关争议提交仲裁解决。而且,在这一有关国家法律所允许的范围内,双方当事人所签订的仲裁协议还可以对抗有关国家法院的司法管辖权。

第二,双方当事人可以通过仲裁协议自行选择仲裁地点和仲裁机构。因为有关仲裁机构的管辖权完全依赖于双方当事人的仲裁协议,在双方当事人对仲裁机构作出选择之前,不存在任何具有法定管辖权的仲裁机构,所以,双方当事人可以自主地决定将有关争议提交给某一常设仲裁机构处理或提交给临时仲裁庭进行仲裁。而且,即使在选定了仲裁机构的情况下,当事人还可以就仲裁庭具体仲裁案件的仲裁地点进行选择。

第三,双方当事人可以自主地选择仲裁员。若当事人选择了某一常设仲裁机构进行仲裁,则双方当事人可以在该常设仲裁机构的仲裁员名册中自主选择一名仲裁员独任仲裁案件,也可以自主地选择几名仲裁员组成合议仲裁庭对有关争议进行审理。也有许多仲裁机构允许当事人在仲裁员名册之外选定仲裁员。若当事人选择了临时仲裁庭审理有关争议,则双方当事人可以合意选择任何人作为仲裁员来审理他们之间的争议或对仲裁员资格进行约定。

第四,双方当事人可以自主地选择仲裁适用的程序法和实体法。仲裁机构在进行仲裁审理的过程中,仲裁机构、当事人和其他参与人从事仲裁活动所必须遵循的程序,诸如仲裁申请的提出、仲裁员的指定、仲裁庭的组成、仲裁审理以及仲裁裁决的作出等,都可以由双方当事人在其仲裁协议中自主确定。另外,当事人不仅可以自主选择仲裁过程中应适用的程序法,而且还可以选择仲裁庭裁决有关争议时应适用的实体法。

(二) 仲裁方式具有很大的灵活性

仲裁审理争议的方式比较灵活,不像司法诉讼程序那样严格。仲裁庭可以基于双方当事人的协议,按双方当事人所期望的形式由他们自主选定的仲裁员组成;仲裁庭可以按双方当事人所约定的程序进行审理,并依据双方当事人合意选择的法律,甚至基于当事人双方的授权依公平和善意原则作出裁决。

(三) 国际商事仲裁具有必要的强制性

虽然国际商事仲裁机构是一种民间组织,不属于国家司法机关的范畴,仲裁庭的管辖权依赖于双方当事人的协议,仲裁庭也大都是基于当事人所选择的程序法和实体法进行审理,作出裁决,但这并不能否定国际商事仲裁具有一定的强制性。首先,双方当事人一旦达成仲裁协议,任何一方都无权再向法院起诉。其次,世界各国的立法和司法实践都明确承认依双方当事人所签订的仲裁协议而作出的裁决的法律效力,而且规定,如果有关当事人不履行仲裁裁决所确定的义务,有关国家的法院可以采取必要的强制措施,以保证仲裁裁决的执行。

### 三、国际商事仲裁的国际立法

由于世界各国都有自己的国际商事仲裁立法和仲裁规则,因而在仲裁程序、仲裁协议和仲裁裁决的效力以及对外国仲裁裁决的承认和执行等方面,存在着很大的差异。为了统一各国仲裁立法,国际社会通过了许多国际公约。其中在全球最具影响力的是1958年在联合国主持下在纽约通过的《承认及执行外国仲裁裁决公约》(即《纽约公约》)。我国于1986年12月加入该《公约》。此外,由世界银行1965年在华盛顿主持制定了《解决国家与他国国民间投资争端公约》,并设立了"解决投资争端国际中心",为各缔约国和其他国家国民将投资争端交付国际仲裁提供了便利。1976年联合国国际贸易法委员会制定了《联合国国际贸易法委员会仲裁规则》,并在第三十一届联合国大会上通过决议,向各国推荐使用。该《规则》已为不少成员国所采纳,成为仲裁的示范规则,在国际上产生了很大的影响。1985年联合国国际贸易法委员会又通过了《国际商事仲裁示范法》,并提请联合国大会建议各国按照《示范法》来制定或修改本国的仲裁法。该《示范法》是联合国国际贸易法委员会总结了国际商事仲裁立法的经验,综合各国的意见,经过长期的研究讨论制定出来的,反映了国际社会在国际商事仲裁问题上的共识。已有不少国家和地区,如澳大利亚、保加利亚、加拿大、塞浦路斯、尼日利亚、马来西亚、新加坡、俄罗斯、埃及以及我国香港地区等,或者完全纳入了《示范法》,或者稍加修改后予以采用,美国的许多州以及英国的苏格兰等也基本采用了《示范法》。

除了上述普遍性的国际公约外,还有一些地区性的国际公约。如由联合国欧洲经济委员会主持制定、1961年由欧洲各国签署的《欧洲国际商事仲裁公约》,由美洲国家组织主持制定、1975年在巴拿马召开的国际私法特别会议上通过的《美洲国家商事仲裁公约》。这些公约都对仲裁协议的效力、仲裁庭的组成、仲裁规则的适用、仲裁裁决的效力及其承认与执行等作了规定。这两个公约的缔约国,一般均为《纽约公约》的缔约国。

### 四、国际上著名的国际商事仲裁机构

(一) 国际商会仲裁院(ICC International Court of Arbitration)

国际商会仲裁院成立于1923年,是隶属于国际商会(International Chamber of Commerce,ICC)的一个国际性常设仲裁机构,总部设在巴黎。其目的在于通过处理国际性商事争议,促进国际间的合作与发展。

国际商会仲裁院最初受理的案件主要是有关货物买卖合同和许可证贸易中所

发生的争议,但最近几十年却有了重大的变化,其管辖范围极为广泛,几乎包括因契约关系而发生的任何争议。任何国家的当事人,不管其是否为国际商会成员国的当事人,都可以通过仲裁协议将有关争议提请国际商会仲裁院仲裁。而且当事人任何一方既可以是个人,也可以是法人,甚至可以是国家和政府的企业、机构或国家和政府本身。

国际商会仲裁院在国际上具有广泛的影响,其完整的国际商事仲裁程序规则日益为东西方国家间贸易仲裁所采用。国际商会仲裁院备有广泛代表意义的国际性的仲裁员名单供当事人选择。

(二) 瑞典斯德哥尔摩商会仲裁院(Arbitration Institute of the Stockholm Chamber of Commerce)

瑞典斯德哥尔摩商会仲裁院成立于1917年,总部设在瑞典斯德哥尔摩,隶属于斯德哥尔摩商会。该院除了拥有一套适用于国际范围的完整的仲裁规则以外,还可以按照当事人的约定,根据《联合国国际贸易法委员会仲裁规则》以及其他仲裁规则审理案件。该院没有固定的仲裁员名册,当事人可自行指定仲裁员,并且所指定的仲裁员不受国籍的限制。该院依据当事人的请求,可以向当事人推荐仲裁员。该院的公正仲裁在国际社会享有很高的声望。

(三) 英国伦敦国际仲裁院(London Court of International Arbitration)

英国伦敦国际仲裁院成立于1892年,原名为伦敦仲裁会,1903年改为伦敦仲裁院,1981年改为伦敦国际仲裁院。它是国际社会成立最早、影响最大的常设仲裁机构之一。特别是它的海事仲裁在国际社会享有很高的声望。

伦敦国际仲裁院受理可能提交给它的任何性质的国际争议,不管有关争议发生于哪一个国家,与英国有无关系。该院制定有仲裁规则,但当事人也可以约定适用《联合国国际贸易法委员会仲裁规则》。仲裁院备有仲裁员名册,名册由来自三十多个国家的仲裁员组成。历史上,由于受到司法至上思想的影响,英国法院对仲裁干预较多,但近年来的英国仲裁立法对法院干预仲裁的做法有所限制。

(四) 美国仲裁协会(American Arbitration Association)

美国仲裁协会成立于1926年,总部设在纽约,在美国24个主要城市设有分支机构。它是由美国仲裁社团、美国仲裁基金会和其他一些工商团体组成的,是一个民间性的、非营利性的机构。美国仲裁协会既受理美国国内的商事争议,也受理国际商事争议案件。该协会制定有国际仲裁规则,也允许当事人约定适用《联合国国际贸易法委员会仲裁规则》。协会设有仲裁员名册,供当事人选定。

(五) 中国国际经济贸易仲裁委员会(China International Economic and Trade Arbitration Commission,CIETAC)

中国国际经济贸易仲裁委员会(自2000年10月1日起同时启用名称"中国国际商会仲裁院")是中国国际经济贸易促进委员会(中国国际商会)属下的一个民间性的常设仲裁机构,总部设在北京,并在深圳、上海、天津、重庆、杭州、武汉和福州等地分别设有分会,在香港特别行政区还设立了中国国际经济贸易仲裁委员会香港仲裁中心。仲裁委员会设立的目的在于希望通过仲裁的方式,独立、公正地解决产生于国际经济贸易中的争议,以维护当事人的正当权益,促进国际经济贸易的发展。仲裁委员会同时受理当事人提交的国内仲裁案件。

中国国际经济贸易仲裁委员会有一个逐渐发展的过程。1954年5月6日,中央人民政府政务院通过了《关于在中国国际贸易促进委员会内设立对外贸易仲裁委员会的决定》,明确规定了对外贸易仲裁委员会的性质、任务和组织原则。根据这一规定,中国国际贸易促进委员会于1956年设立了我国历史上第一个对外贸易常设仲裁机构——对外贸易仲裁委员会,还同时制定了仲裁委员会的仲裁程序暂行规则。中国实行对外开放政策以后,为了适应国际经济贸易关系不断发展的需要,对外贸易仲裁委员会于1980年改名为对外经济贸易仲裁委员会,并扩大了受案范围,又于1988年改名为中国国际经济贸易仲裁委员会,将其受案范围扩至国际经济贸易中发生的一切争议。仲裁委员会于1988年、1994年、1995年、1998年、2000年、2005年、2012年和2015年多次修订了仲裁规则。

中国国际经济贸易仲裁委员会总会和分会设立统一的仲裁员名册,仲裁员由仲裁委员会从法律、经济贸易、科学技术等方面具有专门知识和实践经验的中外人士中聘任。根据新的仲裁规则,中国国际经济贸易仲裁委员会根据当事人的约定受理契约性或非契约性的经济贸易等争议案件,包括:国际或涉外争议案件;涉及香港特别行政区、澳门特别行政区及台湾地区的争议案件;国内争议案件。

中国国际经济贸易仲裁委员会作为一常设国际商事仲裁机构,其仲裁除具有仲裁的一般诸多优点外,还具有自己显著的特点,具体表现在:第一,案件的监督性。仲裁委员会实行裁决书稿核阅制度,监督并管理仲裁程序,确保裁决公正。第二,仲裁与调解相结合。结合仲裁的优势和调解的长处,在仲裁程序开始之前或之后,仲裁庭可以在当事人自愿的基础上,对受理的争议调解解决,如调解失败,仲裁庭将按照仲裁规则的规定继续进行仲裁,直到作出终局裁决。其核心是在同一程序即仲裁程序中,仲裁员视必要可以履行调解员的职能。第三,收费较低。仲裁委员会现行的仲裁规则规定的仲裁费收费标准与世界其他各主要国际商事仲裁机构相比是比较低的。

中国国际经济贸易仲裁委员会在解决争议时,十分注重公正、合理、迅速,而且收费低廉,因此在国际上赢得了一定声誉。

(六)中国海事仲裁委员会(China Maritime Arbitration Commission,CMAC)

中国海事仲裁委员会成立于1959年,总部设在北京,是我国专门受理有关海上船舶救助、海上船舶碰撞、海上运输和保险业务以及海洋环境污染损害等海事争议案件的常设仲裁机构。

1958年11月21日,国务院通过了《中华人民共和国国务院关于在中国国际贸易促进委员会内设立海事仲裁委员会的决定》,中国国际贸易促进委员会根据这一决定,于1959年1月8日设立了海事仲裁委员会,并制定了《海事仲裁委员会仲裁程序暂行规则》，主要受理海上船舶互相救助报酬、海上船舶碰撞、海上船舶租赁与代理业务以及海上船舶运输和保险等方面所发生的争议。海事仲裁委员会由贸促会在航海、海上运输、对外贸易、保险以及法律方面具有专门知识和实际经验的人士组成。

为了适应中国及国际海事交往迅速发展的需要，使中国的海事仲裁更具国际性，1988年6月21日国务院决定将海事仲裁委员会改名为中国海事仲裁委员会。并由中国国际贸易促进委员会制定通过了《中国海事仲裁委员会仲裁规则》。根据仲裁规则的规定，中国海事仲裁委员会的管辖范围包括：海上货物运输、旅客运输争议；船舶、其他海上移动式装置的买卖、建造、修理、租赁等争议；船上保险、共同海损及船舶保赔争议；船上物料及燃料供应、担保等争议；海洋资源开发利用、海洋环境污染争议；货运代理等物流争议；渔业生产、渔业捕捞争议等。此外，根据2018年《中国海事仲裁委员会仲裁规则》，中国海事仲裁委员会除了受理海事、海商争议案件外，还可以受理航空、铁路、公路等相关争议案件以及贸易、投资、金融、保险、建筑等其他商事争议案件。中国海事仲裁委员会在上海、天津、重庆、广东、香港、福建、浙江设有分会。为满足行业仲裁和多元化服务的需要，中国海事仲裁委员会下设航空争议仲裁中心、航空争议调解中心、计量争议仲裁中心、物流争议解决中心、渔业争议解决中心、海事调解中心等业务中心。

1994年我国《仲裁法》开始实施以后，中国海事仲裁委员会根据《仲裁法》的规定进行了重组，并重新修订了仲裁规则。重新组建的仲裁委员会由主任一人、副主任若干人和委员若干人组成。仲裁委员会设有仲裁员名册。仲裁员由仲裁委员会从对航海、保险、法律等方面具有专门知识和实际经验的中外人士中聘任。具体的仲裁程序由双方当事人选择或仲裁委员会指定的仲裁员组成的仲裁庭来主持进行。仲裁庭根据《中国海事仲裁委员会仲裁规则》对有关案件进行审理。

## 第二节　国际商事仲裁协议

### ▶一、国际商事仲裁协议的概念和类型

国际商事仲裁协议是指双方当事人所达成的把他们之间可能发生或已经发生的争议交付仲裁解决的书面协议。根据各国有关的仲裁法和国际公约的规定，仲裁协议是仲裁庭或仲裁机构受理双方当事人的争议的依据。仲裁庭或仲裁机构只能受理当事人根据仲裁协议所提交的案件，不能受理没有仲裁协议的任何案件。

常见的仲裁协议一般有三种类型：

（1）仲裁条款。即在双方当事人签订国际买卖、运输、保险等国际贸易合同时，在合同中加列一条款，表示双方当事人将把将来发生的有关该合同的争议交付仲裁裁决，这种条款即为仲裁条款。例如国际商会仲裁院的示范仲裁条款是：关于本合同所发生的一切争执，最后应由依据国际商会调解和仲裁规则所指定的仲裁员一人或若干人依照该规则解决。联合国国际贸易法委员会推荐的仲裁条款是：由于本合

同发生的与本合同有关的任何争议、争端或请求,或有关合同的违约、终止、无效,应按照现行有效的联合国国际贸易法委员会仲裁规则予以解决。仲裁条款都是订立于争议发生之前,从而构成有关合同的一部分。仲裁条款是仲裁协议的一种最常见的和最重要的形式。

（2）仲裁协议书。仲裁协议书是争议发生后当事人就此项争议交付仲裁解决的专门协议。这种仲裁协议的订立时间不同于仲裁条款的订立时间。仲裁条款订立于纠纷发生之前,具有备用性。而仲裁协议书一般订立于纠纷发生之后,大多数情况下都是由于有关的国际商事合同中没有仲裁条款,发生争议后,双方当事人为寻求仲裁解决而共同协商签订这种仲裁协议书。由于争议已经发生,当事人已掌握了争议的性质、程度、细节等情况,因此,仲裁协议书一般较仲裁条款要详细一些。

（3）能证明双方将争议交付仲裁之共同意思表示的其他书面文件,如双方往来的信函、电报、电传等。这种类型的仲裁协议与前两种形式的仲裁协议的区别在于,它提交仲裁的意思表示不是集中表现于某一合同的有关条款或某一单独的协议书中,而是分散在有关当事人相互往来的函件中。这种仲裁协议的订立既可以是在争议发生之前,也可以是在争议发生之后。

## 二、国际商事仲裁协议的内容

国际商事仲裁协议的内容涉及国际商事仲裁程序的各个方面,直接关系到有关争议的处理结果,关系到当事人的切身利益,因此,具体明确地规定仲裁协议所应包含的内容,在国际商事仲裁中具有极为重要的意义。对于一项有效的国际商事仲裁协议具体应包含哪些内容的问题,各国立法和有关的国际公约都作了不同的规定,但就大多数国家的立法和仲裁实践而言,一项有效的仲裁协议需包括以下内容:

（一）提交仲裁的争议事项

仲裁协议首先要明确规定把什么样的争议提交仲裁。这是有关的仲裁庭行使仲裁管辖权的重要依据之一,也是有关当事人申请有关国家法院协助承认和执行仲裁裁决时必须具备的一个重要条件。当事人只有把订有仲裁协议的有关争议提交仲裁,仲裁机构才予受理,否则仲裁机构不能受理。如果一方当事人申请仲裁的争议事项不属于仲裁协议所约定的争议事项范围,他方当事人有权对仲裁庭的管辖权提出异议,拒绝参与仲裁;即使在仲裁审理终结作出裁决后,他方当事人也有权拒绝履行仲裁裁决所规定的义务。

需要注意的是,当事人约定提交仲裁的争议必须是按照有关国家的法律属于可仲裁的争议。例如根据瑞典《仲裁法》第1条的规定,关于可以通过协议达成和解的任何民事问题,以及由于犯罪行为引起的损害赔偿问题,发生争议时,双方当事人可以提交仲裁解决;而不能以和解方式求得解决的民事纠纷,如婚姻、父母子女关系、监护、收养等亲属法方面的事项不能提交仲裁。我国《仲裁法》第2条和第3条也规定,"平等主体的公民、法人和其他组织之间发生的合同纠纷和其他财产权益纠纷,可以仲裁","婚姻、收养、监护、抚养、继承纠纷"和"依法应当由行政机关处理的行政争议"不能提交仲裁解决。

(二) 仲裁地点和仲裁机构

仲裁地点是指进行仲裁程序的所在地。仲裁地点和仲裁机构的确定在国际商事仲裁中具有重要的意义,直接关系到仲裁所适用的程序法和实体法,而且也关系到仲裁协议是否有效和作出的裁决能否得到承认和执行。仲裁地点和仲裁机构是仲裁协议的一项重要内容,双方当事人在订立仲裁协议时应明确规定仲裁的地点和所选择的仲裁机构。我国《仲裁法》更是将仲裁机构的选定作为仲裁协议的法定内容。并在第18条规定,仲裁协议对仲裁机构没有约定或者约定不明确的,双方当事人可以补充协议,达不成补充协议的,仲裁协议无效。

需要注意的是,在实践中,当事人仅约定仲裁或仲裁地点,而没有指定仲裁机构,或者当事人仅选择机构仲裁,但没有订明仲裁机构的名称,这些情形较为常见。国际上处理这类仲裁协议的一般实践是认定其有效,只要当事人表达出愿意选择仲裁的意愿,通过对仲裁协议的解释,能够判断出当事人所选择的仲裁机构和仲裁规则,仲裁协议即为有效。例如瑞士苏黎世商会受理的一个买卖合同纠纷中,合同的仲裁条款为:"因履行本合同或与本合同有关的一切争议,应通过友好协商解决。如果友好协商不能解决,争议应提交瑞士苏黎世的国际贸易仲裁组织仲裁,裁决是终局的并对双方有拘束力。仲裁费用由败诉方承担,或由该仲裁组织在裁决中另行确定。"为了论证瑞士苏黎世商会是当事人约定的仲裁机构,仲裁庭在初步裁决中作了如下推论:因为当事人明确选择仲裁(而不是到普通的州法院去诉讼);因为当事人明确同意在瑞士苏黎世解决其争端(而不是在其他国家或者被申请人所在国解决这一争端);因为当事人明确将争议提交机构仲裁(而不是单纯的临时仲裁,不由任何仲裁组织管理);因为在苏黎世只有苏黎世商会是处理外国人之间或外国人与瑞士人之间的国际争议的国际仲裁机构,所以条款中的"国际贸易组织"只能是广为人知的主要国际仲裁机构之一的苏黎世商会。综此,仲裁庭认为这一仲裁条款是有效的,而且所选定的仲裁组织就是苏黎世商会。① 苏黎世商会的做法代表了国际商事仲裁的普遍实践。

我国最高人民法院2005年颁布的《关于适用〈中华人民共和国仲裁法〉若干问题的解释》第3条规定:"仲裁协议约定的仲裁机构名称不准确,但能够确定具体的仲裁机构的,应当认定选定了仲裁机构。"第4条规定:"仲裁协议仅约定纠纷适用的仲裁规则的,视为未约定仲裁机构,但当事人达成补充协议或者按照约定的仲裁规则能够确定仲裁机构的除外。"第5条规定:"仲裁协议约定两个以上仲裁机构的,当事人可以协议选择其中的一个仲裁机构申请仲裁;当事人不能就仲裁机构选择达成一致的,仲裁协议无效。"第6条规定:"仲裁协议约定由某地的仲裁机构仲裁且该地

---

① 参见宋连斌:《国际商事仲裁管辖权研究》,法律出版社2000年版,第99页。

仅有一个仲裁机构的,该仲裁机构视为约定的仲裁机构。该地有两个以上仲裁机构的,当事人可以协议选择其中的一个仲裁机构申请仲裁;当事人不能就仲裁机构选择达成一致的,仲裁协议无效。"

(三) 仲裁规则

仲裁规则是指当事人和仲裁庭在仲裁过程中所应遵循的程序和规则。它包括仲裁申请的提出、仲裁员的选定、仲裁庭的组成、仲裁的审理、仲裁裁决的作出以及裁决的效力等内容。为确保仲裁程序的顺利进行,当事人在签订仲裁协议时,应明确约定有关仲裁所应适用的仲裁规则。

常设仲裁机构都制定有自己的仲裁规则。有的仲裁机构规定,如果当事人选择该机构作仲裁机构,则本机构的仲裁规则必须适用;有的仲裁机构则允许当事人自行决定采用其他国际商事仲裁规则。例如《中国国际经济贸易仲裁委员会仲裁规则》规定:"当事人约定将争议提交仲裁委员会仲裁的,视为同意按照本规则进行仲裁。当事人约定将争议提交仲裁委员会但对本规则有关内容进行变更或约定适用其他仲裁规则的,从其约定,但其约定无法实施或与仲裁程序适用法强制性规定相抵触者除外。当事人约定适用其他仲裁规则的,由仲裁委员会履行相应的管理职责。当事人约定按照本规则进行仲裁但未约定仲裁机构的,视为同意将争议提交仲裁委员会仲裁。"如果采用临时仲裁庭,双方当事人可以自由选择仲裁规则。

(四) 裁决的效力

裁决的效力是指仲裁机构就有关争议所作出的实质性裁决是否为终审裁决,对双方当事人有无约束力,有关当事人是否有权向法院起诉请求变更或撤销该项裁决。关于仲裁裁决的效力问题,绝大多数国家的仲裁立法和国际公约都规定,仲裁裁决是终局的,对双方当事人具有同等的约束力。但也有少数仲裁立法和仲裁规则规定了当事人可以就仲裁裁决向法院起诉。例如瑞典《仲裁法》第2条第1款规定:"如仲裁协议没有保留当事人对裁决的上诉权,应视为当事人已同意遵守仲裁裁决。"

仲裁裁决的效力直接关系到当事人之间的争议能否得到最终解决的问题,而各国的立法和国际实践对这一问题的规定又不尽一致。为了避免由此产生的纠纷,双方当事人在订立仲裁协议时,一般应明确裁决的效力,即仲裁裁决是否是终局的,对双方有无约束力,能否向法院上诉。

## ▶ 三、国际商事仲裁协议的有效要件

仲裁协议的有效要件是指一项有效的仲裁协议所必须具备的基本条件。一项有效仲裁协议的存在,是仲裁得以有效进行以及仲裁裁决能够得到承认和执行的最重要的基础。一般而言,构成仲裁协议的有效要件主要涉及三个方面的问题:仲裁协议的形式、仲裁协议当事人的行为能力及提交仲裁事项的可仲裁性。

(一) 仲裁协议的形式

一项有效的仲裁协议必须有合法的形式。各国仲裁法关于仲裁协议的形式要

求虽然不尽一致,但绝大多数国家的仲裁立法都规定仲裁协议必须采用书面形式。例如,我国《仲裁法》第 16 条明确规定:"仲裁协议包括合同中订立的仲裁条款和以其他书面方式在纠纷发生前或者纠纷发生后达成的请求仲裁的协议。"1958 年《纽约公约》对仲裁协议形式的唯一要求就是仲裁协议应该是书面的,并以此作为缔约国承认和执行仲裁协议的主要条件之一。

要求仲裁协议必须采用书面形式的目的主要是为了证实当事人在主观认识上确是同意提交仲裁。国际公约中作出这一要求还有一个目的,就是为仲裁协议形式上的有效性提供一个统一准则。

(二) 仲裁协议当事人的行为能力

当事人的行为能力是决定仲裁协议有效性的要素之一。根据大多数国家的法律,仲裁协议的当事人一方或双方在订立仲裁协议时无行为能力,该仲裁协议为无效仲裁协议。因当事人无行为能力致使仲裁协议无效,仲裁庭作出的有关裁决也将无法得到有关国家法院的承认和执行。我国《仲裁法》第 17 条规定,"无民事行为能力人或者限制行为能力人订立的仲裁协议"属于无效仲裁协议。1958 年《纽约公约》和 1985 年联合国国际贸易法委员会《国际商事仲裁示范法》都规定,如果双方当事人在订立仲裁协议时,是处于某种无行为能力的情况之下,被请求承认和执行裁决的主管机关可根据当事人的请求,拒绝承认和执行有关裁决。

(三) 提交仲裁事项的可仲裁性

仲裁协议中约定的提交仲裁的事项,必须是有关国家法律所允许采用仲裁方式处理的事项。如果所约定的事项属于有关国家法律中不可仲裁的事项,该国法院将判定该仲裁协议是无效仲裁协议,并将命令中止该仲裁协议的实施或拒绝承认和执行依该仲裁协议作出的仲裁裁决。

提交仲裁事项的可仲裁性的概念,实际上是对仲裁范围施加的一种公共政策限制。每一国家都可以出于本国公共政策的考虑,决定哪些问题可以通过仲裁解决,哪些问题不可以通过仲裁解决。对于可仲裁性的范围,不少国家的法律规定,只要当事人有权以和解方式解决的争议都可交付仲裁。一般说来,典型的不可仲裁的争议包括知识产权的有效性问题、反托拉斯问题、破产问题、自然人的身份地位问题、婚姻问题等。然而,近年来,各国对有关不可仲裁性问题的态度正在发生变化,总的趋势是不可仲裁事项的范围正在不断缩小。在美国,有关反托拉斯的争议、证券交易的争议、破产的争议已经可以提交仲裁解决。

▶ 四、国际商事仲裁协议的效力

根据有关国际条约和国家法律规定,一项有效的仲裁协议具有以下的法律效力:

(一) 对双方当事人具有严格的约束力

一项有效的仲裁协议对双方当事人具有严格的约束力。一方面,仲裁协议所约定的争议发生后,双方当事人只能通过仲裁方式解决,任何一方当事人都不得就该争议向法院起诉。许多国家的法律和有关国际公约都有这种规定。我国《民事诉讼法》第271条规定:"涉外经济贸易、运输和海事中发生的纠纷,当事人在合同中订有仲裁条款或者事后达成书面仲裁协议,提交中华人民共和国涉外仲裁机构或者其他仲裁机构仲裁的,当事人不得向人民法院起诉。当事人在合同中没有订有仲裁条款或者事后没有达成书面仲裁协议的,可以向人民法院起诉。"

另一方面,任何一方当事人原则上都只能就仲裁协议所规定的事项提交仲裁,而对于任何超出仲裁协议范围的事项,对方当事人都有权自由决定是否承认和参与涉及该争议的仲裁,并有权对仲裁庭就该项争议所进行的仲裁提出异议,而且,在仲裁庭就该项争议作出裁决后,也有权以有关事项超出仲裁协议的范围为理由而拒绝履行该项裁决所规定的义务。

（二）具有排除有关国家法院的管辖权的效力

各国的仲裁立法和国际公约基本上都规定,一项有效的仲裁协议可以排除法院的管辖权。如果当事人已经就特定事项订有仲裁协议,法院就不应审理此项争议。例如我国《民事诉讼法》和《仲裁法》都明确规定,人民法院不得受理订有书面仲裁协议的争议案件。

（三）是有关仲裁机构行使仲裁管辖权的依据

仲裁机构的管辖权完全依赖于双方当事人所签订的仲裁协议。一方面表现为仲裁机构只能受理有仲裁协议的案件,而不能受理没有仲裁协议的案件。另一方面也表现为,仲裁机构的管辖权受到严格的限制,它只能受理仲裁协议中所规定的争议,只能就当事人按仲裁协议的约定所提交的争议事项进行仲裁审理,并作出裁决,不得审理当事人没有在仲裁协议中约定的事项。世界各国的仲裁立法和国际公约对此都作了明确的规定。例如,根据1987年瑞士《国际私法》第190条的规定,仲裁庭受理并裁决商事法律争议的权限依赖于当事人双方达成的协议,如果有关仲裁庭超出当事人协议的范围作出仲裁裁决,该项裁决就可以被撤销。

（四）是强制执行仲裁裁决的依据

国际商事仲裁的目的是使当事人之间的争议得到最终解决,只有当仲裁裁决被执行后才能达到这一目的。但在实践中,很多情况下一方当事人并不愿意自觉履行仲裁裁决,因此,对方当事人需要请求有关国家法院强制执行仲裁裁决。各国立法和有关国际公约都规定,请求承认和执行仲裁裁决的当事人需要提交一份有效的仲裁协议。如果仲裁协议无效或有瑕疵,则仲裁裁决在有关国家法院就得不到强制执行。例如《纽约公约》第4条规定:为获得仲裁裁决的承认和执行,申请承认和执行裁决的当事人应该在申请的时候提供仲裁协议正本或经正式证明的副本。

## ▶ 五、国际商事仲裁协议的独立性

仲裁协议大多是合同中的仲裁条款,如果仲裁庭认定合同无效或因某种原因不再对当事人有约束力,仲裁庭是否对该争议还拥有管辖权?这就是仲裁协议的独立性问题,或称仲裁协议的可分割性或自治性问题。

传统观点认为,仲裁条款是含有该条款的合同的不可分割的一部分,合同无效,则仲裁条款当然无效。如果当事人对合同的有效性提出异议,仲裁条款的有效性需交由法院而不是仲裁员来决定。这就是传统的英国法所持的单一合同论。1942年,英国上诉法院在审理海曼诉达文斯(Heyman v. Darwins Ltd.)一案中,就表明了这样一个观点:如果合同自始无效,如合同通过欺诈的方式订立,或者一开始就违法,则该无效合同中的仲裁条款应当随着自始无效的合同而无效。在此情况下,仲裁条款也就无独立性可言了。①

传统的观点从严格的法律逻辑上看不无道理,但却不是好的法律规则,更与现代国际商事仲裁的发展趋势不能协调一致,因而在英国及其他国家越来越多地受到批评。现代观点认为,仲裁条款与其所在的合同是可分的,并与合同的其他条款构成两项分离或独立的合同,合同的其他条款规定的是当事人在商事交易方面的权利和义务,是主合同;仲裁条款是从合同,规定当事人通过仲裁方式解决起源于当事人权利义务的任何争议。从合同或许并不实际执行,例如当事人之间没有发生争议,或者争议已通过其他方式如调解方式予以解决,从合同得以实施的前提条件正是双方当事人之间因主合同是否存在、是否有效以及其他事项发生了争议。按照这一观点,仲裁协议独立于合同的存在,合同是否成立不影响仲裁协议的效力,如果一方当事人对主合同的有效性提出异议,争议仍应由仲裁员而不是法院解决。这就是所谓的仲裁条款自治理论。

仲裁条款自治理论已被许多国家的立法和司法实践以及有关的国际公约所采用。例如,英国在1991年上诉法院审理的英国海港保险公司诉芬兰堪瑟公司(Harbour Assurance Co., U. K. Ltd v. Kansa General International Insurance Co., Ltd)一案②中,表明英国法院完全承认仲裁条款独立原则。原告英国海港保险公司与被告芬兰堪瑟公司签署了保险与分保险协议,堪瑟公司旨在通过此项协议打入英国的保险市场。此协议中含有如下仲裁条款:"由于本协议产生的所有争议或分歧,交由两名仲裁员裁决。"按照英国的法律,保险协议应当取得英国工商局颁发的许可证。由于堪瑟公司未能获得此项许可证,致使本合同无效。英国海港保险公司则以堪瑟公司未能获得英国工商局的许可为由,称此项协议自始是违法无效的,并将此案诉诸英国商事法院后座庭。堪瑟公司则以双方当事人之间存在着仲裁协议为由,请求法院裁定中止此项诉讼,将他们之间的争议按照仲裁协议中的仲裁条款提交仲裁解决。一审法院的法官作出的判决认定:本案合同自始违法,而自始违法的合同不属于仲裁庭的管辖范围。当案件上诉到上诉法院时,法官作出的判决认为:作为法理学上的

---

① 参见赵秀文主编:《国际商事仲裁案例评析》,中国法制出版社1999年版,第39页。
② 参见韦经建、王彦志主编:《国际经济法案例教程》,科学出版社2005年版,第306页。

一项原则,仲裁协议可以独立于无效合同,仲裁员可以据此条款对合同的最初效力作出裁定。本案是一个极具影响力的案件,英国在1996年的《仲裁法》中,将仲裁条款独立原则通过制定法的形式固定下来。该法第7条明文规定:"除非当事各方另有约定,不能因为一个协议的无效、不存在或已经失效,而将构成该协议一部分的仲裁条款视为无效、不存在或已经失效。该仲裁条款应当被视为可分割的协议。"又如瑞士《国际私法》第178条第3款规定:对仲裁协议的有效性不得以主合同可能无效为理由提出异议。1988年《国际商会仲裁规则》第6条规定:除非另有约定,只要仲裁庭认可仲裁协议有效,仲裁庭就不得因有人主张合同无效或不存在而终止管辖权。我国《仲裁法》第19条规定:"仲裁协议独立存在,合同的变更、解除、终止或者无效,不影响仲裁协议的效力。仲裁庭有权确认合同的效力。"最高人民法院《关于适用〈中华人民共和国仲裁法〉若干问题的解释》第10条规定:"合同成立后未生效或者被撤销的,仲裁协议效力的认定适用仲裁法第19条第1款的规定。当事人在订立合同时就争议达成仲裁协议的,合同未成立不影响仲裁协议的效力。"

## 第三节 国际商事仲裁程序

### 一、国际商事仲裁的申请和受理

(一)国际商事仲裁的申请

仲裁的申请是指仲裁协议所约定的争议事项发生以后,仲裁协议的一方当事人依据该项协议将有关争议提交他们所选定的仲裁机构,从而提起仲裁程序的行为。提出仲裁申请是开始仲裁程序的最初法律步骤,也是开始仲裁程序的必要环节。各仲裁机构的仲裁规则均明确规定当事人提起仲裁程序必须用书面申请形式。如《美国仲裁协会国际仲裁规则》第2条规定:"(1)申请仲裁的当事人(申诉人)应将书面仲裁通知送交协会行政管理人和索赔的对方当事人;(2)自协会行政管理人收到仲裁通知之日起,仲裁程序应视为既已开始。"

按照国际商事仲裁中的一般做法,如果双方当事人选择某常设机构进行仲裁,当事人应将仲裁申请书提交给该常设仲裁机构;如果双方当事人约定设立临时仲裁庭来审理有关争议,则当事人必须将仲裁申请书直接送交另一方当事人,因为只有当双方当事人选出仲裁员以后才能组成受理争议的临时仲裁庭。

各仲裁机构的仲裁规则对仲裁申请书的内容都有具体规定。一般说来,一项合格有效的仲裁申请书应包括以下几个方面的内容:(1)申请人和被申请人的名称和地址;(2)仲裁申请所依据的仲裁协议;(3)仲裁请求事项、所依据的事实和理由;(4)按规定选定的仲裁员或者委托仲裁机构指定仲裁员;(5)应指明仲裁机构的名称;如果是选择临时仲裁庭,则应指明临时仲裁庭的组成方式;(6)应有申请人或其授权的代理人的签名盖章;(7)应按被申请人的人数附上仲裁申请书的副本,并附上有关的证据材料,如合同、当事人之间往来的函电和其他有关文件。

## （二）国际商事仲裁案件的受理

仲裁机构在收到申请人提交的仲裁申请书以后,应立即进行初步审查以决定是否立案受理。一般说来,审查事项包括:(1) 仲裁条款或仲裁协议是否有效,该仲裁机构是否享有管辖权;(2) 请求仲裁事项是否属于仲裁协议范围或是否能进行仲裁;(3) 是否超过时效;(4) 仲裁协议当事人的名称和仲裁申请书中的申请人和被申请人的名称是否一致等。如符合上述各项条件,仲裁机构即正式立案受理,否则将仲裁申请书及有关材料退回申请人,并说明不予受理的理由。如果仅仅是某些形式要件不符合规定,仲裁机构则要求申请人予以补正。

仲裁机构受理案件后,应向申请人发出受案通知,同时将仲裁申请书副本及其附件送达给被申请人和申请人所选定的仲裁员,如有必要,还应将有关仲裁机构的仲裁规则及仲裁员名册同时送达给被申请人。被申请人在收到仲裁申请书后,应在一定期限内提出答辩书,并指定仲裁员或委托仲裁机构代为指定。

## ▶二、国际商事仲裁庭的组成

国际商事仲裁庭的组成就是如何选定仲裁员的问题,其中包括仲裁员的资格、数目以及推选方法。

关于仲裁员的资格各国法律规定不同。有的国家对仲裁员的国籍、身份作了一些限制。如意大利、西班牙等都规定仲裁员必须是本国公民。有的国家还规定首席仲裁员必须不同于双方当事人的国籍。瑞士仲裁法则对仲裁员的资格作了其他一些限制,其规定,未成年人、法官、与案件有关的证人、与当事人有利害关系的人等不具备仲裁员的资格。

关于仲裁庭的仲裁员人数以及推选办法,各国仲裁法一般都允许当事人在仲裁协议中自行确定。许多国家规定仲裁庭可以由一人组成,叫做独任仲裁庭。该仲裁员即为独任仲裁员,他可以由双方当事人共同在已确定的仲裁机构中推选一名仲裁员担任,也可以由双方当事人共同委托该仲裁机构代为指定。仲裁庭也可以由三人组成,叫做合议仲裁庭。合议仲裁庭由两名仲裁员和一名首席仲裁员组成。两名仲裁员由双方各自推选一名,首席仲裁员可以由双方共同指定,也可以由仲裁机构指定。各国规定不一。

仲裁员不代表任何一方当事人,应独立于各方当事人,平等地对待各方当事人。仲裁员如果与争议案件有利害关系,或者与案件当事人、代理人有其他关系可能影响公正仲裁的,应当回避。仲裁员可以主动请求回避,也可以由当事人向仲裁机构提出请求某仲裁员回避。我国《仲裁法》第 35 条规定:"当事人提出回避申请,应当说明理由,在首次开庭前提出。回避事由在首次开庭后知道的,可以在最后一次开庭终结前提出。"该法第 36 条规定:"仲裁员是否回避,由仲裁委员会主任决定;仲裁委员会主任担任仲裁员时,由仲裁委员会集体决定。"

### 三、国际商事仲裁的审理和裁决

关于国际商事仲裁的审理方式,国际上一般有两种做法,一种是开庭审理,由仲裁庭事先通知双方当事人,于规定开庭之日出庭,以口头答辩的方式,接受仲裁庭的审理。如果一方拒不出庭,则仲裁庭有权作出缺席判决。另一种是书面审理,由仲裁庭根据双方当事人和证人或专家提供的书面证据、材料,对争议案件进行审理,不要求双方当事人出庭作口头答辩。许多国家,如美国、日本和我国现行的仲裁立法和仲裁规则都规定,双方当事人可自由选定开庭审理或书面审理。在当事人没有作出约定时,则依法采用开庭审理的形式进行。也有一些国家,如英国、德国等的仲裁立法和仲裁规则都规定,仲裁审理必须采用开庭审理的方式。

在仲裁程序中,为了防止当事人隐匿、转移和变卖有关财产,保证胜诉方得到应有的补偿,可以对有关当事人的财产采取临时性的强制措施。对于仲裁庭在仲裁程序中是否有权直接对当事人的财产采取保全措施,各国规定不一。美国、日本等国家的仲裁法和仲裁规则授予仲裁庭以采取保全措施的权力。而英国、澳大利亚等国的法律规定,仲裁庭无权对当事人的财产采取保全措施,只有法院依一方当事人或仲裁庭的申请,认为必要时才可以采取保全措施。我国《民事诉讼法》第272条规定,当事人申请财产保全的,我国涉外仲裁机构应将当事人的申请,提交被申请人住所地或者财产所在地的中级人民法院裁定。

仲裁庭对案件审理终结时,就应当独立公正地作出仲裁裁决。裁决应当由多数意见决定,少数意见可以作成意见书附卷。仲裁庭不能形成多数意见的,裁决依首席仲裁员的意见作出。关于裁决书的形式,各国都规定必须以书面形式作成。通常情况下,仲裁实行"一裁终局原则",即案件经过仲裁后,当事人不能再向法院起诉,也不能向另一仲裁机构重新提起仲裁。但多数国家都规定,如果具备法定的理由,则允许当事人请求法院撤销该裁决。

## 第四节 国际商事仲裁裁决的撤销

### 一、申请撤销国际商事仲裁裁决的目的

申请撤销仲裁裁决,是指当事人对仲裁裁决持有异议,并向管辖法院提出其否定裁决的看法,要求法院对裁决进行司法审查,并撤销该裁决。各国仲裁法几乎都有关于撤销仲裁裁决的规定,允许当事人在特定情形下向法院提出撤销仲裁裁决的申请。如果裁决被撤销,在裁决作出地国,它将失去法律效力,在被申请承认和执行地国,一般会成为一项无法执行的裁决。1958年《纽约公约》规定,如果裁决已经由裁决作出地国撤销或停止执行,经当事人申请,被请求承认和执行裁决地国的法院可以拒绝承认和执行该项裁决。

### 二、申请撤销裁决的管辖法院和申请期限

关于撤销裁决的申请一般应向仲裁地国法院或裁决作出地国法院提出。至于由仲裁地或裁决作出地国哪一类法院或哪一级法院管辖,各国法律均有规定。例如,在瑞士,裁决异议的管辖法院是联邦最高法院,当事人也可以协议由仲裁地所在州法院管辖。我国《仲裁法》第58条规定,当事人对裁决有异议,可以向仲裁委员会所在地的中级人民法院申请撤销仲裁裁决。

对于申请撤销仲裁裁决的期限,各国法律规定的都比较短,以免当事人有意拖延时间,影响裁决的承认和执行。我国《仲裁法》第59条规定,当事人申请撤销裁决的,应当自收到裁决书之日起6个月内提出。

### 三、申请撤销裁决的理由

一般来说,各国仲裁法规定的以及仲裁实践中当事人对裁决提出异议的主要理由可以分为五类:裁决本身的问题、管辖权问题、适当通知问题、仲裁程序中的其他问题和公共政策问题。1985年联合国《国际商事仲裁示范法》第34条规定的撤销裁决的理由包括:仲裁协议的当事人有某种无行为能力情形,或根据当事各方所同意遵守的法律,或未指明何种法律,则根据本国法律,该协议是无效的;提出申请的一方当事人未获得有关委任仲裁员或仲裁程序的适当通知,或因他故致其不能陈述案件;裁决所处理之争议非为提交仲裁之标的或不在其条款之列,或裁决载有关于交付仲裁范围以外事项之决定,但交付仲裁事项之决定可与未交付仲裁事项之决定划分时,仅可撤销对未交付仲裁事项所作的部分裁决;仲裁庭的组成或仲裁程序与当事各方协议不一致;根据法院地国法律,争议事项不能通过仲裁解决;该裁决与本国的公共政策相抵触。

根据我国法律规定,对于涉外仲裁裁决,法院撤销的理由包括:当事人在合同中没有订有仲裁条款或者事后没有达成书面仲裁协议的;被申请人没有得到指定仲裁员或者进行仲裁程序的通知,或者由于其他不属于被申请人负责的原因未能陈述意见的;仲裁庭的组成或者仲裁的程序与仲裁规则不符的;裁决的事项不属于仲裁协议的范围或者仲裁机构无权仲裁的;裁决违背社会公共利益的。

## 第五节 国际商事仲裁裁决的承认与执行

### 一、仲裁裁决的承认与执行的含义

不论何种方式的仲裁,只要仲裁庭作出仲裁裁决后,仲裁庭的任务即告结束,至于裁决的执行问题,不属于仲裁庭的职责范围。由于仲裁是建立在双方当事人自愿基础上的,因此一般情况下当事人都会承认其效力并自动执行裁决。但如果一方当

事人拒不执行仲裁裁决,另一方当事人可以向法院提出申请,请求法院承认与执行该裁决。

承认和执行仲裁裁决虽然常常连在一起使用,但其含义并不相同。所谓承认仲裁裁决,就是法院允许该仲裁裁决所确认的当事人的权利义务在其境内有法律效力。所谓执行仲裁裁决,就是法院在承认仲裁裁决效力的基础上,依照法律规定的执行程序,给予强制执行。有的裁决可能只需被承认而不需要执行;有的裁决除了被承认之外,还需要执行。不过,在承认和执行仲裁裁决问题上,各国一般都对本国裁决和外国裁决区别对待。

(一)承认和执行本国仲裁裁决

仲裁裁决由本国仲裁机构作出,位于境内的一方当事人不自动执行裁决,另一方当事人向本国有关法院申请强制执行时,法院应依照国内法律的规定,像执行国内法院判决一样,给予强制执行。法院对本国仲裁裁决审查的内容一般包括:仲裁协议是否有效;仲裁程序是否合法;仲裁员的资格是否合法;仲裁员的行为是否失当;裁决是否依法定形式作出;裁决是否超出仲裁协议规定的范围等。经过审查,认为上述各项符合法律规定,即承认其效力,并按照国内民事诉讼法的规定,给予强制执行。如果上述有一项不符合法律规定,法院即可驳回当事人的申请,不予执行。对于法院不予执行的裁决,当事人可以根据仲裁协议重新申请仲裁,也可以向法院起诉。

(二)承认和执行外国仲裁裁决

当一项仲裁裁决在外国作出,不自动执行裁决的一方当事人位于内国,或其有财产在内国,另一方当事人向内国法院提出申请,要求承认与执行该外国仲裁裁决。但要确认某项仲裁裁决是否属于一项外国仲裁裁决或属于哪一国的仲裁裁决,各国的标准不同。在一般情况下,如果一个国际商事仲裁裁决是由某一常设仲裁机构作出的,是不会发生该裁决的国籍难以确定的问题的。例如,一个在伦敦国际仲裁院或美国仲裁协会作出的仲裁裁决,在中国申请执行,对中国来说,很显然这是一个外国仲裁裁决。但对于一个由临时仲裁庭作出的裁决而言,由于其中的许多因素(如双方当事人的国籍或住所、仲裁员的国籍或住所、仲裁员进行活动所依据的法律或规则、仲裁程序的进行地、仲裁裁决所依据的法律等)是多变的,因而就难以用其中的某一个因素来判定该裁决是内国裁决还是外国裁决。实际上,即使已出现了许多承认和执行外国仲裁裁决的国际公约,但对于这个问题,仍未得出一个明确的观点。

《纽约公约》第1条第1款规定:"仲裁裁决,因自然人或法人间之争议而产生并且在申请承认与执行地所在国以外之国家领土内作出者,其承认与执行适用本公约。本公约对于仲裁裁决经申请承认与执行地所在国认为非内国裁决者,亦适用之。"该条款的前半部分采用的是领域标准,或者说是仲裁地标准,即只要不是在内国领域内作成的裁决均为外国裁决。这种标准具有明确性,较容易判断。该条款的后半部分采用的是非内国裁决标准,即申请承认与执行地所在国认为,在本国但依外国法进行的仲裁所作出的仲裁裁决不属于本国裁决,而是一项外国裁决。公约规定非内国裁决标准的原因在于,有些国家,如法国、德国等国家的法律规定,在本国但依外国法进行的仲裁而作出的仲裁裁决不属于本国裁决,而是一项外国裁决。在这些国家的要求下,公约在确立领域标准的同时,又同时确立了非内国裁决标准,它的作用在于扩大公约的适用范围。

由于承认和执行外国仲裁裁决不但关系到双方当事人的切身利益,有时还涉及两个国家的国家利益,因此许多国家附有限制条件,如要求互惠,或执行外国仲裁裁决不违背本国的公共秩序。

为了解决各国在承认与执行外国仲裁裁决问题上存在的分歧,1958年在联合国主持下制定了《承认及执行外国仲裁裁决公约》,即《纽约公约》,目前《纽约公约》已成为有关承认和执行外国仲裁裁决的一个最全面、最有影响的国际公约。截至2017年3月6日,《纽约公约》成员国已达157个。我国1986年正式加入《纽约公约》,该公约已于1987年4月22日起对我国生效。

### ▶二、承认与执行外国仲裁裁决的条件

随着1958年《纽约公约》的缔约国不断增加,各国在承认与执行外国仲裁裁决的条件问题上,越来越取得一致的观点。1958年《纽约公约》以排除的方式规定了承认与执行外国仲裁裁决的条件,即被请求承认和执行的裁决具有公约规定的排除理由时,被请求国有权拒绝承认和执行。

(一)仲裁协议无效

由于国际商事仲裁完全以双方当事人自愿提交仲裁为基础,国际商事仲裁庭的管辖权完全取决于当事人所签订的仲裁协议。如果当事人没有订立或者没有有效地订立仲裁协议,仲裁庭就没有受理争议的法律依据。同时,双方当事人通过仲裁协议将其争议提交仲裁以后,就否定了有关国家法院的诉讼管辖权,影响了有关国家司法主权的行使。所以,世界各国在制定国内立法和缔结有关国际公约时,都把仲裁协议的有效存在作为承认与执行外国仲裁裁决的重要条件之一。

依据《纽约公约》第5条第1款第1项的规定,如果订立仲裁协议的当事人依对其适用的法律为无行为能力人,或者依据仲裁协议所选定的法律,或者在没有选定时,依据裁决所在地的法律,该项仲裁协议是无效的,则可以拒绝承认和执行有关的裁决。

(二)仲裁过程违反正当程序

依据1958年《纽约公约》第5条第1款第2项的规定,违反正当程序是指对作为裁决执行对象的当事人未曾给予有关指定仲裁员或者进行仲裁程序的适当通知,或者作为裁决执行对象的当事人由于其他情况未能提出申辩。

正当程序的要求无论在法院的诉讼活动中还是在仲裁庭的仲裁过程中都是非常必要的。在美国,正当程序的要求甚至作为公民的一项基本权利在宪法中得到确

认。在国际商事仲裁中,当事人之所以愿意将争议提交仲裁,就在于对仲裁裁决具有公正性的信任,而正当程序要求则是保证裁决公正性的一个必要条件。从《纽约公约》的规定看,违反正当程序涉及两个方面的问题:未给予当事人适当通知和当事人未能有机会提出申辩。

1. 未给予当事人适当通知

适当通知是指仲裁庭依据仲裁规则规定的期限和方式及时地告知当事人指定仲裁员以及参加仲裁审理。如果被申请人能证明作出裁决的国际商事仲裁机构没有按照仲裁规则规定的时间和方式通知当事人指定仲裁员或仲裁审理的日期,则被申请国家的法院可以拒绝承认与执行该项外国仲裁裁决。

2. 当事人未能有机会提出申辩

当事人未能有机会提出申辩也是法院拒绝承认与执行外国仲裁裁决的情形之一。仲裁当事人有平等地陈述案情的机会,有平等地提出或反对仲裁请求的权利,这些机会和权利应在仲裁过程中得到尊重,否则很难保证仲裁的公正性和客观性。但是,如果已经适当地通知了当事人,当事人拒不到庭,则认为当事人是有意放弃其陈述案情的机会。在适当通知后照常进行的缺席仲裁裁决并不妨碍裁决的执行。

在一起由美国新泽西地方法院判决的案例中,一名美国被诉人曾被通知前往瑞士参加依国际商会仲裁规则进行的仲裁,但该美国被诉人没有参加仲裁。在申请执行仲裁裁决阶段,该美国被诉人称,他在仲裁过程中未能提出申辩,因为根据争议涉及的合同之一,他出售起搏器的代理权还未结束,在合同到期前无法进行核算,故无法参加仲裁。新泽西地方法院驳回了被诉人的申辩,并推定,正当程序的主要要素是提供仲裁程序的通知和陈述的机会,被诉人错误理解了正当程序条款,由于被诉人收到了仲裁通知,他应该而且能够在仲裁庭提出申辩。意大利和德国法院也曾判决,经适当通知后,如果当事人不到庭,仲裁庭作出的缺席裁决应予执行,此种情况下提出的未能申辩的理由是不成立的。①

(三) 仲裁庭超越权限

依据《纽约公约》第5条第1款第3项的规定,如果裁决中处理的事项是当事人没有提交仲裁的事项,或者仲裁庭超越仲裁协议的范围进行仲裁,经执行义务人向法院提出请求和证明后,法院可以拒绝承认和执行该仲裁裁决。

一般说来,提交仲裁的双方当事人在其原来签订的仲裁条款中都约定,"有关本合同所发生的一切争议"交付某一仲裁机构按照其仲裁规则解决,很少在仲裁协议中列举出将要以仲裁方式解决的某些事项。因此,在实践中以仲裁庭超越权限为由提出拒绝承认和执行外国仲裁裁决很难得到支持。

(四) 仲裁庭的组成和仲裁程序不当

依照《纽约公约》第5条第1款第4项的规定,如果仲裁庭的组成或者仲裁程序

---

① 参见韩健:《现代国际商事仲裁法的理论与实践》,法律出版社2000年版,第417页。

与双方当事人的仲裁协议的规定不相符合,或者在双方当事人无仲裁协议时与仲裁地所在国的法律不相符合,则请求承认和执行的法院可依仲裁裁决的执行义务人的请求和证明,拒绝承认和执行该裁决。

一般说来,提交仲裁的当事人在其事先签订的仲裁协议中,绝大多数都选择某一特定的仲裁机构的仲裁规则来规定仲裁庭的组成和仲裁的程序,所以,所谓的"仲裁庭的组成和仲裁程序不当"一般都是与双方当事人的仲裁协议的规定不相符合。

(五)裁决不具有约束力或已被撤销

《纽约公约》第5条第1款第5项规定,如果裁决对当事人尚未发生约束力,或者已被裁决作出国或裁决所依据法律的国家的法院撤销或停止执行的,经被申请人举证证明,可以拒绝承认与执行该外国裁决。

但是,裁决在何种情况下可被认为不具有约束力,是一个不尽统一的问题。如意大利法律规定,裁决具有约束力取决于执行官下达的执行令;德国法律规定,在法院备案是使裁决具有约束力的一项先决条件。究竟在何种条件下仲裁裁决为具有约束力的裁决,要依各国法律规定而定。

裁决作出后可能因某种原因被有管辖权的国家的法院撤销或停止执行。如果某一项裁决被裁决作出地国法院撤销或命令停止执行,那么该项裁决无论是在本国还是在外国都不再构成要求当事人履行义务的依据。

(六)争议事项的不可仲裁性

争议事项不能通过仲裁的方式解决,是裁决执行地国法院据以拒绝承认和执行外国仲裁裁决的理由之一。与上述五个理由不同的是,根据《纽约公约》第5条第2款第1项的规定,被请求承认和执行外国仲裁裁决的国家的法院如果认为按照该国法律,争议事项不能以仲裁方式解决,可以主动予以拒绝承认和执行,而不需要当事人提出申请和证明。

(七)承认与执行外国仲裁裁决有违该国公共政策

《纽约公约》第5条第2款第2项规定,被申请承认与执行地国法院认定承认和执行外国仲裁裁决有违反本国公共政策的,可以拒绝承认和执行仲裁裁决。同争议事项的不可仲裁性理由一样,以公共政策理由拒绝承认和执行外国仲裁裁决,不需要被申请人负举证责任,而由法院审定。但迄今为止尚无一个能被普遍接受的关于公共政策的定义。英美法系国家常用"公共政策"一词,而大陆法系国家则习惯用"公共秩序"一词。一般认为,公共政策泛指一国的基本法律制度、社会公共利益、基本道德观念以及国家的根本制度和重大利益等。

近年来,随着国际商事仲裁统一趋势的加强,《纽约公约》的缔约国法院普遍放宽了执行外国仲裁裁决的条件,各国法院对公约的公共政策条款一般都给予狭义的解释。例如帕森斯案是美国法院最早对《纽约公约》公共政策抗辩作出解释的案件。① 该案是由于美国帕森斯公司从埃及撤回工作人员而产生的争议。这些人员过去一直在埃及为一埃及公司建造一座纸板厂,在工程尚在进行时,阿拉伯国家同以色列之间爆发了战争,美国政府与埃及的外交关系也因这一战争恶化。这一局势造成帕森斯公司提前撤回人员。此外,美国国务院曾通知该公司,美国为这一工程提供的贷款已予撤销,并要求帕森斯公司停止履行合同。帕森斯公司为了推卸自己延迟完工的责任,要求适用合同中的不可抗力条款。埃及公司拒绝接受此要求,并将争议提交仲裁。仲裁庭作出了一份埃及公司胜诉的裁决,要求帕森斯公司赔偿埃及公司的损失。帕森斯公司于是在美国法院寻求一份宣告性判决以阻止埃及公司执行裁决。在诉讼中,帕森斯公司提出的一个抗辩理由是,当美国与埃及两国关系恶化时,放弃在埃及的工程项目是帕森斯公司作为美国国民的一种义务。它申辩道,执行一份由于其遵守美国政府政策而导致其败诉的仲裁裁决,将违反美国的公共政策。此抗辩遭到了法院的拒绝。法院认为:公约中支持执行裁决的总政策要求对公共政策作严格解释。关于这一抗辩,只有当执行一份外国仲裁裁决将违反执行国的最基本的道义和公正概念时,才可拒绝执行。法院的这一观点以后一直为美国其他法院所遵循。其他国家的实践也同样反映出,各国在对待涉及外国仲裁裁决案时,对违反公共政策的抗辩都采取了较为严格的解释,以支持裁决在本国得到承认与执行。

### 三、我国承认和执行外国仲裁裁决的一般规定

根据1986年12月2日全国人民代表大会常务委员会《关于我国加入〈承认及执行外国仲裁裁决公约〉的决定》,1987年4月10日最高人民法院《关于执行我国加入的〈承认及执行外国仲裁裁决公约〉的通知》以及我国《民事诉讼法》的有关规定,我国承认和执行外国仲裁裁决的法律制度主要包括以下内容:

(1)我国在加入《纽约公约》时所作的互惠保留和商事保留的声明。我国在加入《纽约公约》时曾作出互惠保留和商事保留的声明。根据我国所作的互惠保留的声明,我国仅对公约成员国的领土内作出的仲裁裁决的承认和执行适用该公约。对于非缔约国领土内作出的仲裁裁决,需要我国法院承认和执行的,应按《民事诉讼法》第283条的规定办理。

根据我国所作的商事保留的声明,我国仅对按照我国法律属于契约性和非契约性的商事法律关系所引起的争议适用该公约。所谓契约性和非契约性的商事法律关系,在我国是指因合同、侵权或根据有关法律规定而产生的经济上的权利义务关系,诸如货物买卖、财产租赁、工程承包、加工承揽、技术转让、合资经营、合作经营、

---

① 参见周成新:《美国法院适用1958年〈纽约公约〉公共政策抗辩条款的实践》,载《法学评论》1992年第5期,第45页。

勘探开发自然资源、保险、信贷、劳务、代理、咨询服务和海上、民用航空、铁路、公路的客货运输以及产品责任、环境污染、海上事故和所有权争议等,但不包括外国投资者与东道国政府之间的争端。

(2)国外仲裁机构的裁决和临时仲裁庭在我国领域外作出的仲裁裁决,需要在我国人民法院承认和执行的,应由当事人直接向被执行人住所地或者其财产所在地的中级人民法院申请,人民法院应当依照我国参加或缔结的国际条约,或者依照互惠原则办理。

(3)我国有管辖权的人民法院接到裁决执行申请人的申请后,应对申请承认和执行的外国仲裁裁决进行审查。如果不具有公约规定的拒绝承认和执行的情况,应裁定承认其效力,并依照《民事诉讼法》规定的程序执行。否则,应裁定驳回申请,拒绝承认与执行。

(4)仲裁裁决一方当事人向我国法院申请承认和执行外国仲裁裁决,该项申请应当在我国《民事诉讼法》第239条规定的申请执行的期限内提出,申请执行的期间为两年。申请执行时效的中止、中断,适用法律有关诉讼时效中止、中断的规定。

# 后　　记

　　本书由来自全国多所高等院校、多年从事国际商法教学与研究的教师撰写完成。全书在体系安排上，注重各部分的内在联系及其合理性，并力求详细、清楚地阐述和介绍国际商法领域的基本法律制度、法律原理和基础知识。为此，在相关部分结合具体案例或实例对国际商法的原理进行阐释，以使读者更清楚地学习和掌握相关内容。由于受资料的掌握和水平所限，书中有不当之处，敬请专家学者和读者批评指正。

　　本书作者及分工如下：

　　田晓云（北方工业大学）　第一章，第二章第四节，第五章第一、二、三、六节，第六章第一节，第七章，第八章，第九章第一、二节；

　　李丹宁（北方工业大学）　第二章第一、二、三节；

　　吴莉婧（北方工业大学）　第三章；

　　隋　军（东北大学）　第四章，胡平补充；

　　胡　平（北方工业大学）　第五章第四、五节；

　　薄守省（北京航空航天大学）　第九章第三、四节；

　　乔慧娟（北方工业大学）　第六章第二、三、四节，第十章；

　　全书由田晓云统稿，并对部分内容进行了修改和补充。

田晓云

2019 年 4 月